Dagmar Lawrie
6/90

es 1506
edition suhrkamp
Neue Folge Band 506

In dem im Jahre 1982 erschienenen Buch *Der kommende Gott* (edition suhrkamp 1142) beschäftigte sich Manfred Frank mit der romantischen Mythologie und deren Vorläufern. Die Frühromantiker argumentierten: Die aufklärerische Form von Rationalität kann beschrieben werden als abstrakt und analytisch: alles wird zerlegt, aufgelöst und demontiert. Wie steht es aber mit der Vernunft selbst? Schlegel hat ihr prophezeit, daß sie eines Tages ihre eigene Legitimität »untergraben« werde. Hier schlägt die Geburtsstunde jener Idee einer Neuen Mythologie. Dieser Theorie-Hintergrund läßt ahnen, warum die Kritik an der atomisierten und mythenlos gewordenen Gesellschaft des 19. und 20. Jahrhunderts in Deutschland zugleich einen starken ästhetizistischen und literarischen Kult hervorbringen konnte. Diesen Kult analysieren Manfred Frank, Gerhard Plumpe und Rolf Kauffeldt im vorliegenden Band: zum einen den Ästhetizismus bei Rilke, George, Th. Mann, die alle Dichtung als modernen Mythos restituieren wollen; zum anderen die politischen Phantasien von der Art des Nietzscheschen »Künstler-Politikers« (in dem Hitler sich wiederzuerkennen glaubte) und des *Mythus des 20. Jahrhunderts.*

Manfred Frank

Gott im Exil

Vorlesungen über die Neue Mythologie

II. Teil

Suhrkamp

edition suhrkamp 1506
Neue Folge Band 506
Erste Auflage 1988

Erstausgabe

Satz: Hümmer, Waldbüttelbrunn
Druck: Nomos Verlagsgesellschaft, Baden-Baden
Umschlagentwurf: Willy Fleckhaus
Printed in Germany

1 2 3 4 5 6 – 93 92 91 90 89 88

Inhalt

Vorwort

Der 1982 erschienene Band *Der kommende Gott* war im Untertitel, etwas versteckt, als erster Teil von »Vorlesungen über die Neue Mythologie« ausgewiesen. Aufmerksame und neugierige Leser fragten mich aber bald und zunehmend dringender nach dem (auf S. 31) in Aussicht gestellten zweiten Teil, der die »Wiederkehr des Dionysos im späten 19. und im vorfaschistischen 20. Jahrhundert« hätte behandeln sollen.

Hier liegt er nun vor. Die seit dem Erscheinen des ersten Teils verstrichene Zeit spiegelt mein Zögern, nicht meine Trägheit; denn die hier präsentierte Fortsetzung des *Kommenden Gottes* hatte ich im Düsseldorfer Sommersemester 1981 tatsächlich als Vorlesung vorgetragen. Mein Zögern erklärt sich aus der Unabsehbarkeit der aufzuarbeitenden Quellen, die, je näher sie an unserer Epoche liegen, desto trübere Farben annehmen. Insbesondere hatte ich das Gefühl, die nationalsozialistische Mythen-Renaissance nur punktuell und ohne Repräsentations-Anspruch in die Breite behandelt zu haben. Der seit meiner Berufung nach Genf (bzw. Tübingen) erfolgte Fachwechsel von der Germanistik zur Philosophie benahm mich endlich der Bequemlichkeit, diese Forschung im Rahmen meiner laufenden Lehrverpflichtungen nachholen zu können. Und hätten nicht meine Kollegen Rolf Kauffeldt und Gerhard Plumpe mit Elan und Fleiß die Auffüllung zweier wichtiger Lücken in meinem Vorlesungsmanuskript zu besorgen unternommen, so hätte ich die Fortsetzung noch länger liegen lassen oder aufgegeben. So freilich erhält die einseitig nazistische Mythenrezeption ihr überraschendes Gegengewicht in derjenigen durch Gustav Landauer und seine anarchistischen Gesinnungsgenossen; und meine Äußerungen über George werden vertieft und gestützt durch Informationen über Schuler und den Kreis um die »Kosmische Runde«.

Das mindert nicht das Bewußtsein, hier etwas vorzulegen, das in viele Richtungen nach Ergänzung und Vertiefung verlangt. Irgendwo muß freilich angefangen werden; und alle Forschung, sie sei noch so intensiv, wird von einem »Keimentschluß« in Gang gebracht, den Sitzfleisch und Kenntnis-in-die-Breite nicht ersetzen können. Originell innerhalb des modisch gewordenen (häufig geistfeindlich gewendeten) Mythen-Geredes erscheint mir aber nach wie vor die eigentümliche Grundfrage des *Kommenden Gottes*, und sie war es, die ich an Texte des ausgehenden 19. und der ersten Hälfte des 20. Jahrhunderts weitergeben wollte. Andere, die sich von ihrem Sinn überzeugen, mögen ihr größere Resonanz verschaffen und die Texte mit in den Blick bringen, die ebenso gut oder besser auf sie antworten als diejenigen, auf die die Verfasser des hier vorgelegten Bandes sich beschränkt haben.

Ich habe mich entschlossen, die folgenden Abschnitte, eben wegen ihres repräsentativen Charakters, nicht mehr wie im ersten Teil als Vorlesungen fortlaufend durchzuzählen, sondern unter Kapitelüberschriften zu bringen. So ist mit einem Blick überschaubar, was geleistet wurde und was fehlt. Der Vorlesungston dagegen ist erhalten, und wie im ersten Teil wende ich mich an ein breiteres Publikum, nicht an Spezialisten.

Man wird bemerken, daß ein Überblick über die in der frühromantischen Tradition (und nur von ihr spreche ich) unternommenen Remythisierungen sich mit der Entfernung vom 19. Jahrhundert immer weniger eindeutig unter dem Leitmotiv des Kommenden Gottes versammeln ließ. Darum wich er im Titel (mit einem Augenzwinkern an die Adresse Heinrich Heines) dem Gott im Exil, der die merkwürdig gottredselige Gottverlassenheit unserer Zeit besser symbolisiert als der Advents-Gott Dionysos. Der kommende (nie angekommene) Gott, diente aber immer noch als Ausgangspunkt und Kriterium für die Wahl der behandelten Quellen, ohne die strenge thematische Geschlossenheit des ersten Teils zu reproduzieren.

Tübingen, 21. Mai 1988 *Manfred Frank*

Dionysos und die Renaissance des kultischen Dramas (Nietzsche, Wagner, Johst)

Dionysos, dem »allzeit frohen« Gott (wie ihn Hölderlin in *Brod und Wein* nennt), wäre es leicht, einen beschwingten Beitrag zum Thema verlorener Transzendenz und wiedergefundener Lebensfreude zu widmen. Diese – sowie die erneuerte festliche Gemeinschaft in dem noch ideologisch unverdächtigen Sinne von *fraternité* oder *patriotischer Feier*, wie Rousseau sie in seinem Brief an d'Alembert phantasiert hat* – stehen denn auch im Zentrum der Dionysos-Renaissance, die ich im ersten Teil der »Vorlesungen über die Neue Mythologie« untersucht habe. Diese Fortsetzung soll die Wiederkehr des Dionysos im späten 19. und im vorfaschistischen 20. Jahrhundert behandeln.

Je mehr wir uns von Hölderlin und der Frühromantik lösen, desto weniger erscheint freilich Dionysos – der Gott der Tragödie und seines modernsten Surrogats: des »Weihe*fest*spiels« – als Fest-Gott, desto mehr wird er als »trouble-fête« auftreten. Darum wird mein Nachvollzug dieses Kapitels einer Wirkungsgeschichte der frühromantischen Idee einer »Neuen Mythologie« zunehmend düstere und unfestliche Farben tragen. Vom kultischen Feiern ist jedoch immer noch die Rede; und wenn es nicht das heitere mehr der Hölderlinschen Friedensfeier sein kann, so wird doch niemand leugnen, daß wir Grund haben, dies Kapitel unserer jüngeren (sogenannten) Kulturgeschichte nicht zu verdrängen, sondern mit erhöhter Aufmerksamkeit zu studieren. Sollte sich die Grenzlinie deutlich ausmachen lassen, an der die universalistische und spätaufklärerische Idee einer aus Vernunft »mythisch« legitimierten Gesellschaftlichkeit in Partikularismus, Nationalismus und Gegenaufklärung umschlägt, so hätten wir Argumente, der von den Nazis (und, in undialektischer Opposition: von Lukács) auf die Romantik datierten Wirkungsgeschichte geistfeindlicher, den »Logozentrismus« inkri-

* Vgl. dazu Karlheinz Stierles ausgezeichneten und materialreichen Beitrag *(Die Friedensfeier. Sprache und Fest im revolutionären und nachrevolutionären Frankreich und bei Hölderlin)* zu *Poetik und Hermeneutik XIV: Das Fest*, hg. von Walter Haug und Rainer Warning, München 1989.

mierender Vernunft-Renegation zu widersprechen.*

Ich werde den Aspekt der festlich-dramatischen Gemeinschaft in der historisch stark überdeterminierten Semantik des von Wagner so getauften »Bühnenweihefestspiels« aufgehen lassen. Ihre Vorgeschichte ist ein Stück romantischer Rezeption der attischen Tragödie und ihres Stiftergottes. Diese Rezeption und ihre Motivation stehen ganz im Bann jener »Idee (...), die so viel ich weiß, noch in keines Menschen Sinn gekommen ist – wir müssen eine neue Mythologie haben« (*Materialien zu Schellings philosophischen Anfängen,* hg. von M. Frank u. G. Kurz, Frankfurt/Main 1975, 111/2).

Die Frühromantiker argumentieren etwa so: Die aufklärerische Form von Rationalität kann beschrieben werden als abstrakt analytisch: Alles wird zergliedert, aufgelöst, demontiert, bis jede (vorgeblich unspaltbare) Synthesis sich erweist als äußerliches Ensemble elementarer Bestandteile.** Alle synthetischen Positivitäten (die Glaubensgewißheiten, das Gottesgnadentum, die Privilegien, auch das Selbstbewußtsein und die Moral) werden geschleift und enthüllen sich vor dem Auge des analytischen Geistes als haltlos (»illegitim«). Wie steht es aber mit der Vernunft selbst, die diese universelle, nichts verschonende Analyse praktiziert? Friedrich Schlegel hat ihr prophezeit, daß sie eines Tages mit der Idee der Unhaltbarkeit aller bloßen Positivitäten auch die Positivität ihrer

* Der geistfeindliche Ton wird in der Philosophie nicht erst neuerdings erhoben; Klages hat die Schimpfe gegen den (von ihm so getauften) »Logozentrismus« in seinem Hauptwerk *Der Geist als Widersacher der Seele* (1929–32, 4. Aufl. München 1960, vgl. Sachregister S. 1497) bereits in eine Richtung gebracht, die gegenwärtigen Moden (wie immer sie sich umstilisieren) gleicht. – Dagegen haben die Nazis die Autoren der Frühromantik, besonders Friedrich Schlegel und Tieck, keineswegs als Geist-Feinde und Vorläufer begrüßt, sondern ihnen Weltbürgertum und Universalismus, Anhänglichkeit an jüdisch geführte Teezirkel, Antimilitarismus, Tendenz zur Ironie, Nest- und Vaterlandsbeschmutzung, zersetzende Gesinnung und ähnliches vorgeworfen. Um sich vom Stereotyp der Frühromantik-Nazismus-Assoziation zu befreien, ist nichts nützlicher als die Lektüre folgender beider Artikel im Zentral-Organ der Nazigermanistik, der *Zeitschrift für Deutschkunde:* Josef Veldtrup, *Friedrich Schlegel und die jüdische Geistigkeit,* 52 (1938), H. 7, 401–414; Walther Linden, *Umwertung der deutschen Romantik,* 47 (1933), H. 2, 65–91.

** Ich habe das textnah entwickelt in meinem *Aufklärung als analytische und synthetische Vernunft* überschriebenen Beitrag zu Jochen Schmidt (Hg.), *Aufklärung und Gegenaufklärung in der europäischen Literatur, Philosophie und Politik von der Antike bis zur Gegenwart,* Darmstadt 1988 (= Besondere wissenschaftliche Reihe [1989] der Wissenschaftlichen Buchgesellschaft), S. 377–403.

eigenen Legitimität »untergraben« haben werde – mit dem Erfolg, daß Rationalität (und der auf ihrer Basis errichtete Staat) fortan und bis heute unter dem Verdacht stehen, illegitim zu sein oder sich doch nicht aus eigenen Mitteln rechtfertigen zu können.

Hier schlägt die Geburtsstunde jener Idee, von der der anonyme Verfasser des sogenannten »Ältesten Systemprogramms des deutschen Idealismus« sicher ist, sie sei »noch in keines Menschen Sinn gekommen«, nämlich die: »wir müssen eine neue Mythologie haben«. Sie soll die Selbstaufhebung der legitimierenden Kraft von Vernunft umwenden, indem die selbstzerstörerischen Kräfte der Analyse an ihre Abhängigkeit von einer fundierenden Synthese erinnert werden, die nicht mehr, wie früher, in religiösen Traditionen überkommen sein muß, sondern das Resultat einer solidarischen Erfindung sein könnte: das Werk von Dichtern und Schriftstellern, die fortan in der gesamten europäischen Literatur der Nachromantik mit einem quasi-priesterlichen Anspruch reden. Die Dichtung (für Wagner und Nietzsche: auch die Musik) wird diese Neue Mythologie nicht nur vorbereiten, sondern selbst sein. Den Griechen war die Tragödie das ungetrennte Ineins von Kunstwerk, Gottesdienst und politischer Selbstdarstellung des Staates – als Kunstwerk überdies »Gesamtkunstwerk«. Ihre Legitimität bezog sie durch Schöpfen aus dem Schatzhaus der Mythologie, womit sie unmittelbar sozial wurde: die griechische Tragödie – so liest man's in den romantischen Geschichtsentwürfen von Schlegel, Schelling über Wagner und Nietzsche bis hin zu Hans Johst – war unmittelbar ein Ort, an welchem die gesellschaftliche Synthesis der Einwohner des Gemeinwesens als solche in kultischer Form begangen wurde. Die griechische und entscheidend erst die europäische Aufklärung haben dann die Poesie rationalisiert und partikularisiert. Nun ist sie nicht mehr, was sie den Menschen einst war und wieder werden soll: »Lehrerin der Menschheit«. Ihrer Zersetzung als Mythos entspricht der Verlust eines homogenen Publikums. »Wo, wie unseren Staaten, die öffentliche Freiheit in der Sklaverei des Privatlebens untergeht«, lehrt Schelling 1804 in Würzburg, da »kann die Poesie auch nur dazu herabsinken« (*Sämmtliche Werke* [hinfort zit.: *SW*], hg. von K. W. F. Schelling, Stuttgart 1856–1861, I/6, 573).*

* Vgl. l. c.: »Wo alles öffentliche Leben in die Einzelheit und Privatheit des Privatlebens zerfällt, sinkt mehr oder weniger auch die Poesie herab in diese gleichgültige Sphäre« (S. 572).

Es ist das Schicksal der Poesie im Zeitalter des analytischen Geistes, privat hervorgebracht und privat konsumiert zu werden. Ihrer Zersetzung als Mythos entspricht unmittelbar ihr Verlust eines *Publikums* als homogener Gruppe: Ergebnis einer Abkoppelung von der gemeinschaftsbildenden Idee des Göttlichen, verliert sie die Möglichkeit, eine neue gesellschaftliche Synthesis zu rechtfertigen. Es fehlt, sagt Schelling, »das Mittelglied«, das der analytischen »Wissenschaft« die »Rückkehr« zur Idee des Absoluten, nämlich zur »Anschauung der absoluten Identität in der objektiven Totalität« (*SW* I/3, 629 und I/2, 73) ermöglichen würde. Ein solches Mittelglied hat unter anderen Bedingungen »in der Mythologie existirt (...), ehe diese, wie es jetzt scheint, unauflösbare Trennung geschehen ist«. Solange sie die Basis bürgerlicher Öffentlichkeit ist, kann es die »neue« und zugleich »letzte Ausbildung« einer »Religion« nicht geben, deren Haupteffekt darin bestehen würde, »die Menschen in einer gemeinschaftlichen Anschauung zu vereinigen« (l. c.).

Die Frage nach der Möglichkeit eines universellen Stoffes der Poesie (...) treibt uns also selbst auf etwas Höheres hin. Nur aus der geistigen Einheit eines Volks, aus einem wahrhaft öffentlichen Leben, kann die wahre und allgemeingültige Poesie sich erheben – wie nur in der geistigen und politischen Einheit eines Volkes Wissenschaft und Religion ihre Objektivität finden (*SW* I/6, 573).

Dieser Theorie-Hintergrund läßt ahnen, warum die politisch-gedankliche Kritik an der atomisierten und mythenlos gewordenen Gesellschaft des 19. Jahrhunderts in Deutschland zugleich einen starken ästhetizistischen und literarischen Kult hervorbringen konnte. Ist einmal der Tod des Mythos für den Verlust an intersubjektiver Verbindlichkeit verantwortlich gemacht und wird ferner – von Schlegel über Schelling und Wagner bis zum Expressionismus – der Künstler dazu ausersehen, den Mythos aufs neue hervorzubringen, dann läßt sich einerseits eine hohe Politisierung der Kunst-Tätigkeit absehen, ihr Abzwecken auf die Wiederherstellung eines kollektiven Mythos andererseits. Dies ist in sehr unterschiedlichen Weisen wirklich geworden: Zum einen im Ästhetizismus – ich denke an Namen wie Rilke, George oder Benn, die alle Dichtung als modernen Mythos restituieren wollen; zum anderen in den politischen Phantasien von der Art des Nietzscheschen »Künstler-Politikers« (in dem Hitler sich wiederzuerkennen glaubte) und des *Mythus des 20. Jahrhunderts.*

Warum aber ist es gerade der antike Gott Dionysos vor allen anderen gewesen, der zum Gegenstand der Hoffnungen auf eine Neue Mythologie werden konnte? Tatsächlich kommt Dionysos den mythischen Wunschphantasien der Romantik besonders entgegen. Zunächst darum, weil er der Gott ist, der als Rausch, als Poesie und als Hoffnungsprinzip die Aufklärung als einziger überlebt zu haben scheint: so bei Novalis. Sodann, weil er schon den Griechen derjenige Gott war, der die Essenz aller anderen Götter in sich zusammennimmt und so gleichsam den gesamten griechischen Götterhimmel aufhebend in sich vereinigt. Hölderlin nennt ihn den »bleibenden« (in *Brod und Wein*): den Gott, der die Substanz des Heiligen unter Bedingungen der Aufklärung in vergeistigter Form allein zu retten geschickt ist. Ferner hat er bei Hölderlin, bei Schelling und bei Nietzsche (aber auch bei Jacob Burckhardt oder bei Rilke) den Beinamen »der kommende Gott«, d. h. der Advents-Gott, der Gott, dessen Herrschaft erst in einer Zukunft Ereignis werden wird. Da Dionysos aber in seiner griechischen Heimat anfangs nicht anerkannt war, durfte er für einen Gott der Verheißung gelten: als der ins Ausland verbannte, der wiederkehren wird, um endlich zur Rechten des Vaters zu sitzen, ja mehr noch, um – wie die Fragmente der Orphiker es dichten – die Weltherrschaft zu übernehmen, wenn die Olympier von der allgemeinen Götternacht dahingerafft sein werden. Diese Götternacht ist bei Hölderlin als die Geschichte des nachantiken Abendlandes gedacht, d. h. als die Geschichte der europäischen Aufklärung (im weiten Wortsinn). Indem Dionysos allein diese Katastrophe der Sinnverfinsterung übersteht, bleibt er noch jetzt, an der Schwelle zu einer nachabendländischen (heute sagt man: »postmodernen«) Epoche der Menschheit, der kommende Gott, als den Schelling und Nietzsche ihn, freilich auf unterschiedliche Weise, feiern. Und auch Hölderlin, der ihn zugleich als den Gott der wiedergefundenen Menschengemeinschaft, als den Gott der gelungenen »fraternité« begrüßt, in der der Mensch dem Menschen nicht mehr nur Anderer und Nebenmensch und gleichgültig (im zynisch gewordenen Sinne von »égalité«) ist, sondern in dessen Geist-Rausch die Menschen – wie beim Pfingstwunder – *eines* werden. Darin besteht die soziale Verheißung seiner Wiederkunft.

Schließlich aber ist Dionysos – wenigstens für Hölderlin, Creuzer, Kanne und Schelling – mit Christus identisch, auf dessen

Wiederkehr die verlassene Menschheit hofft. Hölderlin sieht Christus als den letzten des himmlischen Chors; bevor, nach dem Untergang der Mythologie (d. h. des Polytheismus), die Welt sich verfinstert, hinterläßt er die Gedächtnisgaben der Eucharistie, zum Gedächtnis und zum Zeichen, »daß einst er da gewesen und wieder käme zu richtiger Zeit«. Nun ist der Wein, von dem Christus sagt, er *sei* sein Blut, zugleich die Gabe und die Substanz des »Weingottes«. Der Weingott ist ferner, wie Christus, ein zu Tode gefolterter und wiederauferstandener Gott: als Zagreus wird er von den Titanen zerrissen, aber von seinem Vater im Himmel wieder zum Leben erweckt.

Ein Kult schloß an diese Mythenerzählung an: Zu Frühlingsbeginn wallfahrteten die Jüngerinnen des gestorbenen Gottes auf den Parnaß oder den Kithairon (zwei in *Brod und Wein* genannte Gebirge), um als Ammen die Ankunft, d. h. die Geburt des wieder zum Leben erwachenden Dionysos-Knaben zu begehen, der auch *liknitäs* hieß: der in der Wiege Liegende. Der Weg bis zur Krippengeburt des Messias, von der nur Lukas erzählt, ist nicht sehr weit, zumal in beiden Geschichten der Heiland, griechisch *sotär* – auch Dionysos wird häufig als *sotär* angesprochen –, das Kind einer irdischen Jungfrau und des höchsten aller Götter *(ho hýpsistos tôn theôn)*, Jahwe bzw. Zeus, ist; und diese Verbindung ist nicht nur in der Antike häufig, sondern eben auch von Schelling, Hölderlin und anderen Romantikern hergestellt worden.

Es gibt aber eine dritte Spur, die die Christus- und die Dionysos-Mythen ineinander flicht. Als »der Erde Frucht« wird in *Brod und Wein* das Brot bezeichnet, von dem Christus sagt, es sei sein Leib. Nimmt man das wörtlich, wie Hölderlins poetische Verfahrensweise das empfiehlt, so kann man sagen: Christi Leib sei der Erde Frucht. Nun ist die Erde bei Schelling und Hölderlin gedacht als Personifikation der griechischen Erdmutter, der *Gä-Mätär*, der Mutter Erde oder Demeter, der Göttin des Ackerbaus und des Getreides. Eine solche Frucht ist aber, schicklicher bezeichnet, ihr Kind. Und in der Tat: in den heiligsten Mysterien der griechischen Religion, denen zu Eleusis, wird nicht Selene, sondern Demeter als Mutter eines Kindes gefeiert, dessen Name verschieden überliefert ist. Den Romantikern war die liebste Version diejenige, wonach dies Kind, das – wie der Bakchos-Knabe – in einer Saatwanne oder Wiege geboren wurde und nach dem Jauchzen der Festgemeinde Iakchos/Jauchzer hieß, eine Reinkarnation des Dionysos-Bakchos gewesen sei. Iakchos wird gelegentlich als Dionysos angesprochen; diesmal aber nicht als der aus den Gliedern des Zagreus wiederhergestellte delphische Dionysos, der Weingott, wie wir ihn kennen; sondern als der im Geist und in der Wahrheit wiedergeborene Weingott, dessen Rausch nun spiritualisiert erscheint zu einem Gemeinschaftsgeist, der am Pfingstfest aus den Festteilnehmern spricht, die mit Zungen reden und von den Außenstehenden gar nicht unpassend als »voll des süßen Weines« bezeichnet werden. Mit einem Wort: die unsichtbare Geburt dieses dritten Dionysos (neben Zagreus und Bakchos), und zwar in der Dürftigkeit der Krippe bzw. der Wiege: sie wurde von den Romantikern als die Vorwegnahme der Geburt des Messias im Stall zu Bethlehem gedeutet. Nimmt man hinzu, daß der Ort Eleusis, in dem diese wunderbare Geburt sich vollzog, in einer umakzentuierten Übersetzung »Ankunft«, »Advent« heißt (vgl. *SW* II/3, 519); und erwägt man ferner, daß sowohl Christus wie Dionysos ihr Fleisch und Blut ihren Jünger(inne)n zu essen/zu trinken geben (»Omophagie«), dann hat man das Material zusammen, aus dem Schelling, Creuzer, Kanne und Hölderlin und – ihnen verpflichtet – Nietzsche einen neuen dionysischen Mythos formen konnten, von dem sie unterstellten, er entfalte seine Wirkung erst in der Zeit nach der Götternacht, wie Hölderlin, oder »nach dem Tode Gottes«, wie Nietzsche sagt. Als dieser »kommende Gott« werden wir ihn erleben in den nachfolgend diskutierten Texten, und als dieser ist er in der neumythischen Dichtung des 20. Jahrhunderts allgegenwärtig.

Wie aber ist der Terminus »Mythologie« bei den Romantikern und ihren Nachfolgern semantisch gefaßt? Es hat wenig Sinn, nach *der* richtigen Definition zu suchen, wenn es darum zu tun ist zu sehen, wie der Begriff in den Texten verstanden wird, mit denen wir uns beschäftigen wollen. Wir haben da mit einer vage schon skizzierten theoretischen Weichenstellung zu tun, die etwa folgende Auffassung vom Wesen des »Mythos« determiniert:

Man kann sich drei Untersuchungsansätze vorstellen. Man kann erstens die Frage, was der Mythos sei, über eine Sammlung der häufigsten Motive und Inhalte beantworten wollen. Damit hätte man die methodische Vorentscheidung getroffen, daß Mythen überhaupt Narrationen sind, die sich in Inhalten darstellen. Diese Prämisse scheint von vornherein sehr fragwürdig, da kein Inhalt, der in einem Mythos begegnet, nicht ebensogut in einer anderen Textsorte vorkommen könnte.

Man könnte zweitens, was ein Mythos sei, durch eine strukturalistisch-funktionalistische Analyse herausbekommen wollen. Dann ginge es nicht um die Inhalte, sondern um die Frage, welche Art der Klassifikation durch Mythenerzählungen geleistet wird, d.h., mit welcher Grammatik die mythische Weltauslegung inhaltsinvariant arbeitet. Dies scheint erfolgversprechender als die erste Methode; aber der mythologische Strukturalismus läßt unbestimmt, wie denn die mythische Grammatik lebenspraktisch arbeitet, auf welche Probleme sie antwortet, und vor allem: welche Art von gesellschaftlicher Handlung sie vollzieht.

Nach ihr allein fragt die romantische Mythologie. Ihr geht's darum zu wissen, um welche Art von sozialer Praxis es sich bei der Mythen-Invention und -Tradition handelt (»Tradition« hier wörtlich verstanden als: Weitergabe). Die Antwort lautet: Mythen dienen dazu, den Bestand und die Verfassung einer Gesellschaft aus einem obersten Wert zu beglaubigen. Man könnte das auch die pragmatische oder besser: die kommunikative Funktion des Mythos nennen.

Ich will sie erläutern. *Die* oder *eine* Leistung des Mythos, wo immer er nicht als Bildungszierat tradiert wird, liegt im *normativen* Bereich und hat zu tun mit der Rechtfertigung von Lebenszusammenhängen in sozialen Einrichtungen. Um diese These zu bewähren, kann man die Inhalte einiger Mythen befragen. Mythen sind ja Erzählungen (von gr. *mŷthos:* Wort, Spruch, Erzählung); aber da nicht alle Erzählungen Mythen sind, muß man die *besondere* Art von Handlung, die im Mythos vollzogen wird, näher bestimmen. *In mythischen Erzählungen wird ein in Natur oder Menschentum Existierendes bezogen auf eine Sphäre des Heiligen und durch diesen Zusammenhang begründet.* »Begründet« meint hier: hergeleitet von ..., aber nicht im Sinne eines einfachen Kausalbezugs, wie es in den Naturwissenschaften der Fall ist, sondern im Sinne einer *Rechtfertigung.* »Etwas rechtfertigen« oder »beglaubigen« aber heißt: es auf einen Wert zu beziehen, der intersubjektiv unumstritten ist. Und zwischen Subjekten unumstritten ist in einem radikalen Sinne nur, was für *heilig* – für unanfechtbar, für allgegenwärtig und für allvermögend – gehalten wird. (Eine Gesellschaft, die nichts Heiliges kennt, kann keinen Wert angeben, der allen Gesellschaftsteilnehmern für unverbrüchlich gälte: hier gibt es kein inneres Band der Sozietät als solcher: deren Struktur setzt sich vielmehr von außen und hinter dem Rücken ihrer

Teilnehmer übers System der Bedürfnisse und Tauschhandlungen ins Werk.)

Bleiben wir zur Illustration für diese Funktion des Mythos bei dem uns vertrauten Beispiel: Im 5. Jahrhundert vor Chr. gab es, von Thrakien eindringend, einen wilden Ritus, in dem rasende Frauen – Bakchen oder Mainaden genannt – bei Nacht zu Frühlingsbeginn auf hohe, schneebedeckte Berge wallfahrteten und unterwegs Tiere zerrissen und roh verschlangen. Von den einheimischen griechischen Religionen wurde der barbarische Brauch hart verfolgt, d. h., ihm wurde die Legitimation abgesprochen. Davon handeln die *Bakchen* des Euripides. Dieser wilde Kult wird beglaubigt durch eine zugehörige Erzählung, eben durch den Mythos, der berichtet, daß die rasenden Frauen von ihrem Gott, den sie Dionysos nennen, gerufen werden, um seiner jeden Frühling auf Berggipfeln sich ereignenden Wiedergeburt als Ammen beizustehen. Durch den narrativ gestifteten Rückbezug auf etwas Heiliges ist der Brauch nunmehr gerechtfertigt, und die Funktion des Mythos besteht in nichts anderem als darin, diese Rechtfertigung zu leisten. Es entsteht natürlich ein herber Konflikt zur bislang existierenden hellenisch-olympischen Religion: der dem neuen Gott sich widersetzende Pentheus von Theben wird am Ende von den Mainaden, darunter von seiner eigenen Mutter, in Stücke zerrissen. Das ist tragisch in dem genauen Sinn des Wortes, daß hier Norm gegen Norm steht und es dem Menschenwesen unmöglich ist, schuldlos das Richtige zu tun: Scheiternd und sterbend gibt Pentheus dem »neuen Gott« die Ehre, d. h., er macht, wie wir sagen, »Sinn« aus seiner Passion, indem er sie als Gottesdienst an Dionysos anerkennt und so erlöst wird.

Ulrich Gaier hat von einer polaren Struktur des Mythos gesprochen, die sich am obigen Beispiel sehr gut beobachten läßt.* Der Mythos spannt einen Bogen zwischen zwei Extremen: dem der Existenz eines Brauchs und dem seiner Begründung aus dem Heiligen. Als *Erzählung* hält er sich immer schon in einer gewissen Distanz zu beiden: denn über etwas erzählen, das ist etwas ganz anderes als: etwas unmittelbar tun oder erleiden. Erzählen heißt: einer symbolischen Ordnung einverleiben. Das Symbol aber ist nur ein Stellvertreter der Sache, nicht die Sache selbst. Dagegen gewährt der Ritus – etwa die Omophagie (das Verschlingen des in

* *Hölderlin und der Mythos,* in: *Terror und Spiel,* hg. von M. Fuhrmann *(Poetik und Hermeneutik IV),* München 1971, 295 ff.

wilden Tieren verleiblichten Gottes oder des Heilands in den Gaben des Abendmahls) – die unmittelbare *Teilhabe* am Heiligen, das man sich zu eigen macht; sie ist ein Sakrament (wie bei uns das Abendmahl). In vielen Kunstgattungen, allen voran in der Tragödie, sind Teilhabe und Polarität gemischt: als Handlung – *drómenon* – ist die Tragödie ein Ritual: sie stellt ja tatsächlich eine gottesdienstliche Handlung dar, die von den Dionysos-Mysterien sich herleitet, in denen der Gott in den Festteilnehmern erschien wie der Geist des Herrn am Pfingstfest den Urchristen. Andererseits ist die Tragödie mythisch, d. h. symbolisch: sie distanziert die Parusie des Heiligen, indem sie ein real Seiendes mittelbar auf dasselbe zurückführt: »Zurückführen auf...« ist aber nicht »Identischsein mit...«. Schon im Mythos also ist eine Abwesenheit des Heiligen eingearbeitet, die im Extrem auch als sein Verlust erscheinen kann, wie etwa im Mythos von der Götterdämmerung der *Edda* und der griechischen Mythologie.

I

Um die Zeit der Ausarbeitung seiner ersten Publikation *Die Geburt der Tragödie* (1872; ^{2}1874) notiert Nietzsche: »Ich glaube an das urgermanische Wort: alle Götter müssen sterben.« Aber nicht nur in der germanischen *Edda* mit ihren Visionen einer »großen Götternacht« (Schelling, *SW* II/3, 511), sondern z. B. auch im Drama des Aischylos, mehr als eineinhalb Jahrtausende vor der *Edda* geschrieben, gibt es die Weissagung des Götterendes aus dem Mund des Prometheus, der dem Zeus diese Worte entgegenschleudert:

So sehr er trotzet, wird Kronion doch
Sich schmiegen; die Vermählung, die er wünscht,
Stürzt ihn, daß er vom Throne nichtig fällt.
Erfüllt wird dann in vollem Maß der Fluch,
Den Kronos ihm, sein Vater, einst geflucht,
Als er gestürzt vom alten Throne sank (v. 909–914; vgl. auch Nietzsche, *WW* I, 62,2).*

Ähnliche Weissagung findet sich in einem Chorlied aus Senecas Tragödie *Hercules auf Oeta:*

* Nietzsches *Werke* zitiere ich unter der Sigle *WW* nach der von Karl Schlechta (München 1960) besorgten dreibändigen Ausgabe.

Die himmlische Burg zusammenstürzend
Wird allem Entstehen und Vergehen ein Ende machen,
Und alle Götter wird gleichermaßen
Ein Tod (mors aliqua) verderben und das Chaos (zit. *SW* II/2, 614).

– das Chaos also, aus dem die Götter bei Hesiod hervorgegangen waren.

Diesen Göttertod besingt romantische und nachromantische Dichtung seither als geschehenes Faktum. Hölderlin beklagt ihn als die Nacht der Götterferne, die bei ihm allein vom Dionysos überdauert wird in den Gedächtnisgaben Brot und Wein. Der junge Hegel nennt am Schluß seiner 1802 erschienenen Abhandlung *Glauben und Wissen* »das Gefühl (...), worauf die Religion der neueren Zeit beruht – das Gefühl: Gott selbst ist tot (dasjenige, was gleichsam nur empirisch ausgesprochen war mit Pascals Ausdrücken: ›la nature est telle qu'elle *marque* partout un *Dieu perdu* et dans l'homme et hors de l'homme‹).«* Nietzsche und Hegel meinen nicht dasselbe: Hegel hält »den unendlichen Schmerz, der vorher nur in der Bildung geschichtlich (...) war« (l. c.), nämlich das Gefühl: »Gott selbst ist tot«, für ein bloßes »Moment der höchsten Idee«, nämlich derjenigen des absoluten Geistes, in dem auch die Religion als eine eigene Weise des Bewußtseins vom Höchsten noch überstiegen wird in Richtung auf ein übergefühlsmäßiges, auf ein wissendes Gewahren des Absoluten, das Hegel den »spekulativen Karfreitag [nennt], der sonst historisch war« (l. c.) und den es »in der ganzen Wahrheit und Härte seiner Gottlosigkeit wiederher[zu]stellen« gelte, damit »die höchste Totalität in ihrem ganzen Ernst und aus ihrem tiefsten Grunde, zugleich allumfassend und in die heiterste Freiheit ihrer Gestalt auferstehen kann und muß« (l. c. 432/3). Dieser spekulative Karfreitag ist *Hegels* Version einer Neuen Mythologie, die freilich im Entscheidenden nicht mehr religiös, sondern eben spekulativ ist: Vollendung der abendländischen Metaphysik in ihrem abgeschlossenen, nichts mehr außer sich lassenden Begriff, der alles bislang Geschehene als Entfaltung seiner selbst durchschaut und am Ende des Wegs wieder in sich zurückholt.

Ganz anders bei und für Nietzsche. Wenn er im 125. Stück des III. Buchs der *Fröhlichen Wissenschaft* (von 1882) den »tollen Menschen« rufen läßt: »Gott ist tot« (*WW* II, 126–128), dann

* Hegel, *Theorie-Werkausgabe*, Bd. 2, *Jenaer Schriften* 1801–1807, Frankfurt/M. 1970, 432.

meint er nicht mehr nur die Aufhebung jenes unauthentischen, nämlich bloß gläubig vernehmenden Bezugs aufs Absolute, wie er in der Religion vorlag, ins absolute Wissen, sondern das Gestorbensein der Metaphysik selbst: den Tod der übersinnlichen Welt. Das heißt für Nietzsche, daß die abendländische Philosophie als Platonismus und als Christentum zu Ende ist; daß sich ihre Deutungs- und Sinnstiftungs-Vorräte verbraucht haben; daß das, was der bisherigen Menschheit für den obersten Wert ihres In-der-Welt-Seins galt, sich als nichtig herausgestellt hat. In diesem Sinn spricht Nietzsche von der Entwertung der Werte, die – wohlbemerkt – nicht *sein* gleichsam aufgeklärt-kritischer Beitrag zur Entmythologisierung des Abendlandes ist, sondern die er das Abendland selbst mit der Romantik und ihrem Pessimismus beschreiten sieht.

Das berühmte Textstück markiert Nachbarschaft und doch auch Abstand zur Frühromantik. Beide unterscheiden den vulgären Atheismus derer, die nun einmal nicht an Gott glauben, von dem großen abendländischen Ereignis der Sinnverfinsterung, das mit der aufklärerischen Religionskritik seinen Gipfel erstiegen hatte und sich so lange als einen höchsten Wert interpretieren konnte, wie es noch kein Bewußtsein über die Tatsache errungen hatte, daß seine analytische Tätigkeit auf die Beseitigung der Kategorie »Wert« als solche hinauslief. Die Aufklärung über die theologischen Voraussetzungen in unserem Denken hat zur Zerstörung der übersinnlichen Welt geführt, und zwar gleich in allen ihren Erscheinungsformen: als höchster Wert, als göttlicher Welturheber, als absolute Substanz, als Idee, als Absolutum oder auch als das herstellend-auffassende Subjekt der modernen Naturwissenschaften und der Technik. Man könnte eine andere Formulierung wählen und sagen: die rationalistische Prüfung dessen, was es mit Gott und mit den übersinnlichen Voraussetzungen im Abendland auf sich habe, ergab den Befund: *nichts*; es hat mit Gott und mit den transzendenten Werten *nichts* auf sich. Eben dies aber ist die Stunde, in der »der unheimlichste aller Gäste«, der europäische *Nihilismus*, vor der Türe steht. »Das größte neuere Ereignis – daß ›Gott tot ist‹, daß der Glaube an den christlichen Gott unglaubwürdig geworden ist – beginnt bereits seine ersten Schatten über Europa zu werfen«, schreibt Nietzsche 1886 (im zugesetzten Buch V – »Wir Furchtlosen« – der *Fröhlichen Wissenschaft*, Nr. 343, = *WW* II, 205).

Man könnte einwenden, daß im Text vom tollen Mensch der Ausdruck »Aufklärung« ja gar nicht erscheine. Indirekt tut er es doch: »Wie haben wir dies vermocht?« (nämlich: Gott zu töten), fragt der tolle Mensch und gibt die Antwort: »wir ketteten diese Erde von ihrer Sonne los« (127). Angespielt wird also auf das große neuzeitliche Ereignis der kopernikanischen Wende, mit dem die Aufklärung, Europas Abnabelung vom theozentrischen Weltbild des Mittelalters und sein Eintritt in die Phase der wissenschaftlich-technischen Weltbeherrschung, beginnt. Fortan gibt es »kein Oben und kein Unten« mehr; wir irren durch ein unendliches Nichts; die Fixpunkte der Orientierung für unseren Lebensweg sind weggeschleift; die Welt und – bei Nietzsche eine oft verwandte Metapher – die Herzen werden »kälter«. Und das durch *unsere* Tat: »wir haben ihn getötet« (l. c.).

Was dieses Ereignis der Gottestötung von anderen Fortschritten in der Befreiung der Menschengattung vom Naturzwang unterscheidet, liegt aber auf der Hand: mit dem Tod Gottes ist nicht einfach eine Epoche, das Mittelalter und das abergläubische Denken, überwunden: sondern die Metaphysik selbst und als solche, d. h. jene Formation von Ausgelegtheit des Seins, in deren Rahmen die wechselnden, in der Geschichte des Abendlandes gegebenen Antworten auf die Frage nach dem Sinn des Seins sich bewegt haben. Die Zerstörung des Rahmens – d. h. dieser Welt (»Welt« verstanden als Ausgelegtheit von Wirklichkeit, »Erschlossenheit«, wie Heidegger sagt) – bringt eine Orientierungslosigkeit ganz anderer Art hervor, als es die war, die etwa die untergehende Antike angesichts des aufdämmernden christlichen Mittelalters oder die Naturforscher der Neuzeit angesichts der Auflösung des Mittelalters ergreift: In beiden Epochenwenden ist der Sinn von Sein – d.h. das globale Weltverständnis, in dem wir uns halten – nicht mit zerstört, sondern *ein* Kandidat von Seinssinn ist durch einen anderen abgelöst worden, sagen wir pauschal, »Gott« durch »Vernunft«. Aber selbst die Vernunft war im Grunde noch theologisch gedacht, wie es in Hegels Wort vom »spekulativen Karfreitag« sehr plastisch offenbar wird. *Nun* ist jedoch auch die Vernunft als Bastion des Welt-Vertrauens geschleift, und wir irren durch ein unendliches Nichts.

Das ist ein Ereignis mit schier unerträglicher Verantwortungsbelastung. Das war schon sichtbar in den Texten der Romantiker, die sogleich darauf sannen, eine »Neue Mythologie« zu erfinden, und zwar eine solche »der *Vernunft*«. »Wenn Gott als der übersinnliche Grund und als das Ziel alles Wirklichen tot [ist], wenn die übersinnliche Welt der Ideen ihre verbindliche, und vor allem ihre erweckende und bauende Kraft eingebüßt hat, dann bleibt nichts mehr, woran der Mensch sich halten und wonach er sich richten kann« (Martin Heidegger, *Nietzsches Wort »Gott ist tot«*, in: *Holzwege,* Frankfurt/Main 1950, 193–247, hier: 200). Darum die Sorge, der Mensch werde nun durch ein Nichts ohne unterschiedenes Oben und Unten »irren« müssen. Dieses *Nichts* breitet sich aus. Der Ausdruck bedeutet: »Abwesenheit einer übersinnlichen, verbindlichen Welt. Der Nihilismus, ›der unheimlichste aller Gäste‹, steht vor der Tür« (l. c., 200). In einer Notiz aus dem *Nachlaß der Achtzigerjahre* lautet Nietzsches Frage: »Was bedeutet Nihilismus?« und wird knapp so beantwortet: »*Daß die obersten Werte sich entwerten.* Es fehlt das Ziel. Es fehlt die Antwort auf das ›Wozu‹?« (*WW* III, 557). Um diesen unheimlichen Gast zu bannen, kann man auf eine Neue Religion sinnen, die sich freilich in entscheidenden Stücken von der alten, unhaltbar gewordenen unterscheiden müßte. Das Evangelium einer solchen Neuen Religion wäre etwa Nietzsches *Zarathustra,* Zarathustra mit Heidegger verstanden als »der Fürsprecher des Dionysos«.* In der *Fröhlichen Wissenschaft* deutet sie sich an. Das Textstück vom »tollen Menschen« zeigt drastisch, was diese Neue Religion a priori nicht wird sein können: eine große kultische Sühnefeier:

> Wie trösten wir uns, die Mörder aller Mörder? Das Heiligste und Mächtigste, was die Welt bisher besaß, es ist unter unsern Messern verblutet – wer wischt dies Blut von uns ab? Mit welchem Wasser könnten wir uns reinigen? Welche Sühnefeiern, welche heiligen Spiele werden wir erfinden müssen? Ist nicht die Größe dieser Tat zu groß für uns? Müssen wir nicht selber zu Göttern werden, um nur ihrer würdig zu erscheinen? Es gab nie eine größere Tat – und wer nur immer nach uns geboren wird, gehört um dieser Tat willen in eine höhere Geschichte, als alle Geschichte bisher war! (*WW* II, 127).

Man beobachtet eine dramatische Bewegung: Die Tat des Gottesmordes wird zunächst selbst noch interpretiert in der religiösen Sprache: nämlich als die entsetzlichste aller Sünden, als eine »Frevel«-Tat (vgl. *Zarathustra*, *WW* II, 280), die nur durch Begütigung

* Martin Heidegger, *Wer ist Nietzsches Zarathustra,* in: *Vorträge und Aufsätze,* Bd. 1, Pfullingen 1954 (^{3}1967), 115.

des verletzten Herrn gebüßt werden könnte (durch »Sühnefeiern« analog zu denen, die die über den Raub ihrer Tochter Persephone erzürnte Göttin Demeter »versöhnen« sollten – wie es im Homerischen *Hymnos auf Demeter* heißt; und in den der Demeter in Eleusis eingerichteten Mysterien wird sie ja in der Tat schwanger mit einem neuen Gott, dem dritten Dionysos, dessen Geburt ihren Zorn über den Verlust des anderen Kindes beschwichtigt): Schelling deutet das als eine Ersetzung: der »reale Gott« der Vergangenheit nimmt Abschied und gibt dem »idealen Gott« eines geistigeren Zeitalters Raum: eben dem »kommenden Gott«. Tatsächlich haben Sühnefeiern aber ja nur dann einen Sinn, wenn Gott existiert; wenn er nicht mehr *ist,* kann sein Mord auch nicht mehr gesühnt werden; dann fällt die Tat – moralisch völlig entwertet – den Mördern zu. »Einst war der Frevel an Gott der größte Frevel, aber Gott starb, und damit starben auch diese Frevelhaften«, predigt Zarathustra (II, 280). Den Mördern Gottes aber ist ihre Tat vorderhand zu groß, es sei denn, sie würden selber Götter, d. h. Übermenschen. Der Übermensch ist derjenige Mensch, der einen evolutionären Sprung über die bisherige Gattung Mensch hinaus tut, so wie der Mensch ein solcher evolutionärer Sprung über das Tier hinaus war (*WW* II, 279 [ff.]). Der bisherige Mensch, das »Mängelwesen« (wie Herder sagte), bedurfte, um leben zu können, einer übersinnlichen Garantie, eines obersten Haltepunktes. Wenn er dessen nun beraubt ist, könnte er leben nur unter der Aussicht, durch selbstgeschaffene Werte sich zu stützen. Aber Werte, die man selbst geschaffen hat, sind von den religiösen Werten grundsätzlich dadurch unterschieden, daß sie auf den Schaffenden zurückfallen, d. h. im Wortsinne relativ: auf mich, den Schaffenden, bezüglich sind; während die zerstörten Werte, deren Haltlosigkeit sich nun herausstellt, unabhängig vom Menschensubjekt da zu sein schienen, und nur in dieser Unabhängigkeit waren sie ab-solut (»los-gelöst«), d. h. gültig und haltspendend. Der Übermensch wäre also das Ideal eines Menschenwesens, das mit diesem Entzug des Absoluten dennoch leben könnte, selbst gottähnlich geworden oder glaubend an einen neuen Gott, den Nietzsche Leben nennt und für den in seinem Werk der Name Dionysos einsteht.

Der »tolle Mensch« ahnt wohl die Bürde von Anforderung, die auf den Schultern des neuen Menschen lasten wird. Selbst aber singt er in den Kirchen, den klassischen Stätten der Gottesverehrung, sein *Requiem aeternam Deo*. Als man ihn hinauswirft, sagt er: »Was sind denn diese Kirchen noch, wenn sie nicht die Grüfte und Grabmäler Gottes sind?« (*WW* II, 128).

Abermals eine Vision, in die sich Spuren der Romantik eintragen. Ich denke an C. D. Friedrichs Kirchenruinen im Schnee, besonders an die *Abtei im Eichwald:* eine gotische Ruine, gerade noch so weit erhalten, daß das geübte Auge im Mauerwerk die Reste eines Sakralgebäudes erkennt; rechts und links kahle Baumriesen, die ihre Äste wie Finger in den leeren Himmel strecken, die Böden von Schnee und Eis bedeckt, über die, an ihren eigenen Gräbern vorbei, eine Prozession von Mönchen zu irren scheint; und darüber jener wundervolle, leuchtende, aber ganz leere Himmel, dessen Glanz daran erinnert, daß es einmal eine Menschheit gab, die auf ihn ihre Hoffnung gesetzt hatte: Dies Leuchten könnte »Schein« geworden sein. Solche Visionen finden sich immer wieder in Literatur und Kunst der Moderne, z. B. bei Jules Laforgue und Henri Michaux, denen die Erinnerung an sakrale Bauten zu »glaubenslosen Kathedralen im arktischen Eise« unserer modernen Zivilisation gefriert, ober bei T. S. Eliot, in dessen *Waste Land* es eine Mönchsschar in Kapuzen gibt (»hooded hords«), die über die geborstenen Böden einer Eiswüste wankt. Das sind die Gespenster von lauter »tollen Menschen«, die gleichsam einer Kirche bedürfen, um den Kummer über den Mord an Gott darin auszuweinen. Auch Nietzsches »toller Mensch«, der in den Kirchen sein *Requiem aeternam Deo* singt, gehört dazu.

Immerhin erkennt Nietzsche selbst, daß die Frage nach Ursprung und Wesen des Nihilismus in der Sprache der Religion falsch gestellt ist. Man müßte sie *genealogisch* stellen, d. h. in Kategorien nicht des Sinnmäßigen, des Zweckhaften, kurz: Religiösen, sondern des Vitalen. Das Vitale hat keinen Sinn: es vollzieht sich ohne transzendente Teleologie, rein nach Gesetzen der Selbsterhaltung und der evolutionären Steigerung. Die Lust zu leben und immer intensiver zu leben, ist ihm Seinsgrund genug. »Genealogisch« fragt, wer die Ursachen des Lebensprinzips befragt, statt nach Sinn, Zweck und Wert der Veranstaltung zu forschen, also moralischen Standards. Denn das Leben hat keinen (geistigen) Wert, es entwirft die Perspektiven seiner Erhaltung und Höherpotenzierung unter Gesichtspunkten seiner maximal guten Eignung in einem gegebenen Lebensraum. (Das ist der darwinistische Zug in Nietzsches Übermenschen-Lehre.) Wer so fragt und damit dem

Übermenschen (der ja, wie Dionysos, ein kommender ist)* vorarbeitet, der muß zuvor eine »Umwertung aller bisherigen Werte« vollzogen haben.

Sie besteht, kurz gesagt, in folgender Einsicht: in jeder Ausrichtung auf ein Ziel, das dem Leben Halt gewährt; in jedem Trachten nach Sinn; selbst in jeder romantischen Sehnsucht nach dem Unendlichen gibt es an der Basis ein *Wollen.* Dies hatten schon Leibniz, Kant, Fichte, Schelling und die Romantiker gesehen. Ein Kapitel aus dem zweiten Band der *Welt als Wille und Vorstellung* von Arthur Schopenhauer heißt »Vom Primat des Willens im Selbstbewußtseyn« (*Zürcher Ausgabe,* 1977, 234ff.; vgl. 236: »Rhizoma«...). Der Titel meint: Noch bevor ich Kenntnis von mir erringe – Bewußtsein –, muß ich diese Kenntnis *gewollt* haben. Das Wollen geht dem Vorstellen voraus, also auch der Feststellung von Sinn und Bedeutung. Wenn das so ist, dann kann der Philosoph das von der bisherigen Metaphysik bestätigte Verhältnis des Willens zu einem Wert *umkehren:* der Wert befiehlt nicht mehr dem Willen, sondern es ist der Wille, der seinen Wert setzt und entwirft.

Nachdem nun – durch den aufkommenden Nihilismus – die Menschheit den Glauben an die Existenz dieses *»von außen«* befehligenden höchsten Wertes verloren hat, kann sie allerlei Ersatz-Autoritäten ersinnen. Nach Nietzsche sind das z.B. die Gewissensmoral (also die Rousseau-Kantische Variante des religiösen Glaubens, der das Seinsollende nicht mehr von Gott, sondern vom eigenen Herzen sich vorschreiben läßt), ferner die »Autorität der *Vernunft*«, »der *soziale Instinkt* (die Herde). Oder die *Historie* mit ihrem immanenten Geist, welche ihr Ziel in sich hat und der man sich *überlassen kann.* Man möchte *herumkommen* um den *Willen,* um das *Wollen* eines Zieles, um das Risiko, *sich selbst* ein Ziel zu geben; man möchte die Verantwortung abwälzen (– man würde den *Fatalismus* akzeptieren)« (*WW* III, 554).

Hat man diese Ersatzantworten als bloße Ausflüchte durchschaut und also die antitheologische Kehre mit Nietzsche mitvollzogen, dann kann man auch die Verzweiflung des tollen Menschen korrigieren. Bislang, in der abendländischen Metaphysik – also in der Auslegung von Welt aus einem übersinnlichen Grunde –, bezog das »Leben« seinen Wert aus Gott. In ihm hatte das unruhige

* »Ich liebe den, welcher die Zukünftigen rechtfertigt und die Vergangenen erlöst: denn er will an den Gegenwärtigen zugrunde gehen« (*Zarathustra, WW* II, 282).

Selbstbewußtsein seinen Grund, wie es in dem berühmten Wort des Hl. Augustin zum Ausdruck kommt: »Unruhig ist mein Herz, bis es Ruhe findet in dir, mein Gott!« Auch bei Descartes, der doch das Selbstbewußtsein des Menschen zuerst in aller Radikalität in den Rang eines obersten Prinzips gehoben hatte, bedurfte eben dieses Selbst eines Grundes: es appellierte an die göttliche Garantie, die ihm auch zuteil wurde. Auf je andere Weise wiederholt sich diese Bewegung bei Leibniz, Spinoza, Rousseau, Kant und Hegel – also bei den großen metaphysischen Systemen der nachkopernikanischen Welt. *Jetzt* aber kehrt sich die Wertsetzung um: nicht Gott ist es, der dem Leben Wert verleiht; sondern umgekehrt: das Leben ist es, welches Gott als seinen obersten Wert setzt.

Aus welcher Motivation eigentlich? Nietzsches Antwort – die des Zeitgenossen Darwins und der biologischen Entdeckungen seiner Zeit – lautet: das Leben drückt in seinen Wertsetzungen aus, was ihm zu seiner Erhaltung und Steigerung dienlich ist. »Der Gesichtspunkt des ›Werts‹« – sagt Nietzsche – »ist der Gesichtspunkt von *Erhaltungs-Steigerungs-Bedingungen* in Hinsicht auf komplexe Gebilde von relativer Dauer des Lebens innerhalb des Werdens« (*WW* III, 685). An anderem Ort: »*Wert* ist das höchste Quantum Macht, das der Mensch sich einzuverleiben vermag« (III, 793). Das meint: das Menschenwesen ist so eingerichtet, daß es um seiner Selbsterhaltung willen allerlei Annahmen nötig hat. Diese Annahmen neigt das Leben zu unabhängig von ihm daseienden Größen zu hypostasieren: eben zu Werten. Diese Werte stützen und erhalten also das Leben, aber sie tun dies – anders als in der Theologie – nicht mehr als Absoluta, sondern als vom Leben ausgewählte und in Dienst genommene. »In den Wertschätzungen«, schreibt Nietzsche, »drücken sich *Erhaltungs-* und *Wachstums-Bedingungen* aus. Alle unsre *Erkenntnisorgane und Sinne* sind nur entwickelt in Hinsicht auf Erhaltungs- und Wachstums-Bedingungen. Das *Vertrauen* zur Vernunft und ihren Kategorien, zur Dialektik, also die *Wertschätzung* der Logik, beweist nur die durch Erfahrung bewiesene *Nützlichkeit* derselben für das Leben: *nicht* deren ›Wahrheit‹. (...) Wir haben *unsere* Erhaltungs-Bedingungen projiziert auf *Prädikate des Seins* überhaupt. Daß wir in unserem Glauben stabil sein müssen, um zu gedeihen, daraus haben wir gemacht, daß die ›wahre‹ Welt keine wandelbare und werdende, sondern eine *seiende* ist« (III, 556). – Aber das Leben ist nicht nur auf Erhaltung aus, sondern auch auf Wachstum/Steigerung. Jede Leben bloße Erhaltung wäre schon Niedergang. Die Sicherung des Lebensraums ist (wie Heidegger schreibt) »niemals das Ziel, sondern nur ein Mittel zur Lebenssteigerung« (*Holzwege*, l.c., 211). Jedes Leben ist wesensmäßig ein Kampf um Mehr-Leben, ein struggle for life, d.h. um noch bessere Anpassung und also um einen Überschuß an Lebens-Kraft und -Potential. Daraus läßt sich die Utopie des Über-Menschen, also des evolutionären Schubs in Richtung auf eine Zukunft ableiten, in der das Tier, das der Mensch ist, nicht mehr aus Werten sich rechtfertigt, die es *nicht* gesetzt hat; sondern nur noch aus solchen, die es um seiner Steigerung willen in die Welt projiziert hat. Diese steigernde Kraft, die immer wieder einer »relativen Dauer« bedarf, nennt Nietzsche den *»Willen zur Macht«*: das ist das Grundwort seines späten Denkens. Hier ist der Wille nicht mehr nur, wie bei Schopenhauer, »Wille zum Leben«, sondern Wille zur Übermächtigung, Wille zum Herrwerden über die Wirklichkeit und die anderen Menschen im Dienst einer an Darwin geschulten evolutionären Steigerung nicht der Gattung, aber des »Typus« Mensch:* »*Wollen* überhaupt, ist soviel wie *Stärker*-werden-wollen, Wachsen-wollen...« (zit. Heidegger, l.c., 216 und 219). Darum begnügt sich dieser Wille bei keinem denkbaren Reichtum oder Zustand des Lebens: er *will*, d.h., er *verlangt* vielmehr über sich hinaus. »So kommt er ständig als der gleiche auf sich als den Gleichen zurück. Die Weise, *wie* das Seiende im Ganzen, dessen essentia der Wille zur Macht ist, existiert, seine Existenz ist die ›ewige Wiederkehr des Gleichen‹« (Heidegger, l.c., 219). Damit ist das *andere* Grundwort des späten Nietzscheschen Denkens genannt. Es korrespondiert mit dem Steigerungswillen als ein Hin und Her zweier Strebungen: Das Leben bedarf einer gewissen Stabilität, um sich nicht gegen die bedrohliche Außenwelt aufzulösen: das ist das »Sein«, die sogenannte »Wahrheit«, ein instabiler Gleichgewichtszustand aus Adaptation und Assimilation: also aus Integration von Welt ins Ich und von Anpassung des Ich an die Imperative der äußeren Welt; aber das Leben verlangt im Dienste der Selbststeigerung über diesen Zustand hinaus, es will mehr-als-die-Wahrheit: nämlich Übermächtigung. Die Perspektiven, die einen konstituierten Zustand von Stabilität (»Wahrheit«) über-

* Vgl. die Rede von der »größten aller Aufgaben, der Höherzüchtung der Menschheit« (II, 111).

fliegen, kommen darum nicht in der Philosophie bzw. in der wissenschaftlichen Welteinstellung zum Ausdruck, sondern in der ästhetischen: Die *Kunst* ist, wie Nietzsche 1888 schreibt, »das große Stimulans des Lebens, ein Rausch am Leben, ein Wille zum Leben« (III, 828)* und insofern »*mehr wert* als die Wahrheit« (III, 693).

Diese letzten Zitate sind einer Notiz-Sammlung entnommen, in der Nietzsche rückblickend auf *Die Kunst in der »Geburt der Tragödie«*, also seine Erstlingsschrift von 1871/2, reflektiert (III, 691 ff.). Um diese Zeit oder wenig später (1876, nach dem Bruch mit Wagner), schreibt er, »begriff ich, daß mein Instinkt auf das Gegenteil hinauswollte als der Schopenhauers: auf eine *Rechtfertigung des Lebens,* selbst in seinem Furchtbarsten, Zweideutigsten und Lügenhaftesten – dafür hatte ich die Formel ›*dionysisch*‹ in den Händen« (III, 556).

Der Ausdruck »dionysisch« trägt eine mythologische Fracht. Seine Funktion aber soll gerade darin bestehen, die religiösen Hinterwelten auf das Leben zu reduzieren und auf seine Werte vorgaukelnde, also ästhetisch-erfinderische und zum Weiterleben verführende Kraft. Ein Mythos tritt hier an die Stelle der Macht des Mythischen; Dionysos tritt an die Stelle Christi: »Dionysos gegen den ›Gekreuzigten‹« (*WW* III, 738, 773; vgl. auch *Ecce Homo,* II, 1159: »– Hat man mich verstanden? – *Dionysos gegen den Gekreuzigten* ...«)

Diese Wendung findet sich freilich erst in Nietzsches Spätwerk. Im Erstlingswerk von 1872 über *Die Geburt der Tragödie aus dem Geiste der Musik* hat Dionysos andere Widersacher als den jüdisch-christlichen Messias, mit dem die Romantiker ihn gar identifizierten. Es wird sich bald zeigen, welches diese Widersacher sind. Eines aber ist deutlich noch vor dem Eindringen in Nietzsches Schrift selbst: nämlich daß ihr Autor hier einen geschichtsphilosophischen Entwurf im Sinne hat, demzufolge es einmal eine Form der Religionsübung gegeben hat, für die nicht zutrifft, daß in ihr »das Leben« gegenüber dem Übersinnlichen auf die schlechte Seite der Differenz geriet. Anders gesagt: im Prinzip des Dionysischen, wie es die Griechen verehrten, gewinnt nicht der Geist der Lebensfeindlichkeit: der Geist der Rache und des Ressentiments, die Oberhand, wie es sonst in den metaphysisch-

* »Die Kunst und nichts als die Kunst! Sie ist die große Ermöglicherin des Lebens, die große Verführerin zum Leben, das große Stimulans des Lebens« (III, 692).

theologischen Systemen des Abendlands der Fall war; sondern hier dient die Religion, hier dient der *Mythos* selbst zur Anstachelung des Lebens-Willens. Das ist der Grund, warum die Griechen für uns Heutige zu einem (verlorenen) Ideal und Vorbild werden können, so wie sie es – freilich unter anderen Bedingungen – schon für Schelling und Friedrich Schlegel waren. Folgen wir, bevor wir die Parallelen zur Neuen Mythologie der Romantiker beurteilen, zunächst dem Gang von Nietzsches Gedanken.

Die Geburt der Tragödie versteht sich in ihrer ursprünglichen Gestalt als eine (alt)philologische Arbeit. Sie möchte den Ursprung der griechischen Tragödie aufklären. Nun manifestiert die Tragödie Phänomene des äußersten Schmerzes: sie zeigt das Scheitern des Helden angesichts eines Schicksals, das seine Pläne und Kalkulationen zermalmt und ihn am und im Heiligen zugrunde gehen läßt. Es liegt nahe, hierin einen hellenischen Willen zum Pessimismus zu sehen, also einen Beweis dafür, daß den alten Griechen das Leben ein Geschäft gewesen ist, das – wie Schopenhauer sagt – seine eigenen Kosten nicht deckt. Dem entspricht das berühmte Wort bei Sophokles: nicht geboren zu sein, sei das Beste; das Nächstbeste aber, möglichst früh zu sterben.* – Nimmt man diesen ersten Eindruck in eine spontane Hypothese auf, so wird diese vielleicht lauten: Die hellenische Tragödie manifestiert unter und neben anderen Phänomenen den gesamtabendländischen Platonismus, demzufolge wir von der übersinnlichen Welt – d. h. von der allein wertbesetzten Welt – getrennt leben, derart, daß unser Leben für sich *keinen* Wert hat, sondern ihn allenfalls gewinnt aus dem Abglanz der Ideen, d. h. Gottes, des höchsten Seienden, des Geistes, der Substanz oder des absoluten Subjekts. Diese Form der relativen – also: der auf ein Anderes bezüglichen – Wertverleihung haben wir als einen Grundzug des mythischen Denkens herausgestellt. Er schließt die Konsequenz ein, daß das Leben, von diesem Bezug aufs Übersinnliche abgetrennt, keinen Wert, keine beglaubigte Rechtfertigung mehr bewahrt.

Nietzsches Deutung der Tragödie nimmt einen ganz anderen Verlauf: ihm ist der hellenische Pessimismus, wie er sich in der Tragödie manifestiert, ein Symptom der Stärke: »der *Lust,* (...) der

* *Ödipus auf Kolonos,* v. 1225 ff.: »Μὴ ὑναι τὸν ἅπαντα νι/κᾶ λόγον˙ τὸ δ'ἐπεὶ φανῇ/βῆναι κεῖθεν, ὅθεν πὲρ'ἥκει,/πολὺ δεύτερον, ὡς τάχιστα.« Ebenso Theognis, v. 425 ff. Vgl. Schopenhauer, *ZA* IV, 687 f. Bei Nietzsche ist's das Wort des Silenas an Midas (*WW* I, 29/30).

Kraft, [... der] überströmende[n] Gesundheit, [der] übergroße[n] Fülle« (*WW* I, 13). Für diese überraschende These führt er einen Beleg an: die Tatsache nämlich, daß die Tragödie der ursprünglichen homerisch-olympischen Tradition der Hellenen fremd war und erst im 5. vorchristlichen Jahrhundert in der hellenischen Kultur auftauchte; und zwar in der Folge der dem *Dionysos* heiligen Mysterien. Dionysos aber ist ein ausländischer Gott – »aus Thrazien: Dionysos« (G. Benn) –, dessen Kult, wie die *Bakchen* des Euripides sehr drastisch lehren, nur unter blutigen Widerständen im heimischen Hellas sich durchsetzen konnte.

Nietzsche hält ihn für etwas der griechischen »Seele« Ursprüngliches, wobei er, wie ich später zeigen will, eine romantische Tradition aufnimmt, die – wie so vieles bei Nietzsche – philologisch bestritten werden muß. Das spielt aber in diesem Zusammenhang keine Rolle; denn Nietzsches Tragödie-Schrift ist nicht als ein altphilologischer Text von Bedeutung, sondern als Manifest, in dem sich ein subversives Selbstbewußtsein der Kultur des späten 19. Jahrhunderts manifestiert. – Nietzsche fragt also: Wie ist griechisches »Selbsterlebnis« (l. c.) vorzustellen, wenn es sich artikuliert in einem orgiastischen Kult, dessen ästhetisch sublimierte Erscheinung noch die Tragödie bewahrt, dessen ursprünglicher Ausdruck aber der dionysische Kult selbst ist: das Ineins von Gott und Bock im Satyr oder von Gott und Stier im Bakchos. Nicht nur dies In-eins muß gedeutet werden: Beim dionysischen Kult handelt es sich um ein *Fest*, das die Leiden der Zerstückelung feiert: die Auflösung der Grenzen der Individualität; den Schmerz des Todes und der Zerreißung: Nietzsche deutet die Dionysien, mit einem Wort, als Feste eines ursprünglich *tragischen*, d. h. pessimistischen Weltgefühls.

Das ist überraschend. Denn wenn wir seine These schon kennen, daß die Erinnerung an die vor-platonischen Hellenen eine Erinnerung an die religiös verehrte Lebenskraft und Lebensfreude ist, dann fällt es schwer einzusehen, warum diese Merkmale gerade aus dem Erlebnis des Schreckens, des Schmerzes und der Verneinung gewonnen worden sein sollten. Das wäre, so möchte man einwerfen, der reine Wahnsinn. In der Tat, so sieht es Nietzsche selbst. Aber er knüpft an diese Feststellung einige Fragen:

Und welche Bedeutung hat dann, physiologisch gefragt, jener Wahnsinn, aus dem die tragische wie die komische Kunst erwuchs, der dionysische Wahnsinn? Wie? Ist Wahnsinn vielleicht *nicht* notwendig das Symptom der

Entartung, des Niedergangs, der überspäten Kultur? Gibt es vielleicht – eine Frage für Irrenärzte – Neurosen der *Gesundheit?* – der Volks-Jugend und -Jugendlichkeit? Worauf weist jene Synthesis von Gott und Bock im Satyr? Aus welchem Selbsterlebnis, auf welchen Drang hin mußte sich der Grieche den dionysischen Schwärmer und Urmenschen als Satyr denken? Und was den Ursprung des tragischen Chors betrifft: gab es in jenen Jahrhunderten, wo der griechische Leib blühte, die griechische Seele von Leben überschäumte, vielleicht endemische Entzückungen? Visionen und Halluzinationen, welche sich ganzen Gemeinden, ganzen Kultversammlungen mitteilten? Wie? wenn die Griechen, gerade im Reichtum ihrer Jugend, den Willen *zum* Tragischen hatten und Pessimisten waren? wenn es gerade der Wahnsinn war, um ein Wort Platos zu gebrauchen, der die *größten* Segnungen über Hellas gebracht hat? Und wenn, andererseits und umgekehrt, die Griechen gerade in den Zeiten ihrer Auflösung und Schwäche immer optimistischer, oberflächlicher, schauspielerischer, auch nach Logik und Logisierung der Welt brünstiger, also zugleich ›heiterer‹ und ›wissenschaftlicher‹ wurden? Wie? könnte vielleicht, allen ›modernen Ideen‹ zum Trotz, der Sieg des *Optimismus,* die vorherrschend gewordene *Vernünftigkeit,* der praktische und theoretische *Utilitarismus,* gleich der Demokratie selbst, mit der er gleichzeitig ist, – ein Symptom der absinkenden Kraft, des nahenden Alters, der physiologischen Ermüdung sein? Und gerade *nicht* – der Pessimismus? (L. c., 13) (Erste Kursivierung von mir [M. F].)

Hier ist – übrigens in einer Formulierung aus dem der Neuauflage vorangestellten *Versuch einer Selbstkritik* (von 1886) – die Grundthese der Abhandlung schon ausgesprochen: die nämlich, daß es einen »Pessimismus der Stärke« gebe, von dem die an den Dionysos-Kult anschließende hellenische Tragödie Zeugnis ablegt; einen Pessimismus nicht der Lebensverneinung, sondern seiner Bejahung als eines unlösbaren In-eins von Lust und Schmerz; derart nämlich, daß der Schmerz nicht in ein Ressentiment *gegen* das Leben fließt, sondern *um des Lebens willen* mit bejaht wird: als der Stachel der Lust, der noch nicht empfunden wird als Stimulans jenes »ingrimmigen rachsüchtigen Widerwillens gegen das Leben selbst, sondern als Inzitament, als Negativ seines Steigerungs-Verlangens, seines Willens, sich selbst zu transzendieren« (l. c., 15).

Woher rührt in Nietzsches Denken dieses Nein, das allem Ja-zum-Leben gegenübersteht und es anficht? Zweifellos muß es in einem Grund-Verhältnis mit dem Ja zusammengedacht werden: das soll hier nicht unser Problem sein. Nietzsches Gedanke ist, daß die negative Potenz im Willen-zur-Macht im pessimistischen Weltgefühl der Griechen, von dem die Tragödie Zeugnis ablegt, selbst dem Positiven diente – und noch nicht »entartet« war zu einem Willen zur Verneinung des Lebens, zu einem »heimliche[n] Instinkt der Vernichtung, ein[em] Verfalls-, Verkleinerungs-, Verleumdungsprinzip« (l.c.), wie es sich in Platons Lehre von der Überlegenheit der übersinnlichen Welt gegenüber der sinnlichen Welt und noch entschiedener in der christlichen Verneinung des Lebens ausformte, um während des ganzen europäischen Kulturprozesses die Sinnlichkeit auf die »schlechte Seite der Barrikade« fallen zu lassen (l.c.). Die »Gegenwertung« gegen die sokratisch-christliche Weltentwertung, das eben ist's, was Nietzsche *das Dionysische* nennt.

Bekanntlich figuriert dieser Begriff in der Tragödie-Schrift nur als *ein* Pfeiler einer übergreifenden Beziehung: der nämlich des Dionysischen *und* des Apollinischen. Beide Termini – nominalisierte Neutra – setzen Eigenschaften der Götter, von denen sie ihre Prägung entlehnen, in den Rang von Prinzipien oder richtiger: von basalen, sozusagen archetypischen Dispositionen der (menschlichen) Seele. Nietzsche unterscheidet sie als *Rausch* und *Traum* (l.c., 21) und fügt hinzu, daß beide ästhetische Einstellungen bezeichnen, wie ja Dionysos und Apollon »beide Kunstgottheiten« sind (l.c.) – freilich Gottheiten ganz verschiedener Künste: Dionysos präsidiert »der unbildlichen Kunst der Musik«, Apollon ist der Herr »der Kunst des Bildens« (l.c.), der plastischen Gestalt. Wenn die deutsche Klassik – Winckelmann z.B. – den Griechen »edle Einfalt und stille Größe« attestierte oder, wie Herder, von der »Plastizität« des griechischen Geistes schwärmte, dann dachte sie an die apollinische Antike: an die olympische Götterwelt, zu der Dionysos ursprünglich nicht gehört und in die er nur mit Gewalt eindrang.

Um die Innovation der Nietzscheschen Abhandlung besser sichtbar zu machen, will ich hier einen historischen Exkurs einbauen. Er dient dem Fortspinnen des Fadens der Vorlesung über den kommenden Gott und fragt: wer ist Nietzsches Dionysos, so wie wir danach fragten: wer ist der »kommende Gott« bei Hölderlin (und Schelling)?

Tatsächlich sprengt schon Hölderlins mythopoetische Indienstnahme des Dionysos den Rahmen der literarischen Klassik und weist auf den Nietzscheschen Dionysos voraus, obwohl es vielleicht angemessener wäre zu sagen, daß der Nietzschesche Gott auf den romantischen *zurück*deutet. Denn es war die Romantik, der zuerst der dunkle Grund einer nicht-klassizistischen, d.h. einer nicht-olympischen und nicht-homerischen Antike dämmerte. Damit provozierte sie, z. B. in Friedrich Creuzers lateinischer Abhandlung *Dionysus* (Heidelberg 1808/9), erst recht in seiner bahnbrechenden *Symbolik und Mythologie der alten Völker, besonders der Griechen*, 1811ff. (3. Aufl. 1837, Neudruck Olms 1973), schon früh den Zorn des Klassizisten Goethe. Creuzer, dann wieder Görres und Karl Otfried Müller (um drei in diesem Zusammenhang sehr wichtige Namen zu nennen) legten den nicht-olympischen Grund unterhalb der apollinischen Heiterkeit der homerischen Götterwelt frei,* indem sie etwa zeigten, daß die Tragödie – ganz anders als das Trauerspiel Schillers oder Goethes – nicht nur schöner Kunst-Schein, sondern zugleich Artikulation eines *religiösen Kultes*, und zwar des von den Mysterien des Dionysos sich herschreibenden, war. Creuzer unterscheidet die symbolische Handlung, in der der Mensch das selbst ist, worauf er sich bezieht, von der mythischen Distanzierung, in der ihm das Göttliche Gegenstand der Repräsentation: der freien schöpferischen Verfügung, wird. Nur die heiter-mythische Welt, die Welt des homerischen Epos, galt unseren Klassikern für hellenisch; nun sollte man plötzlich die »mysterischen« Tiefen, die Toten- und Unsterblichkeitskulte, den Orgiasmus, den Rausch und die Ekstase als Phänomene der antiken Kunstreligion anerkennen, was nicht ohne Widerstände gelang.**

Die homerischen Gedichte [schreibt Baeumler] sind Niederschlag einer jahrhundertelangen Entwicklung. Ihre Stellung in der Geschichte des griechischen Geistes aber, der Eindruck, den sie hervorriefen, ist nicht dadurch zu erklären, daß Homer längst bestehenden religiösen Zuständen dichterischen Ausdruck gab, sondern vielmehr dadurch, daß er aussprach, was die religiöse Idee seines Zeitalters war. Nur wenn man die *Spannung* empfindet, die zwischen der Religion Homers und dem düsteren Glauben und Kult des Volkes bestand, liest man Ilias und Odyssee richtig, das heißt historisch. Zur Zeit der Klassiker nannte man Anschauungen vom Leben und vom Tode, die sich bei Homer nicht fanden, »mystische« (nach den orphischen Mysterien). Im Bewußtsein der Alten standen die Vorstellungen über ein dämongleiches Fortleben der Seelen in Zusammenhang mit

* Müller prägt den Begriff der »chthonischen Religion« der Griechen.

** Darüber ausführlich und trotz trüber Tiefen lesenswert Alfred Baeumlers Einleitung zu der von Manfred Schröter besorgten Werkauswahl Bachofens *(Der Mythos von Orient und Okzident)* mit dem Titel: *Das mythische Weltalter. Bachofens romantische Deutung des Altertums*, München 1965, 12f.; 16ff.

dem Glauben an die Mächte der *Erdtiefe*. Erst wenn man weiß, über welche Mächte das Epos Sieger war, kann man die Religion Homers, ja die Religion der Griechen überhaupt, richtig würdigen. Das Wort Creuzers in der Anzeige von Prellers »Demeter und Persephone«: »Wer vom Homerischen Olymp ausgeht, der ist gerade auf dem Weg, um die Uranfänge des religiösen Lebens unter den Griechen zu verfehlen« (Dtsche. Schr. 2. Abt. 2. Bd., 1846, S. 188), enthält den durch die Forschung bestätigten Hauptgesichtspunkt jeder religionsgeschichtlichen Betrachtung der Antike (Baeumler, l. c., 17).

Der Klassiker Voß, der Homer-Übersetzer, schrieb, eigens um Creuzers Antiken-Interpretation, die bis auf Nietzsche und seinen Freund Erwin Rohde Folgen zeitigte, zu bekämpfen, eine *Anti-Symbolik*, in der er Creuzers Betonung der irrationalen, symbolisch-kultischen Kräfte der hellenischen Seele als »schamloseste Orphiker-Erfindung« von sich weist (*Anti-Symbolik* II, 1826, 452f.). Nirgends im Homer fände sich etwas Mystisches oder Dionysisches, meinte Voß, und die homerische sei eben die autochthon hellenische Religion gewesen. – Von den Romantikern erntete sein pausbäckiger Rationalismus, der Homers »daimónie«, »Dämonischer«, mit »trautester Mann« übersetzt (6, 407, *Il.*), schnödesten Spott. Es ist wahr: Homer – schreibt Voß – kannte keine »nachtsschwärmenden Orgien«, sondern nur »frohherzige Geselligkeit« (*Anti-Symbolik*, II, 452f.); ein Satz, zu dem Baeumler ganz treffend anmerkt: »So spricht nicht ein Forscher, sondern ein Bürger, der seine Nachtruhe zu schätzen weiß. Den Romantikern freilich, die ihre Nachtruhe weniger hoch einschätzten, ging dafür die Bedeutung der dionysischen Religion für das Griechentum auf. Diesen Fortschritt hat Voß mit blinder Wut bekämpft. Aus seinen Übersetzungen ist alles Geheimnisvolle, Mystische, Dunkle verbannt. Die geruhsam-bürgerliche Einstellung des Übersetzers ist der Odyssee zugute gekommen« (Baeumler, l. c., 18/19).

Baeumler zeigt in vielen Einzelheiten, wie die nächtlich-mystische Welt ihre Schatten schon im Werk von Hesiod und Homer wirft: z. B. als die Nacht, die Zeus zu berühren sich scheut (*Od.* 14, 259ff.; Baeumler, 23); oder als der Eid bei Helios, den Flüssen, der Erde und denen unter der Erde (hoi hypénerthe) (*Il.* 3, 276ff.) – eine Formel, die später *ohne* die Nennung der Unterirdischen wiederholt wird (*Il.* 4, 155ff.). »Nach dem alten Glauben [den vor allem K. O. Müller ins Bewußtsein der modernen Mythologie gehoben hat] wäre das unmöglich gewesen, da sie ja vorzüglich als die Hüter des Eides galten. Aus diesem ›Vergessen‹ ist die *Tendenz* der homerischen Gedichte zu erkennen« (Baeumler, 24). Ähnliches gilt für Homers Wegloben der Gestorbenen ins Schattenreich; der ursprüngliche Volksglaube kennt es gar nicht: die Toten stehen in ständiger Verbindung mit den Lebenden, sie sind nicht in irgendeiner idealen Ferne jenseits des Okeanos; d. h., sie sind noch nicht verdrängt aus dem Bewußtsein der Religion. Das Patriarchat hat dem Mütterkult noch kein Ende gemacht: Zeus ist noch keineswegs der Herr der Welt; er untersteht der Moira, der Schicksalsgöttin: einer gänzlich unolympischen Macht, die auch Homer nicht zu verdrängen vermag (Baeumler, 28). »Das ›Schicksal‹ ist ein dem Olymp fremdes Prinzip, seiner düsteren Art nach mit den chthonischen Mächten verwandt. In der Odyssee heißen die Moiren die Spinnerinnen (*Od.* 7, 17). Hesiod kennt sie als die Töchter der Nacht und setzt sie mit den Erinnyen in Verbindung. Auch die ursprünglichen chthonischen Gottheiten sind weiblicher Natur. Man spürt, wie die durchsichtige Luft des homerischen Gedichts sich gleichsam trübt, wenn die Moira genannt wird« (Baeumler, 30). Sie und Aîsa, die finstere, unausweichliche Notwendigkeit, sagt Creuzer, sind »Gewalten, denen selbst die Götter sich beugen müssen«: Homer »ahne« hier das Fatum, er habe »das Gefühl des Schicksals« (*Symb.* 2. Teil, 2. Aufl. 1820, 457f.). So auch Nietzsche in der Tragödie-Schrift, wenn er die »über allen Erkenntnissen erbarmungslos thronende Moira« über alle anderen Mächte stellt (*WW* I, 30).

Man ermißt einigermaßen den Gegensatz, den die romantische Mythologie in die hellenische Klassizität hineinsah und den sie vor allem als einen Gegensatz der *epischen und der tragischen Welt* artikulierte. Dem entspricht der schon genannte Gegensatz von Symbolik und Mythologie, den ich präzisieren möchte: Im Symbol, sagt Creuzer, werde eine Idee ganz Bild, ganz sinnlich: sie präsentiere sich uns ohne Rest (*Symb.* I, 108), sie werde ganz und gar *Anschauung.* »Das Momentane, das Totale, das Unergründliche des Ursprungs und die Notwendigkeit sind die Hauptkennzeichen des Symbols« (*Symb.* I, 75). Dagegen ist für den *Mythus,* wie auch für die Allegorie, das Sukzessive wesentlich: die ältesten Mythen seien nichts als narrative Auslegungen komplexer Symbole: »ausgesprochene Symbole« (*Symb.* I, 83 f.). Es ist klar, daß dieser Gegensatz von Mythos und Symbol dem entspricht, den wir oben zwischen Mythos und Kult etablierten, wobei wir jenen (mit Ulrich Gaier) polar-distanzierend, diesen partizipativ-substantial nannten. Aber es gibt im Vorblick auf Nietzsche eine weitere Artikulation dieses Gegenstandes. Sie findet sich, soviel ich sehe, zuerst bei Friedrich Schlegel, in seinem zwischen 1795 und 1797 verfaßten Aufsatz *Über das Studium der griechischen Poesie:*

Im Gemüte des Sophokles war *die göttliche Trunkenheit des Dionysos,* die tiefe Erfindsamkeit der Athene, *und die leise Besonnenheit des Apollo* gleichmäßig verschmolzen. Mit Zaubermacht entrückt seine Dichtung die Geister ihren Sitzen und versetzt sie in eine höhere Welt; mit süßer Gewalt lockt er die Herzen, und reißt sie unwiderstehlich fort. Aber ein großer Meister in der seltenen Kunst des *Schicklichen* weiß er auch durch den glücklichsten Gebrauch der größten tragischen Kraft die *höchste Schonung* zu erreichen; gewaltig im Rührenden, wie im Schrecklichen ist er dennoch nie bitter oder gräßlich. – (*Kritische Ausgabe* seiner Werke, hg. von Ernst Behler u. a., München-Paderborn-Wien 1959ff., I, 298) (die ersten beiden Kursivierungen von mir [M. F.]).

Schelling wird in seiner *Philosophie der Offenbarung* schreiben:

Ja nicht einmal bloß in Gott, selbst im Menschen, soweit ihm ein Strahl von Schöpfungskraft verliehen ist, finden wir dasselbe Verhältniß, *diesen selben Widerspruch, eine blinde, ihrer Natur nach schrankenlose Produktionskraft, der eine besonnene, sie beschränkende und bildende, eigentlich also negierende Kraft in demselben Subjekt entgegensteht.* Jedes Geistes Werk zeigt sogar dem sinnigen Kenner, ob es aus einem harmonischen Gleichgewicht jener Thätigkeiten hervorgegangen, oder ob eine von beiden, und welche im Uebergewicht gewesen. Ein Uebergewicht der producirenden Thätigkeit ist da, wo die Form gegen den Inhalt zu schwach erscheint, der Inhalt die Form zum Theil überwältigt. Das Gegentheil findet statt, wo die Form den Inhalt zurückdrängt, dem Werk die Fülle fehlt. Nicht in verschiedenen Augenblicken, sondern in demselben Augenblick zugleich trunken und nüchtern zu seyn, dieß ist das Geheimniß der wahren Poesie. Dadurch unterscheidet sich die *apollinische Begeisterung* von der *bloß dionsysischen.* Einen unendlichen Inhalt – also einen Inhalt, der eigentlich der Form widerstrebt, jede Form zu vernichten scheint –, einen solchen unendlichen Inhalt in der vollendetsten, d. h. in der endlichsten Form darzustellen, das ist die höchste Aufgabe in der Kunst (*SW* II/4, 25, von mir kursiviert [M. F.]).

Hier haben wir in aller Deutlichkeit schon die Unterscheidung des trunken Dionysischen von dem besonnenen Apollinischen. Wie für Creuzer, der die symbolische Schicht der mythisch-narrativen vorausgehen läßt, so ist auch die »orphische Vorzeit« (von der man sagen kann, Schlegel habe sie entdeckt: *KA* I, 399 ff.) der apollinischen Welt in Schlegels Rekonstruktion der hellenischen Geschichte vorausgegangen. Wie Schelling seinerseits die hellenische Mythologie als einen Gang vom Dunkel ins Licht und von dort zurück ins Dunkel des Mysteriums interpretiert, habe ich im *Kommenden Gott* gezeigt. Hier ist nur nachzutragen, daß – vermittelt durch K. O. Müller – die Unterscheidung des Dionysischen und des Apollinischen auf Joh. Jakob Bachofen überging, der nicht nur Zeitgenosse und Schüler Schellings war, sondern in Basel auch der unmittelbare Kollege Nietzsches. Baeumler hat es in einem lesenswerten Abschnitt seines Buches (unter der Überschrift: »Chthonisch, dionysisch, apollinisch«) gezeigt (195 ff.). Bachofen ist ihm der eigentliche Mythologe der (Spät-)Romantik – in ihm erblickt er das Mittelglied, das zu Nietzsche und Erwin Rohde führt. Auch Bachofen setzt das Symbol vor den Mythos und nennt, ganz wie Creuzer, den »Mythus (...) die Exegese des Symbols. Er entrollt in einer Reihe innerlich verbundener Handlungen, was jenes einheitlich in sich trägt. (...) Das Symbol erweckt Ahnung, die Sprache kann nur erklären. (...) Nur dem Symbole gelingt es, das Verschiedenste zu einem einheitlichen Gesamteindruck zu verbinden. Die Sprache reiht einzelnes aneinander und bringt immer nur stückweise zum Bewußtsein, was, um allgemein zu ergreifen, notwendig mit einem Blicke der Seele vorgeführt werden muß« (*Gräbersymbolik,* S. 46 und 48; jetzt: *Ges. Werke* IV, 61 ff.). *Symbolik:* das ist real und leiblich – in Rausch, Tanz und Musik – *vollzogener Ritus; der Mythus* entfaltet nur – in der Repräsentation des Sprachlichen – die Geschichte, die im Symbol zur Handlung zusammengedrängt war. Die Symbolik ist die myst(er)ische, ekstatische, die dionysische Seite der Religion: im Apollinischen kondensiert sie sich zu klar gegeneinander artikulierten, d.h. distinkten Bildern, die zugleich vergegenwärtigen und in die Ferne rücken: der Mythos, das ist Dionysos, von Apoll ausgelegt. Anders gesagt: es ist die trunkene Lebenseinheit, artikuliert – d.h. gegliedert – vom Gott der epischen Kunst, von Apollon.

Diese Nietzschesche Sicht des Gegensatzes oder vielmehr der Interaktion von Teilhabe und Bildung findet sich wörtlich, außer bei Bachofen, schon bei Creuzer. »In dem lehrreichen Aufsatz, der den ersten Band der ›Studien‹ eröffnet (1805), spricht er von der ›ewigen Idee der Schönheit‹, die die Meister des alten Griechenland leitete. Fern von aller Reflexion erscheinen ihre Dichtungen *notwendig,* und selbst die Produkte der höchsten Besonnenheit, deren sich die klassische Poesie der Griechen freut, sind freie Ergießungen ihrer begeisterten Urheber. *Diese gänzliche Vernichtung aller Individualität* ist das entschiedenste Merkmal jener heiligen Trunkenheit, welche den wahren Dichter macht. Der ihn erfüllende Gott redet aus dem Dichter. Im Anschauen der ewigen Schönheit verloren, verschwindet das darstellende Subjekt, denn nicht der Sänger will erscheinen, sondern die Idee ... (Abdruck in den Deutschen Schriften. V, 1, S. 331)« (Baeumler, 110 [Kursivierung von mir (M. F.)]).

Wir werden gleich sehen, daß und wie dieser Zug der Vernichtung von Individualität bei Nietzsche als Grundzug des Dionysischen wiederauftaucht. Als letzten Schritt der historischen Hinführung will ich nur noch Bachofens Wortgebrauch erwähnen. In der von Manfred Schröter besorgten Textsammlung *Der Mythus von Orient und Occident* zählt Bachofen drei Möglichkeiten des weiblichen Daseins in der hellenischen Mythologie auf (die aphroditische, die amazonische und die demetrische) und bildet ihnen parallel drei Seinsmöglichkeiten des Mannes: die tyrannische, die dionysische und die apollinische. Die tyrannische Stufe stellt Bachofen der Weibergemeinschaft zur Seite: Da in der Geschlechterverbindung keine Sonderung eintritt und individuelle Vaterschaft wegfällt, »so haben alle nur Einen Vater, den Tyrannos, dessen Söhne und Töchter sie alle sind, und welchem alles Gut gehört« (l. c., 247; 249; Baeumler, 227): eine Art matriarchalischen Urkommunismus. Die apollinische Stufe liegt auf der entgegengesetzten Seite: in ihr – der Herrschaft des Mannes und des Lichtes und der Rationalität – sind die Erd-Religion und der Totenkult getilgt: »Vor Apollon beugt sich besiegt das Weib. Der Sensualismus vermag sich nicht aus sich selbst zu überwinden; nur das Prinzip der Unstofflichkeit entreißt den Menschen dem unaufhaltsamen Strom des Vergehens« (vgl. Bachofen, l. c., 109).

»Apollon ist das meta-physische, das übersinnliche Prinzip überhaupt; er bezeichnet dieses Prinzip aber auch ›metaphysisch‹ im anderen Sinne. Das Apollinische kann Gestalten annehmen, die durch den griechischen Gott Apollon nicht mehr bezeichnet werden. Eine dieser Formen ist das römische Recht als reines väterliches Recht. Die letzte und wichtigste Gestalt des apollinischen

Prinzips ist das Christentum, das mit seiner ›grundsätzlichen Negation‹ des Stoffes den durch Apollon begründeten *Spiritualismus* befestigt und zum Abschluß bringt (...)« (Baeumler, l. c., 227/8).

Zwischen der Möglichkeit des Tyrannischen und der des Apollinischen liegt nun für Bachofen – den Nietzsche, wie man weiß, gekannt und dessen *Gräbersymbolik* er während der Arbeit an der Tragödie-Schrift ausgeliehen hat – die Gestalt des *Dionysischen.* Sie bewahrt die Anhänglichkeit gegen die Erdmutter-Gottheiten (Dionysos ist »der Frauen Gott« [Bachofen, l. c., 357]), aber unter Bedingungen der Männerherrschaft (Dionysos ist ein männlicher Gott). Innerhalb der Geschichte der sich entwickelnden (apollinischen) Rationalität bedeutet sein Kult einen Rückfall, wie dies am deutlichsten in den *Bakchen* des Euripides zur Sprache kommt. Andererseits ist dieser »phallische Herr des üppigen Naturlebens« der Wiederhersteller – in höherer »Potenz« – des alten demokratischen Urkommunismus: er stiftet eine Massenbewegung mit anarchischen Zügen (gegen staatliche Gliederung, unter »Aufhebung aller Unterschiede«, in Freiheit und Gleichheit auf natürlicher Grundlage). »An niemand hat Zeus den Szepter seiner Macht abgetreten als an Dionysos, der alle übrigen Kulte sich unterzuordnen wußte, und zuletzt als Mittelpunkt einer die Gesamtheit der alten Welt beherrschende *Universal-Religion* erscheint« (Bachofen, *Der Mythus von Orient und Occident,* 55). Dies ist aber nur die eine Seite des Dionysischen. Mit der anderen neigt es sich gegens Apollinische, dem es selbst endlich unterliegen wird: in Delphi wird man den Weingott begraben sehen zu Füßen des Apoll, der auch das – ursprünglich weiblich verwaltete – Orakel unter seine Ägide nimmt. All das bildet – bis auf die Betonung der mütterrechtlichen Einschlüsse – eine entscheidende Vorwegnahme dessen, was Nietzsche über Dionysos sagen wird. Ich zitiere abschließend eine Bachofen-Passage aus dem *Mythus von Orient und Occident* (393), wo von der »Tigerglut des bakchischen Daseins« die Rede ist. Dionysos ist für Bachofen *dithyrambogenäs,* »voller Gemütsbewegung undVeränderung, voller Irrgänge und Umschweife. [Zu beachten die folgende Wendung, die man von den Romantikern schon kennt und bei Nietzsche wiederfindet:] Er ist *der Rätselgott der werdenden Welt,* dem zu Ehren mit Fabeln und Gryphen gespielt wird, der nicht mit Ordnung und stets gleichbleibendem Ernst, sondern mit Scherz, Mutwille, Raserei, Ungleichheit sich verbindet, immer täuschend durch den

Wechsel der Farben, dem Dualismus eng verwandt, mit seiner Schöpfung dem Tode verfallen und zu Füßen des Delphiers beerdigt« (l. c., 393; von mir kursiviert [M. F.]). So hatte es schon Schelling gesehen:

Nicht umsonst haben die Alten von einem göttlichen und heiligen Wahnsinn gesprochen. So sehen wir ja auch die schon in freier Entfaltung begriffene Natur in dem Verhältniß, als sie dem Geist sich annähert, gleichsam immer taumelnder werden. Denn es befinden sich zwar alle Dinge der Natur in einem besinnungslosen Zustand; jene Geschöpfe aber, die der Zeit des letzten Kampfes zwischen Scheidung und Einung, Bewußtseyn und Bewußtlosigkeit angehören und in den Schöpfungen der Natur unmittelbar dem Menschen vorangehen, erblicken wir in einem der Trunkenheit ähnlichen Zustande dahinwandeln [vgl. *SW* II/2, 427]. Nicht umsonst wird der Wagen des *Dionysos* von Panthern und Tigern gezogen; denn es war *dieser wilde Taumel der Begeisterung,* in welchen die Natur vom Anblick des Wesens geräth, den der uralte Naturdienst ahndender Völker in den trunkenen Festen bacchischer Orgien gefeiert. Wogegen jene innere Selbstzerreißung der Natur, jenes wie wahnsinnig in sich selbst laufende Rad der anfänglichen Geburt und die darin wirkenden furchtbaren Kräfte des Umtriebs in anderem schrecklicherem Gepräng uralter götterdienstlicher Gebräuche, durch Handlungen einer sich selbst zerfleischenden Wuth, wie Selbstentmannung (es sey um die Unerträglichkeit der drückenden Kraft oder ihr Aufhören als Zeuge der Potenz auszudrücken), durch Herumtragen der zerstückelten Glieder eines zerrissenen Gottes, durch besinnungslose rasende Tänze, durch den erschütternden Zug der Mutter aller Götter *[Kybele],* auf dem Wagen mit ehernen Rädern, begleitet von dem Getöse einer rauhen, theils betäubenden theils zerreißenden *Musik,* angebildet. Denn nichts ist jenem inneren Wahnsinn ähnlicher als die Musik, die durch das beständige excentrische Ausweichen und Wiederanziehen der Töne am deutlichsten jene Urbewegung nachahmt und selbst *ein drehendes Rad* ist, das, von Einem Punkt ausgehend, durch alle Ausschweifungen immer wieder in den Anfang zurückläuft.
Die größte Bestätigung dieser Beschreibung ist, daß jener sich selbst zerreißende Wahnsinn noch jetzt das Innerste aller Dinge, und nur beherrscht und gleichsam zugutegesprochen durch das Licht eines höheren Verstandes, die eigentliche Kraft der Natur und aller ihrer Hervorbringungen ist. Seit Aristoteles ist ja sogar ein vom Menschen gewöhnlich[es] Wort, daß ohne einen Zusatz von Wahnsinn keiner etwas Großes vollbringe. Wir möchten statt dessen sagen: ohne eine beständige Sollicitation zum Wahnsinn, der nur überwunden werden, nie ganz fehlen darf. (...) Wo (...) kein Wahnsinn, ist (...) auch kein rechter, wirkender, lebendiger Verstand (daher auch der todte Verstand, todte Verstandes-Menschen); denn worin soll sich der Verstand beweisen als in der Bewältigung, Beherrschung und Re-

gelung des Wahnsinns? Weßhalb denn der gänzliche Mangel des Wahnsinns zu einem andern Aeußersten führt, zum Blödsinn (Idiotismus), welcher eine absolute Abwesenheit alles Wahnsinns ist. (*SW* I/8, 337–9, fast wörtlich ebenso *WA* I, 42/3, = *Die Weltalter.* Fragmente. In den Urfassungen von 1811 und 1813, hg. von Manfred Schröter, München 1946 [Kursivierung von mir (M. F.)].)

Soviel zur mythologisch-philologischen Vorgeschichte der von Nietzsche nur erneuerten Phantasie des Dionysischen-Apollinischen.

Es gibt schließlich einen vierten, Nietzsches Schrift gliedernden Gegensatz, nämlich den von Wille und Schein (oder Erscheinung). Auch er ist der Tradition entnommen, vor allem natürlich Schopenhauers Hauptwerk *Die Welt als Wille und Vorstellung,* die ihn schon im Titel ausstellt.

Ich will nun zuerst zeigen, daß und wie Nietzsche diese aus der Tradition auf ihn gekommenen Gegensätze manipuliert und eventuell zu neuem Sinn erweckt.

Um damit zu beginnen: Der Gegensatz von symbolischer Identifikation und ästhetischer Distanzierung steckt schon in der Unterscheidung von Rausch und Traum als den Weisen des Dionysischen und des Apollinischen. Im Rausch – der Musik – *ist* der Berauschte eines mit dem Ur-prinzip des Weltalls, welches ist = Wille. Im Traum dagegen ist der Wille artikuliert – gegliedert – gebrochen und entwirklicht in Bildern, also in Erscheinungen, die als solche nur noch einen mittelbaren Bezug zum Seinsprinzip des Weltwillens unterhalten.

Schopenhauers Vorbild ist überall präsent. Alle Wesen der erscheinenden, der körperlichen Welt sind nach seiner Lehre Vereinzelungen und Gliederungen eines einzigen Prinzips, des Willens oder des Willens-zum-Leben: Wie es in der indischen Mythologie erzählt wird, breitet sich über das als solches undarstellbare Prinzip der Schleier der Maja, der den gemeinsamen Urgrund alles Seienden in der Mannigfaltigkeit der Erscheinungen sichtbar macht. Man muß freilich erkennen, daß dieses Sichtbarmachen zugleich verbirgt, was eigentlich seiend ist an den Erscheinungen; und das ist nicht ihre Individualität, ihr Unterschiedensein von allen anderen, sondern der Wille, der sich in ihnen objektiviert und in dem sie alle eines sind. Hat man eingesehen, daß der Lebenswille das in allen Erscheinungen eigentlich Seiende ist, dann hat man zugleich die Irrealität der erscheinenden Welt eingesehen, die sich uns als die eigentlich seiende aufdrängt, d. h.: dann hat man den täuschenden Schleier der Maja durchdrungen. Von diesem Schleier der Maja sagt Schopenhauer – und Nietzsche zitiert ihn –, er sei das *principium individuationis,* also dasjenige Prinzip, das aus dem Ureinen die Menge der voneinander unterschiedenen, in Raum und Zeit sich darstellenden und nach dem Gesetz der Kausalität artikulierten Einzelwesen hervorgehen lasse.

Nichts von dem, was Nietzsche darüber sagt, ist originell; allenfalls ist er noch populärer als schon Schopenhauer selbst. Originell ist freilich die Anwendung des Gegensatzes von Wille und Erscheinungswelt auf den Gegensatz des Dionysischen und des Apollinischen. Das Dionysische ist ihm die Willens-Seite des Seienden, im Apollinischen gerinnt und verflüchtigt es sich zu Schein. Mehr noch: das Dionysische ist, wie der Lebenswille, *als* solcher (d. h.: bevor er sich in Raum, Zeit und Kausalität *darstellt*) gar kein Objekt unserer Anschauung; um uns fühlbar und sichtbar und verständlich zu werden, bedarf Dionysos der Unterstützung des Apollon, der seine Abgründigkeit ans Licht erhebt, d. h. zum »Scheinen« bringt: ist doch Apoll »seiner Wurzel nach der ›Scheinende‹, die Lichtgottheit« (*WW* I, 23) in jenem ganz allgemeinen Sinne, der erst hernach auch die Erscheinungen der Phantasiewelt umgreift. Nach Schopenhauers Lehre *ist* ja die sogenannte wirkliche Welt gar nicht die seiende, sondern selbst eine nur erscheinende, die zu einem reinen Nichts wird, wenn man ihr den Willensgrund entzieht.

Auch bei Nietzsche – und das wird meistens übersehen, wo Nietzsches Tragödie-Schrift in hurtigen Redeläufen zusammengefaßt wird – wird das Dionysische und das Apollinische nicht als Zweiheit von Wesenstendenzen gedacht, sondern als zwei Seiten eines und desselben Prinzips: eben des höchsten Seinsgrundes in seinen Formen als Wille *und* als Erscheinung.

Dieses Modell erlaubt Nietzsche nun auch eine Periodisierung der griechischen Religion: Insgesamt erblickt er in ihrer ganzen Geschichte eine permanente konfliktreiche Auseinandersetzung der beiden Prinzipien, die aber in der klassischen – d. h. der voreuripideischen bzw. vor-sokratischen Periode – miteinander ausgesöhnt werden konnten: In Delphi erscheinen Dionysos und Apollon friedlich vereint, und ebenso in der griechischen Kunst und Literatur, allem voran in der Tragödie: »Diese Versöhnung ist der wichtigste Moment in der Geschichte des griechischen Kultus;

wohin man blickt, sind die Umwälzungen dieses Ereignisses sichtbar« (27).

Das Versöhntsein der beiden Lebensprinzipien bedeutet nun aber nicht – und hier folgt Nietzsche Creuzers Kritik am klassizistischen Antikenbild – die Aufhebung des Dionysischen im Apollinischen. Vielmehr ist Nietzsches Rekonstruktion der Antike genauso archäologisch wie die romantische: »Jetzt«, sagt er, »öffnet sich uns gleichsam der olympische Zauberberg und zeigt uns seine Wurzeln« (30). Jetzt – nämlich, nachdem wir die schon erwähnte Fabel von Silen und Midas uns ins Gedächtnis gebracht haben, die jäh das griechische Wissen von den »Schrecken und Entsetzlichkeiten des Daseins« enthüllt. Silen, der Anführer der Satyrn im Gefolge des Dionysos, hatte, vom König Midas gefangen und gezwungen, ihm das für den Menschen Allerbeste zu verraten, folgendes geantwortet: »Elendes Eintagsgeschlecht, des Zufalls Kinder und der Mühsal, was zwingst du mich dir zu sagen, was nicht zu hören für dich das Ersprießlichste ist? Das Allerbeste ist für dich gänzlich unerreichbar: nicht geboren zu sein, nicht zu *sein, nichts* zu sein. Das Zweitbeste aber ist für dich – bald zu sterben« (29/30).

In diesem Wort sieht Nietzsche den Schacht sich öffnen, der gleichsam aus der lichtvollen Olympierwelt ins Souterrain der alten Erd- und Dionysos-Kulte sich öffnet. In ihnen wird ja das immerwährende Leiden der Individuation begangen und symbolisch miterlitten. Der Lebenswille ist nämlich nicht als solcher leidvoll und unerträglich; als solcher ist er ja vielmehr der Lebens-, der Erhaltungs- und Steigerungsdrang des Lebenden selbst: höchste Lust, Bejahung. Das Leiden entsteht erst in der und durch die Individuation. Hier zerstückelt sich der Eine, allem Lebenden gemeinsame Lebenswille; denn nun manifestiert er sich in Millionen von Individuen, die sich gegenseitig bedrohen und ans Leben wollen: denn in jedem von ihnen lebt der Eine Lebenswille mit wütender Ausschließlichkeit, als hemmungsloser Egoismus, als Krieg aller gegen alle: so hat ihn uns Schopenhauers Pessimismus in oft eindrucksvollen Bildern gezeigt. Und Nietzsche überträgt dies Gemälde auf das Wort des Silen, des Dionysos-Gefährten, der es wissen muß.

Man wird einwenden: wenn das Individuationsprinzip durch den Lichtgott Apollon verkörpert wird und wenn es doch das Individuationsprinzip ist, das den Willen – wie den Dionysos Zagreus –

zerstückelt und leiden macht, *wie* sollte dann gerade im Individuationsprinzip des Apollinischen eine Erlösung und Verklärung der wilden Naturmacht des Lebenswillens zu erstreben sein?

Die Frage stellt sich jeder aufmerksame Leser der Tragödie-Schrift, die in der Tat über diesen Punkt wie über viele andere nicht besonders deutlich ist und immer mehr behauptet als beweist. Indessen: man kann Nietzsches lückenhafte Argumentation durch Andeutungen ergänzen, die noch einmal auf Schopenhauer verweisen.

Schopenhauer gibt dem Lichtgott Apollon gleichsam zwei, wohl zu unterscheidende Auftritte: einmal verzaubert der Gott, seine Maja-Netze auswerfend, das »Ur-Eine« – das Ursein – in die gegliederte Welt des Scheins; in diesem Falle ist sie bloßer, wenn auch von uns für wirklich gehaltener Schein. Aber er produziert noch einen anderen Typ von Schein, nämlich den ästhetischen: in ihm besteht die Individualität der Dinge fort, aber sie verklärt sich zur Hülle der Ideen. Darunter versteht Schopenhauer die Urbilder der Natur, nach denen der Lebenswille in der Stufenfolge seiner Objektivationen – angefangen von der blinden Materie über die pflanzliche und tierische Welt bis hinauf zum selbstbewußten Menschenwesen – verfährt. Die Ideen sind also gleichsam die stillgestellten Typen der Stadien des Evolutionsprozesses. Und *sie* sind es, die hinter der vergänglichen Schein-Gestalt der Wirklichkeit der ästhetischen Intuition sich enthüllen. Die ästhetische Anschauung unterscheidet sich von der empirischen überdies noch dadurch, daß in ihr – wie Schopenhauer sich ausdrückt – der Mensch aus der Zuchthausarbeit des Angespanntseins im Dienst des Lebenswillens heraustritt; der grausame Wille feiert seinen Sabbath, das Feuerrad des Ixion steht still: für Augenblicke tritt der befreite Mensch aus dem Rad des sinnlosen Fronens heraus und schaut in seliger Unbeteiligtheit die Urbilder des Seins – eben die Ideen.

Noch eines muß ich aus Schopenhauers Text ergänzen, bevor ich die Anwendung auf Nietzsche mache: Schopenhauer ordnet den verschiedenen evolutionären Schüben der Selbstobjektivation des dionysischen Lebenswillens verschiedene Kunst-Arten zu. Die ästhetische Objektivation des Menschen ist ihm z. B. die redende Kunst, die Poesie; während er – ein anderes Beispiel – die Architektur der anorganischen Naturwelt zuordnet. Das für Nietzsche Wesentliche ist nun die Sonderstellung, die die *Musik* bei Schopenhauer erfährt. Auch Nietzsche nennt sie die unbildliche Kunst: die Rausch- oder die dionysische Kunst. Das hat er von Schopenhauer, denn Schopenhauer läßt die Musik nicht eine bestimmte, und sei es die oberste oder unterste Stufe der Selbstobjektivation des Willens, verklären: sondern den *Willen selbst und als solchen;* so daß man, bemerkt er, fast ebenso gut sagen könnte, die wirkliche Sinnenwelt sei objektivierter Wille, wie: sie sei objektivierte, erstarrte Musik. (Der einzige Unterschied zwischen Wille und Musik ist, daß jener außer der Zeit ist, die Musik aber zeitlich sich erstreckt.)

Jetzt können wir zu Nietzsches Tragödie-Schrift zurückkommen. Der Gegensatz »Rausch« und »Traum« artikuliert in *seinem* Text nur terminologisch neu den Schopenhauerschen von Wille und Erscheinung, und zwar ist mit »Erscheinung« gemeint die ästhetische Erscheinung. Um überhaupt erscheinen, d. h. für uns dasein zu können, sagt er, muß sich der Wille irgendwie objektivieren, d. h., in Schein überführen lassen. Das gilt auch für die abgründigste und dionysischste aller Künste: die Musik. Sie ist nicht der Urgrund des Seienden selbst, sondern sein »Abbild (...), wenn anders diese mit Recht als eine Wiederholung der Welt und ein zweiter Abguß derselben genannt worden ist« (nämlich von Schopenhauer) (37). Das für uns Wichtige an diesem oft überlesenen Satz ist, daß Nietzsche den Apollon, als den Scheinknüpfer, schon im Rausch selbst die Hand im Spiel haben läßt: um sich als Rausch – als Musik – artikulieren zu können, muß die Welt des dionysischen Urwillens sich irgendwie individuieren und artikulieren. Darum geht, wer berauscht ist, zwar den Weg zurück ins Ureine, aber ins Ureine nur, insofern es selbst dem Bewußtsein zugänglich ist: in seiner ursprünglichsten Objektivation. Von dieser ursprünglichen Objektivation, fährt Nietzsche fort, erfolgt in der Kunst – der Kunst sensu stricto: der Rausch ist ja noch nicht selbst Kunst – eine zweite Objektivation: Der Traum, der den Rausch interpretiert, verwandelt ihn in einen *»Schein des Scheins«* (33), sie gibt dem Übermaß des Dionysischen apollinisches Maß (33/4). Ich zitiere, nach diesen hinführenden Vorbemerkungen, nun einen Passus aus Nietzsches Schrift, in dem er über den Lyriker spricht (im Zusammenhang nämlich einer Bemerkung Schillers, daß er seine Gedichte aus einer vorhergehenden »musikalischen Gemütsstimmung« [37] empfange):

Er ist zuerst, als dionysischer Künstler, gänzlich mit dem Ur-Einen, seinem Schmerz und Widerspruch eins geworden und produziert das Abbild des Ur-Einen als Musik, wenn anders diese mit Recht eine Wiederholung der Welt und zweiter Abguß derselben genannt worden ist; jetzt aber wird diese Musik ihm wieder wie in einem *gleichnisartigen Traumbilde,* unter der apollinischen Traumeinwirkung sichtbar. Jener bild- und begriffslose Widerschein des Urschmerzes in der Musik, mit seiner Erlösung im Scheine, erzeugt jetzt eine zweite Spiegelung, als einzelnes Gleichnis und Exempel. Seine Subjektivität hat der Künstler bereits in dem dionysischen Prozeß aufgegeben: das Bild, das ihm jetzt seine Einheit mit dem Herzen der Welt *zeigt,* ist eine Traumszene, die jenen Urwiderspruch und Urschmerz, samt der Urlust des Scheines, versinnlicht. Das »Ich« des Lyrikers tönt also aus dem Abgrunde des Seins: seine »Subjektivität« im Sinne der neueren Ästhetiker ist eine Einbildung (usw., 37) (die zweite Kursivierung von mir [M. F.]).

An diesem Passus ist vieles dunkel, und zwar nicht wegen der Befrachtung durch Metaphern, sondern gedanklich; erstens ist unverständlich, warum Nietzsche den Willen selbst als Schmerz bezeichnet (der entsteht doch erst durchs principium individuationis); zweitens ist unverständlich, wie er, obwohl er in diesem Passus selbst erklärt, der dionysische Rausch sei nur ein *Bild* des Seins, gleichwohl behaupten kann, der Künstler entkomme in der ästhetischen Produktion seiner Subjektivität und tauche ab in den Urgrund des Seins, der doch als solcher keiner Darstellung fähig ist. (Die Musik, aus der der Lyriker empfängt, ist ja selbst bloß Abbild des Ur-Einen, also apollinisch vermittelt.)

Trotz dieser Widersprüche ist jedoch klar (und hier muß man Nietzsche in Schutz nehmen vor seinen falschen Freunden, die ihn gerade *wegen* seines angeblichen Liebäugelns mit dem Irrationalismus schätzen): Nietzsches Dionysos geht eben nicht, wie Bloch spöttisch sagt, auf der Flucht vor der Kultur in den Urwald zurück; er ist selbst ein ästhetisch gebrochenes, ein schon interpretiertes Phänomen.

Das lehrt eine andere Formulierung Nietzsches, die unmittelbar auf Schopenhauer sich beruft, noch deutlicher: Der Wille, heißt es dort, *erscheint* als Musik. Nietzsche unterstreicht das »erscheint« und fährt dann fort: »Sie *erscheint als Wille,* das Wort im Schopenhauerischen Sinne genommen, d. h. als Gegensatz der ästhetischen, rein beschaulichen willenlosen Stimmung. Hier unterscheide man so scharf als möglich den Begriff des Wesens von dem der Erscheinung: denn die Musik kann, ihrem Wesen nach, unmöglich Wille sein, weil sie als solcher gänzlich aus dem Bereich der Kunst zu bannen wäre – denn der Wille ist das an sich Unästhetische –; aber sie *erscheint* als Wille. (...) als apollinischer Genius interpretiert er [der Lyriker] die Musik durch das Bild des Willens, während er selbst, völlig losgelöst von der Gier des Willens, reines ungetrübtes Sonnenauge ist« (43) (die zweite Kursivierung von mir [M. F.]).

Aufmerksamkeit verdient die Formulierung von der »Erlösung im Scheine«. Man kann sie schon bei Schiller und Schopenhauer finden. Aber bei Nietzsche bekommt sie doch einen eigenen Stellenwert, der seine Schrift im Zusammenhang einer Besinnung auf die Wirkungsgeschichte der frühromantischen Idee einer Neuen Mythologie so wesentlich macht. Nietzsche meint nämlich, daß das dionysische Leiden – das jähe Ineins von äußerster Lust und wildestem Schmerz – den Griechen erträglich nur gewesen sei, sofern es apollinisch verklärt wurde: auch die Musik, auch die aus ihrem Geiste entstandene Tragödie lasse der rasende Gott nur in Schein verklärt zu Tage kommen.

Der Mythos, hatten wir gesagt, rechtfertigt durch Rückführung aufs Heilige ein Seiendes der natürlichen und/oder der kulturellen Welt. Vereinfacht: er leistet eine religiöse Rechtfertigung des Lebens, das als solches unerträglich leidvoll sein würde. Machen wir jetzt einen großen Sprung und erinnern uns der romantischen Diagnose, daß unter den Hieben der Aufklärung Gott selbst für uns gestorben ist, dann gibt es für uns eine religiöse Rechtfertigung des Lebens nicht mehr – ebensowenig eine der Gesellschaft.

Nietzsche meint freilich: es gibt noch die an der klassischen Antike uns demonstrierte Möglichkeit einer *ästhetischen* Rechtfertigung des Lebens. Das ist eine berühmte, in der Tragödie-Schrift wiederkehrende Formulierung, deren erstes Auftreten ich im Zitat festhalten will:

> denn nur als *ästhetisches Phänomen* ist das Dasein und die Welt ewig gerechtfertigt (40).

In dem Zusammenhang, da dies Wort steht, meint es zunächst: die Welt ist als solche nicht gerechtfertigt: denn sie ist ja eben nur Krieg, Mord und Totschlag, Schmerz, Sterben und immerwährender Stachel der Pein. Erst ins Bild gebracht – Dionysos durch Apollon interpretiert – wird sie erträglich; genau das ist's, was die Kunst leistet. Aber im Gegensatz zu Schopenhauer, der in der

Sprache der Kunst nur das Nein gegen den mörderischen Lebenswillen vernimmt, nennt Nietzsche die Kunst den »verklärenden Spiegel« des Lebens: »Derselbe Trieb«, sagt er, »der die Kunst ins Leben ruft, als die zum Weiterleben verführende Ergänzung und Vollendung des Daseins, ließ auch die olympische Welt entstehen, in der sich der hellenische ›Wille‹ einen verklärenden Spiegel vorhielt« (30; vgl. ähnlich 48/9, 59, passim). Im Vorwort von 1886 erläutert Nietzsche aus dem Rückblick seiner Spätphilosophie seinen Gesichtspunkt wie folgt:

Bereits im Vorwort an Richard Wagner wird die Kunst – und *nicht* die Moral – als die eigentlich *metaphysische* Tätigkeit des Menschen hingestellt; im Buche selbst kehrt der anzügliche Satz mehrfach wieder, daß nur als ästhetisches Phänomen das Dasein der Welt *gerechtfertigt* ist. In der Tat, das ganze Buch kennt nur einen Künstler-Sinn und Hintersinn hinter allem Geschehen, – einen »Gott«, wenn man will, aber gewiß nur einen gänzlich unbedenklichen und unmoralischen Künstler-Gott, der im Bauen wie im Zerstören, im Guten wie im Schlimmen, seiner gleichen Lust und Selbstherrlichkeit innewerden will, der sich, Welten schaffend, von der *Not* der Fülle und *Überfülle,* vom *Leiden* der in ihm gedrängten Gegensätze löst. Die Welt, in jedem Augenblick die *erreichte* Erlösung Gottes, als die ewig wechselnde, ewig neue Vision des Leidendsten, Gegensätzlichsten, Widerspruchsreichsten, der nur im *Scheine* sich zu erlösen weiß: diese ganze Artisten-Metaphysik mag man willkürlich, müßig, phantastisch nennen –, das Wesentliche daran ist, daß sie bereits einen Geist verrät, der sich einmal auf jene Gefahr hin gegen die *moralische* Ausdeutung und Bedeutsamkeit des Daseins zur Wehre setzen wird (14).

II

Ich möchte meinen Parcours durch Nietzsches Tragödie-Schrift mit drei Fragen beschließen, bevor ich die Paralleltradition der Wagnerschen Tragödientheorie aufgreife und bis ins Thingspiel verfolge.

Die erste Frage richtet sich auf Nietzsches Erklärung des Ursprungs der Tragödie, die wir ja immer noch nicht beantwortet haben.

Die zweite lautet: Wer ist Nietzsches Dionysos? (Das meint: welche mythologischen Eigenschaften hat dieser neue, nicht-religiös konzipierte Gott über den Zug hinaus, daß von ihm der psychologische Charakter [vgl. $36,_2$ u.] *des* Dionysischen sich beschreibt?

Und in welcher Beziehung hält er sich zu Schellings und Hölderlins kommendem Gott?)

Die dritte Frage verfolgt Nietzsches Entwurf einer Geschichte des Abendlandes. Diese Geschichte interessiert uns insofern, als sie konzipiert ist als diejenige eines Heils-Verlustes, als ein Heimatloswerden der von ihren kultischen Wurzeln durch einseitigen Verstandes-Gebrauch abgelösten Menschheit. Dieser Gedanke wird mir Gelegenheit bieten, zu Richard Wagners Tragödie-Schrift *Das Kunstwerk der Zukunft* überzugehen. Ihr wie dem Aufsatz *Die Kunst und die Revolution* verdankt *Die Geburt der Tragödie* sehr viel, obwohl dieser Zusammenhang selten herausgestellt wird; Nietzsche ist daran selbst ganz unschuldig, denn der Schluß seiner Abhandlung beschäftigt sich ja fast ausschließlich mit dem Gedanken einer Wiederherstellung des Mythos – der *»Wiedergeburt des deutschen Mythus«* (126), wie er wörtlich schreibt –, und zwar im Werk Richard Wagners, in dem er das Wesen des tragischen Zeitalters wiederauferstehen sieht.

Zunächst zur ersten der drei Fragen: Wie ist die Tragödie des klassischen Zeitalters der Hellenen entstanden? Was trägt zu ihrer geschichtlichen Erklärung der Gegensatz des Dionysischen und des Apollinischen bei?

Ich halte mich im ersten Durchgang streng an Nietzsches eigene Ausführungen (um später einige gesicherte Erklärungen des Phänomens vorzustellen). Freilich, Nietzsche ist über diesen entscheidenden Punkt verhältnismäßig wortkarg. Daß die Tragödie wie auch die Komödie aus der Dionysos-Religion sich entwickelt haben, das ist keineswegs eine neue Einsicht Nietzsches: Dieser Satz beschreibt vielmehr einen schon von Aristoteles (*Poetik* 3, 1448 a 29 – 1449 a 35) bezeugten historischen Sachverhalt. Auch die These vom Tragödienchor als dem »*dramatische[n]* Urphänomen« (*WW* I, 52) ist mitnichten originell. Das war längst bekannt und in den maßgeblichen altertumswissenschaftlichen Enzyklopädien und Schriften nachzulesen, daß beide, Komödie wie Tragödie, sich aus Chören entwickelt haben, die in den kultischen Aufführungen *(drómena)* der Dionysos-Mysterien beheimatet sind. Beide gingen aus unscheinbaren Stegreifspielen hervor, in denen das Leiden und Wiederauferstehen des Gottes gestisch-pantomimisch-tänzerisch, endlich auch sprachlich miterlebt wurde, um im 5. Jahrhundert seine klassische Form zu erreichen. Die Tragödie wurde ab 534 in staatliche Pflege genommen, d. h., der athenische

Staat nahm die Choregia unter die Leiturgiai auf. Unter Leiturgiai begriffen die Athener Sonderleistungen wohlhabender Bürger für ihren Staat. Ab 534 galt auch die Choregia, die Gestellung eines Dramenchors, als Leiturgiai. Die Komödie erhielt diese Unterstützung »erst spät«, sagt uns Aristoteles (*Poetik* 5, 2), nämlich erst ab 488/7. Seither gibt es neben den Komödienaufführungen an den Länaien (das ist ein Kelterfest im Monat Gamälion = Februar) auch solche an den großen Dionysien (im Monat Elaphebolion = März). Die Kosten für die Aufführungen wurden aus den Liturgien bestritten.

Daß die Komödie aus alten Fruchtbarkeits-Riten (Saaten-Zauber-Festen) hervorgegangen ist, in denen Dionysos und Demeter eine wichtige Rolle spielten, ist durch das Tragen des Phallos im Kostüm der vollentfalteten Komödie als Zug aufbewahrt, selbst wenn der Ursprung vergessen gewesen sein sollte. Die Verbindung mit kultischen Bereichen beweisen auch die Tiermasken, deren Träger sich dadurch – durch magische Teilhabe – ins wirkliche Gefolge des Gottes verwandelten (vgl. Platon, *Theaitetos* 176b: *hómoios theô*). Dem Satyrspiel und zahlreichen Komödien ist die Maske verblieben. Komödie und Tragödie waren für die Griechen stets Teil des Kultes, wie unter anderem der Ehrenplatz des Dionysospriesters im Theater und der Altarstein inmitten der Orchestra beweisen.

Das ist gerade der Zug, den Nietzsche betont: die Tiermaske – die den Gott als Satyr und den Satyr als Gott darstellt – ist das Symbolon der »Natur, an der noch keine Erkenntnis gearbeitet, in der die Riegel der Kultur noch unerbrochen sind« (49). Im Satyrchor verwandelt sich – durch die Magie der rituellen Partizipation – die Masse der Zuschauer in jenes wilde, rasende, wahnsinnige Gefolge des Weingottes, dessen Leiden und Triumphe es am eigenen Leibe mitvollzieht. Dabei, sagt Nietzsche, muß man sich stets vor Augen führen, »daß das Publikum der attischen Tragödie sich selbst in dem Chore der Orchestra wiederfand, daß es im Grunde keinen Gegensatz von Publikum und Chor gab: denn alles ist nur ein großer erhabener Chor von tanzenden und singenden Satyrn oder von solchen, welche sich durch diese Satyrn repräsentieren lassen« (50). In diesem Sinne wäre also der Chor, das »*dramatische* Urphänomen«, die »Urtragödie« (wie Nietzsche auch sagt [51])*,

* So auch J. Burckhardt: »Unerwartet, aus der Musik, aus dem Chorgesang geheimnisvoll mächtig dionysischer Gottesdienste erhebt sich wie aus einem reichen

»eine Selbstbespiegelung des dionysischen Menschen«: wie in einem leuchtenden Gebirgstal bejubeln die in Bakchen verwandelten Zuschauer das Nahen ihres Gottes im Talgrunde der Orchestra (51). Diese Verwandlung oder »Verzauberung ist [für Nietzsche] die Voraussetzung aller dramatischen Kunst. In dieser Verzauberung sieht sich der dionysische Schwärmer als Satyr, *und als Satyr wiederum schaut er den Gott,* d. h. er sieht in seiner Verwandlung eine neue Vision außer sich, als apollinische Vollendung seines Zustandes. Mit dieser neuen Vision ist das Drama vollständig« (52). Nietzsche fährt fort wie folgt – und das ist das vielleicht entscheidende Résumé seiner Theorie:

Nach dieser Erkenntnis haben wir die griechische Tragödie als den dionysischen Chor zu verstehen, der sich immer von neuem wieder in einer apollinischen Bilderwelt entladet. Jene Chorpartien, mit denen die Tragödie durchflochten ist, sind also gewissermaßen der Mutterschoß des ganzen sogenannten Dialogs, d. h. der gesamten Bühnenwelt, des eigentlichen Dramas. In mehreren aufeinanderfolgenden Entladungen strahlt dieser Urgrund der Tragödie jene Vision des Dramas aus: die durchaus Traumerscheinung und insofern epischer Natur ist, andererseits aber, als Objektivation eines dionysischen Zustandes, nicht die apollinische Erlösung im Scheine, sondern im Gegenteil das Zerbrechen des Individuums und sein Einswerden mit dem Ursein darstellt. Somit ist das Drama die apollinische Versinnlichung dionysischer Erkenntnisse und Wirkung und dadurch wie durch eine ungeheure Kluft vom Epos [d. h. natürlich: von Homer] abgeschieden (52/3).

Wenn ich diese Worte durch Wendungen aus Ulrich Gaiers Mythen-Typologie umschreiben sollte, müßte ich sagen: das Drama ist eine Mischform aus magisch-partizipativen (oder kultischen) und narrativ-mythischen (Nietzsche sagt: epischen) Zügen. In der Tragödie durchschlägt gleichsam der substantiale Charakter der alten Kulte die Hülle der mythischen Distanzierung. Nietzsche zeigt das am Beispiel des *Prometheus* von Aischylos, wo die heitere Welt der olympischen Götter jäh und schmerzlich an die dunkle Moîra (die Schicksalsgöttin) erinnert wird, die schon den Brand an ihre Burg gelegt hat; und an *Antigone,* wo die mythische Gewaltenteilung der thebanischen Polis und ihre Satzungen ebenso jäh mit dem alten Toten- und Verwandtschaftskult konfrontiert werden, die sich hier tödlich durchsetzen. Ein anderes

Blumenbeet eine scheinbar fremd geartete Prachtblume: das zunächst dionysische, dann dem ganzen Mythus geweihte Drama« (*Griechische Kulturgeschichte,* hg. von Rudolf Max, Stuttgart 1939–41, II, 268).

Beispiel ist *Ödipus* (den Nietzsche sehr stark unter dem Einfluß von Wagners *Oper und Drama*, Zweiter Teil, III deutet). In diesem Mythos wird alles dialektische Planen und Rätsellösen zuschanden an den gemißbrauchten »heiligen Naturkräften« (57), die ihr Opfer ereilen und ins Totenreich herabziehen.

Hier geschieht also eine Mischung von rituell-partizipativen und mythisch-distanzierenden Strukturen. Man könnte sagen, daß die zeitliche Abfolge der mythischen Narration, die ja von einem Ursprung – einer Vergangenheit – weg erzählt, resubstantialisiert wird. Das heißt: die Differenzierungen der symbolischen Ordnung erscheinen im tragischen Kunstwerk als Differenzierungen einer einigen und sich durchhaltenden Grundsubstanz, die Nietzsche die dionysische nennt. In ihr spielt – wie in einem Medium oder wie in einer Dimension – alles, was nicht selbst Eines oder heilig ist. Das bedeutet zweierlei: erstens, daß die Substanz des Heiligen allgegenwärtig wird, also ihren mythischen Vergangenheits- und Vorweltcharakter verliert; zweitens, daß diese Substanz des All-Einen sich nie als solche darstellt, sondern im tragischen Konflikt zwischen ganz konträren mythischen Systemen (z. B. Sippengedanke vs. Staatsraison) gleichsam als Grenze menschlicher Möglichkeiten aufscheint. Nietzsche sagt: »Das Unheil im Wesen der Dinge, (...) der Widerspruch im Herzen der Welt offenbart sich (...) als ein Durcheinander verschiedener Welten, z. B. einer göttlichen und einer menschlichen, von denen jede als Individuum im Recht ist, aber als einzelne neben einer anderen für ihre Individuation zu leiden hat. Bei dem heroischen Drange des einzelnen ins Allgemeine, bei dem Versuche, über den Bann der Individuation hinauszuschreiten und das eine Weltwesen selbst sein zu wollen, erleidet er an sich den in den Dingen verborgenen Urwiderspruch, d. h. er frevelt und leidet« (59).

Mit einem Wort: die Tragödie zeigt *zugleich* das Scheitern der apollinischen Individuation, die die Dinge und die Lebewesen differenziert und damit in Konflikte gegeneinander stürzt, *und* die Unmöglichkeit des Weltwillens, in sich zu bleiben, d. h., sich nicht zu äußern und zu vervielfältigen. Dieser Konflikt entspricht dem zwischen dem wilden Denken der kultischen Vorzeit, deren Substanz oder Essenz in den Dionysos-Mysterien aufbewahrt ist, und der mythisch-epischen Göttervielfalt des Olymps, die mit der dionysischen All-Einheits-Option nicht zu vereinbaren ist. Insofern kann man von der Tragödie als von einer wahrhaft dialektischen Synthese des Dionysischen und des Apollinischen sprechen: Dionysos, von Apollon interpretiert und verklärt; Apollon, von Dionysos an das archaische Souterrain des Mythos erinnert.

Jetzt können wir uns der zweiten Frage zuwenden: Wer ist eigentlich, mythisch gesprochen, Nietzsches Dionysos? Wir besitzen zwar inzwischen einige Informationen über *das* Dionysische im allgemeinen; aber man übernimmt nicht einen durch eine mythische Rolle definierten Namen zu sei's auch wissenschaftlichen Zwecken, ohne zugleich im Rahmen eines Mythos sich zu halten.

Man könnte die Antwort eben darin für evident halten: Dionysos ist der Gott, dessen Wesen und Taten man in verschiedenen antiken Mythenerzählungen nachlesen kann. Im *Kommenden Gott* hat sich freilich herausgestellt, daß es mit der mythologischen Identität dieses Gottes eine eigene Bewandtnis hat. In der orphischen Tradition – d. h. in den Fragmenten, die unter dem Namen des vermutlich mythischen Sänger-Gottes überliefert sind – gibt es *drei* Dionyse. Und den orphischen Fragmenten sind die Romantiker ebenso gefolgt, wie Nietzsche sich an diese Überlieferung hält. Im 10. Kapitel seiner Tagödie-Schrift wird dies ganz deutlich, und zwar gleich im ersten längeren Abschnitt, auf den ich mich im folgenden vor allem stütze.

Mir geht es hauptsächlich darum zu wissen, wie Nietzsches Weiterdichten am dionysischen Mythos sich zu den Phantasien der Romantiker, vor allem Hölderlins und des alten Schelling, verhält (dessen mythologische Vorlesungen zur Zeit der Redaktion von Nietzsches Tragödie-Schrift noch keine zehn Jahre publiziert waren).

Die Orphiker, und ihnen folgend Creuzer, Hölderlin und Schelling, sagten wir, unterschieden drei Dionyse. Der erste, Zagreus – »wilder Jäger« – genannt, ist derjenige, der von den Titanen, den alten Zeus-Gegnern, in Stücke zerrissen wird, den Zeus aber wieder zum Leben erweckt. In Delphi wurde sein Grab gezeigt; und um sein Sterben und Wiederauferstehen bildete sich bald, ebenfalls in Delphi und von dort weithin ausstrahlend, ein Kult. Im Frühjahr zogen des Gottes Frauen, die Bakchen oder Mainaden, in rasenden Schwärmen auf den Parnassos-Gipfel, um als Ammen den neugeborenen Dionysos in seiner Wiege in Empfang zu nehmen und zu stillen. Sie stiegen auf den Berg in tanzender Ekstase, wilde Tiere (und, wie manche Dichtungen erzählen, auch Menschen, die dem Gott den Kult verweigern) zerreißend und roh verschlingend. So glaubten sie – Nietzsche würde sagen: im Zustand des *Rausches* – eines zu werden mit den Leiden ihres Herrn, der ja ebenfalls zerstückelt worden war. Als seine Jüngerinnen aber erstanden sie mit dem neugeborenen Kinde wieder auf von den Toten und tanzten, gleichsam geläutert und neugeboren, in den aufkommenden Frühling. – Diesen zweiten, den wiederauferstandenen Dionysos meinen wir gemeinhin, wenn wir vom Dionysos reden: vom Dionysos Bakchos, dem Weingott. Ihn meint Nietzsche *nicht* oder doch nur insofern, als er die Reinkarnation des Zagreus ist. Nietzsche sagt es selbst (61), ich werde meine Behauptung gleich durch Zitat sichern. Aber es gibt noch einen dritten Dionysos. Ihn und nur ihn nennen Hölderlin und Schelling den »kommenden«, den Advents-Gott, ihn identifizieren sie mit dem göttlichen Kind, das, nach der Überlieferung des Lukas-Evangeliums, in der Krippe von Bethlehem als Welterlöser geboren werden wird. Auch dieser dritte Dionysos kommt in Nietzsches Text vor; er nennt ihn den »kommenden dritten Dionysos« (62). Um das verständlich zu machen, muß ich kurz erinnern an jene hellenische Tradition, derzufolge das Kind der Korngöttin Demeter, deren Mysterien in Eleusis begangen wurden, Iakchos geheißen hat und auch den Beinamen Dionysos trug. Iakchos ist ein Jubellaut, der es leicht machte, den Iakchos mit dem »allzeit frohen« Dionysos zu vergleichen. Auch wurde Iakchos im Liknon, also in der Saatwanne, geboren. Schließlich trug er, wie Bakchos, eine Fackel in der Hand. Durch seine Geburt sollte die zürnende Göttin Demeter versöhnt werden. Der Unterweltsgott Hades hatte ihr ja die einzige Tochter (Persephone) geraubt. Schelling hat diesen Mythos in einer wirkungsmächtigen Vorlesungsfolge wie folgt gedeutet: Hades – der Unterweltsgott – ist der »reale Gott«, der Gott, der noch der dunklen, nächtigen, der materiellen Seite der Schöpfung verhaftet ist. Wenn gerade *er* einen Teil der Demeter, nämlich ihre eingeborene Tochter, ins Totenreich entführt, stiftet er ein Band, das die Göttin mit dem materiellen Reich verbindet. Aber indem Demeter die Persephone verliert, ist sie – im Wortsinne – von diesem Anteil am Reich des Realen ent-bunden, und dieser Verlust stürzt sie in die bekannte Trostlosigkeit. Sie kann versöhnt nur werden, wenn man sie entschädigt für diesen Verlust; und das kann nur geschehen, wenn man ihr etwas wiedergibt, das ihr als Äquivalent einleuchtet. Nun: das

Band zum Realen ist zerschnitten, der Ersatz kann nur vom Ideellen her erfolgen; und so geschieht es auch: Iakchos, der gleichsam ideell wiederauferstandene Vorweltgott Zagreus, ersetzt der Göttin ideell, was sie im Realen für immer verloren hat. Im Iakchos ist der wilde Taumel des Weingotts vergeistigt und spiritualisiert: er ist vom Weingeist zum Geist geworden, den man »im Geist und in der Wahrheit« anbetet; und das verbindet ihn abermals mit dem Messias der hebräischen Religion.

So jedenfalls in der Schellingschen Aus- und Zurechtlegung des Mythos, die freilich antike Quellen hat, besonders eben die Orphiker.

Warum habe ich den Umweg über Schelling gemacht? Weil Nietzsche Schelling gelesen und seine Konstruktion übernommen hat. Das scheint der bisherigen Forschung entgangen zu sein, kann man doch in einem Text immer nur so viel wiedererkennen, wie man an Voraussetzungen in die Lektüre einbringt. Liest man Nietzsche im Licht der Neuen Mythologie der Romantiker, so wird einem vieles zu Bewußtsein kommen, was dunkel bleibt, wenn man ihn scheinbar nur aus sich selbst oder eben aus anderen Voraussetzungen (etwa den Schopenhauer-Wagnerschen) liest. Macht man sich außerdem klar, daß Nietzsche bei dieser Reprise einen Irrtum übernimmt, den die Altertumswissenschaftler immer wieder zu zerstreuen versucht haben, dann wird die Abhängigkeit von Creuzer und Schelling um so sichtbarer.

In der Tat folgt Nietzsches Text im entscheidenden Passus Schellings Vorlesung:

In Wahrheit ist jener Held [der tragische Held, der Held der Tragödie] der leidende Dionysos der Mysterien, jener die Leiden der Individuation an sich erfahrene Gott, von dem wundervolle Mythen erzählen, wie er als Knabe von den Titanen zerstückelt worden sei und nun in diesem Zustande als Zagreus verehrt werde: wobei angedeutet wird, daß diese Zerstückelung, das eigentlich dionysische *Leiden,* gleich einer Umwandlung in Luft, Wasser, Erde und Feuer sei, daß wir also den Zustand der Individuation als den Quell und Urgrund alles Leidens, als etwas an sich Verwerfliches, zu betrachten hätten (*WW* I, 61).

Bei Schelling heißt es:

Hieraus erhellt also, daß jene Leidensgeschichte der Dionysos nicht bloß in Gedichten für jedermann besungen, sondern zugleich auch in gewissen Mysterien wahrscheinlich scenisch dargestellt wurde, die wegen der nächtlichen Feier Nyktelien genannt wurden (Plutarch, De Isid. et Osirid., c.

35). In der Abhandlung de Ei apud Delphos (c. 9) sagt eben derselbe Plutarch von Dionysos: das Leiden seiner Umwandlung in Luft und Wasser und Erde und Gestein, ferner in Pflanzen und Thiere, kurz, das Leiden seiner Umwandlung in die mannichfaltigsten Naturwesen werde als eine Art von Zerreißung, διασπασμός und διαμελισμός vorgestellt; man nenne aber den Gott, dem dieß wider/fahre, Dionysos und Zagreus (*SW* II/3, 480/1).

Aber nicht nur durchs verdeckte Zitat erweist sich Nietzsche als (uneingestandener) Leser Schellings: er folgt auch der Schellingschen Assoziierung des Dionysos mit den Demeter-Mysterien (*SW* II/3, 422), der Idee vom dritten, vom kommenden Gott, und zwar bis hinein in die These, der dritte Dionysos sei der von Demeter wiedergeborene (*SW* II/3, 484):

[Demeter] sucht die Tochter, denn sie sucht den Gott, der erst der Eine, der ausschließliche, ihr ganzes Bewußtseyn erfüllende war; an dessen Stelle ist ihr jene Göttervielheit getreten, durch die sie sich nur verletzt fühlt, denn sie sieht in ihr nur die Überbleibsel des verlorenen Gottes, die sie gern zur Einheit wieder sammeln und verbinden möchte. Auch der befreiende Gott (der zweite Dionysos) kann sie nicht heilen; denn dieser ist die Ursache des jetzt zwischen vielen getheilten Seyns. (...)/(...) nicht eher beruhigt sich Demeter, nicht eher gibt sie das ausschließliche Verhältniß zu dem realen Gott auf, als bis sie in demselben Akte zum Setzenden, d. h. zur gebärenden Potenz, zur Mutter des dritten geworden ist, der als solcher seyender und über alle Vielheit erhabener Geist ist, in welchem die Vielheit wieder geistig Eins wird, der die Vielheit selbst nur als Moment unter sich hat und begreift. Damit aber die Beruhigung und Versöhnung eine vollkommene sey, muß dieß zugleich mit dem Bewußtseyn geschehen, daß dieser geistige Eine, dessen Mutter sie wird, derselbe sey, mit jenem real oder substantiell Einen (...); so wurde das Verhältniß in den Mysterien vorgestellt, wie daraus erhellt, daß (...) dem Verschwinden und Untergehen des ersten Gottes (ταῖς φθοραῖς καὶ τοῖς ἀφανισμοῖς) unmittelbar ein Wiederaufleben, eine Wiedergeburt (ἀναβίωσις καὶ παλιγγενεσία) desselben folgt. Auch aus der übrigens verworrenen Erzählung des Diodor von Sicilien ist der Gedanke noch zu erkennen, daß die dritte Potenz nur die wiederhergestellte erste ist, indem er sagt, der von den Erdgeborenen oder Titanen zerrissene Dionysos sey von Demeter ganz von vorn und neu wieder geboren (πάλιν ὑπὸ Δήμητρος ἐξ ἀρχῆς νέον γεννηθῆναι. Lib. III, c. 62). Eine andere Spur, daß diese Geburt des Iakchos es eigentlich sey, wodurch Demeter begütigt und versöhnt wird, findet sich in einem Nebenzug, in der Erzählung nämlich, daß zum erstenmal wieder der Blick der Betrübten und Zürnenden sich erheitert habe, als eine ihrer Dienerinnen sie erinnert, daß sie noch einmal gebären, noch einmal Mutter werden würde, nämlich eben / Mutter des Iakchos [μειδῆσαι γελάσαι τε καὶ ἵλαον σχεῖν θυμόν˙/ ἣ δή οἱ ἔπειτα μεθύστερον εὔαδ' ἐν ὀργαῖς, Homerischer Hymnus auf Demeter v. 204/5]. Dieser Zug wurde durch eine Handlung angedeutet (...): [die Urform des szenischen Handelns, aus dem auch die Tragödie hervorging] (*SW* II/3, 483–5).

Bei Nietzsche heißt es, wenig nach dem eben gegebenen Zitat:

In jener Existenz als zerstückelter Gott hat Dionysus die Doppelnatur eines grausamen verwilderten Dämons und eines milden sanftmütigen Herrschers. Die Hoffnung der Epopten [d. h. der in die Schau des Allerheiligsten in Eleusis Eingeweihten] ging aber auf eine Wiedergeburt des Dionysus, die wir jetzt als das Ende der Individuation ahnungsvoll zu begreifen haben: *diesem kommenden dritten Dionysos* erscholl der brausende Jubelgesang der Epopten [vgl. Schelling l. c., 486!]. Und nur in dieser Hoffnung gibt es einen Strahl von Freude auf dem Antlitz der zerrissenen, in Individuen zertrümmerten Welt: wie es der Mythus durch die in ewige Trauer versenkte Demeter verbildlicht, welche zum ersten Male wieder sich *freut,* als man ihr sagt, sie könne den Dionysus *noch einmal* gebären. In den angeführten Anschauungen haben wir bereits alle Bestandteile einer tiefsinnigen und pessimistischen Weltbetrachtung und damit zugleich die *Mysterienlehre der Tragödie* zusammen: die Grunderkenntnis von der Einheit alles Vorhandenen, die Betrachtung der Individuation als des Urgrundes des Übels, die Kunst als die freudige Hoffnung, daß der Bann der Individuation zu zerbrechen sei, als die Ahnung einer wiederhergestellten Einheit. – (*WW* I, 62, die erste Kursivierung von mir [M. F.]).

Schellings Deutung der Beschwichtigung der Demeter ist in der Mythologie so einzig, daß eine andere Quelle für Nietzsche ausgeschlossen werden kann. Zugleich zeigt sich, daß Nietzsche Akzente gegenüber der Romantik zwar versetzt, aber keinen grundlegenden Neueinsatz findet. Sein »kommender Gott« freilich enthält viel mehr »Zukunftsphilologie« als der romantische (vgl. Ulrich von Wilamowitz Möllendorf, *Zukunftsphilologie! eine Erwiderung auf Friedrich Nietzsches »Geburt der Tragödie«,* Berlin 1872 – eine Schrift, die übrigens die philologische Vermischung der dionysischen mit den eleusinischen Orgien nicht kritisiert).

Erwin Rohde, Nietzsches Freund, der die Tragödie-Schrift in einer *Replik (Afterphilologie (...) Sendschreiben eines Philologen an Richard Wagner,* Leipzig 1872) gegen Wilamowitz verteidigte, hat in seinem eigenen Werk, *Psyche. Seelenkult und Unsterblichkeitsglaube der Griechen* (1893; Auswahl von Hans Eckstein, Stuttgart o. J. [= Kröner Taschenausgabe Bd. 61]), Nietzsches Deutung der Eleusinien *nicht* übernommen. Er hält »Iakchos (...) von dem Dionysos, wie ihn sonst attischer Kult auffaßte, völlig verschieden« (129). Er liefert auch eine klare Abgrenzung beider Götter vom Zagreus nach der orphischen Lehre (182f.).

Damit haben wir also unsere zweite Frage beantwortet: Nietzsches Dionysos ist der leidende, von den Titanen zerstückelte Gott Zagreus, der zuerst als Bakchos, entscheidend aber in den eleusinischen Mysterien als Iakchos wiedergeboren wird. Darauf spielt Nietzsche an, wenn er vom »brausende[n] Jubelgesang der Epopten« spricht (*WW* I, 162), nämlich dem *iachä*-Ruf der in Eleusis Eingeweihten, die so ihren Gott liturgisch begrüßten, der eben daher seinen Namen Iakchos (Jauchzer) trägt.

Der orphische Dionysos, Dionysos als Zagreus [schreibt auch Baeumler], ist der Gott, den Nietzsche meint, wenn er »dionysisch« sagt. Hierin ist er ganz ein Schüler von Creuzer, dessen Hauptthema die »bakchischen Mysterien« waren. Auf die »Mysterienlehre der Tragödie« kommt es Nietzsche an; in ihr war alles zu vereinigen, was ihn zu seiner Konzeption getrieben hat: die Philosophie Schopenhauers und das eigene, nach Worten ringende Erleben. »Die Grunderkenntnis von der Einheit alles Vorhandenen, die Betrachtung der Individuation als des Urgrundes des Übels, die Kunst als die freudige Hoffnung, daß der Bann der Individuation zu zerbrechen sei, als Ahnung einer wiederhergestellten Einheit.« So abstrakt, so »metaphysisch« lautet nach Nietzsche die Mysterienlehre der Tragödie!* Das ist die Schopenhauersche Philosophie: Nun das Erlebnis: »Wir sind wirklich in kurzen Augenblicken das Urwesen selbst und fühlen dessen unbändige Daseinsgier und Daseinslust; der Kampf, die Qual, die Vernichtung der Erscheinungen dünkt uns jetzt wie notwendig bei dem Übermaß von unzähligen, sich ins Leben drängenden und stoßenden Daseinsformen, bei der überschwenglichen Fruchtbarkeit des Weltwillens; wir werden von dem wütenden Stachel dieser Qualen in demselben Augenblicke durchbohrt, wo wir gleichsam mit der unermeßlichen Urlust am Dasein Eins geworden sind und wo wir die Unzerstörbarkeit und Ewigkeit dieser Lust in dionysischer Entzückung ahnen. Trotz Furcht und Mitleid sind wir die glücklich Lebendigen, nicht als Individuen, sondern als das *Eine* Le-

* Mit Recht bemerkt übrigens Baeumler, daß Nietzsche unter Dionysos immer nur den »Dionysos *einer* bestimmten Mythe« verstanden habe, »und hier liegt der Schlüssel seiner ganzen Theorie«: nämlich »den leidenden Dionysos der *Mysterien* (...). Nietzsche ignoriert es, daß die Feste, die durch die Tragödie verherrlicht werden, eine öffentliche Einrichtung Athens waren, er läßt das Verhältnis von Tragödie und Geheimdienst überhaupt grundsätzlich im Dunkel. Nur so viel läßt sich erkennen, daß er die ›dionysische Weltbetrachtung‹, die die Tragödie zur Offenbarung gebracht hatte, in den orphischen Mysterien ›weiterlebend‹ dachte, nachdem die Tragödie durch Euripides ums Leben gebracht war. Der Geist des Dionysischen flüchtete sich gleichsam in die Unterwelt und entartete zum Geheimkult« (Baeumler, l. c. 260/1).

bendige, mit dessen Zeugungslust wir verschmolzen sind« (I, 93). Der orphische Dionysos ist nur Gefäß für das romantisch-überschwengliche Lebensgefühl, das mit diesen Sätzen umschrieben wird. Die »Geburt der Tragödie« ringt damit, den »dionysischen« Lebensbegriff zu formulieren (Baeumler, l. c. 261/2).

Ich füge einen späten Text aus Nietzsches *Götzen-Dämmerung* an (und zwar das 4. Stück des Schlußkapitels »Was ich den Alten verdanke« [= *WW* II, 1031–32]):

Erst in den *dionysischen Mysterien,* in der Psychologie des dionysischen Zustands spricht sich die *Grundtatsache des hellenischen Instinkts aus – sein »Wille zum Leben«. Was* verbürgte sich der Hellene mit diesen Mysterien? Das *ewige* Leben, die ewige Wiederkehr des Lebens; die Zukunft in der Vergangenheit verheißen und geweiht; das triumphierende Ja zum Leben über Tod und Wandel hinaus, das *wahre* Leben als das Gesamt-Fortleben durch die Zeugung, durch die Mysterien der Geschlechtlichkeit. Den Griechen war deshalb das *geschlechtliche* Symbol das ehrwürdige Symbol an sich, der eigentliche Tiefsinn innerhalb der ganzen antiken Frömmigkeit. Alles einzelne im Akte der Zeugung, der Schwangerschaft, der Geburt erweckte die höchsten und feierlichsten Gefühle. In der Mysterienlehre ist der *Schmerz* heilig gesprochen: die »Wehen der Gebärerin« heiligen den Schmerz überhaupt, – alles Werden und Wachsen, alles Zukunft-Verbürgende *bedingt* den Schmerz... Damit es die ewige Lust des Schaffens gibt, damit der Wille zum Leben sich ewig selbst bejaht, *muß* es auch ewig die »Qual der Gebärerin« geben... Dies alles bedeutet das Wort Dionysos: ich kenne keine höhere Symbolik als diese *griechische* Symbolik, die der Dionysien. In ihnen ist der tiefste Instinkt des Lebens, der zur Zukunft des Lebens, zur Ewigkeit des Lebens, religiös empfunden, – der Weg selbst zum Leben, die Zeugung, als der *heilige* Weg... Erst das Christentum, mit seinem Ressentiment *gegen* das Leben auf dem Grunde, hat aus der Geschlechtlichkeit etwas Unreines gemacht: es warf *Kot* auf den Anfang, auf die Voraussetzung unsres Lebens... (die erste Kursivierung von mir [M. F.]).

Wir suchen noch nach einer Antwort auf unsere dritte Frage. Sie verlangt Auskunft nach der *Geschichte* der dionysischen Tragödie und schließt damit an die romantische Fragen an, ob die Wiedergeburt der Tragödie – ob aus dem Geiste der Musik, wie Nietzsche mit Blick auf Wagner hofft, oder anderswie – im 19. Jahrhundert denkbar sei.

Nun ist die *Geschichte* der Wirkung der Tragödie eine solche ihres Niedergangs, ihrer Zerstörung durch den aufkommenden Geist des Rationalismus. Diese These übernimmt Nietzsche, wenn auch in eigentümlicher Akzentuierung, von den Romantikern und vor allem aus Wagners Schriften *Die Kunst und die Revolution* und *Das Kunstwerk der Zukunft.*

Die Frage nach dem »Ursprung« der Tragödie hat einen phänomenologischen und einen historischen Aspekt. Über den ersten sind wir inzwischen einigermaßen im Bilde. Über den zweiten teilt uns Nietzsche folgendes mit: Die Tragödie – die ja im 6. vorchristlichen Jahrhundert aufkam und deren erster großer Dichter Aischylos war – ist bereits die Reaktion auf das sich ankündigende Ende der homerischen Götterwelt.

Der trotzige Titan Prometheus hat es seinem olympischen Peiniger angekündigt, daß einst seiner Herrschaft die höchste Gefahr drohe, falls er nicht zur rechten Zeit sich mit ihm verbinden werde. In Äschylus erkennen wir das Bündnis des erschreckten, vor seinem Ende bangenden Zeus mit den Titanen. So wird das frühere Titanenzeitalter nachträglich wieder aus dem Tartarus ans Licht geholt. Die Philosophie der wilden und nackten Natur schaut die vorübertanzenden Mythen der homerischen Welt mit der unverhüllten Miene der Wahrheit an: sie erbleichen, sie zittern vor dem blitzartigen Auge dieser Göttin – bis sie die mächtige Faust des dionysischen Künstlers in den Dienst der neuen Gottheit zwingt (*WW* I, 62).

– ›der neuen Gottheit‹, d.h. natürlich des Dionysos (so hieß er schon bei Euripides: *ho daíméon ho nōs*).

Durch eine kultische Wiedergeburt überlebt also die alte mythische Welt – eben in der dionysischen Tragödie –, aber nur eine Zeitlang. Dann ist der »mythische Jugendtraum« der Hellenen ausgeträumt, ihre Religion stirbt ab (63): zuerst wird sie historisiert, also als »eine fertige Summe von historischen Ereignissen systematisiert« (l.c.), dann wird sie zergliedert durchs Mittel der rationalen Analyse: Die wissenschaftliche Besinnung nimmt die Religion auseinander und stellt fest, daß es nichts mit ihr auf sich hatte.

Zwei Stadien dieses Absterbens unterscheidet Nietzsche: Euripides, der die sophistisch-dialektische Gesinnung in die Tragödie getragen, der sie demokratisiert und entheiligt und zum Ort des Austrags bürgerlicher Probleme gemacht habe; und Sokrates, der eine Denkart habe verpflichtend machen können, aus der in letzter Konsequenz die analytisch-rationalistische Gesinnung hervorgegangen sei, die das Abendland und seine Konzeption von Vernunft bis hinein in unsere Tage geprägt habe. Ich erspare mir Einzelheiten der Nietzscheschen (weitgehend durch Wagner vorgeprägten) Skizze und komme zu der entscheidenden Frage: *Was* vermochte den Tod der Tragödie herbeizuführen? Bislang kennen wir nur zwei Kräfte, das Apollinische und das Dionysische, von denen Nietzsche sagt, sie seien in der Tragödie »ineinandergewoben« (70). Nun könnte man denken, Nietzsche wolle Euripides und Sokrates (den jener verehrte und dessen Schüler er in gewissem Sinne heißen darf) beschuldigen, dies Band durchgetrennt zu haben. Die *Bakchen* wären dann der späte, der zu späte Widerruf des Euripides gewesen: denn hier gibt dieser ja die Legitimität des dionysischen Kultes zu, den er sonst – sophistisch-dialektisch – überall in Frage stellt. Euripides hat also das Band zwischen dem Apollinischen und dem Dionysischen durchschnitten; aber, fährt Nietzsche fort, »Euripides war in gewissem Sinne nur Maske: die Gottheit, die aus ihm redete, war nicht Dionysos, auch nicht Apollo, sondern ein ganz neugeborener Dämon, genannt *Sokrates.* Dies ist der neue Gegensatz: das Dionysische und das Sokratische, und das Kunstwerk der griechischen Tragödie ging an ihm zugrunde« (71).

Nun fragt man sich freilich: Was ist das Sokratische, und wie entspringt es aus dem Grundverhältnis des Dionysischen und des Apollinischen? Das wird aus Nietzsches Text nicht eben deutlich. Es liegt nahe, das Sokratische für eine »Ausartung« des Apollinischen, des Licht-Prinzips in seiner gänzlichen Abkoppelung vom voluntativen Moment zu sehen, und für diese Interpretation finde ich wenigstens zwei Textstützen. Die eine besagt, »daß es Euripides überhaupt nicht gelungen ist, das Drama allein auf das Apollinische zu gründen, daß sich vielmehr seine undionysische Tendenz in eine naturalistische und unkünstlerische verirrt hat« (72), nämlich *»ästhetischen Sokratismus* (...), dessen oberstes Gesetz ungefähr so lautet: ›Alles muß vollständig sein, um schön zu sein‹; als Parallelsatz zu dem sokratischen ›nur der Wissende ist tugendhaft‹« (72). Die andere Stelle, die sich direkt an die zitierte anschließen läßt, besagt: »Hier überwächst der *philosophische Gedanke* die Kunst und zwingt sie zu einem engen Sich-Anklammern an den Stamm der Dialektik. In dem logischen Schematismus hat sich die *apollinische* Tendenz verpuppt« (80).* Das scheint doch zu meinen: es gibt irgendeinen Übergang vom Lichtprinzip des

* Vgl. 86: »Selbst (...) jene schwer zu erringende Meeresstille der Seele, die der apollinische Grieche Sophrosyne nannte, wurde[n] von Sokrates und seinen gleichgesinnten Nachfolgern bis auf die Gegenwart hin aus der Natur der Dialektik abgeleitet und demgemäß als lehrbar bezeichnet.«

Apollinischen zu jenem anderen Lichtprinzip, dem *lumen naturale,* als das das Abendland die menschliche Vernunft bezeichnet. *Wie* sich dies Abgleiten vollzieht und welche Disposition des Apollinischen selbst es ist, die sich im Verstandesgebrauch vereinseitigt und abspaltet, sagt uns Nietzsche nicht; und das macht seine Diagnose in einem entscheidenden Punkt lückenhaft und unbefriedigend. Das gilt entsprechend für die Folgerungen, die er aus der Machtergreifung des verständigen Prinzips gegenüber dem tragischen ableitet – eine Folgerung, die seinen späteren Versuch vorbereitet, den Prozeß der abendländischen Rationalität als einen Instinkt-Verfalls-Prozeß zu beschreiben, in dessen Verlauf das zum Leben unfähige Vitalvermögen mit Ingrimm gegen seinen Grund sich wendet und im Namen der Logik und der moralischen Gerechtigkeit das starke, böse Leben verleumdet: Das ist der »Geist der Rache« und des »Ressentiments«, der angeblich im Extrem in der Fleisch-Feindlichkeit der paulinisch-christlichen Moraltheologie zutagetritt.

Wie dem auch sei: das sokratische Prinzip hat den dionysischen Boden der Tragödie »zerbröckeln« (81) lassen. An die Stelle jenes tragischen Pessimismus, der ein Pessimismus der Stärke war, tritt »das *optimistische* Element im Wesen der Dialektik (...), das in jedem Schlusse sein Jubelfest feiert und allein in kühler Helle und Bewußtheit atmen kann: das optimistische Element, das, einmal in die Tragödie eingedrungen, ihre dionysischen Regionen allmählich überwuchern und sie notwendig zur Selbstvernichtung treiben muß – bis zum Todessprunge ins bürgerliche Trauerspiel« (80/1). Hierin liegt, wie ich meine, eine wirkliche Einsicht: denn der Optimismus kann in der Tat einer Schwäche entspringen, die das Wilde und Grausame des Lebens dialektisch hinweglobt. Im Ermächtigungswillen der menschlichen Vernunft kann eine narzißtische Allmachtsphantasie stecken: sobald sie nämlich ihre Abhängigkeit von der Natur, vor der Übermacht der kreatürlichen Notwendigkeit – vor dem z. B., was Bachofen das mütterliche Prinzip nennt – nicht mehr erträgt, sondern verdrängt durch Phantasien, die darauf gerichtet sind, diesen Naturgrund völlig in die eigene Gewalt zu bekommen. Rationalität trägt schon in ihrer Einsetzung die Prägemarke einer Gegenwehr, eines Herrwerden-Wollens über die Mutter (Mater[ie]) oder, wie Nietzsche sagen würde, über das Leben: und insofern das der Fall ist, entspringt auch die Rationalität selbst einem Instinkt, freilich einem defensiven: einem Instinkt, der sich gegen die Übermacht des Unverfüglichen *wehrt* und das Unverfügliche *so* unter Kontrolle zu bekommen versucht, daß er es vorausberechnen und seinem geschwächten Lebenswillen alsdann unterwerfen kann. Das »Wissen« bezieht seine Macht aus der Entzauberung des »wilden« Lebens; seinen Verlust an Lebensfreude und ekstatischer Selbstübersteigerung macht es wett durch eine gesteigerte Souveränität gegenüber den Unwägbarkeiten des Lebens. Das blinde Schicksal, das in der Tragödie – z.B. der des Ödipus – alle menschlichen Klugheiten und Berechnungen zuschanden werden läßt, weicht bei Euripides dem Prinzip der »poetischen Gerechtigkeit«: dies Prinzip besagt, daß das Scheitern kalkulierbar wird: denn »Tugend ist Wissen; es wird nur gesündigt aus Unwissenheit; der Tugendhafte ist der Glückliche« (81). Wer diese drei Grundsätze beachtet, muß nicht mehr tragisch scheitern: darin liegt der Optimismus des sokratischen Prinzips, der freilich neurotische Züge trägt, insofern er die immer noch ungebrochene Übermacht des Willens nur hinweglobt, aber nicht wirklich aufhebt. Nietzsche sucht diesen neurotischen Zug in der theoretischen Welteinstellung als »eine tiefsinnige *Wahnvorstellung*« aufzudecken, nämlich in »jene[m] unerschütterliche[n] Glaube[n], daß das Denken, an dem Leitfaden der Kausalität, bis in die tiefsten Abgründe des Seins reiche, und daß das Denken das Sein nicht nur zu erkennen, sondern sogar zu *korrigieren* imstande sei. Dieser erhabene metaphysische Wahn ist als Instinkt der Wissenschaft beigegeben und führt sie immer und immer wieder zu ihren Grenzen, an denen sie in *Kunst* umschlagen muß: *auf welche es eigentlich, bei diesem Mechanismus abgesehen ist*« (84/5), wie es an dem musiktreibenden Sokrates offenbar wird. Das meint also: auch an den Wurzeln der wissenschaftlichen Welthaltung, die mit dem »Typus des *theoretischen Menschen*« (84) in die Welt tritt, gibt es zuerst und zunächst ein *Wollen,* das sich systematisch mißversteht, wenn es sich für ein Herr-geworden-Sein *über* das Wollen mißversteht. Anders gesagt: die Wissenschaft und ihr Weltverhältnis artikulieren selbst einen Instinkt, der, für sich, keineswegs rational ist; und das ist, meine ich, eine der bleibenden Einsichten Nietzsches, auf die wir heute – wenn wir das Segensreiche der technisch-rationellen Weltbeherrschung in Zweifel ziehen – immer noch zurückgreifen.

Sie hat eine unmittelbar ästhetische Komponente, wie das eben gegebene Zitat zeigt: nicht um Wahrheit ist es – »in Wahrheit«

– dem Lebenstrieb zu tun, sondern um Erhaltung und Steigerung. Wenn aber die Bedingungen, die das Leben zur Erreichung seiner Ziele anvisiert, durch die Wahrheitskriterien der Wissenschaft nicht zu verrechnen sind, dann spricht vieles für die ästhetische Projektion des Tunlichen: »ästhetisch« hier verstanden im Sinne von: den Schein eines geeigneten Lebensraums mittels der Phantasie entwerfend, also Bedingungen eines begehrenswerteren Lebens ausphantasierend. Die Kunst – wie früher das Kultfestspiel – spricht aus, was das Leben wirklich will; die Wissenschaft wendet sich – einem geschwächten Lebenstrieb entsprossen – gegen dieses Wollen selbst und sucht seine Macht unter Gesetze zu zwingen. Es liegt im Wesen dieses der Wissenschaft eingeschriebenen Wahns, daß er Grenzen erreichen wird, an denen er sich selbst nicht mehr erträgt. Der späte Nietzsche entdeckt diese Stunde der Selbstaufklärung der aufgeklärten Welthaltung im aufkommenden europäischen Nihilismus: also in dem Augenblick, da das Leben zu spüren bekommt, daß es selbst das Subjekt der Wissenschaft ist, die ihm, im Bilde zu bleiben, gar nicht mehr dient, sondern ihm »ans Leben will«. In der Tragödie-Schrift charakterisiert Nietzsche diesen Moment der Selbstaufklärung des szientifischen Wahns wie folgt: »Wenn er hier zu seinem Schrecken sieht, wie die Logik sich an diesen Grenzen um sich selbst ringelt und endlich sich in den Schwanz beißt – da bricht die neue Form der Erkenntnis durch, die *tragische Erkenntnis,* die, um nur ertragen zu werden, als Schutz und Heilmittel die Kunst braucht« (87).

Ich sehe in dieser Formulierung eine Umschreibung des romantischen Problems: Die Romantiker hatten ja gesagt, daß der aufklärerische Angriff gegen alle ungerechtfertigten Lebensoptionen endlich auch dem Leben selbst die Rechtfertigung entzieht: die alles in Zweifel ziehende Vernunft erweist sich in der Konsequenz ihrer Radikalität als selbst in Zweifel gezogen, d. h. ihrer Beglaubigung beraubt. Auf diesem Gipfelpunkt besinnt sie sich wieder auf die ästhetische Haltung, die sie vor dem Wahnsinn des Gedankens ihrer Grundlosigkeit erlöst. Die Neue Mythologie bricht an.

So auch bei Nietzsche. Wie der alte, resignierte Sokrates, der alte Skeptiker gegenüber der Kunst, in seinen Todesstunden wieder Musik treibt (die eigentlich dionysische Kunst zu seiner Tröstung wiederbelebt), wird auch die auf den Nihilismus zutreibende europäische Kultur »in tragische Resignation und Kunstbedürftigkeit um(...)schlagen« (87). »Hier nun«, fährt Nietzsche fort,

»klopfen wir, bewegten Gemütes, an die Pforten der Gegenwart und Zukunft« (87), um von ihr *»eine Wiedergeburt der Tragödie«* zu erbitten (88).

An dieser Stelle erreicht Nietzsches Tragödie-Schrift das Niveau einer Gegenwarts-Diagnose und nimmt Abschied vom Schein des altphilologischen Traktats. Die griechische Tragödie interessiert ihn in Wahrheit, genau wie die Romantiker, nur unter diesem einen Gesichtspunkt: Können die Bedingungen einer Kunstübung, die zugleich das Erlebnis einer legitimierten Gemeinschaftlichkeit gewährt, unter Bedingungen des bürgerlichen Atomismus und der Entfremdung des Menschen vom Menschen wiederhergestellt werden? – Gewiß, das sind nicht Nietzsches eigene Worte, eher diejenigen Richard Wagners, die noch nicht den anti-demokratischen und aristokratisch-elitären Ton Nietzsches sprechen. Dennoch fehlen die romantisch-demokratischen Tendenzen wenigstens in seinem Jugendwerk nicht ganz. Ich erinnere nur an die starke Betonung des Vergemeinschaftungs-Erlebnisses, das Nietzsche der Tragödienaufführung nachrühmt:

Unter dem Zauber des Dionysischen schließt sich nicht nur der Bund zwischen Mensch und Mensch wieder zusammen: auch die entfremdete, feindliche oder unterjochte Natur feiert wieder ihr Versöhnungsfest mit ihrem verlorenen Sohne, dem Menschen. (...) Jetzt, bei dem Evangelium der Weltenharmonie [Nietzsche denkt an Beethovens Jubellied auf die Freude im 4. Satz der 9. Symphonie], fühlt sich jeder mit seinem Nächsten nicht nur vereinigt, versöhnt, verschmolzen, sondern eins, als ob der Schleier der Maja zerrissen wäre und nur noch in Fetzen vor dem geheimnisvollen Ur-Einen herumflatterte. Singend und tanzend äußert sich der Mensch als Mitglied einer höheren Gemeinsamkeit (24/5).

Es gibt eine ähnliche Stelle, an der sich Nietzsche auf Wagners Äußerung über die vergemeinschaftende Wirkung der Musik bezieht:

dies ist die nächste Wirkung der Tragödie, daß der Staat und die Gesellschaft, überhaupt die Klüfte zwischen Mensch und Mensch einem übermächtigen Einheitsgefühle weichen, welches an das Herz der Natur zurückführt (47).

In diesen beiden Zitaten wird etwas von den unausgesprochenen gesellschaftlichen Motiven deutlich, die Nietzsche bei seiner Tragödie-Schrift bedrängen: nämlich das Leiden an der sozialen Entfremdung, am Verlust zwischenmenschlicher Gemeinschaft. Schon und vor allem an Hölderlins Rede vom Dionysos als dem

Gemeinschaftsgott war abzulesen, wie sehr dies das treibende Motiv bei der Konzeption der Idee einer Neuen, die Menschheit wieder in eins zusammenschließenden Mythologie gewesen ist. Nun sehen wir es – als letzte Spur der Romantik – beim frühen Nietzsche wiederauferstehen. Dionysos, als Zerstörer des Individuationsprinzips, das den Menschen von den anderen Menschen trennt, ist ihm eben *auch* und nicht zuletzt der Gott der wiedergefundenen Menschengemeinschaft (vgl. 88, wo vom »mystische[n] Jubelruf des Dionysos [die Rede ist, der] de[n] Bann der Individuation zersprengt«). Dieselbe Wirkung erreiche die Musik, von der Schopenhauer gesagt hat, sie sei – als einzige Kunst – nicht Abbild irgendeiner Objektivations-Stufe des Weltwillens, sondern des Willens selbst: darin gründet ihre unvergleichliche, die Grenzen der Absonderung des Menschen vom Menschen einebnende, sozusagen sozialisierende Tendenz (88/9). Da sie zugleich Abbild des *Willens* ist, korrigiert sie ganz unmittelbar die Anmaßung des Begriffs und der mit ihm arbeitenden theoretischen Welthaltung, als sei der Wille unter der Botmäßigkeit des Intellekts: Wer Musik hört, erkennt gleichsam unmittelbar die Nachträglichkeit der distanzierenden und berechnenden Vorstellungswelt, die – *im Grunde* – Wille ist und erst hernach in Raum, Zeit und kausal artikulierte Erscheinungswelt sich veräußert. Die Musik ist ja zudem die Sprache des *Rausches,* die der des apollinischen Traums wie der des sokratischen Logos zuvorkommt; und diese Sprache – es ist nicht zu leugnen – hat in der und mit der Romantik eine nie gekannte Mächtigkeit erreicht, so daß man nicht ohne Grund gesagt hat, die deutsche Romantik habe – außer im Bereich der Philosophie – vor allem im Bereich der Musik gewirkt, und daneben seien die Leistungen der Dichtkunst (die Lyrik vielleicht ausgenommen) im europäischen Vergleich belanglos.

Bevor ich die Funktion der Musik zur Erzielung eines Einheits-Gefühls zwischen Menschen – und darin gerade ihre mythoide Struktur – näher beleuchte, will ich einen wichtigen Unterschied zwischen Nietzsches und der romantischen Option für die Gemeinschaftlichkeit betonen. Bei Nietzsche hat die Erklärung der Tragödie aus dem Chor einen dezidiert anti-demokratischen Akzent. Ausdrücklich verhöhnt er ja jene Deutung, wonach »das unwandelbare Sittengesetz von den demokratischen Athenern in dem Volkschore dargestellt sei« (44), als bare »Blasphemie« (l. c.): »Eine konstitutionelle Volksvertretung«, sagt er, »kennen die antiken Staatsverfassungen *in praxi* nicht und haben sie hoffentlich auch in ihrer Tragödie nicht einmal ›geahnt‹« (45). Es folgt dann der bekannte Ausfall gegen A. W. Schlegels Erklärung des Chors als des »idealischen Zuschauers« (45 ff.) – eine Erklärung, die Nietzsche nur für Euripides gelten läßt, und zwar mit dem Tonfall der Verachtung: Euripides sei allerdings der »Chorführer« einer »derartig zubereitete[n] und aufgeklärte[n] Masse« gewesen (66); er habe in der Tat den »fünfte[n] Stand, de[n] der Sklaven«, an die Herrschaft gebracht: »und wenn jetzt überhaupt noch von ›griechischer Heiterkeit‹ die Rede sein darf, so ist es die Heiterkeit der Sklaven« (l. c., vgl. 67). – Ganz anders die Brüder Schlegel: Auch sie warfen dem Euripides die Zerstörung der Tragödie vor (*Dramat. Kunst* I, 139; *KA* XI, 81; *Schöne Lit. u. Kunst II*, 351 ff.; *KA* I, 58 f., 296 ff.), auch sie tadeln seinen sophistischen Einschlag. Auch sie »waren (...) sich selbstverständlich über den religiösen Ursprung des Chors aus den Kulten des Dionysos im klaren (*Dramat. Kunst* I, 76–77; *KA* XI, 206). Die Anteilnahme des Chors an der Tragödie erfolgte für sie [jedoch nicht aus antidemokratischen Motiven, sondern] zunächst aus dem Republikanismus, der *Öffentlichkeit* des attischen Lebens. ›Der Alte dachte sich bei jeder größeren Handlung auf dem öffentlichen Schauplatz des Lebens‹, sagte Friedrich Schlegel, ›konnte sich kaum wohl eine Handlung als groß denken, die sich verkröche, die nicht im Angesicht der Menschheit, der Bürger, des Volkes geschähe.‹ Von hier aus betrachtet stellt der Chor ›eine Art Volk (...) Zuschauer, Richter, Beurteiler‹ dar und erlaubte dem Publikum eine direktere Teilnahme an der Handlung (*KA* XI, 206)«.* Er ist das ins Stück eingearbeitete und es reflektierende Publikum; und nur in diesem Sinne nannte Friedrichs Bruder Wilhelm den Chor den idealischen Zuschauer (*Dramat. Kunst* I, 60, 77): ja, die Stimme der Menschheit (*KA* I, 594).

Kehren wir jetzt zurück in den Kontext der Nietzscheschen Abhandlung. Die viele Menschen zur Einheit verschmelzende Kraft der Musik hatte Nietzsche für eine gute Voraussetzung erklärt, die

* Zitiert nach Ernst Behler, *Die Theorie der Tragödie in der deutschen Frühromantik*, in: Richard Brinkmann (Hg.), *Romantik in Deutschland*, Stuttgart 1978, 581. Die Abkürzungen *Dramat. Kunst* und *Schöne Lit. u. Kunst* beziehen sich auf die von Eduard Böcking edierten zwei Bände von Wilhelms *Vorlesungen über dramatische Kunst und Literatur* (³1846) sowie seine *Vorlesungen über schöne Literatur und Kunst*, 3 Bde., hg. von Jakob Minor (1884).

Leistung des antiken Mythos auch unter Bedingungen der Moderne wieder fühlbar zu machen. Aus der Eigenschaft der wiedergeborenen Musik, der Rauschkunst, in der Romantik und vor allem im Werk Richard Wagners, nämlich unmittelbar den Urwillen zu repräsentieren, folgert Nietzsche auf ihre Fähigkeit, den tragischen Mythos wiederzugebären (92): d.h., das Gefühl der Überwindlichkeit der Trennung des Menschen vom Menschen zu verbreiten (also das principium individuationis dionysisch zu brechen) und die Menschen der bürgerlich-kapitalistischen Zeit wieder zur Gemeinschaft zu verbinden, wie sie den Griechen fühlbar und wirklich war. Denn der Chor, aus dem Nietzsche, wie wir sahen, die Tragödie ableitet: er ist ja allem anderen vorweg ein Name für Gemeinschaft, für das Ineins dionysisch Begeisterter oder vom Geist der Musik Getroffener.

Mit dem Nachweis der Mächtigkeit romantischer Musik glaubt Nietzsche die Frage beantwortet, wie denn unter Bedingungen einer zum Äußersten gesteigerten wissenschaftlichen Gesinnung die Hoffnung auf die Wiedergeburt des Mythos zu begründen sei. »Erst nachdem der Geist der Wissenschaft«, sagt er, »bis an seine Grenze geführt ist, und sein Anspruch auf universale Gültigkeit durch den Nachweis seiner Grenzen vernichtet ist, dürfte auf eine Wiedergeburt der Tragödie zu hoffen sein: für welche Kulturform wir das Symbol des *musiktreibenden Sokrates* (...) hinzustellen hätten« (95). Das meint: Die »Folgen dieses rastlos vorwärtsdringenden Geistes der Wissenschaft« zeigen sich in der »Vernichtung des *Mythus*« und ferner in der »Vernichtung der Poesie«, die »aus ihrem natürlichen idealen Boden als nunmehr heimatlose verdrängt war« (95). Die romantischen Reminiszenzen in diesem Satz sind leicht auszumachen: Ist unter den Hieben des analytischen Geistes die Möglichkeit des Mythos zerstört, so ist zugleich die Möglichkeit der Poesie zerstört, denn der Mythos ist, wie Schlegel sagt, der »mütterliche Boden« der Poesie, ohne den sie nicht mehr *für alle* sprechen kann (*KA II*, 312). Dafür bietet das 23. Kapitel der Tragödie-Schrift eine Reihe gleichlautender Formulierungen.

Nietzsche verweist nicht auf Friedrich Schlegel, auch nicht auf Schelling oder Novalis. Seine Bezugspunkte sind im Bereich der Philosophie Kant und Schopenhauer, im Bereich der Kunst Wagner. Kant und Schopenhauer liest er als Kritiker des Allmachtsanspruches der Vernunft (101), eine etwas überraschende, aber doch nicht abwegige Lektüre. Durch ihr kritisches Werk sei die Aufklärung aus der Phase der Mythen- und Religions-Kritik in die Phase der Selbstkritik eingetreten, wie es beispielhaft im Titel des kantischen Hauptwerks, der *Kritik der reinen Vernunft*, zum Ausdruck komme. »Mit dieser Erkenntnis«, sagt Nietzsche, »ist eine Kultur eingeleitet, welche ich als eine tragische zu bezeichnen wage« (101). Ihr zur Seite tritt die romantische Ästhetik, die in der Anschauung des Schönen einen Bereich des Erkennens noch über dem, was der Begriff erreicht, erobert: ein neues Bewußtsein des Absoluten, ohne das eine religiöse Gesinnung nicht auskommt: diese Sicherheit des Absoluten ist nun ästhetisch wiedererobert, und in der Wagnerschen Musik feiert es seine ersten Triumphe. Es handelt sich um eine gegenüber dem abendländischen Verfall – vom tragischen Kunstwerk über die Historisierung der Mythen zum szientistischen Wahn – gerade umgekehrte Bewegung; nämlich um das »*allmähliche* Erwachen des dionysischen Geistes in unserer gegenwärtigen Welt« (109), ein Wiedererwachen erst aus dem wissenschaftlichen Wahn, dann auch noch aus dem spekulativen Ästhetizismus und der Neuen Mythologie der Frühromantik. Dem entspricht, was Nietzsche den »mächtigen Sonnenlauf [der deutschen Musik] von Bach zu Beethoven, von Beethoven zu Wagner« nennt (109); so, »daß wir gleichsam in *umgekehrter* Ordnung die großen Hauptepochen des hellenischen Wesens analogisch durcherleben und zum Beispiel jetzt aus dem alexandrinischen Zeitalter rückwärts zur Periode der Tragödie zu schreiten scheinen« (110).

In diese euphorische Vision mischen sich einige deutschtümelnd-nationalistische Obertöne, die wir nicht überhören wollen; denn auch sie spielen eine Rolle bei der Wirkungsgeschichte von Nietzsches Schrift, wie sich zeigen wird:

Jetzt endlich darf er [nämlich der deutsche Geist], nach seiner Heimkehr zum Urquell seines Wesens, vor allen Völkern kühn und frei, ohne das Gängelband einer romanischen Zivilisation, einherzuschreiten wagen: wenn er nur von einem Volke unentwegt zu lernen versteht, von dem überhaupt lernen zu können schon ein hoher Ruhm und eine auszeichnende Seltenheit ist, von den Griechen. Und wann brauchten wir diese allerhöchsten Lehrmeister mehr als jetzt, wo wir *die Wiedergeburt der Tragödie* erleben und in Gefahr sind, weder zu wissen, woher sie kommt, noch uns deuten zu können, wohin sie will? (110)

Auch das altdeutsche Symbol von Ritter, Tod und Teufel (so erfolgreich in Bertrams Nietzschebuch für die deutschnationale Nietzscherezeption aufbereitet) taucht in diesem Zusammenhang auf (113); es fehlen nicht die »Mütter des Seins, deren Namen lauten: Wahn, Wille, Wehe« (l. c.) und der Jubelruf: »Die Zeit des sokratischen Menschen ist vorüber: kränzt euch [meine Freunde] mit Epheu, nehmt den Thyrsusstab zur Hand und wundert euch nicht, wenn Tiger und Panther sich schmeichelnd zu euren Knien legen. Jetzt wagt es nur, tragische Menschen zu sein: denn ihr sollt erlöst werden. (...) Rüstet euch zu hartem Streite, aber glaubt an die Wunder eures Gottes!« (l. c.)

Man sieht: hier geht es sehr wohl – und die überkippende Stimme des Redners macht es deutlich – um eine neue, aber nicht mehr allgemeine, sondern national eingeschränkte Religion, die in der Kunst zu erringen sei. Nietzsches siegesgewisses Beispiel ist der Tristan-Schluß: »In dem wogenden Schwall, in dem tönenden Schall, in des Weltatems wogendem All – ertrinken – versinken – unbewußt – höchste Lust!« (vgl. 121). Diese enthusiastischen Passagen, von denen Nietzsche sich später distanziert – nach seinem Bruch mit Wagner, den er nun umgekehrt für einen romantischen Zauberer hält, dessen Musik rauschhaft das Leben *verneint* –, sie interessieren uns hier weniger. Wichtiger ist das schon genannte 23. Kapitel, das die sichtbarsten Erinnerungen an die romantische Idee der Neuen Mythologie enthält. Hier erklingen noch einmal alle Grundmotive der Romantik: die Rede vom Mythos als »zusammengezogene[m] Weltbild«, als »schöpferische[r] Naturkraft«, ohne die jede Kultur versiegt und ohne deren »mächtige (...) ungeschriebene Gesetze« »selbst der Staat« das »mythische Fundament« verliert, »das seinen Zusammenhang mit der Religion, sein Herauswachsen aus mythischen Vorstellungen verbürgt« (125). Das Ineins freilich von Utopie und Gegenaufklärung wird bei Nietzsche grell faßbar in seinem Zwiespalt von universalistischer und partikular-nationalistischer Option:

Man stelle jetzt daneben den abstrakten, ohne Mythen geleiteten Menschen, die abstrakte Erziehung, die abstrakte Sitte, das abstrakte Recht, den abstrakten Staat: man vergegenwärtige sich das regellose, von keinem heimischen Mythus gezügelte Schweifen der künstlerischen Phantasie: man denke sich eine Kultur, die keinen festen und heiligen Ursitz hat, sondern alle Möglichkeiten zu erschöpfen und von allen Kulturen sich kümmerlich zu nähren verurteilt ist – das ist die Gegenwart, als das Resultat jenes auf Vernichtung des Mythus gerichteten Sokratismus. Und nun steht der mythenlose Mensch, ewig hungernd, unter allen Vergangenheiten und sucht grabend und wühlend nach Wurzeln, sei es, daß er auch in den entlegensten Altertümern nach ihnen graben müßte. Worauf weist das ungeheure historische Bedürfnis der unbefriedigten modernen Kultur, das Umsichsammeln zahlloser anderer Kulturen, das verzehrende Erkennenwollen, wenn nicht auf den Verlust des Mythus, auf den *Verlust der mythischen Heimat des mythischen Mutterschoßes.* Man frage sich, ob das fieberhafte und so unheimliche Sichregen der Kultur etwas anderes ist als das gierige Zugreifen und Nach-Nahrung-Haschen des Hungernden – und wer möchte einer solchen Kultur noch etwas geben wollen, die durch alles, was sie verschlingt, nicht zu sättigen ist, und bei deren Berührung sich die kräftigste, heilsamste Nahrung in »Historie und Kritik« zu verwandeln pflegt?

Man müßte auch an unserem deutschen Wesen schmerzlich verzweifeln, wenn es bereits in gleicher Weise mit seiner Kultur unlösbar verstrickt, ja eins geworden wäre, wie wir das an dem zivilisierten Frankreich zu unserem Entsetzen beobachten können; und das, was lange Zeit der große Vorzug Frankreichs und die Ursache seines ungeheuren Übergewichts war, eben jenes Einssein von Volk und Kultur, dürfte uns, bei diesem Anblick, nötigen, darin das Glück zu preisen, daß diese unsere so fragwürdige Kultur bis jetzt mit dem edlen Kerne unseres Volkscharakters nichts gemein hat. Alle unsere Hoffnungen strecken sich vielmehr sehnsuchtsvoll nach jener Wahrnehmung aus, daß unter diesem unruhig auf und nieder zuckenden Kulturleben und Bildungskrampfe eine herrliche, innerlich gesunde, uralte Kraft verborgen liegt, die freilich nur in ungeheuren Momenten sich gewaltig einmal bewegt und dann wieder einem zukünftigen Erwachen entgegenträumt. Aus diesem Abgrunde ist die deutsche Reformation hervorgewachsen; in deren Choral die Zukunftsweise der deutschen Musik zuerst erklang. So tief, so mutig und seelenvoll, so überschwänglich gut und zart tönte dieser Choral Luthers, als der erste dionysische Lockruf, der aus dichtverwachsenem Gebüsch, im Nahen des Frühlings hervordringt. Ihm antwortete in wetteiferndem Widerhall jener weihevoll übermütige Festzug dionysischer Schwärmer, denen wir die deutsche Musik danken – und denen wir *die Wiedergeburt des deutschen Mythus danken werden!* (125/6, die erste Kursivierung von mir [M. F.])

III

Nietzsches Abhandlung über den Ursprung der Tragödie versteht den Dionysos wesentlich als den Stifter des Chors, und zwar desjenigen, aus dem die griechische Tragödie als Einheit von kultischer Handlung und ästhetischer Schau hervorgegangen sei. Im Nachvollzug dieses Gedankens (und seiner Begründung) sind unsere Überlegungen mehr und mehr auf ein merkwürdiges Phänomen gelenkt worden, nämlich die immer größere Aufmerksamkeit, mit der modernes Denken pathogene Züge des Rationalisierungsprozesses und der Ausdifferenzierung seiner Wert- und Funktionssphären in Abhebung vom kultisch-politisch-ästhetischen Ineins der griechischen Tragödie diagnostiziert. Es ist der Mühe wert, sich einen Überblick darüber zu verschaffen, wie in der Ästhetik und selbst in der Kulturpolitik daran gearbeitet wurde, Bedingungen wiederherzustellen, wie es (angeblich) die gewesen sind, unter denen die hellenische Tragödie entstanden ist. Dieser Ausblick richtet sich insbesondere auf die nationalsozialistischen Versuche, auf ihre Weise die Tragödie zu restaurieren.

Schon die Frühromantiker haben die Tragödie mit einem mehr als nur ästhetizistischen Wohlgefallen beschrieben. Für Schelling z. B. war sie ein Akt des wieder zur Einheit verschmolzenen und aus gemeinsamen Axiomen sich rechtfertigenden »Volkes«: eine beneidenswerte (verlorene) Einheit von kultischer Handlung, ästhetischer Darstellung und politischer Repräsentation (*SW* I/6, 572/3 im Kontext): denn in der Tat, die Tragödie war ja Gottesdienst, sie war Kunstwerk höchsten Ranges, und sie war eine Art Staatsakt, der der gesamten Republik samt den Sklaven geboten, ja sogar verordnet war – allerdings vielleicht unter Ausschluß der Frauen (darüber sind die Quellen zwiespältig; dies Kapitel restriktiver Demokratie-Auslegung steht bei den Griechen auf einem anderen Blatt).

Solche Deutung der Tragödie darf übrigens – Romantik hin, Nietzsche her – für philologisch-historisch fundiert gelten. Konrat Ziegler, der Verfasser des umfangreichen Artikels *Tragoedia* in *Paulys Realenzyklopädie* (*PW* Bd. VIa, 1936/7, S. 1899ff.), bemerkt: »Das athenische Dionysostheater des 5. Jahrhunderts war eine moralische Anstalt, die T.-Aufführungen große politische Weiheakte, in denen das attische Volk sich auf die sittlichen Grundlagen seiner Existenz besann, wobei trotz des strengen Stiles auch das Aktuelle nicht durchaus verbannt war« (1942); als Beweis für die aktuelle Tendenz denke man an *Die Troerinnen* des Euripides, diese leidenschaftliche und erschütternde Polemik gegen die Kolonialkriege der Athener und die Sinnlosigkeit aller Kriege.

Man kann verstehen, daß eine so – nämlich als Ineins von Weiheakt, Kunstwerk und Politikum – gedeutete Tragödie nostalgische Gefühle hervorbrachte und daß einige Philosophen und Literaten glaubten, ihre Wiederherstellung sei gleichbedeutend mit der Überwindung der desolidarisierenden, die Menschen entzweienden und um ihren Lebenssinn betrügenden Effekte der bürgerlichen Gesellschaft. Ich führe, als einen Beleg für Hunderte, eine Stelle aus Rilkes *Malte Laurids Brigge* an:

> Laßt uns doch aufrichtig sein, wir haben kein Theater, so wenig wir einen Gott haben: dazu gehört Gemeinsamkeit. Jeder hat seine besonderen Einfälle und Befürchtungen, und er läßt den andern so viel davon sehen, als ihm nützt oder paßt. (In: *Sämtl. Werke,* hg. von Ernst Zinn, = Werkausgabe, Frankfurt/Main 1975, Bd. 11, 922).

Das ist der Grund-Gesichtspunkt auch und schon in Richard Wagners Schrift *Das Kunstwerk der Zukunft.* Sie stammt aus dem Revolutionsjahr 1849 und verrät auf jeder Seite Wagners aktives sozialistisches Engagement. (Wagner hat an den Barrikadenkämpfen von Dresden teilgenommen, und er hat Bakunin in seiner Wohnung untertauchen lassen. Vor der Polizei und dem Verfassungsschutz, die ihn steckbrieflich verfolgten, floh er in die Schweiz, wo er von einem großen, im Freien aufzuführenden, demokratischen Musikdrama vor dem »Volk« träumte: nämlich seinem *Ring des Nibelungen,* der in der ursprünglichen Konzeption den Fluch des gemünzten, d. h. des Kapital gewordenen Goldes zum Gegenstand hatte.)

Verglichen mit den Manifesten und ästhetischen Räsonnements im Werk etwa der Junghegelianer oder bei Marx und Engels merkt man freilich in Wagners Schrift auffällige Differenzen, nicht nur im Pathos der Darstellung, sondern im Gestus der gesamten Argumentation. Das hängt nicht nur mit der staatsfeindlich-anarchistischen (eher an Bakunin als an Marx gemahnenden) Überzeugung Wagners zusammen, sondern auch mit der ästhetizistisch-theologischen Perspektive, in der er die Gegenwart vermißt. Das freilich ist ein Zug, der uns nur darum fremd ist, weil wir den romantischen Sozialismus im Frankreich der dreißiger und vierziger Jahre des 19. Jahrhunderts nicht gut kennen. Ihm verdankt Wagner viel. Ich will einen kurzen Abriß seiner Grundgedanken versuchen.

Der erste Satz seines späten Essays über *Religion und Kunst* liest sich wie ein gedrängtes Résumé der frühromantischen Ideen zur Kunstreligion in einer bindungslos gewordenen Bürgerwelt:

Man könnte sagen, daß da, wo die Religion künstlich wird, der Kunst es vorbehalten sei, den Kern der Religion zu retten, indem sie die mythischen Symbole, welche die erstere im eigentlichen Sinne als wahr geglaubt wissen will, ihrem sinnbildlichen Werte nach erfaßt, um durch ideale Darstellung derselben die in ihnen verborgene tiefe Wahrheit erkennen zu lassen (*SSD* X, 211).*

Im Gegensatz zu Nietzsche, der die gesellschaftliche Dimension ganz preisgeben wird und – wie die Vertreter des *L'art pour l'art*, denen er damit die Formel erfindet – nur mehr eine ästhetische Rechtfertigung des Abstraktums »Dasein« im Auge hat, steht Wagners Satz auf dem Boden einer philologisch-historisch anfechtbaren, aber in sich konsequent entwickelten Genealogie des Bindungszerfalls der menschlichen Gesellschaft seit der Antike: Die Hoffnung der Menschheit, sich von den Effekten einer totalen »Zersplitterung« (*SSD* III, 63) ihrer Wesenskräfte in spezielle Fertigkeiten und Einzelpraktiken zu befreien (so heißt es im *Kunstwerk der Zukunft*), nährt sich von der Erinnerung an eine vormals integrale Selbstdarstellung der vereinigten Menschheit in der Kultfeier einer poetischen Handlung (eines *drómenon*, eines *Dramas* im antiken Sinne). So wie die voneinander getrennten Individuen ihre soziale Synthese als »Volksgemeinschaft« durch die Gemeinschaftlichkeit ihres Glaubens vollzogen (»zu jeder Zeit, wo Mythus und Religion im lebendigen Glauben eines Volksstamms lebten, [hat] das besonders einigende Band gerade dieses Stammes immer nur in eben diesem Mythus und eben dieser Religion gelegen« [l. c., 131]), so brachten sie das Bewußtsein dieses ihres axiomatisch gerechtfertigten sozialen Einverständnisses in der »zum *Kunstwerke* gewordenen religiösen Feier« zum Ausdruck (132).

Man weiß schon von Feuerbach, dem Wagner viel verdankt und dem er seine Schrift gewidmet hat, wie es weiterging: Im Lauf der abendländischen Geschichte ist der analytische Geist wie ein Rauhreif in die Blütenpracht des synthetischen Geistes eingefallen und hat den *»egoistischen, absoluten, einzelnen Menschen«* produziert – den Menschen, der »losgelöst [ist] aus dem schönen Bande der Gemeinsamkeit« (133). »Die Periode von diesem Zeitpunkt bis auf unsere Tage ist daher die Geschichte des *absoluten Egoismus* und das Ende dieser Periode wird die Erlösung in den *Kom-*

* Unter dieser Sigle zitiere ich Wagners *Sämtliche Schriften und Dichtungen*, Volks-Ausgabe, Leipzig o. J.

munismus sein« (134). Und während mehr und mehr »die herkömmlich fortgesetzte wirkliche religiöse Tempelfeier (...) an Innigkeit und Wahrheit (...) so sehr einbüßte, daß sie eben zur gedankenlosen herkömmlichen Zeremonie wurde, [lebte] ihr Kern [allein] im Kunstwerke fort« (132), das so etwas wie ein Memento des integralen Menschen geblieben ist und daher die meisten Hoffnungen an den Gedanken seiner Wiederherstellung gerettet hat. Darum ist der Verlust des Schönen – im häßlich gewordenen modernen Leben (vgl. *SSD* XII, 270) – kein bloß ideeller Mangel, der allein dem Bildungsphilister empfindlich wäre: er wurde zum Index einer verlorenen sozialen Identität, da allein die Kunst Ausdruck der Totalität menschlicher Wesenskräfte ist, die unter Bedingungen der gesellschaftlichen Atomisierung, der Klassendifferenzen, der äußersten Arbeitsteilung und der konkurrierenden »Utilitäts«-Optionen »verstümmelt« und unterdrückt worden sind (*SSD* III, 145, 151, 127f.). Damit hängt – deutliches Anknüpfen an ein frühromantisches Leitmotiv – der Verlust einer wirklich homogenen *»Öffentlichkeit«* zusammen, die in der Feier der exemplarischen Handlung ihre soziale Vereinigung symbolisch vollzöge (»das wahre Drama ist nur denkbar aus dem *gemeinsamen Drang aller Künste* zur unmittelbarsten Mitteilung an eine *gemeinsame Öffentlichkeit* hervorgehend«) (l.c., 150). Um sie herzustellen, bedarf es nicht nur einer praktischen Öffentlichkeitsarbeit (149, 2. Abschn.), die revolutionären Charakter annimmt, sobald die Interessen des »Volkes« – der »ärmsten und zahlreichsten Klasse« – als die vernünftigerweise allein verallgemeinerungsfähigen sich enthüllen (172ff.); es bedarf auch eines schon jetzt mitteilbaren und solidarisierenden Sujets, wie es früher der Mythos (*SSD* IV, 31ff.) war. Ein wirklich allgemeiner Stoff könnte im Zustand der Abwesenheit einer gemeinsamen axiomatischen Option der Menschheit aber nur negativ wie der der Tragödie sein: er wird die Selbstaufhebung des egoistischen Einzelnen zugunsten einer idealen Gemeinschaftlichkeit darstellen, ohne freilich *»die Macht der Individualität«* (*SSD* III, 165) – im Sinne des Nietzscheschen Dionysischen – einfach auszulöschen. Mit dieser utopischen Negation der Analyse wird er, wenn auch vorerst aus dem Munde eines Einzelnen vernommen, der »Notwendigkeit« Rechnung tragen, *»das Volk* selbst als den Künstler der Zukunft« wieder in seine Rechte einzusetzen (172): denn sobald ein Stoff verallgemeinerungsfähig, d.h. als Artikulation der

Interessen der meisten erkannt ist, hat er eben dadurch virtuell mythische Qualitäten: er wird zum möglichen Ausdruck einer unterdrückten Volksdichtung, die nur als solche – unter den obwaltenden Umständen »unserer Staats- und Kriminalkultur« (173)* – am Hervortreten verhindert ist. Auf diese Weise erkennt sich der Künstler der Zukunft, der von der Analyse der Entrechtung der Meisten durch die Wenigen »in den modernen Staaten« auf seine eigentlich künstlerische Aufgabe zurückkommt, als Medium jenes unterdrückten Mythos, dessen »einziger Dichter und Künstler (wie in alten Zeiten) das Volk in Wahrheit bereits (...) war« (172).

Seine Aufgabe wird sein, das objektive Band, welches das Volk in der Stunde der äußersten Entfremdung des Menschen vom Menschen als eine tatsächliche Not- und Elendsgemeinschaft schon vereint, im »Kunstwerk der Zukunft« zu seinem bewußten Besitz werden zu lassen. Wagner selbst macht den Vorschlag zu einer Fabel: Wieland der Schmied, der geschickte Handwerker, wird vom König, dem Eigentümer der Staatsmacht, der ihn gefangen und gelähmt hat, um die Früchte seiner Arbeit betrogen. Aber *er*

* Wie den Frühromantikern ist auch Wagner »der Staat« – gedacht als Maschine und Instrument der Klasseninteressen – die Quelle oder doch der Inbegriff der Übel der Gesellschaft. In seiner Interpretation des Ödipus-Mythos (bes. der *Antigone*) ist es der Widerstreit von Demokratie (Liebe) und Staat (Gesamt von Äußerlichkeitsbeziehungen), den die Tragödie – parteiergreifend für die Liebe – gestalte, mit dem Appell, ihn zu »vernichten« (*SSD* IV, 63). »Seit dem Bestehen des *politischen Staats* geschieht kein Schritt in der Geschichte, der (...) nicht zu seinem Untergange hinleite. Der Staat, als Abstraktum, ist von je immer im Untergange begriffen gewesen, oder richtiger, er ist nie erst in die Wirklichkeit getreten, nur die Staaten in concreto haben in beständigem Wechsel, als immer neu auftauchende Variationen des unausführbaren Themas ein gewaltsames, und dennoch stets unterbrochenes und bestrittenes Bestehen gefunden. (...) sein Kern geht uns in der Oidipussage auf: als den Keim aller Verbrechen erkennen wir die *Herrschaft* des Laios, um deren ungeschmälerten Besitzes willen dieser zum unnatürlichen Vater ward. Aus diesem zum *Eigentum* gewordenen Besitz, der wunderbarerweise als die Grundlage jeder guten Ordnung angesehen wird, rühren alle Frevel des Mythos und der Geschichte her« (l. c. 65) – eine These, die als anarchistisch-romantische Variante jener anderen angesehen werden kann, wonach alle Geschichte eine Geschichte von Klassenkämpfen gewesen sei und die Wagner im folgenden, freilich auf verworrene Art, als einen im Mythos gesühnten Natur-Staat-Gegensatz entfaltet. Vgl. auch *SSD* III, 167/8: »Natürliche Vereinigungen haben (...) nur so lange einen natürlichen Bestand, als das ihnen zugrunde liegende Bedürfnis ein gemeinsames und seine Befriedigung eine noch zu erstrebende ist (...). Unsere modernen *Staaten* sind (...) die unnatürlichsten Vereinigungen, weil sie, an und für sich nur durch äußere Willkür (...), eine gewisse Zahl von Menschen *ein für* allemal zu einem Zweck zusam-

ist's (und nicht der König), der – wie Hegels Knecht – die reale Macht besitzt. Der Herr, der ihn der Materie gleichstellt, überläßt ihm damit zugleich die Macht, die im Naturreich die Basis über alles vergleichsweise ideellere Leben – und in der sozialen Sphäre die Arbeit über das angemaßte Privileg der Herrschaft – hat; indem er sich dieser Macht bedient und den Herrn besiegt, befreit sich Wieland aus seinem Joch und kehrt heim zur Geliebten (175 f.).

In Wagners Essay fällt ein Zug auf, der seinen Verfasser unmittelbar als Romantiker – und besonders als Nachfolger Schellings – erkennbar macht. Ich meine den Nachdruck, mit dem Wagner die Situation des bürgerlichen Künstlers als die des Künstlers ohne Publikum beschreibt. Der Mythos ist ihm nicht das »Archaische« oder »Irrationale« (wie so oft im Sprachgebrauch eines sich aufgeklärt und über »wilde« Kulturen erhaben dünkenden Eurozentrismus), sondern, ganz im Gegenteil, die Bedingung der allgemeinen Mitteilbarkeit eines verbindlichen Stoffes. Insofern Allgemeinheit und Mitteilbarkeit formale Bedingungen des Vernünftigen und Verbindlichkeit ein materiales Kriterium kommunikativ erzielter Übereinkünfte sind, kann man an die romantische Forderung erinnern, die Neue Mythologie müsse eine solche sein, die im Dienste der Vernunft steht. Der Mythos hat die Rationalität einer Sprache, keine größere, aber auch keine geringere.

Niemand [sagt Wagner in *Oper und Drama*] kann sich verständlich mitteilen, als an die, welche die Erscheinungen in dem gleichen Maße mit ihm sehen: dieses Maß ist aber für die Mitteilung das verdichtete Bild der Erscheinungen selbst, in welchem diese sich den Menschen erkenntlich darstellen. Dieses Maß muß daher auf einer gemeinsamen Anschauung beruhen, denn nur was dieser gemeinsamen Anschauung erkenntlich ist, läßt sich künstlerisch wiederum mitteilen: ein Mensch, dessen Anschauung nicht die gemeinsame ist, kann sich auch nicht künstlerisch kundgeben. – Nur in einem beschränkten Maße innerer Anschauung vom Wesen der Erscheinungen hat sich seit Menschengedenken bisher der künstlerische Mitteilungstrieb bis zur Fähigkeit überzeugendster Darstellung an die Sinne ausbilden können: nur der griechischen Weltanschauung konnte bis heute noch das wirkliche Kunstwerk des Dramas entblühen. Der Stoff dieses Dramas war aber der Mythos, und aus seinem Wesen können wir

menspannen, der einem ihnen gemeinsamen Bedürfnisse entweder nie entsprochen hat, oder unter der Veränderung der Zeiten ihnen allen doch keineswegs mehr gemeinsam ist.« Vgl. auch das Bekenntnis zur »Anarchie« (*SSD* XII, 275) natürlicher Vereinigungen.

allein das höchste griechische Kunstwerk und seine uns berückende Form begreifen (*SSD* IV, 31).

Kurz: der »*Mythos* erfaßt die gemeinsame Dichtungskraft eines Volkes«, insofern in ihm Welt auf eine zwar eigentümliche, aber in ihrer Individualität gleichwohl Mitteilung verbürgende Art und Weise schematisiert ist. Die Verbindlichkeit dieser Rede – ihre Bereitschaft, den Wert der Gemeinschaft als solchen vorauszusehen – wird dadurch symbolisiert, daß es Götter sind, die in den Mythen auftreten. Sie werden irreal erst da, wo die Gemeinschaft nicht mehr existiert: in jeder Form von Klassenherrschaft, die Gruppen der Gesellschaft gegeneinander differenziert und das Kunstwerk als Gesamtrepräsentation aller – als demokratische Repräsentation – vereitelt. Gewiß hat die Religion jahrhundertelang der Legitimation von Klassenherrschaft – oder, was für Wagner nur ein anderer Ausdruck desselben Phänomens ist: als Legitimationsressource für »den Staat« – dienen müssen. In diesem Augenblick stand sie nicht mehr »im Dienst der Vernunft«, sie wurde Ideologie, d. h., hörte – der eben gegebenen Definition gemäß – auf, Religion zu sein. Wagner ist über diesen Punkt hinreichend deutlich:

Je mehr die herrschenden Geschlechter die Religion zu ihrem besonderen Eigentum und zum Mittel der Herrschaft machten, verlor das Volk im allgemeinen den Sinn für Religion, die ihm unverständlich ward, ja, als den herrschenden günstig, ihm feindlich erscheinen mußte (*SSD* XII, 269).

Gemessen an der aristokratischen Semantik muß das Kunstwerk der Zukunft notwendig areligiös sein; denn »welches Interesse hatte der Helot, das attische Volk usw. endlich an der Religion? – So ging auch endlich die religiöse Bedeutung jener ländlichen Feste verloren. Der Gott der armen Leute: Pan. Volkshumor. Die phantastischen Masken – ursprünglich Naturgötter darstellend – stellten endlich das Volk selbst dar, wie die Heroengötter endlich zu Heroen = Menschen selbst geworden waren« (l. c.).

Wie bei Pierre Leroux ist auch bei Wagner der Niedergang der Gesellschaft in Begriffen eines Niedergangs der Religion gespiegelt. Sie hört auf, vernünftig, d. h. allgemein zu sein, wo es einen »Unterschied zwischen der Religion des Adels und des Volks« gibt (l. c., 268). Not tat damals die »vollständige Vernichtung des Adels: gänzliche Reaktion des Volkskunstwerks gegen das Adelskunstwerk« (l. c.) und, in bürgerlicher Zeit, die Rettung von

Kunst überhaupt als der Stimme der »Religion der Notleidenden« (l. c., 269).* Die Not der meisten wird nicht beseitigt durch Abschaffung der Religion, sondern durch die Rettung der ins Irreale der Religion ausgebürgerten Erfahrung, daß Glücksforderungen nur in universeller Wechselseitigkeit verbindlich werden können:

Kein Einzelner kann glücklich sein, ehe wir es nicht alle sind, weil kein Einzelner frei sein kann, ehe nicht alle frei sind (l. c., 275).

Das Kunstwerk, das die Stimme der Allgemeinheit spricht, könnte darum die Religion ersetzen; aber es existiert nicht, es ist »Kunstwerk der Zukunft« in dem romantischen Sinne, daß seine Götter nur kommende (d. h. entbehrte) Götter sein können. Denn, noch einmal, der Künstler kann auf Götter sich nicht berufen, wo er vom Einzelnen, Isolierten und nicht von *den* Menschen handelt: *die* Menschen aber – das verlorene Publikum – sind als sittliche Totalität erst wiederzuerobern:

Die griechische Tragödie war ein religiöser Akt. (...) Im griechischen Mythos war das Band noch nicht zerrissen, mit dem der Mensch an der (in der) Natur haftete. (...) D[...]er von aller Religion losgetrennte Mensch stieg allerdings vom Kothurn herunter, verlor somit aber auch seinen kommunistischen Zusammenhang mit der religiös verbundenen Allgemeinheit – er entwickelte sich nackt und unverhüllt – aber als *Egoist* (...) [Der Kunst im Zeitalter der verlorenen Sozialbeziehungen] war *der* Mensch Stoff, dem Kunstwerk der Zukunft werden *die* Menschen Stoff sein. (Sehr wichtig). (L. c., 265)

Man könnte in Wagners und in der frühsozialistischen Vision einer wieder allgemein gewordenen, religiöse Gemeinschaft restaurierenden Kunstpraxis nostalgische Regressionen des 19. Jahrhunderts erblicken. Doch ließe sich an einem einzigen, aber bedeutenden Beispiel zeigen, daß das ein unzutreffendes Vorurteil ist und daß auch heute eine Literaturtheorie, die die kommunikative Funktion der Institution Kunst verteidigt, solchen romantischen Ideen begegnet. Dieses Beispiel ist Sartre.

Meine Vorlesung wird aber – verabredungsgemäß – eine andere Richtung ansteuern. Ich will die Wirkungsgeschichte des Wagner-

* Die ideologisch so oft mißbrauchte (nur von wirklichen Textkennern wie E. Bloch zustimmend und vollständig zitierte) Definition des Volkes hat eine eindeutig sozialistische Tendenz: »Wer ist denn das Volk? Alle diejenigen, welche Not empfinden, und ihre eigene Not als die gemeinsame Not erkennen und sich in ihr inbegriffen fühlen« (*SSD* XII, 259; vgl. II, 174/5).

Nietzscheschen-Tragödien-Kults bis hinein in die kulturpolitischen Debatten des Nationalsozialismus wenigstens ausschnitthaft dokumentieren. Wir begegnen da allerdings »Mythen des XX. Jahrhunderts«, und insofern einem Thema, das in einer Wirkungsgeschichte der Idee einer Neuen Mythologie nicht umgangen werden darf. Ob und inwiefern Wagner und Nietzsche – und die Romantik selbst – dadurch mit kompromittiert sind, wird man prüfen müssen.

IV

Der Ausflug in die Texte Nietzsches und Wagners diente einer präzisen Absicht: Ich wollte sie als bedeutende Vorboten einer Bewegung darstellen, die sich erst im 20. Jahrhundert voll entfalten wird. Man sollte annehmen, daß neu-mythische Sehnsüchte schritthaltend mit der technisch-wissenschaftlichen Revolution und dem von ihr verkörperten Rationalitätsstandard zum Verschwinden verurteilt seien. Das Gegenteil war der Fall: je anachronistischer, desto aussichtsreicher waren die Versuche, das Rad des Fortschritts zurückzudrehen. In diesem Sinne hat Robert Musil scharfsinnig beobachtet, manchen Zeitgenossen, die sich aufgeklärt dünken, gelte *Der Mythus des XX. Jahrhunderts* nicht für seriös, weil er hinter dem Stand von Intellektualität der Gegenwart zurückbleibe: aber gerade das Anachronistische sei heute das Aktuelle (*Gesammelte Werke,* hg. von Adolf Frisé, Reinbek 1978, Bd. 7, 845). Dies Phänomen hat Ernst Bloch als »Ungleichzeitigkeit« charakterisiert und darunter die Tatsache verstanden, daß die Denkart gewisser Bevölkerungsschichten sich nicht schritthaltend mit der Evolution der wirtschaftlichen Produktivkräfte entwickelt habe: Dadurch gewinnen, in Form nostalgisch rückwärts orientierter Sehnsüchte, Idole und Lebensformen Vorbildcharakter, die vom Stand der herrschenden Rationalität eigentlich längst überholt sein müßten: z. B. Boden, Provinz, Erde, Haus, Ehre, Heimat, Treue, Glaube – selbst Rasse (denn der Kapitalismus fragt nicht nach der »Physiologie«, sondern nach Absatzmärkten und Tauschwerten, wo immer sie sich antreffen lassen) – alles Begriffe, die die Realität einer hochindustrialisierten, im Weltmaßstab expandierenden Ökonomie und einer durchrationalisierten Bürokratie und Verwaltung nicht im geringsten zu interpretieren vermögen, gerade darum aber in einem reaktionären Widerspruch zu den Fortschrittstendenzen der Epoche geraten. Das ideenlose Funktionieren der (Staats-)Maschine – von der Musil an derselben Stelle spöttisch anmerkt, *sie* allein scheine dem aufgeklärten Zeitgenossen einer Mythisierung für würdig – verschafft aber gerade den ungleichzeitigen Sehnsüchten der Mittelschichten, die weder mit dem Monopolkapitalismus noch mit dem Proletariat sich identifizieren können, einen Erlebnishintergrund, in dem fortschrittsfeindliche Phantasien aufblühen.

Sie richten sich auf die Wiederherstellung von Verbindlichkeit, z. B. von Glauben, für den – neben vielen Ersatzbegriffen – auch der des Mythos einsteht. Nun scheint der Glaube, wie er beispielhaft in einem Buch von Hanns Johst ausgestellt erscheint: *Ich glaube!* (München 1928), auf den ersten Blick als einfacher Rückfall in vergangene Zeiten. »Mit Recht, mit Unrecht?« fragt Musil und fährt fort: »Kein Mensch hat sich die Mühe genommen, eine Frage daraus zu machen« (7, 845).

Das möchte ich tun, indem ich die Wirkungsgeschichte der von Wagner und Nietzsche sich herschreibenden Versuche betrachte, unter Bedingungen der Modernität Gesellschaftsformen wiederherzustellen, wie die es waren, in denen die Tragödie als Ineins von Kulthandlung, Kunstwerk und Staatsakt entstanden sein soll. Es ist eine Bewegung, die so mächtig war, daß Musil von einer »religiösen Renaissance« sprechen konnte. 1925, als er das schrieb, glaubte er wahrzunehmen, daß

deren Welle ihren Höhepunkt heute wahrscheinlich überschritten hat [womit er sich täuschte] (...). Eingestandenermaßen handelte es sich um eine Auflehnung gegen die zunehmende Mechanisierung des Daseins, die Krisis einer Midasexistenz, der jedes, wenn nicht zu Geld, so zu Eisenbeton wurde; aber der ferne, uneinbekannte Sinn davon war nichts als einer der immer wiederkehrenden Versuche, größere Annäherung an den »anderen Zustand« zu suchen, der in seinen Abformen als Kirche, Kunst, Ethik, Erotik mit ungeheurer Mächtigkeit in unser Dasein hereinragt, aber völlig verworren und korrupt geworden ist (in: *Ansätze zu einer neuen Ästhetik*, l. c., Bd. 8, 1145).

»Anderer Zustand« ist Musils Name für das Phänomen, in dem alle Daseinsrechtfertigung entspringt: also für Religion so gut wie für Liebe, Ethik und Kunst. In der religiösen Renaissance sieht er eine mächtige Sehnsucht nach Rechtfertigung sich artikulieren. In ihrem Namen wird dem »Fortschritt« der Prozeß gemacht: denn als Fortschritt wird erlebt die sukzessive Zerstörung einer vorkapitalistischen Lebenswelt, die – gemessen an den als unverständlich und ungeordnet erlebten »modern times« – als vergleichsweise geordnet und sinnvoll erinnert wird. So ist es der inhumane Fortschritt des Kapitalismus selbst, der sich im Kleinbürgertum einen konservativen Widersacher heranzüchtet, der sich als gefährlich erweisen wird. (Ich werde darauf noch ausführlicher gegen Ende dieses Buches zurückkommen.)

Der gemeinsame Nenner dieser konservativen Opposition ist eine allgemeine Zivilisationskritik und Feindschaft gegen das bestehende Bildungswesen. Die Aufklärung »westlicher Provenienz« wird kritisiert und für die Demokratisierung/Verflachung der deutschen Tradition verantwortlich gemacht.

Ein Musterbeispiel dafür sind Nietzsches Baseler Vorträge (von 1872, also aus der Zeit der Tragödie-Schrift) *Über die Zukunft unserer Bildungsanstalten.* Ich biete daraus einige charakteristische Proben:

Wozu braucht der Staat jene Überzahl von Bildungsanstalten? Wozu diese auf Breite gegründete Volksbildung und Volksaufklärung? Weil der echte deutsche Geist gehaßt wird, weil man die aristokratische Natur der wahren Bildung fürchtet, weil man die großen Einzelnen dadurch zur Selbstverbannung treiben will, daß man bei den Vielen die Bildungsprätention pflanzt und nährt, weil man der strengen und harten Zucht der großen Führer damit zu entlaufen sucht, daß man der Masse einredet, sie werde schon selbst den Weg finden. »Was sich deutsche Kultur nennt«, so geißelt Nietzsche Stand und Tendenz der [demokratischen] Bildungsanstalten, »ist ein kosmopolitisches Aggregat, das sich zum deutschen Geiste verhält, wie der Journalist zu Schiller, wie Meyerbeer zu Beethoven.« Sie ist Entfremdung vom deutschen Geist, »im tiefsten Fundament ungermanische Zivilisation der Franzosen« »Kultur« und »Zivilisation« verschärfen in dieser Generation erst den im Wortbestand gar nicht begründeten Gegensinn: »Kultur« und »Bildung« entspringen dem deutschen Geiste und sind Ausdruck einer inneren Formung; »Zivilisation« repräsentiert die seichte Welt der Aufklärung und der industriellen Gleichmacherei, der Verbreitung von Information und Konversationswissen, die zum Kern der Person keine Verbindung haben. Was steht hinter den Bestrebungen der »sogenannten Volksbildung«, hinter der Ausbreitung der Lehranstalten aller Art? Für Nietzsche nichts anderes als der Kampf [der Minderbemittelten und zu kurz Gekommenen] gegen die »wahre Bildung«, d. h. diejenige, »welche an der aristokratischen Natur des Geistes festhält«. Und die lauten Herolde des Bildungsbedürfnisses erweisen sich, von nahem besehen, als die Wegbereiter der Barbarei. »Denn im Grunde meinen sie, als ihr Ziel, die Emanzipation der Massen von der Herrschaft der großen Einzelnen [und Führer-Naturen]; im Grunde streben sie danach, die heiligste Ordnung im Reiche des Intellektes umzustürzen, die Dienstbarkeit der Masse, ihren unterwürfigen Gehorsam, ihren Instinkt der Treue unter dem Zepter des Genius zu untergraben.« »Dem, was man Volksbildung nennt, ist auf direktem Wege, etwa durch allseitig erzwungenen Elementarunterricht, nur ganz äußerlich und roh beizukommen: die eigentlichen, tieferen Regionen, in denen sich überhaupt die große Masse mit der Bildung berührt, dort, wo das Volk seine *religiösen Instinkte* hegt, wo es an seinen *mythischen Bildern* weiterdichtet, wo es seiner Sitte, seinem Recht, seinem Heimatboden, seiner Sprache Treue bewahrt, alle diese Regionen sind auf diesem Wege kaum oder jedenfalls nur durch zerstörende Gewaltsamkeit zu erreichen«. Es ist der Mutterboden, das »heilsame Unbewußtsein«, das »Sich-gesund-Schlafen des Volkes«, was seine eigentliche Bildung trägt. (Zit. aus Andreas Flitner, *Wissenschaft und Volksbildung,* in: *Deutsches Geistesleben und Nationalsozialismus.* Eine Vortragsreihe der Universität Tübingen mit einem Nachwort von Hermann Diem, hg. von Andreas Flitner, Tübingen 1965, 220/1 (kursiviert von mir [M. F.]).

Diese Blütenlese läßt tief hineinblicken in eine Sprachregelung, der Nietzsche sich teils anschloß und der er zum anderen Teil vorarbeitete. In Wahrheit wurde hier ein ganzer »Diskurs« geboren, der – wie jeder Diskurs – die Weltansicht nicht etwa Nietzsches, sondern einer ganzen Sprachgemeinschaft zum Ausdruck bringt: die der vom Kapitalismus ebensosehr wie vom Sozialismus bedroht sich fühlenden »gebildeten« Mittelschichten: Nach unten verteidigen sie ihr Bildungsprivileg, nach oben – gegen die Großbourgeoisie – die »gewachsene Tradition«, den »Heimatboden«, das »Herkommen«, die »humanistische Bildung« und die vom Weltmarkt zersetzte »Religion«: also alle Mächte, die der Expansionstrieb des Kapitals und die gleichmacherische Gewalt des universell gewordenen Tausches zerstören. Unfähig, die Klassenspaltung theoretisch-analytisch zu artikulieren, sieht diese Schicht sie als Naturereignis: z. B. sozialdarwinistisch als Kampf der Stärkeren gegen die sich zusammenrottende Herde der »gar zu vielen« und »Schlechtweggekommenen«. Man erkennt zugleich bis auf den Ursprung jene an sich schwer faßbare präfaschistische Identifikation des großen Kapitals und des Proletariats (im Begriffe des Weltjudentums): aus kleinbürgerlicher Perspektive macht dies aber in der Tat einen (wenn auch einen phantasmatischen) Sinn, denn das Proletariat und das große Kapital sind zueinander gleichzeitig: es sind die beiden dialektischen Seiten oder Momente des

Klassenkonflikts. Das Kleinbürgertum dagegen, die zu kurz Gekommenen und vom Ressentiment der Ungleichzeitigkeit Angefressenen fühlen sich von allen beiden Blöcken her bedroht – und zwar in gleicher Hinsicht: Das Kapital produziert die Proletarier, die nach dem (z. B. Bildungs-)Privileg der Mittelschichten trachten. Beide Klassen zersetzen im Zangengriff das Einmaligkeits-Bewußtsein des kleinbürgerlichen Individuums, die Transzendenz, seinen Glauben usw.

Das wird noch deutlicher als bei Nietzsche bei einem anderen und womöglich viel wirkungsmächtigeren Vorläufer des Nazismus, in den *Deutschen Schriften*, einer *Sammlung theologisch-politischer Traktate* des Göttinger Universitäts-Professors und Orientalisten Paul de Lagarde, zuerst erschienen in zwei Teilen 1878 und 1881, im Dritten Reich als erster Band von *Schriften für das deutsche Volk* (hg. von Karl August Fischer, München ²1934) neugedruckt. Lagardes Stil liefert ein Muster für die Rhetorik des Ressentiments und der sozialen Deklassierungs-Ängste des Bildungsbürgers, der spürt, daß weder das herrschende Kapital noch die Arbeiterklasse den Wert kleinbürgerlicher Bildungshamsterei zu würdigen wissen – daß sie beide an der Auflösung dieses alteuropäischen Relikts um die Wette arbeiten. Bei Lagarde findet sich zuerst ein antisemitischer und zugleich antiproletarischer Anti-Kapitalismus – ein Unbegriff, der die Existenz einer kollektiven Verdrängung ins Licht stellt. Da das Bürgertum als Klasse zu verteidigen zuallererst heißen würde, die Existenz unterschiedener Klassen zuzugeben (und damit der sozialistischen Theorie beizupflichten), muß Lagarde das Problem der Mittelklasse zum nationalen und biologischen Problem verschieben. So artikulieren die *Deutschen Schriften* in vehementer Aggressivität die Sorge dieses Lehrers und Professors angesichts des geistigen, sittlichen und (besonders) religiösen Niedergangs der Deutschen, die, wie er meint, in besinnungsloser Profitgier alle natürliche Ursprünglichkeit verlieren und denen er den skrupellosen Verrat der Reichsgründungsideale vorwirft.

Die nationale Erneuerung des Volkslebens – und das macht Lagardes *Deutsche Schriften* bedeutsam für unsere Untersuchung – soll sich in Analogie zur Wiederaufrichtung einer Religion und im Widerstand zu den »Kräften der Zersplitterung, Auflösung und Zersetzung« vollziehen. Die existierende Kirche ist freilich kein Vorbild: in ihr wie im Staat herrsche das Dogma, das gewachsene

Traditionen und die natürliche Rangordnung zwischen den Menschen auflöse, so wie im Parlamentarismus und Bürokratismus der natürliche gesellschaftliche Organismus zersetzt werde: an dessen Stelle seien getreten »Berechtigungswesen, Interessenegoismus und kapitalistische Erwerbsgier«: ein Maschinenwesen.

Dem stellt Lagarde *Die Religion der Zukunft* entgegen (l. c. 251 ff.). Ihr Inhalt ist die Gründung und Errichtung einer »deutschen Nationalkirche« – eine Idee, an der sich besonders gut ablesen läßt, wie der Nationbegriff zum Ersatz für die unter den Hieben der Rationalisierung und Kapitalisierung der Lebenswelt zerstückelte alte Religion werden konnte. Lagarde argumentiert so: »Religion [ist] nur in der Gemeinschaft denkbar« (252); darum gibt es keine Naturreligion. Ihre Entfaltung oder ihr Niedergang spielen sich demnach in der Evolution einer Gesellschaft ab, Theologie ist nichts »als das Wissen um die Geschichte der Religion« (256). Von Jesus übernational konzipiert, wird das historische Christentum bald nationalisiert, sie wird Sache und Tat »des römischen Kaiserreiches und der in ihm vereinten Nationen« (267), mit denen sie lebte und unterging. Ein Zurück gibt es nicht; nie regrediert Geschichte auf einen gewesenen Zustand. Eine »neue Religion« will gebaut sein (268). Die alte zerbrach – angeblich – an der nationalen Art des Germanentums. Nun muß das Germanentum sich als »eine religionsbildende Bewegung in unserem heutigen Deutschland« neu konstituieren (270), d. h., die zu gründende neue Religion mit den Wesenskräften des germanischen Menschen ausstatten, wie das bei jeder historischen Religionsbildung anderer Völker entsprechend der Fall war. Für Lagarde heißt das bündig – und nicht unähnlich gilt das für Nietzsche –: das Christentum als tradierte und noch nicht ganz zersetzte religiöse Macht vom »jüdische[n] Gift« zu befreien (270). Dies wird nicht sonderlich konkret gemacht. Die Grundidee ist aber deutlich: es gilt zu retten, was von der alten Kirche zu retten ist, indem man den Rest an intersubjektiver Verbindlichkeit hinüberschmuggelt »in unser neues Reich«. »Und als Grundprinzip der neuen Gemeinschaft wird der Satz zu gelten haben, daß Religion das Bewußtsein von der plan- und zielmäßigen Erziehung der einzelnen Menschen, der Völker und des menschlichen Geschlechts ist« (273). Aber mit diesen noch sehr weltbürgerlich klingenden Idealen ist noch nichts getan; man muß mit ihnen »praktisch ernst (...) machen« (l. c.); d. h., daß alle Sakramente und Institutionen der früheren Kirche in weltlichen und gesellschaftlichen Realitäten ihr Äquivalent bekommen müssen. Zuvörderst ist im deutschen Volk eine »Zucht und Treue haltende Gemeinde« zu gründen (274).

Finden sich die Menschen für diesen Versuch in Deutschland nicht, und nicht bald, so können wir nur auf die Zukunft unseres Vaterlandes verzichten: Deutschland wird dann noch eine Weile existieren, zu leben wird es bald genug aufhören.

Ich wende mich zu der germanischen Naturanlage, welche in der Kirche der Zukunft sich geltend machen muß (274).

Es folgt eine Philippika gegen den Liberalismus und die »modernen Ideen«, die die Deutschnationalität als einen vom Geist des Fortschritts überwundenen Gedanken erscheinen lassen. Zu deren Beschwörung zitiert Lagarde Fichte, die arme Madame de Staël und den Deutschmann Ernst Moritz Arndt. Aus alledem wird ein Popanz echtdeutscher Art zusammengebastelt, der dann als die jeder Religion unabdingbare Wertsetzung firmieren muß: eine Figur, die alle nationalen Religionen – und ihre Zahl ist Legion – charakterisieren wird.

Deutschland [schließt Lagarde] würde gegründet werden, indem wir gegen die jetzt gültigen, aus dem Vorhergehenden deutlich genug zu erkennenden Laster ersichtlich undeutsch beeinflußter Zeit uns verneinend verhielten, indem wir zur Abwehr und Bekämpfung dieser Laster einen offenen Bund schlössen, welcher der äußerlichen Kennzeichen und Symbole so wenig entbehren dürfte wie der strengsten Zucht, indem weiter jedes einzelne Glied dieses Bundes den treuherzigsten Haß gegen seine eigenen Fehler und eine bescheidene, scheue, aber warme Liebe für alles hegte, was ihm – ich sage nicht gut, sondern etwas anderes, wie mich deucht, völlig Deutsches – was ihm echt zu sein schiene und sich als echt erprobte.

Eine Aufgabe von Jahrhunderten! Aber nur auf dem Wege zum ewigen Leben liegt ein Vaterland, so wahr auch im ewigen Leben, wie jeder anderen Nation Genossen als solche, so auch der Deutsche als Deutscher noch wird zu erkennen sein, und so wahr ihn nicht bloß als Ich und als Menschen, sondern auch als Deutschen Gott und alle Seligen lieben (280).

Finster – aber »echt«! Und nicht einmal Weltfremdheit oder Dummheit kann man dieser schwammigen Prognose nachsagen: sie erwies sich als realistischere Vorausschau denn viele andere Prophetien und Diagnosen der Epoche. Es gibt übrigens Dutzende und Aberdutzende von zeitgenössischen Traktaten, die in diese gleiche Richtung wiesen. Kein Dümmerer und Geringerer als Christian Morgenstern schrieb in sein Tagebuch:

Zu Niblum will ich mich rasten aus
Von aller Gegenwart.
Und schreibt mir dort auf mein steinern Haus
Nur den Namen und »Lest Lagarde« (zit. Flitner, l. c., 222).

Kurz: eine Bibliotheken füllende Literatur hat sich hier angeschlossen. Ich will sie in diesem Fragezusammenhang nur insoweit zur Kenntnis nehmen, als sie von Dichtern oder Dichtungstheoretikern herrührt. Das ist z. B. der Fall in dem schon genannten Buch *Ich glaube! Bekenntnisse* von Hanns Johst. Hanns Johst begann als expressionistischer Dramatiker. Zwei seiner Dramen: *Der Einsame. Ein Menschenuntergang* und *Schlageter* hatten eine Zeitlang gewisse Chancen auf der Bühne. Johst ist ein eindrucksvolles Beispiel für die Durchlässigkeit der Avantgarde-Dichtung zum Rechtskonservativismus völkischer Prägung, für die auch Namen wie Gottfried Benn und Ernst Jünger einstehen. (Johst war später eine Zeitlang Präsident der Reichsschrifttumskammer.)

Ich will die *Bekenntnisse* Johsts von 1928, ihrer wirkungsgeschichtlichen Bedeutung und ihres genauen Anschlusses an Nietzsche und Wagner wegen, kurz vorstellen. Es handelt sich um eine Sammlung von Reden und Aufsätzen, geschrieben »vom kulturpolitischen und menschlichen Standpunkt« (8): »Es [das Buch] zeigt eine Person, die von der Betrachtung lebt, die bei der Hingabe an die Zeit und durch Gegensätzlichkeit zum Zeitgeist vom menschheitlich orientierten Europäer zum bewußten Deutschen wurde!« (8) Bevor man zu lesen beginnt, muß man sich mit der in der *Einleitung* ausgestellten »Haltung« des Verfassers vertraut machen, der es als »Dichter« »mit dem Geist der Demut und der Verklärung und nicht mit dem Hochmut der Aufklärung« hält (7). Das sind Leitmotive der Schrift: *Ver*klären statt *Auf*klären – aufbauen statt zergliedern – erhalten statt zersetzen – sich abwenden vom demokratisch-analytischen Geist der europäischen »Zivilisation« und sich bekennen »zu dem absolut aristokratischen Prinzip der [Kultur-]Kunst« (l. c.).

Johst sieht es am besten aufgehoben in der religiösen Kunst par excellence, im Drama, das er die »Kultstätte eines heroischen Gefühles« nennt (16/17). Da wir auf diese Charakterisierung durch Wagner und Nietzsche vorbereitet sind, will ich mich auf das beschränken, was Hanns Johst in den Texten *Von Sinn und Sendung des Theaters* und *Vom neuen Drama* vorträgt.

Johst unterscheidet – denn er versteht ja seine Reflexion übers Drama als Zeit- und als Zivilisationskritik – das Drama vom Theater. »In diesem Dualismus der Erscheinungsform«, sagt er, »liegt das Krankheitsbild des gegenwärtigen Theaterlebens gefangen. Wir kennen heutzutage nur noch Theater, und kaum die geringste Beziehung lebt mehr von Zuschauerraum und Drama« (22). Dazu teilt er eine persönliche Erfahrung mit (bei der es, ganz nebenbei, kurios ist zu sehen, wie sehr sich der »Aristokrat« Johst damals noch vom Massenphänomen des italienischen Faschismus absetzt):

Als ich voriges Frühjahr in Syrakus die lateinischen Wiederbelebungsversuche an der Dramaturgie des Äschylos mit ansah, wurde es mir klar, was der Gegenwart fehlt, um ein Drama zu erzeugen und zu tragen: Die Kultgemeinschaft. Ich sah die Sieben vor Theben, und was gewannen die zwanzigtausend Zuschauer für sich aus dieser tragischen Melodie der Antike? Ein Evviva für Mussolini, der neben mir Äschylos gesucht hatte.

Die zivilisatorische, motorische Kraft [man beachte die Maschinen-Metaphorik] überwog die geheimnisvolle, innerliche Spannung, die sich um den Mythos begab, aus dessen kultischer Zelle das Blut dieser Verse floß. Man übersetzte dieses dunkle Spiel ahndungsvoller Frömmigkeit und göttlicher Lehre, ohne weiteres, robust und lärmvoll in die Unmittelbarkeit von politischen Schlagworten und faschistenfreundlichen Situationen. Man klatscht der Tatkraft des Helden Beifall, statt in die Tiefe seines Schicksals zu folgen. Man riß jubelnd Wirkung an sich, anstatt das Wirken der Gottheit schauernd zu erfühlen.

Wir sind dem Theater verfallen und dem Theaterteufel und haben den Sinn verloren für die erste und letzte Sendung des Theaters, die eine Botschaft des Übersinnlichen bedeutet. Wir wissen es, daß die Antike den Gehalt eines Dramas liturgisch aus dem Gehalt des religiösen Lebens und der Nation schöpfte (l. c., 22/23).

Das Theater war also einmal unmittelbar Gottesdienst, wie die Mysterienspiele des Mittelalters, die sich szenisch aus der Messe ausgegliedert und allmählich verselbständigt haben. Aber an dieser Ausbürgerung aus dem Kult und an dieser Verselbständigung

erkrankte (...) das Theater im Ablauf seiner Entwicklung (...). Es wurde bewußtes Theater, das Theater trat in das Bewußtsein des Volkslebens und verlor im gleichen Augenblick seine Lebens-Weihe und Wunder wirkende Anwartschaft darauf. Kultstätte, d. h. Handlungsplatz für Vorgänge und Darstellung des Ueberbewußten, des Jenseitigen, des göttlichen Daseins zu bleiben.

Das Theater verlor Gott und diente dem Volke! Das Leben des Volkes, seine Gebräuche, Sitten, Situationen, das Leben der Welt als Wirklichkeit wurde beweint oder belacht. Das Theater war eine selbständige Funktion im Abspiel der Menschheitsgeschichte geworden (l. c., 23/4).

Verweilen wir einen Augenblick bei dem Ausdruck »selbständige Funktion im Abspiel der Menschheitsgeschichte«. »Selbständigkeit« will hier sagen: Ausgegliedertsein aus dem Ineins von Gottesdienst und Kunstdarbietung. Diese These variiert, was Wagner über den mit den Sophisten (und Euripides) aufkommenden Egoismus des Einzel-Menschen sagt. Sobald *ihn* die Kunst zum Objekt ihrer Darstellung macht, löst sie ihn heraus aus dem ursprünglichen Verein der menschlichen Wesenskräfte: d. h., die Kunst hört auf, die ursprüngliche Repräsentation der unzerstückelten Menschengemeinschaft zu sein: Abbild der menschlichen Integrität. Das bedeutet: daß die Vereinzelung der Menschen gegeneinander und die Indirektheit ihrer – z. B. durch Tauschhandlungen vermittelten und durch ökonomische Konkurrenz sogar unterbrochenen – Beziehungen kein natürlicher Zustand sind, sondern das Resultat einer verhängnisvollen, dem Fortschritt geschuldeten Auflösung. Für die Direktheit der Beziehungen und für die Gemeinschaftlichkeit ihres Mitseins steht unmittelbar die Religion ein. Schon für Wagner ist sie überhaupt nichts anderes (ich zitiere ihn) als »das besonders einigende Band« unter den Menschen (*SSD* III, 13). Oder, wie Wagner in einem Brief an Ferdinand Heine (vom 4. Dezember 1849) schreibt: »Zu allen Zeiten ist den Menschen Gott *das* gewesen, was sie gemeinsam als das Höchste erkannten, das stärkste gemeinsame Gefühl, die mächtigste gemeinsame Anschauung« (*Sämtliche Briefe*, hg. von Gertrud Strobel und Werner Wolf, Leipzig 1975, III, 182). Wird Religion *so* definiert (es ist nicht die Definition des Pfarrers in der Kirche), dann allerdings ist sie ein Kennzeichen jeder Gesellschaft, in der Solidarität ein anerkannter Wert ist. Um sich davor zu schützen, das ideologische Abrutschen in Johsts Text an der falschen Stelle zu vermuten, ist es nützlich, eine Definition des französischen Soziologen Emile Durkheim in Erinnerung zu bringen. In seinem Buch über *Die elementaren Formen des religiösen Lebens* heißt es:

Wir kommen also zu folgender Definition: *Eine Religion ist ein solidarisches System von Überzeugungen und Praktiken, die sich auf heilige, d. h. abgesonderte und verbotene Dinge, Überzeugungen und Praktiken beziehen, die in einer und derselben moralischen Gemeinschaft, die man Kirche nennt, alle vereinigen, die ihr angehören.* Das zweite Element, das in unserer Definition auftaucht, ist nicht weniger wichtig als das erste; denn wenn man zeigt, daß die Idee der Religion von der Idee der Kirche nicht zu trennen ist, dann kann man ahnen, daß die Religion eine im wesentlichen kollektive Angelegenheit ist (Frankfurt/Main 1981, 75).

Läßt man seine Phantasie einmal im Horizont dieser Definition spielen, so erscheint der Religionsverlust allerdings als ein untrüglicher Gradmesser dessen, was die Frühsozialisten die »Entfremdung des Menschen« nannten. Stellvertretend mögen das zwei Belege aus Texten des französischen Frühsozialismus bezeugen. Das erste ist von Henri de Saint-Simon selbst, und zwar aus seiner sozialistischen Utopie *Le Nouveau Christianisme* (Paris 1969, éd. par H. Desroche, S. 146/7) und lautet:

Die eigentliche Lehre des Christentums, d. h. die am meisten verallgemeinbare, die aus dem Grundsatz der göttlichen Moral abgeleitet werden kann, wird erst noch zu schaffen sein. (...) Sie lautet: alle Menschen sollen zueinander sein und gegeneinander handeln wie Brüder und Schwestern. Und sie wird alle Institutionen gleicherweise dazu anhalten, das Wohl der ärmsten Gesellschaftsklasse zu mehren.

Das andere Zitat ist von Pierre Leroux und lautet:

Trennt also nicht die Religion von der Gesellschaft. Das wäre so, als ob ihr den Kopf eines Menschen von seinem Körper trennen und, während ihr mir diesen Leichnam zeigtet, mir zu sagen wagen würdet: Das ist ein Mensch. Die Gesellschaft ohne die Religion ist eine reine Abstraktion, die ihr euch da schafft; es ist ein absurdes Hirngespinst, das niemals in der Wirklichkeit bestanden hat. Das menschliche Denken ist unteilbar, es ist zugleich gesellschaftlich und religiös, d. h., es hat zwei Aspekte, die sich entsprechen und sich gegenseitig hervorbringen. Dieser Erde entspricht dieser Himmel, und umgekehrt: aus dem gegebenen Himmel ergibt sich diese Erde.

(...) Ihr fragt, wo denn heute die Religion ist, und ich frage euch, wo heute die Gesellschaft ist. Seht ihr denn nicht, daß die gesellschaftliche Ordnung ebenso zerstört ist wie die religiöse Ordnung? Der Verfall der einen folgt dem Verfall der anderen. Noch einmal, das Gebäude des Menschen ist zugleich Himmel und Erde, die gleichzeitig entstehen, bestehen und zusammen stürzen. (*Die frühen Sozialisten,* hg. von F. Kool und W. Krause, München 1972, I, 283/4).

Vor dem Hintergrund dieser Frühsozialisten-Zitate verliert Johsts Aufforderung, »die Beziehungen der Menschen untereinander wieder in Beziehung zu setzen zu dem geheimnisvollen Abspiel der Ideen« (*Ich glaube!*, 25), sofort den Nimbus von Merkwürdigkeit und entspricht – noch ganz diesseits der politischen Semantik, die »Links« und »Rechts« unterscheidet – weitgefächerten politischen Sehnsüchten des 19. und 20. Jahrhunderts, die bis in unsere Tage reichen. Warum sie eines Tages in die politische Rechte abgeglitten sind, das ist eine Frage, deren Beantwortung zusammenfallen müßte mit einer Aufklärung der Versäumnisse der politischen Linken. So jedenfalls hat Ernst Bloch die Dinge gesehen: In einem Gespräch mit Rainer Traub und Harald Wieser über *Ungleichzeitigkeit, Provinz und Propaganda* meinte er: Nicht in dem, was sie getan habe, um den Faschismus zu verhindern, verdiene die politische Linke in Deutschland Kritik; man müsse sie kritisieren für das, was sie *nicht* getan hat. *Nicht* getan aber hat sie – auf ihrem überstürzt schnellen Gang »von der Utopie zur Wissenschaft« – dies: den Wunsch nach Gemeinschaft als ein Ziel gerade auch *ihres* politischen Programms so sichtbar zu machen, daß er dort und nur dort glaubwürdig vertreten schien. Die Attraktivität des Faschismus für die Massen ist nicht nur ein Produkt der Irreleitung und der Manipulation; er zehrt vielmehr von einem altsozialistischen, ins nationale und rassistische Fahrwasser abgedrängten »Erbe«, in dem »Gemeinschaft« ein Synonym für Solidarität und also ein humanistischer, d. h. gerade *kein* nationalsozialistischer Wert gewesen ist – ein Wert freilich, den die Linke entweder aufgegeben oder doch nicht entschieden bzw. glaubwürdig genug besetzt hat.* Die Linke hat auch die emanzipatorischen Elemente der heute so genannten »Rationalitätskritik« übersehen und darum, verschworen auf die im tiefsten Grunde bürgerliche Identifikation von Fortschritt und wissenschaftlich-technologischer Naturbeherrschung, zu spät den Anschluß an das gewonnen, was heute »alternative« oder »grüne« Bewegung heißt: *die* könnte sich – auf der Suche nach Vorläufern – in der Tat kaum auf die technologiefreundliche Tradition der Sozialdemokratie berufen, deren Konzeption den Kapitalismus *beerben,* zunächst also einmal sich austoben und die Welt zerstören lassen will; eher schon auf die von Marx und Engels als »Utopie« gescholtenen (und vom »wissenschaftlichen Sozialismus« polemisch abgegrenzten) Ansichten des »romantischen Sozialismus« im Frankreich der dreißiger und vierziger Jahre des vorigen Jahrhunderts. *Wir* Nachgeborenen haben die undankbare Aufgabe, das Wahre im Falschen

* In: *Gespräche mit E. Bloch*, hg. von Rainer Traub und Harald Wieser, Frankfurt/Main 1975, 200/1.

(mit einem anderen Wort von Ernst Bloch) auszuspähen und es auf *die* Seite hinüberzuziehen, die André Gide »die schlechte [weil gefährdete] Seite der Barrikade« genannt hat.

Bestreiten wir also Hanns Johsts Träumen von der Wiedergeburt der Tragödie und der solidarischen Menschengemeinschaft nicht im vorhinein ihre utopische Motivation, sondern achten wir desto strenger auf den Punkt, an dem Utopie in Ideologie umkippt.

Schon an Johsts Verachtung der politischen Anbindung *an* und Indienstnahme des Dramas *für* den Faschismus ließ sich absehen, daß es dem Autor von *Ich glaube!* nicht wirklich um eine politisch-parteimäßige Ideologisierung des Dramas zu tun war. Auch wenn er – wie übrigens Nietzsche – »ein deutsches, volksmäßiges Drama« finden oder prägen will (l. c., 29), ist damit noch nicht notwendig eine nationalistisch-chauvinistische Option verbunden – denn so wenig wir dem Aischylos oder Sophokles vorwerfen würden, daß ihnen nationalistischer Opferqualm die Augen benebelte, so wenig werden wir leugnen, daß ihr Schöpfen aus dem Quell des Mythos griechisch-ethnozentrisch gewesen sei und den Zuschauern zur Identifikation mit den Grundwerten ihrer Polis verholfen habe. Es ist auch soziologisch nachvollziehbar, daß diese unmittelbar politisierende – den Zuschauer als Staatsbürger *und* als Gemeinde-Mitglied ansprechende – Funktion dem Kunst-Drama verlorengegangen sei. Johst zeigt es nicht unzutreffend am antikisierenden Theater des Klassizismus, an Goethe und Schiller (die er, wohlbemerkt, schätzt und verehrt [27/28]): dies, sagt er, sei jedenfalls Bildungs- und Ideentheater gewesen; aber die klassizistische Bildung und ihre Ideale seien von ihrer Natur her gemeinschaftsfeindlich, weil nur Besitz weniger. In ihrer schroffen »Antithetik« zur Aufklärung hätten unsere Klassiker die Volksbildungsidee (die an eine der allgemeinen Kommunikationssprache angepaßte Redeform gebunden sei) mit verraten: »Die Bildung war besonders Goethe wesentlicher Besitz als die Gemeinschaft mit seinem Volke« (28).

»Woher [aber] nun Hoffnung schöpfen, daß es anders werde?« (29) Johst beantwortet die Frage mit einem »Ausblick auf die kommende Sendung einer Synthese von Drama und Theater«, also von Volksschauspiel und Guckkastenbühne. Dazu ist allem voran nötig die Wiedergeburt »einer Einheit von Kult und Nation [wie es die war, aus der ›das Drama der Antike wuchs‹]. Deutschland auf seinen ernsten Schicksalswegen steht vor der Entscheidung, Nation zu werden oder zugrunde zu gehen« (29). – Was soll dieser Satz bedeuten? Geschrieben im Jahr 1928, scheint er gar keinen Sinn zu machen; denn Deutschland ist doch klarerweise im Sinne der Definition Nation, und zwar zum erstenmal in seiner Geschichte eine (zwar von den Alliierten erzwungene) Republik, d. h. ein demokratisch konstituiertes Volk.

Gerade darin erblickt Johst den Mangel. In der unscharfen Sprache, die den Gegnern der Demokratie eigen war und ist und sie zu kulturphilosophischen Umschreibungen zwingt, vergleicht er – in einer uns wohlbekannten Tradition – die deutsche Demokratie (ohne sie so zu nennen) einer Maschine (»Mechanik«, 30). Sie hat sich »als eine zivilisatorische Funktion in das Geistesleben Europas ein[ge]pa[ßt]« (l. c.). Die demokratisch-liberalistische Gesellschaft ist aber – auch dies kennen wir – ein ideenloser Funktionalismus: die Tauschwerte des freien Marktes ersetzen nicht, sondern steigern nur das Bedürfnis nach einem höchsten Wert, der als solcher schlechthin verbindlich und nicht durch Angebot und Nachfrage bestimmbar ist.

Diese Deutung geht nicht ganz nur auf meine Rechnung. An anderen Stellen der Aufsatz- und Reden-Sammlung *Ich glaube!* ist Hanns Johst über diesen Punkt hinreichend deutlich. Er vergleicht den Verfall des Theaters – z. B. das Experimentell-Werden, die naturalistische Psychologie, das Zergliedern und die Bühnen-Technik (33) – mit den Errungenschaften des technisch-naturwissenschaftlichen Denkens, das er wiederum in Zusammenhang bringt mit dem »zersetzenden« Liberalismus der Wirtschaftsform, die die Menschen spaltet. Ich zitiere:

Die Naturwissenschaften, die heute Atome zertrümmern, die uns heute von den größten Energien in den kleinsten Einheiten lehren, diese Naturphänomene zwingen uns, in der Natur mehr zu sehen als verschwommene, vage Wortspiele, als phantastische Experimente. Es gilt nicht mehr, der Masse zu imponieren mit grenzenlosen, alle Unterschiede überspielenden Gesichtspunkten, es gilt diese Masse zum Gefühl vom eigenen Wesen zu führen, ohne wiederum der romantischen Gefahr des Individualismus zu verfallen. Und wir brauchen zunächst nur einmal für die Masse die erste Bindung, die erste einengende Bedeutung aufzugreifen und wir stehen vor dem Begriff des Volkes. Wie anders klingt, wie anders ist der Wert, der sich ergibt: Masse und Volk. (...)

Die Masse ist der Rohstoff an Menschheit, so wie er dem Mechanismus und Maschinismus im Dienste am Ganzen entströmt, von der Hand eines geistigen Ingenieurs befreit. [Das ist, fast wörtlich, von Schelling zitiert:

SW I/3, 584!] Die Masse ist ohne Bindung und Form nur roh glühendes Material. Sie vernichtet, tötet alles, was ihr entgegentritt. Sie hat nichts als sie selbst. Sie ist von der Schau irgendeiner Idealität her das Entsetzlichste, Unmenschlichste, was sich denken läßt. Denn der Mensch als Einzelwesen ist unvollkommen ohne die Metaphysik seines persönlichen Gewissens: die Masse aber als mechanische Summation des Menschen ist ein irrationelles Produkt eben dieses unvollkommenen Einzelwesens und ist als solches aller metaphysischen Bedeutung verloren gegangen (45/6).

Die Schwammigkeit der Terminologie und die Ungenauigkeit der Denkart hindern uns nicht an einigen Beobachtungen. Im Klartext sagt Johst: Die Naturwissenschaften haben uns die Existenz der Atome als unwiderlegliche Tatsache gelehrt. Das aber ist nicht die Natur Rousseaus oder des deutschen Idealismus, die ja als ein Ganzes gedacht war (als Einheit, und nicht als Zersetzung). (S. 43 schreibt Johst: »Wir stehen wieder vor dem mütterlichen, ewigen Wort: Natur«). Beruft man sich auf »die Natur«, um den Staat zu begründen, wie es ja die Menschenrechtserklärungen tun, so muß man sehen, auf *welche* Konzeption von Natur diese Berufung zielt: auf die analytische oder die synthetische. Die Französische Revolution, meint Johst, habe sich auf die analytische berufen: »alle liberté wird Liberalismus« (41). Liberalismus ist die Politik der Massen-Gesellschaft. Masse ist die analytische oder mechanische Summierung oder Juxtaposition der Einzel-Iche. Ihr fehlt die »Verpflichtung, [die] Verantwortung des Geistigen« (45). Das Geistige wiederum ist das fehlende Band, das die Masse – organisch – zur Nation verbände, und dieses Band wäre die Wirkkraft der anderen, der einigenden Natur. Deren Stimme wiederum ist die immer synthetisch gewesene und gebliebene Dichtung. »Die Dichtung ist völkisch, ist Besitz eines Volkes, wie Erze, wie Kohle, wie Wald und Feld. Ihr Wesen ist kommunistisch, sie gehört allen denen, die Unruhe und Sehnsucht nach ihr tragen, allen denen ist sie auch Trost, Hilfe, Schutz, Bereicherung, Beglükkung, Befriedigung, Gewinn« (50). So tönt die einigende Stimme des Dichter-Führers (53) der Nationwerdung der Masse voraus und weist ihr den Weg. Sie macht aus den gesellschaftlichen »Atom[en]« *ein* gebundenes Molekül, sie vereinigt die »in [ihre] Individuen aufgelöst[e]« Masse zum »Volk« (60), d. h., sie stiftet den verlorenen »religiösen Charakter« (61), der die liberalistisch zerklüftete, vom analytischen Weltbild der Naturwissenschaften geprägte Masse konkurrierender Einzel-Iche zur nationalistischen

Solidargemeinschaft verbindet. Die Weimarer Republik hat, sagt Johst, die »Zusammenhänge mit dem Reich der Ideen« verloren oder vielmehr durchschnitten. »Die Politik Europas ist am Ende, die Zivilisation hat ausgespielt, der dramatische Boden ist bearbeitet« (30).

Wir erinnern uns, daß schon Nietzsche das Entstehen der griechischen Tragödie aus einer Reaktion auf den zivilisatorischen Verfall des hellenischen Geistes erklärt hatte. So auch Johst im Blick auf die wiederzugebärende Tragödie, die den Verbindlichkeitsverlust des auf der Grundlage des wirtschaftlichen Kapitalismus errichteten Staats für das Wiedererstarken der mythischen Sehnsucht verantwortlich macht. Die entfremdete, um alle Solidarität gebrachte »Masse ist einsam«. Jetzt kann nurmehr der Dichter helfen, der als Prophet eingreift und - wie es bei Jeremia heißt - aus der Höhe den Geist ausschüttet: »der Geist aus der Höhe wird einen Kult bringen, um dessen Stätte uns nicht zu bangen braucht! Das neue Drama wird aus übersinnlichen Quellen springen, und es wird national sein, wie es das griechische wurde« (30). »Das Drama der Zukunft« (31) wird aber nicht aus nichts geboren werden, sondern aus der »Seele« der Deutschen, die am Wertverfall der Weimarer Republik leiden und aus deren zeitkritischer »Vorstellungswelt« die neue Tragödie ebenso sich speisen wird wie früher die griechische aus dem Schatzhaus des Mythos (31).

Es gibt andere Passagen, wo Johst die Fähigkeit zu glauben vielleicht noch ausdrücklicher und greifbarer dem analytischen Geist entgegensetzt, z. B. in der Rede *Vom Glauben* (86ff.). Hier ist bereits das Taschenspielerkunststück vollbracht, den Bolschewismus *und* den Kapitalismus für das Weltbild des »homme machine« verantwortlich zu machen: Im Bolschewismus führt von der »Vermechanisierung des Menschlichen bis zur Vermenschlichung des Maschinenwesens (...) eine zwingende, logische Kette« (88). Aber die »Geschichte des Kapitals«, fügt Johst hinzu, hat den gleichen Effekt; und er führt – sehr interessant – auch noch das naturfeindlich-gegenmütterliche »männliche Prinzip« unter den Verfallskräften auf (89): »Kultur, ebensogut wie Wirtschaft, nehmen ihre Richtlinien gemäß dem männlichen Prinzip«, das, wie gesagt, auch in der »Geschichte des Kapitals [durchschlägt], die in der Gegenwart, an der internationalen Börse vielleicht ihre letzten Kapitel zu erleben beginnt« (89): Aussicht auf eine kapitalistische Wirtschaftskrise und anti-kapitalistisch-völkische »Revolution«.

All diese Phänomene fallen unter den Begriff »Zersetzung«, und alle Rettung steckt im Begriff der »Wiedergeburt einer Glaubensgemeinschaft«, dem Werk der Dichtung der Zukunft.

Nur der Glaube läßt die Welt als Ganzes ertragen, alle anderen Methoden geistiger Einsicht vermögen nur zu zertrümmern. Das Drama war zuletzt am augenscheinlichsten die Stätte der Zersetzung, der Auseinandersetzung, der Materialismen, der Parteilichkeit.

Das kommende Theater wird Kult werden müssen oder das Theater hat seine Sendung, seinen lebendigen Ideengehalt abgeschlossen und wird nur noch als eine Art versteinte Fossilie in den Kulturschiebungen mitgeführt!

Das kommende Drama wird leben!

Die Not, die Verzweiflung, das Elend unseres Volkes braucht Hilfe. Und Hilfe kommt letzten Endes und tiefsten Sinnes nicht aus Betteleien und Banknoten der Hochvaluta, sondern die Hilfe kommt aus der Wiedergeburt einer Glaubensgemeinschaft (36).

Hier finden sich aufs gedrängteste versammelt die Vermischung der Kritik am zersetzenden Geist der modernen Wissenschaft, des wirtschaftlichen Liberalismus (mit seiner Reduzierung des »Höchstwertes« auf den Tauschwert an der Börse), mit dem Hinstarren auf eine antidemokratische Wiedergeburt der Solidargemeinschaft aus dem Geist des Kults, der wiederum völlig über die nationalistische Identifikation der klassenmäßig völlig undifferenzierten Masse, die freilich von Johst noch nicht als »Rasse« gedeutet wird, verläuft. Anders gesagt: die *neue Religion* ist, wie schon bei Lagarde, die nationale Identität – und das ist der wesentliche Unterschied zu den Griechen, die sich als Nation *über* die religiösen Inhalte vereinigten, während bei Johst – in Ermangelung einer verbindlichen übersinnlichen Welt und aus kleinbürgerlichem Widerstand gegen den Sozialismus – die Nation umgekehrt zum Substitut der übersinnlichen Welt werden muß. Das Drama dient also *nur* noch der nationalen Vergemeinschaftung – und gerade die verrät den Gedanken einer Neuen Mythologie. Sie ist – auf andere Weise, gewiß – genauso diesseitig wie der mit Recht so charakterisierte Liberalismus der »europäischen Zivilisation« (30).*

Da klingt nun zuerst in dieser Deutlichkeit eine Phantasie an, die das kommende Jahrzehnt in Bann schlagen wird. Ihr wesentliches Merkmal ist, daß sie »Gemeinschaft« und »Nation« nicht anders

* Das kommt am zwingendsten zutage im Text eines »Weihespiel«-Autors der zwanziger Jahre, der seine Produktion ebenso abscheulich wie treffend »Art-Weihespiele« nannte, nämlich in dem Vorwort-Titel: *»Rasse ›ist‹ Religion«* (= Thomas Westrich, *Orplid das heilige Land,* Stade 1922, S. 62).

artikulieren kann denn als reaktionären Widerspruch gegen die Demokratie. Statt, wie es der Sozialismus in der Tat selbst viel zu wenig sich bemüht, den demokratischen Idealen der Freiheit und der Gleichheit die dritte Forderung, diejenige nach Brüderlichkeit zurückzuerobern, wird Brüderlichkeit nur noch in radikaler Gegenführung gegen Kapitalismus und demokratische Verfassung gesucht.

Ich will dazu, zum Beleg für das Umkippen einer noch mit nachvollziehbaren Ungleichzeitigkeits-Erfahrungen arbeitenden Gesellschaftskritik in die reaktionäre und aggressive Ideologie des Nazismus, ein paar Stimmen anführen. Die ersten beiden sind der Aufsatzsammlung des berüchtigten Germanisten Heinz Kindermann entnommen, betitelt *Des Deutschen Dichters Sendung in der Gegenwart,* erschienen 1933 mit einer Eloge im Vorwort an den »Führer« (Leipzig 1933). Paul Ernst, der selbst ein neoklassizistisches Drama zu kreieren versuchte, nennt den Dichter den Bringer »der Möglichkeit eines neuen Glaubens. (...) Der Dichter muß das Volk so lange führen, bis er es zur Vorhalle von Gottes Tempel geführt hat; dort wird ein andrer Führer an seine Stelle treten« (27). Paul Fechter, Autor einer damals wirkungsmächtigen Literaturgeschichte, definiert im gleichen Jahr »die Aufgabe, die der deutschen Dichtung auch in der Gegenwart (...) gestellt ist«, als »die Rückwendung auch der dichterischen Welt vom Ich zum Wir, von der Vereinzelung zur Allgemeinheit« (S. 146). Goebbels nennt 1934 den Dichter den begnadeten Sinngeber der Kräfte des Volkes; seine Ursünde sei gewesen, im liberal-analytischen Geiste von den mythischen Wurzeln der Gemeinschaft sich zu lösen (*Die deutsche Kultur vor neuen Aufgaben,* in: ders., *Signale der neuen Zeit,* 25 ausgewählte Reden, München 1934, 328). – Diese wenigen Zeugnisse sind entschieden repräsentativ, d. h., sie stellen die Ansichten weiter Schichten des Bildungsbürgertums tatsächlich dar und ließen sich durch eine Zitaten-Häufung nur bestätigen, kaum wesentlich nuancieren.

Ich schlage – als Alternative zur Zitat-Häufung – einen Kompromiß vor: Ich werde am Beispiel weniger Zeugnisse vorführen, wie aus dieser Brauküche von völkisch-mythischen Phantasien ein Phänomen hervorgehen konnte, das dann, wenigstens in den ersten Jahren des Dritten Reichs, tatsächlich politische Funktion übernahm.

Wer durch Deutschland fährt und im Verlauf dieser Reise z. B.

auf den Heiligenberg über Heidelberg steigt, begegnet dort und anderswo Theater-Plätzen, die architektonisch im Stile der hellenischen Orchestren, also der Rund-Theater, gebaut und »wie in Griechenland einem offenen Himmel anvertraut sind« (Hanns Johst, l.c., 43). Heute dienen sie Rockfestivals – aber kaum noch Theateraufführungen, denn ihr Gedächtnis ist »belastet«. Es handelt sich um die sogenannten Thing-Stätten, auf denen Eiferer der wiederzugebärenden Tragödie aus deutsch-völkischem Geist ihre »Weihespiele« aufzuführen hofften – und das eine Zeitlang auch durften. Den Namen dieser Festveranstaltungen übernahmen sie aus der deutschen Tradition (vor allem von Wagner), die »Mysterienspiel« mit »Weihefestspiel« oder »Bühnenweihefestspiel« übersetzt hatte.

Klaus Vondung, der eine lesenswerte Dissertation über die Wiederbelebung magisch-kultischer Formen in der Kulturpolitik des Dritten Reichs geschrieben hat (*Magie und Manipulation. Ideologischer Kult und politische Religion des Nationalsozialismus,* Göttingen 1971), hat dafür den Titel »Weihedichtung« vorgeschlagen. Er unterscheidet sie von den anderen Textsorten der »volkhaften Dichtung« und der »Heldischen Dichtung« (in: ders. [Hg.], *Völkisch-nationale und nationalsozialistische Literaturtheorie,* München 1973). Damit kann er sich stützen auf einen der ersten, nämlich zu Beginn des Dritten Reichs selbst unternommenen Versuche einer Klassifikation der Naziliteratur durch Hellmuth Langenbucher. Dieser Autor arbeitete mit im Amt für Schrifttum und übernahm als Germanist bereitwillig die drängende Aufgabe, im Eilverfahren parteiverbindlich festzustellen, was »eigentlich« unter Naziliteratur zu verstehen sei, und was nicht. Sein Buch, 1935 in Berlin erschienen, trägt den Titel: *Nationalsozialistische Dichtung. Einführung und Übersicht.* Wie schon das Erscheinungsjahr klar bedeutet, konnte Langenbucher unter dem Titel »nationalsozialistische Dichtung« nur *den* literarischen Bestand erfassen, der bereits *vor* der sogenannten Machtergreifung zuhanden war, und darunter finden sich denn neben vielen anderen auch Namen wie Hermann Hesse und Thomas Mann, deren Emigration freilich scharf getadelt – aber auch unverständlich genannt wird. Diese Tatsache muß wenigstens den Verehrern dieser beiden Schriftsteller den Sinn für die Bedeutung der Blochschen Formel schärfen, im Nazismus heiße es das Wahre im Falschen genau auszumachen und für die Nachwelt zu retten.

Langenbuchers Klassifikationsversuch, unternommen unter dem vagen Titel »Dramatische Formen« (41 ff.), stützt sich fast ausschließlich auf Hanns Johst und seine Forderung nach einem »kultische[n] Drama« (l. c., 41). Der Parteiführung war er, trotz seiner expressionistischen Anfänge, beglaubigt durch seine offene Parteinahme für den Nazismus, der einzige theoretisch akzeptable Vorläufer des Thingspiels. Langenbucher referiert das uns Bekannte knapp und richtet den Blick sodann auf Johsts »Forderung des Theatergroßraums unter dem freien Himmel, (...) eine (...) Forderung, die heute in der Schaffung der Thingstätten ihre Erfüllung findet und damit gleichzeitig zum Anfang einer neuen dramatischen Kunstgattung wird, einer Gattung, die Kunst im höchsten Sinne und doch allgemeines Volksgut sein wird, da sie nur durch den Volksanteil zum wirklichen Leben zu bringen ist« (Langenbucher, l. c., 42/3). Das Thingspiel soll unter »offenem Himmel« stattfinden, wie weiland das antike Theater (Johst, l. c., 40; Langenbucher, l. c., 43). Wieder wird ausführlich Johst zitiert und dann gefolgert: »Von hier ist dann nur noch ein letzter Schritt zum Glauben an das neue Theater als einer [sic!] Stätte der im Freien Wirklichkeit gewordenen Volksgemeinschaft« (Langenbucher, 43).

Wie dicht die nazistische Pervertierung der pervertierten Wahrheit auf den Fersen bleibt, läßt sich an zwei Tatsachen ausmachen: erstens an dem lebhaften Interesse, das der Marxist Bert Brecht am Thingspiel bezeigte, insofern es tatsächlich dem Volke seine Utopie präsentieren sollte: dem Volke, d. h. dem Proletariat, nicht den herrschenden Klassen und schon gar nicht dem nationalistisch-rassistisch geeinten und um sein Klassenbewußtsein betrogenen »Volk«; zweitens daran, daß der aus Deutschland geflohene (damals noch) anarchistische Revolutionär Wagner seinem in Dresden einsitzenden Kampfgenossen Theodor Uhlig, den er als »Allertheuerster Freund und Genosse« anredet (*Briefe* III, 423 ff., Brief vom 20. September 1850), einen auf den ersten Blick mit dem Thingspiel sehr verträglichen Gedanken mitteilt. Hätte ich, schreibt er dem Freund im Gefängnis, – hätte ich nur 10 000 Taler,

so würde ich folgendes veranstalten: – hier, wo ich nun gerade bin und wo manches gar nicht so übel ist [nämlich in Zürich], würde ich auf einer schönen wiese bei der stadt von Bret und balken ein rohes Theater nach meinem plane herstellen und lediglich blos mit der ausstattung an decorationen und maschinerie versehen lassen, die zu der Aufführung des Siegfried nötig ist. Dann würde ich mir die geeignetsten sänger, die irgend vorhanden wären, auswählen und auf 6 wochen nach Zürich einladen: den chor würde ich mir größten theils hier aus freiwilligen zu bilden suchen (hier sind herrliche stimmen und kräftige, gesunde menschen). So würde ich mir auch mein Orchester zusammen laden. Von Neujahr gingen die Ausschreibungen und Einladungen an alle freunde des musikalischen Drama's durch alle Zeitungen Deutschland's mit der Aufforderung zum Besuche des beabsichtigten dramatischen Musikfestes: Wer sich anmeldet, bekommt gesichertes entrée, – natürlich wie alles entrée: gratis! Des weiteren lade ich die heisige jugend, Universität, Gesangsvereine usw. zur Anhörung ein. Ist alles in gehöriger Ordnung, so lasse ich dann unter diesen umständen drei Aufführungen des Siegfried in einer woche stattfinden: nach der dritten wird das theater eingerissen und meine partitur verbrannt. Den leuten, denen die sache gefallen hat, sage ich: »nun macht's auch so!« Wollen sie auch von mir einmal wieder etwas Neues hören, so sage ich aber: »schießt ihr das Geld zusammen!« – (L. c., 425/6; ebenso: Brief vom 14. September an Ernst Benedikt Kietz in Paris, 404/4 und *Mein Leben,* II, München 1911, 584f.).

Bekannt ist, wie Wagners Traum Wirklichkeit wurde: Aus den Festwiesen-Plänen des anarchistischen Revolutionärs, der überall vom (Welten-)Brand und der großen Erneuerung träumte, wurde Bayreuth, der Ort, an dem Wagners Schwiegertochter Winifred einen prominenten Besucher empfing, wenn der *Siegfried* gespielt wurde, nämlich Adolf Hitler. Dies wurde freilich erst möglich durch eine rigoros nationalistisch-rassistische Umdeutung des bei Wagner wie bei Brecht klassenkämpferisch aufgeladenen Ausdrucks »Volk«.

Diese Umdeutung ist bei Langenbucher vollzogen: die Volksgemeinschaft, von der *er* spricht, ist nicht die »ärmste und zahlreichste Klasse«, sondern das Gesamt der »Volksdeutschen«, d. h. die in »Nation« aufgehobene »Menschheitsklasse«. Die freilich ist, wie in der Tragödie, repräsentiert vom Chor. Zunächst vom Sprechchor als der sinnenfälligsten Darstellung von »Gemeinschaft« (Langenbucher, l. c., 43/4), sofern sie eben nicht nur Volksgemeinschaft, sondern »Kampfmittel der Bewegung« ist. Den Sprechchor kennen und schätzen ja auch Brechts Lehrstücke; auch bei ihm ist er Stimme der Partei, wenn auch nicht der Nation, sondern der verallgemeinerungsfähigen Interessen des Proletariats.* Er verdichtet dessen Repräsentanz in einem »Kontrollchor«, vor dem – ganz ähnlich wie im Thingspiel etwa Möllers – drei kommunisti-

* Das Lehrstück, sagt Brecht, »ist kein Theaterstück im üblichen Sinne. Es ist eine Veranstaltung von einem Massenchor und vier Spielern.«

sche Agitatoren bzw. (bei Möller, dessen Stück im Bauernkrieg spielt) die bauernfeindlichen Richter sich zu verantworten haben. In der *Maßnahme* ebenso wie in Möllers *Frankenburger Würfelspiel* fällt das Urteil des Chors negativ aus. Bei Brecht:

Also beschlossen wir: jetzt
Abzuschneiden den eigenen Fuß vom Körper.
Furchtbar ist es zu töten.

Der Chor bejaht diese »Maßnahme« mit den Worten:

Euer Bericht zeigt uns, wieviel
nötig ist, die Welt zu verändern:
Zorn und Zähigkeit, Wissen und Empörung
Schnelles Eingreifen, tiefes Bedenken
Kaltes Dulden, endloses Beharren
Begreifen des Einzelnen und Begreifen des Ganzen:
Nur belehrt von der Wirklichkeit, können wir
Die Wirklichkeit ändern.

Denken wir uns statt dessen Hans-Sachsische Knittelverse, so glauben wir das Urteil des Möllerschen Kontrollchors im *Frankenburger Würfelspiel** zu lesen. Das ist übrigens nicht verwunderlich, denn das Thingspiel wie das Brechtsche Lehrstück verwenden nicht nur die Elemente des Tragödienchors, sondern auch des »Arbeiter-Weihespiels«, das einer autochthon sozialdemokratischen Arbeiter-Tradition entwachsen ist, und doch (wie der Titel »Weihe« verrät) ganz direkt an das hellenische (und das Wagnersche) »Weihefestspiel« (die deutsche Übersetzung von Mysterien-Spiel) anknüpft.

»Der Sprechchor«, sagt Langenbucher, »steht auch heute noch im Vordergrund des volklichen Gemeinschaftserlebnisses und dient als feierlicher, Empfindungssteigerung vermittelnder Rahmen bei allen irgendwie Festcharakter tragenden Zusammenscharungen deutscher Menschen« (44). Daneben gibt es das »chorische Spiel« (l. c.), ein szenisch-dramatisch aufgelockerter Wechselgesang von Solist[en] und Chor, der auch im eigentlich erst von den Nazis zur Mächtigkeit entfalteten Massen-Medium, dem Ra-

* Wolfgang Lipp hat mich darauf aufmerksam gemacht, daß die Frankenburger Thingstätte in Oberösterreich das Stück noch heute in jedem Jahr mit ungerader Zahl im Juli und August vor großem Publikum aufführt. Das Stück spielt in der Zeit der Bauernkriege: am 15. Mai 1625 wurden etwa 5000 Bürger und Bauern am Haushamerfeld unbewaffnet versammelt. Die Rädelsführer des Aufruhrs mußten damals um ihr Leben würfeln.

dio-Hörspiel, sich aufführen ließ. Illustrationen von Thingspielen sind ihrer Banalität halber weniger lehrreich, als eine aufs Schlimmste gefaßte Ahnung sich ausmalen mag. Aufmerksamkeit verdienen die epischen Züge der neuen dramatischen Gattung, in die sich unübersehbar so etwas wie Zeitgenossenschaft und Stilähnlichkeit zum »epischen Theater« dieses Namens einprägt. Ich gebe zwei in ihrer Banalität charakteristische Zitate aus chorischen Spielen:

> Parteigenossen und liebe Freunde
> und ganze sonstige liebe Gemeinde
> ich bitte euch um Ruhe und nocheinmal
> um allergrößte Ruhe im Saal.

oder

> Und wie das alles ist geschehn,
> das sollt ihr nun im folgenden sehn
> genau wie es von den Evangelisten
> ist beschrieben worden für alle Christen
> und in gute deutsche Reime gebracht
> zu Lob und Feier der Heiligen Nacht,
> an der sich alle sollen erfreun,
> von Wolfgang Möller, Sturm hundertdreizehn, zwo neun
> (zit. Langenbucher, l. c., 45).

Dies steht irgendwo zwischen Brechts »Lehrstücken« und »Mainz, wie es singt und lacht«, ist aber Eberhard Wolfgang Möllers *Südener Weihnachtspiel** entnommen, über dessen Entstehung der Verfasser u. a. folgendes sagt:

> Dieses Weihnachtsfestspiel entstand unmittelbar aus dem Erlebnis der neuen Volksgemeinschaft und dem Bedürfnis, den Festen dieser Volksgemeinschaft eine eigene und würdige Gestalt zu geben, die den alten Anlaß mit einem neuen Geist verband. (Möller, *Das Südener Weihnachtspiel*, Berlin 1933, 27).

Möller hat sich aber auch sonst, in mehr theoretisierenden Texten, zum Sinn des Thingspiels geäußert, z. B. in einem Aufsatz mit dem Titel: *Die Wendung des deutschen Theaters. Ein Aufriß zum Spiel auf Thingplätzen* (in: *Das deutsche Volksspiel. Blätter für Jugendspiel, Brauchtum und Sprechchor, Volkstanz, Fest- und Freizeitgestaltung*, 1. Jg., 1933/34, 147–152).

Darin heißt es u. a.:

* Auffällig abermals die Ähnlichkeit zum Lehrstück Brechts, etwa zum *Badener Lehrstück*, das auch den Ort (und Anlaß) im Titel führt.

Es ist von vornherein klar, daß das neue tragische Theater, wenn es ein Theater des Volks sein soll, nicht auf den üblichen Bühnen vor sich gehen kann, sondern auf Stätten, wie sie jetzt überall im Reich eigens dazu geschaffen werden. Das sind Plätze, auf denen das Volk im Halbkreis oder auch ganz im Kreis um die Spielfläche herum sitzt. Daraus ergibt sich eine ganz andere Art zu spielen, als man sie bisher vom Theater gewöhnt ist. Die Spieler stehen völlig ungedeckt zum Publikum. Keine Wand, keine Kulisse täuscht etwas vor, was nicht wirklich da ist. Keine äußerliche Technik kann mit äußerlichen Mitteln eine Stimmung erzielen, die nicht aus dem Vorgang selbst und aus dem unmittelbaren Wort kommt. Dieses Theater ist also unmittelbarer, gegenwärtiger, gleichsam wirklichkeitsnäher als das Theater der intimen Bühne. Seine Handlung muß sich hier auf diesem Schauplatz, offen und abgegrenzt vor aller Augen und nirgendwo anders vollziehen. Sie beginnt, wenn die Handelnden einzeln oder in Gruppen einziehen. Hier erwächst das Drama unmittelbar aus dem Aufzug der Trommeln und Fahnen, der Gruppen und ihrer Sprachen, der Rede und Gegenrede. Hier wird das Drama zwangsläufig auf den Gegebenheiten der Plätze und der Massen heraus wieder dramatisch und kann sich nicht mehr darauf beschränken, nur eine Stimmung, nur ein Milieu abschildern zu wollen, wie man es in der Zeit des sogenannten Naturalismus versuchte. Das Drama wird auf seine Grundelemente zurückgeführt, auf die Auseinandersetzung, auf das Ringen der Massen und der Persönlichkeiten, aber auch auf den festlichen Vorgang, auf den Reigen, den Tanz, das gelöste Spiel feiernder Menschen und den Aufzug auf Feier. Man sieht: Vorbild und Anregung waren zweifellos die großen Aufmärsche und Versammlungen der letzten Vergangenheit. Die Formen des neuen Dramas sind die gleichen Formen, in denen sich die Volkwerdung vollzog.

(...)

Das Volk will selbstverständlich dieses Erlebnis gestaltet sehen. Auch ist das ja gerade die seelische Grundlage des neuen Schauspiels der Massen auf den Thingplätzen, daß weder von einem historisierenden noch ästhetisierenden Gesichtspunkt aus Bildungstheater um des Theaters willen gemacht wird. Das Theater, das wir wollen, soll Erlebnistheater sein. Dann erst kann es zu wahrhaft kultischem Ausdruck des Massengefühls emporgestaltet werden (l. c., 149/50).

Man beobachtet hier eine Bewegung der Politisierung und der Konkretisierung gegenüber etwa Hanns Johst, der das Theater zwar auch der nationalistischen Synthese, jedoch nicht der politischen Indienstnahme, sondern dem »Erlebnis des Übersinnlichen« gewidmet wissen wollte, von dem er meinte, die Tauschgesellschaft habe dieses unmöglich gemacht. Dagegen will Möller das Thingspiel deutlich als parteinehmendes Stück, wobei wir freilich sehen müssen, daß letzte Reste der Arbeiter-Weihespiel-Tradition auch seine Thingstücke den Machthabern nicht ganz geheuer erscheinen ließen. Johst seinerseits avancierte zwar zum Präsidenten der Reichsschrifttumskammer, mußte dort aber erleben, daß Hitler und Rosenberg schon wenige Jahre nach der Machtergreifung am »Kult« kein sonderliches Interesse mehr zeigten und vor Kriegsausbruch sogar eine entschiedene Ablehnung aussprachen.

Der Faschismus hatte sich mit der liberalistischen Wirtschaft ausgesöhnt; die Kriegsrüstung und -vorbereitung bedurfte des »Kultes« nicht: der war gut für Friedenszeiten und zum Ködern religiös zu kurz gekommener »Idealisten«, die im Faschismus noch immer eine »Idee« erblicken wollten. Ohne ein ausdrückliches Verbot ging das Thingspiel langsam und unmerklich ein. Die großen paramilitärischen und militärischen Aufzüge, die Reichsparteitage und die Olympischen Spiele, Dutzende von Formen direkterer und weniger ästhetisch gebrochener Massen-Manipulation taten bessere Dienste als die Thingspiele, über die mit unfreiwilligem Zynismus im Rückblick geurteilt werden muß, daß sie, als auf einem immer noch viel zu hohem Niveau konzipiert und im Grunde der Arbeiter-Bewegung entwendet, ohne doch zu einem wirklichen Arbeiterpublikum zu sprechen, nie wirklich volkstümlich geworden sind.*

* Ich gehe auf weitere Einzelheiten der Thingspiel-Bewegung hier nicht ein. Wichtig scheint mir zu wissen, daß in den zwanziger Jahren Ideen zu einem »Theater der Zukunft« oder zur »Wiedergeburt der Tragödie« wie Pilze aus dem Boden schossen. Immer ging es um die Renaissance des Kults, der Religion, der magischen Kräfte des Blutes usw. Die wichtigsten Namen sind neben Wolfgang Eberhard Möller vielleicht Curt Langenbeck (*Über Sinn und Aufgabe der Tragödie in unserer Epoche*, in: *Völkische Kultur. Monatsschrift für die gesamte geistige Bewegung des neuen Deutschlands;* 3. Jg. (1935), 241–251, ferner: *Wiedergeburt des Dramas aus dem Geist der Zeit*, in: *Das innere Reich*, 6. Jg., 1939/40, 923–957), Thomas Westrich (Vorwort zu *Orplid das heilige Land. Das Mysterium der Reinheit*, Stade 1922) und Erich Hartz (*Wesen und Mächte des heldischen Theaters*, Berlin 1935; und: *Über Tragödie, Pathos und rhythmisch-chorisches Theater*, in: ders.: *Das verlorene Volk*, Fürth 1928). Wer dies näher verfolgen will, dem empfehle ich die ausführliche Arbeit von Karsten-Uwe Ketelsen, *Heroisches Theater. Untersuchungen zur Dramentheorie des Dritten Reichs*, Bonn 1968, und: *Von heroischem Sein und völkischem Tod. Zur Dramatik des Dritten Reichs*, Bonn 1970. Zum Thingspiel gibt es auch neuere Arbeiten, die – soviel ich sehe – die Forschung nicht viel weiter vorangebracht haben. Am effizientesten und nötigsten bleibt nach wie vor das Studium der germanistischen Publikation und Zeitschriften-Aufsätze der dreißiger Jahre – eine Herakles-Arbeit, deren Ausmaß dem, der sich daran macht, zugleich ins Bewußtsein ruft, welches Gebirge aufzuarbeitenden literaturgeschichtlichen »Erbes« die Germanistik noch immer von der zu spät erschrockenen Seele fernhält.

Der Mythus des 20. Jahrhunderts (Alfred Rosenberg, Alfred Baeumler)

I

In einer Vorlesung, die »Mythos und Mythen im 20. Jahrhundert« vorstellen will, kann man sich nicht vorbeistehlen an der allernächstliegenden Gedankenverknüpfung: nämlich der Assoziation des berüchtigten *Mythus des 20. Jahrhunderts* des Nazi-Ideologen und Quasi-Kultusministers des Dritten Reichs Alfred Rosenberg.

Ich beginne trocken mit ein paar Informationen zur Zeit und Person des Verfassers. Rosenberg lebte von 1893 bis 1946. Geboren ist er in Reval, war also russischer Staatsbürger. Studiert hat er zuerst in Riga (dann, nach der Verlegung der TH nach Moskau, in Moskau) Architektur, wo er – zu Beginn der Revolution – Anfang 1918 die Staatsprüfung ablegt. – Es ist interessant zu sehen, daß die Führer der nazistischen »Bewegung« – das gilt auch für Hitler, Goebbels oder Speer – von ihrer Ausbildung her im weitesten Sinne kunstwissenschaftlich (und nicht etwa politologisch-historisch-juristisch-soziologisch) vorgeprägt waren: Hitler wollte bekanntlich an der Wiener Kunstakademie studieren und hielt sich für den größten Architekten; Goebbels war promovierter Germanist (er studierte bei den Heidelberger Germanisten Waldfels und Gundolf), stand anfangs dem Expressionismus nahe und schrieb den Roman *Michael*. Rosenberg und Speer waren Architekten. Ich bemerke das hier, um Ihre Wachsamkeit zu schärfen für die Wahrnehmung der krypto-ästhetizistischen Basis, die von diesen Typen später in die Politik eingebracht worden ist; denn genau das kennzeichnet ja im hohen Maße die Wirkungsgeschichte der Romantik im 19. Jahrhundert, daß die Gesellschaftsanalyse in Termini der Kunsttheorie und der Kunst-Religion vorgenommen wird, wodurch eben – wie wir sahen und bei Rilke und George im folgenden noch sehen werden – die Dichtung selbst und als solche eine Art Mythen-Ersatz wahrnimmt, im Extrem sogar einen Ersatz für Politik. Nietzsche träumte bekanntlich von einem Künstler-Politiker (*WW* II, 826/7 = *Genealogie der Moral*, II, 17), als welchen sich Hitler dann selbst verstand.

Rosenberg ging nach München und arbeitete an einer rechtsnationalistischen politischen Zeitung mit, die den Titel führte *Auf gut deutsch. Wochenschrift für Ordnung und Recht.* Ihr Gründer und Herausgeber war Dietrich Eckart, ein »Dichter«, der als Freund und Künstler und Vorbild und ideologischer Gurnemanz einen großen Einfluß auf Hitler hatte. Wer mit Thomas Manns *Doktor Faustus* bekannt ist, kann sich vom Charakter der Münchener (Schwabinger) Zirkel und vom Inhalt der dort geführten Gespräche ein ziemlich genaues Bild machen, zumal wenn er daran denkt, was über den Kridwiß-Zirkel und seine konservativ-revolutionären Debatten erzählt ist. Sie heißen konservativ, weil sie die Gegenwart ablehnen zugunsten der Vergangenheit; revolutionär aber darum, weil sie die Überwindung der kapitalistisch-liberalistischen Gegenwart nur von einer Revolution erwarten, wie ja auch der Faschismus sich als Revolution bezeichnete. Ein Hauptvertreter der konservativen Revolution war Arthur Moeller van den Bruck, dessen ideologisches Werk *Das dritte Reich* der »Bewegung« (zu der Moeller selbst nicht gehörte) den Namen gab.

Bei Eckart begegnet Rosenberg zuerst Hitler und damit der Nazi-Bewegung, der er sich sofort anschließt. Vom 1. Januar 1921 an erscheint deren Kampfblatt, *Der Völkische Beobachter,* in dem Rosenberg durch vehement rassistisch-antisemitische Artikel seinen Einstand gibt. Ab August 1921 übernimmt er mit Eckart die Leitung des Blattes; und, nachdem es Tageszeitung wird, am 10. März 1923, die Hauptschriftleitung. Außer politischer Agitation, wozu der Marsch auf die Feldherrnhalle am 9. November 1923 gehört – in deren Folge Hitler seine kurze Festungshaft in Landsberg verbüßte –, unternahm Rosenberg »weltanschauliche« Studien in der Münchener Staatsbibliothek. Auch für sie ist charakteristisch, daß die aufzunehmenden Bücher alle schon »da« waren: es ist kein origineller Gedanke in seinem Hauptwerk – eine Bemerkung, die ich darum hier einschiebe, weil man manchmal daran erinnern muß, daß weder die guten noch die schlimmen Ideen einer Zeit aus Nichts geboren werden, sondern immer nur Kombinationen und Rekombinationen von Gedanken sind, die »zur Hand sind«, also mit Mitteln desselben Vorstellungs- und Sprachschatzes bestritten werden, den die *ganze* Epoche verwendet, um sich zu verständigen. Charakteristisch ist ferner, daß es Gedanken sind, die im weitesten Sinne des Wortes der »geistesgeschichtlichen« Schule entstammen, d. h. Realgeschichte – im Gegensatz zum Marxismus – als »Gestaltenkämpfe« von Ideen betrachten, wie das Rosenbergs Buch im Untertitel sehr deutlich ausspricht. – Rosenberg (um die Skizze seiner intellektuellen Biographie abzuschließen) wird nach der Machtergreifung zum »Beauftragten des Führers zur Überwachung der gesamten geistigen und weltanschaulichen Schulung und Erziehung der nationalsozialistischen Bewegung« ernannt. Erst durch diesen politischen Nachdruck, der der Person des Autors zuteil wurde – darf man mutmaßen –, erzielte *Der Mythus des 20. Jahrhunderts* seine bekannte Wirkung in Millionen-Auflage; denn, so traurig es Ihnen erscheinen mag: nach meinem Urteil fällt dies durchschnittliche Buch weder durch Verwegenheit noch durch Dummheit sonderlich aus dem Rahmen der ungezählt vielen schwammigen, halbgebildeten sogenannten geistesgeschichtlichen Pauschal-Analysen der kulturellen Entwicklung des Abendlandes, wie wir sie von Gobineau und Lagarde über Chamberlain, Spengler, Klages und Dutzende von heute vergessenen Namen kennen, für die Musils *Tagebücher* eine vortreffliche Quelle sind. Sie alle haben gemein – und das nähert sie den zeitgenössischen (also heutigen) Analysen des untergehenden Abendlandes (oder der »okzidentalen episteme«) in Frankreich und Westdeutschland an –, daß sie nicht im Sinne von Karl Marx radikal (an die gesellschaftlichen Wurzeln) fragen, sondern kulturelle Faktoren für die abendländische Dekadenz namhaft machen, z. B. die Seinsverdrängung, die Ent-sinnlichung, den Logo-Zentrismus (das Schlagwort des Ludwig Klages), die Dekadenz usw.: Nietzsches Tragödie-Schrift war ein erstes wichtiges Signal für diese Tendenz; Chamberlains *Grundlagen des 19. Jahrhunderts* sind ein anderes; ein drittes ist Spenglers *Untergang des Abendlandes;* ein viertes etwa wäre Heideggers geschichtliche Rekonstruktion des abendländischen »Holzweges« als einer sukzessiven Seins-Vergessenheit, die in der dürftigen Zeit der Moderne ihren Höhe- und Wendepunkt erreicht habe: 1933, in seiner Freiburger Rektoratsrede, glaubte Heidegger, die Wende geschehe nun hin zum »deutschen Dasein«. Später hat er den Faschismus als den Höhepunkt der Seinsverdunklung interpretiert: beide Male hat er real-geschichtliche Ursachen nicht erwogen.

Noch einmal: diese Versuche, so unterschieden sie untereinander inhaltlich und im Rang sind, haben eines gemeinsam: sie zeichnen den abendländischen Prozeß (mit einem Lieblingswort Heideggers) als den eines »Geschicks« oder, mit einem Lieblingswort

Rosenbergs: eines »Schicksals«. Seine Wirkfaktoren sind nicht realgeschichtlicher, sondern *kultureller* Art. Das kommt deutlich schon zum Ausdruck im Untertitel des *Mythus,* der ja heißt: *Eine Wertung der seelisch-geistigen Gestaltenkämpfe unserer Zeit* (hinfort zit.: *M*).*

Es fällt schwer, die Schwammigkeit all dieser Begriffe (die mehr verführen als überzeugen wollen: wie alle Sprache der politischen Beeinflussung) zu konkretisieren. Wenn das semantisch nicht gelingen will, kann man es pragmatisch versuchen: indem man fragt, was diese Ausdrücke bewirken wollen, *wie* sie funktionieren.

Nun: eine wesentliche Leistung der Rede vom »Gestaltenkampf« ist die, daß sie die realgeschichtlichen Konnotationen auslöscht, die das Rosenbergsche Werk zwingen würden, in irgendeiner Weise gegen die marxologische Geschichtsbetrachtung sich abzusetzen, wie sie etwa in Lukács Abendland- und Neuzeit-Analyse (besonders in der *Zerstörung der Vernunft*) oder in Blochs *Erbschaft dieser Zeit* (von 1935) in Erscheinung getreten ist. Verläßt man die Immanenz dieser theoretischen Vorentscheidung (die natürlich, »in letzter Instanz«, eine politische ist) und betrachtet sie von außen, etwa sozialgeschichtlich, so erweist sie sich als typisch kleinbürgerlichen Ursprungs, als ein Produkt ungleichzeitigen Bewußtseins. Was dieser Ausdruck sagen will, haben wir schon in früheren Kapiteln gesehen und werden wir später noch mit Bloch erläutern und in dem Zusammenhang kurze Gelegenheit finden, diese und die Rede vom ›kleinbürgerlichen Bewußtsein‹ zu rechtfertigen. Um den Faden unserer prima-vista-Erörterung des *Untertitels* von Rosenbergs *Mythus* nicht zu unterbrechen, wollen

* Das Buch konnte eine gewisse Faszination bei seinem Publikum erzielen, von der Hitler selbst übrigens nicht betroffen war; er hielt wenig oder nichts von »Kult« oder »Mythos«. In einem Tischgespräch vom 11. 4. 1942 erklärte er, »er habe seinerzeit ausdrücklich abgelehnt, diesem Buch parteipäpstlichen Charakter zu geben, da schon der Titel schief sei. Denn man könne nicht sagen, daß man den Mythos des 20. Jahrhunderts, also etwas Mystisches, gegen die Geistesauffassungen des 19. Jahrhunderts stellen wolle, sondern müsse als Nationalsozialist sagen, daß man den Glauben und das Wissen des 20. Jahrhunderts gegen den Mythos des 19. Jahrhunderts stelle. (...) Er freue sich immer (...), daß eigentlich nur unsere Gegner in dem Buch richtig Bescheid wüßten. Ebenso wie viele Gauleiter habe auch er es nur zum geringen Teil gelesen, da es seines Erachtens auch zu schwer verständlich geschrieben sei.« Goebbels nannte den *Mythus* einen »weltanschaulichen Rülpser«, und die 1945 in Nürnberg verhörten Vertreter des Dritten Reichs gaben ohne Ausnahme zu Protokoll, das Buch nie gelesen zu haben (G. M. Gilbert, *Nürnberger Tagebuch*, Frankfurt/Main 1962, 339/40).

wir zuerst ein paar Erläuterungen hören, die Alfred Baeumler dazu gibt.

Sie haben richtig gehört: Es ist derselbe Alfred Baeumler, den wir als einen gebildeten und geistvollen Kommentator Nietzsches und Bachofens und als einen ausgewiesenen Mythengeschichtler in den zwanziger Jahren kennenlernten. Von ihm stammt eines der heute noch lesenswertesten Bücher über die Vorgeschichte von Kants *Kritik der Urteilskraft:* Auch das ist wichtig zu wissen, wenn man über nazistische Autoren spricht, daß sie nicht a priori »blöde« sind. Wer den Faschismus als kollektive Verblödung eines ganzen Volkes oder seiner »führenden Köpfe« betrachtet, depolitisiert das Phänomen auf eben *die* kleinbürgerliche Art und Weise (wenn auch mit anderer Stoßrichtung), die wir soeben an Rosenbergs Rede vom Gestaltenkampf nachweisen konnten.

Alfred Baeumler, geboren 1887, wurde 1929 Professor für Philosophie und Pädagogik an der TH Dresden, erhielt 1933 einen Lehrstuhl für politische Pädagogik an der Universität Berlin. 1931 erschien sein äußerst wirkungsvolles Nietzsche-Buch mit dem bezeichnenden Titel: *Nietzsche, der Philosoph und Politiker.* 1942 wird Baeumler Leiter des Amtes Wissenschaft in Alfred Rosenbergs Dienststelle für die Überwachung der gesamten geistigen und weltanschaulichen Schulung der NSDAP. In dieser Funktion gibt er 1943 Alfred Rosenbergs *Schriften und Reden* heraus, mit einer großen Einleitung, die da heißt: *Alfred Rosenberg und der Mythus des 20. Jahrhunderts* (München: Hoheneichen-Verlag, 1943 [zit.: *B*]). Aus dieser Schrift zitiere ich ein paar Sätze:

> Ohne Reflexion, nur geleitet von seinem Instinkt, hat Rosenberg das Gestaltdenken in das politische und geschichtliche Erkennen eingeführt. Jeder Gestalt entspricht eine bestimmte seelische Haltung, die Gestalten ringen miteinander um ihre Selbstbehauptung und Geltung, ihr Kampf ist der Inhalt der Weltgeschichte. Germanischer Dynamismus kann sich das Leben nicht anders vorstellen denn als Streit der Kräfte untereinander. Diesen Streit nicht als einen bloß tierischen Kampf ums Dasein begriffen zu haben, sondern als einen Kampf von Gestalt gegen Gestalt, das heißt von Wert gegen Wert, ist die entscheidende denkerische Leistung Rosenbergs (l. c., 13).

Diese Auskunft bleibt schwammig. Doch können wir als gute Philologen an diesem unerfreulichen Sujet einmal einen methodischen Grundsatz unseres Fachs erproben. Nämlich: daß die Bedeutung eines unklaren Ausdrucks dadurch eingekreist wird, daß wir ihn in immer reichere Kontexte einbringen und so zerlegen. Letzten Endes entfaltet ein Text seine Bedeutung erst im Gesamt aller Texte seiner Epoche, d. h. im Gesamt des Diskurses, den diese Epoche spricht. (Die französische Literaturwissenschaft spricht von »Intertextualität«.) Deren Hauptbegriffe und Sprechregeln zu rekonstruieren ist eine der Aufgaben unserer Vorlesung. Denn weder der Faschismus noch der Antifaschismus entgehen den Formationsregeln *derselben* Sprache, mit deren Mitteln sie ihre Äußerungen vorbringen. Auch die Mythensehnsucht der Zeit folgt gewissen Regeln, von denen wir erforschen wollen, *ob* und *wie* sie im Rosenbergschen Buch zur Anwendung kommen oder verändert werden. Wir suchen, mit einem Wort, in Grundrissen die Grammatik wiederherzustellen, mit deren Mitteln die Rede über die Wiedergeburt des Mythos im 20. Jahrhundert vorgebracht wurde und den Zeitgenossen verständlich war.

Nun ist der Ausdruck der »Gestalt« ein Modewort der geistesgeschichtlichen »Methode«: Seit Dilthey, beispielhaft wieder bei Spranger oder Korff, spielt sich die Geschichte als Wandel von »Gestalten« ab. Selbst beim frühen Lukács ist das so: denken Sie an *Die Seele und die Formen.* Noch heute erinnern Festschriften für Germanisten an diese Redeweise: »Gestalt und Sinn«, »Form und Gestalt«, »Geist und Gestalt«, »Taten und Gestalten« usw. »Gestalt« meint (gutwillig interpretiert): die Struktur einer Weltansicht, ein bestimmtes Paradigma der Welthaltung, so wie es sich in einem »Werk« manifestiert: sei es in einem politischen Werk, etwa einer Staatsverfassung, oder einem literarischen Werk: einem bestimmten Text. In dieser Bedeutung identifiziert sich »Gestalt« bei Rosenberg auch gern mit »Form«. In seinen Schopenhauer-Studien unterscheidet er den treibenden Instinkt vom »formenden« Willen: der Mensch ist ein »formendes Geschöpf« (*Mythus,* 3. Aufl., 343): sein »Formtrieb« – ein von Reinhold und Schiller entlehnter Ausdruck – äußert sich in Religion, Moral, Kunst, Wissenschaft und Philosophie (*B,* 50/1). – Wollte man eine historisch-politische Semantik des Nazismus schreiben, so würde man in der obsessiven Form- und Willens-Metaphorik (auch der Hitler-Reden) einen Nachhall des Nietzscheschen Künstler-Staatsgründers (aus dem 17. Stück der II. Abhandlung der *Genealogie der Moral*) entdecken. Nietzsche nennt die Staatengründer (bekanntlich von Deleuze und Guattari zustimmend zitiert) ein »Rudel *blonder* Raubtiere, eine *Eroberer-* und Herren-*Rasse,* welche, kriegerisch organisiert und mit der Kraft, zu organisieren, *unbedenklich* ihre *furchtbaren* Tatzen auf eine der Zahl nach vielleicht ungeheuer überlegene, aber *noch gestaltlose*, noch *schweifende* Bevölkerung legt. (...) Ihr [der Eroberer/Staatspolitiker] *Werk ist instinktives Formen-schaffen, Formen-aufdrücken,* es sind die unfreiwilligsten, unbewußtesten Künstler, die es gibt – in Kürze steht etwas Neues da, wo sie erscheinen, ein Herrschafts-Gebilde, das *lebt* (...), dem nicht erst ein ›Sinn‹ in Hinsicht auf das Ganze eingelegt ist. (...) in ihnen waltet jener furchtbare Künstler-*Egoismus,* der wie *Erz blickt* und sich im ›Werke‹, wie die Mutter in ihrem Kinde, in alle Ewigkeit voraus gerechtfertigt weiß« (*WW* II, 827. [Hervorhebungen von mir M. F.].)

Hier greift also bereits die ästhetische Rechtfertigung des Daseins – durch die *Form,* durch die *Gestalt* – aus auf die politische Rechtfertigung durch »gewalttätiges *Werk* und *Gebärde*« (l. c.) – durch »Willenskraft« und »Instinkt« –, Kräfte, die »mit Verträgen [nichts] zu schaffen« haben (l. c.) und das Volk wie Wachs unter den Händen formen (so Mussolini, zit. nach Peter Stern, *Hitler,* München 1978, 43).

Gestalt ist aber darüber hinaus Grundbegriff einer bestimmten, phänomenologisch (durch Husserl) geprägten psychologischen Schule, der sogenannten Gestaltspsychologie. Deren Ausgangshypothese besagt, daß die Gesamtansicht eines Dinges früher realisiert wird als die seiner Teile, oder – bestimmter gesagt: daß man immer erst etwas *als* etwas, und zwar wesentlich Ganzes sieht, bevor man Einzelheiten in ihm ausmacht. Ein und dasselbe Wahrnehmungsding kann als zwei verschiedene Gestalten geschaut werden – als Streichholzschachtel oder Fledermaus –, in beiden Fällen wird der Gesamteindruck nicht aus den Teilen zusammengesetzt, sondern man sieht die Teile erst, wenn man den Begriff des Ganzen schon hat.

Das Wichtige (für uns) ist, daß beide Verwendungsweisen von »Gestalt« etwas *Synthetisches* darunter verstehen und dem zersetzend-analysierenden Denken entgegenstellen. Das gilt auch für denjenigen Sprachgebrauch, den wir im George-Kreis und bei Gottfried Benn finden, wo die »geformte Gestalt« dem Stoff erst einen Sinn verleiht, den er an sich nicht hat: nur als Gestalt – ins Werk gebracht – haben der Lebensstoff und die Wirklichkeit einen Wert – so deutet wenigstens Benn Nietzsches Wort von der ästhetischen Rechtfertigung des Lebens für sich um. Und auch bei ihm hat »Gestalt« oder »Form« einen synthetischen Sinn: sie ist das einzige »Ganze« in einer zersplitterten, »zersprengten«, einheitslosen, in Atome pulverisierten, »vergehirnlichten« Welt.

Diesen Sprachgebrauch bewohnt wie ein Parasit Rosenbergs Rede vom »Gestaltenkampf«. Er sieht die Geschichte als einen Darwinismus nicht von Lebensmächten, sondern von Gestalten. Darin aber bleibt er durchaus Sozialdarwinist und Nietzscheaner, daß er sie als Macht-Kampf sieht. Aber ja nicht als Klassenkampf: etwa als Existenzkampf der »ärmsten und zahlreichsten Klasse« gegen die »müßige und reiche Klasse«, sondern als »Geisterschlacht« (13). Damit die Geister aber nicht *bloße* Geister seien, muß er betonen, daß in ihnen »seelische Haltungen« und »Wertungen« sich ausprägen, die wiederum in der »Rasseseele« ihren Ursprung haben. Dies Wort – von Rosenberg nicht erfunden – ist ein Gemeinplatz der rassistisch fundierten Weltbildlehre und längst *vor* dem Nazismus im Umlauf. Es sucht, kulturelle Strukturen, so wie sie sich in Werken manifestieren (also eben: »Gestalten«), in einer prä-kulturellen Schicht des Menschen zu verwurzeln, eben im »Blut«, womit eine weitere Spielmarke des Diskurses aufgetaucht ist, den wir soeben in einem Detail rekonstruieren. »Blut« ist eine Metapher; ihre Bedeutung tritt, wie stets, zurück hinter ihrer (pragmatischen) Funktion. Was sie nämlich leistet, ist: die Tradition und den Wechsel von »Gestalten« (also von ins Werk gesetzten oder ins Werk sich setzenden Weltbildern) aus der Kultur – d. h. aus der Geschichte – in die Biologie zurückzuverlagern. Dabei entsteht ein manifester Zirkel: Die Rassenseele offenbart sich erst *in* der und *als* Kulturseele, also in der »Gestalt«, z. B. als Textstil, als Baustil, als musikalischer Stil, kurz: in einer artikulierten Werkform: Erst *über* die Einheit eines »Stils« – also nach reinen Stilkriterien (vgl. *B*, 55 ff.) – kann man das Phantom der Einheit einer Rasse erschließen. Wenn das aber der Fall ist, dann kommt die all das auf den Kopf stellende Behauptung zu spät: daß die Kultur ein phänotypisches Ereignis der zugrundeliegenden Wirkkräfte des Genotyps (der Rasse) sei, für die es außerkulturelle Kriterien entweder nicht gibt und für die Rosenberg keine beibringt.

Wir haben hier nicht die Voraussetzungen, um die rassistische Wendung der Kulturgeschichtsschreibung auf ihre Ursprünge zu befragen. Uns geht es ja um die Mythenrenaissance im Nationalsozialismus. Gleichwohl will ich den Zirkelschluß, von dem ich eben sprach, noch einmal vorführen – denn er verdient unsere erhöhte Aufmerksamkeit. Der Rassismus, sagte ich, argumentiert wie folgt: erstens ist die Weltansicht – z. B. die Sprache und was aus ihr an Werken hervorgeht – ein Produkt der Rassebedingungen; zweitens erkennt man die Rasse nur an der Weltansicht (an der »Gestalt«, an der Sprache). Der Zirkel besteht also darin, daß hier gerade *nicht* die sogenannten erbmäßigen, sondern rein kulturelle (arbiträre) Faktoren zur Ausgrenzung einer »Rasse« verwendet werden: denn die »semitischen Kulturen«, von denen Rosenberg die »germanischen« abgrenzt, sind z. B. ausschließlich und allein durch Sprache, Tradition und Kultur, nicht aber durch Rasse von denen einiger anderer »Europiden« unterschieden, wenn man sich jedenfalls den Klassifikationen zeitgenössischer Humanbiologen/Anthropologen anschließt.

Wie dem auch sei: die Funktion der Rede von den Gestaltenkämpfen bei Rosenberg ist eine doppelte. Einmal möchte sie jede Erinnerung an realgeschichtliche (also z. B. soziale, wirtschaftliche) Ursachen der Kulturentwicklung auslöschen; andererseits will sie die Unterschiede und den Wandel von Weltbildern (»Gestalten«) auch nicht »idealistisch« erklären; und das erreicht sie, indem sie hinter den »Gestalten« die gleichbleibenden, da als solche ungeschichtlichen, »Mächte des Blutes« einfordert. Damit ist zugleich ein Drittes geleistet, wodurch sich Rosenbergs Ansatz grundsätzlich von dem des Historismus und der Geistesgeschichte unterscheidet. Ich zitiere wieder Baeumler:

> Der Historismus betrachtet die Gegenwart als etwas Gewordenes, nicht als etwas zu Gestaltendes. Wer einmal der historischen Betrachtungsweise der Dinge verfallen ist, sieht nur noch Entwicklungen und Bedingungen, er sieht nur noch Zustände, nicht Aktionen. Unverständlich ist ihm die Idee der Rasse, die die ungeheure Erkenntnis von der Konstanz der lebendigen Kräfte und der ewigen Gegenwart des angeborenen Charakters im Strom des Geschehens einschließt (l. c., 27).

Das bedeutet: der Historismus betrachtet die Gestalten in ihrer Geschichtlichkeit, in ihrer Kontinuität und Diskontinuität. Beides sind reine Kulturphänomene. Irgendwelche erkenntnistheoretischen Einstellungen, die ein wissenschaftliches Paradigma konstituieren, sind als solche außerdem übernational: nichts an ihnen deutet auf eine »Rasseseele«. Ganz anders Rosenberg. In *Analogie zum* (von Darwin gegenstandslos gemachten) *biologischen Gesetz der Artkonstanz* betrachtet er die Diskontinuität der europäischen

Geschichte ganz und gar als bloßes Oberflächen-Phänomen einer kontinuierlichen Evolution: »als Schöpfungen von Menschen einer bestimmten Art und Rasse« (l.c.). »In der Konstanz des rassischen Charakters der großen Völker sind reale Möglichkeiten [der Geschichtsbetrachtung] angelegt, die die überlieferte Auffassung nicht kennt« (42). Alle Epochenunterschiede werden aufgehoben durch das Phantom einer einheitlichen Tiefenstruktur, eben der germanischen »Rasseseele«, die sich immer wieder neu und anders, aber stets aufgrund derselben »Werthaltung« in gleichem Stil ins Werk setze, d.h. immer wieder dieselbe »Gestalt« hervorbringe, also nach der gleichen rassischen Tiefenstruktur »bilde«:

Indem Rosenberg Ernst machte mit dem Gedanken, daß alles geschichtliche Leben durch Menschen einer bestimmten Art und Rasse bestimmt ist, indem er die Schicht der Zuständlichkeiten durchstieß und überall mit unerbittlicher Folgerichtigkeit bis zur gestaltenden Mitte vordrang, mußte er nicht nur in zahlreichen Fällen neue Wertungen aussprechen, sondern auch das politische Zentraldogma des Historismus zerstören. Dem Historismus war es selbstverständlich, daß alle geschichtlich gewordenen Zustände »berechtigt« seien und daß der Sinn der Geschichte nur in einem Ausgleich der gegensätzlichen Zustände gesucht werden dürfe. Niemand hielt es für möglich, geschichtliches Bewußtsein mit etwas anderem als Konservierung, Pflege und Ausgleich zu Bestehenden zu vereinigen. Das neue geschichtliche Bewußtsein, das sich aus dem Kampf der nationalsozialistischen Bewegung gegen die Republik von Weimar erhob, kehrte dem Optimismus des historisch gebildeten Bürgertums den Rücken und stellte ihm seine eigene, tiefere und richtigere Anschauung des geschichtlichen Lebens mit einer Rücksichtslosigkeit entgegen, wie sie nur der Ernst der Verantwortung vor der Zukunft verleihen kann. »Die Gegensätze dürfen nicht ausgeglichen, sondern müssen durchgekämpft werden« (l.c.).

Sie sehen vermutlich den Punkt, auf den es mir ankommt: Der Historismus nimmt, mit einer berühmten Formel von Ranke, an, daß alle Epochen vor Gott gleich gelten. D.h., der Historismus schließt sich dem Grunddogma der aufkommenden bürgerlichen Wissenschaft in dem entscheidenden Punkte an, daß er die Wertfreiheit seiner Verfahren und seiner Gegenstände fordert. Das hat zweifellos seine Gefahren, und der Historismus ist darum auch von der Linken kritisiert worden: es ist z.B. moralisch unerträglich, die Epoche des Nazismus als vor Gott der Epoche, sagen wir, der Romantik gleichwertig bezeichnet zu sehen. Denn alsdann benimmt man sich jedes Kriteriums, um eine geschichtliche Entwicklung überhaupt noch kritisieren zu können: alles, was geschieht, ist nur noch zu *verstehen*, nicht zu bewerten; alles ist gleich gut und gleich schlecht. Als Prozeß der Emanzipation der ärmsten und zahlreichsten Klasse aus der Ausbeutung und Bevormundung läßt sich der Geschichtsprozeß dann nicht mehr kennzeichnen.

Die von *rechts* kommende Historismus-Kritik (die schon in Nietzsches berühmtem Aufsatz *Über Nutzen und Nachteil der Historie für das Leben* einen gescheiten Vorläufer hatte)*, hat natürlich ein anderes als ein emanzipatorisches Interesse: sie beschuldigt den bürgerlichen Historismus (denn dem Marxismus kann sie *diesen* Vorwurf nicht machen), an der Aushöhlung der Lebenswerte sich zu beteiligen. Da sie aber selbst etwas transzendentes Verbindliches, einen religiösen »Höchstwert« nicht zu benennen weiß (der der Emanzipation scheidet aus), bleibt ihr nichts, als die Konsequenz des biologistischen Ansatzes auszuschreiten. Bei Rosenberg sieht das so aus: In allen Gestalten, sagt er, prägen sich Wertgebungen aus (das kennen wir schon von Nietzsche). Diese Wertgebungen konkurrieren miteinander, und nicht die vernünftigste, sondern die stärkste setzt sich durch (auch das kennen wir von Nietzsche und vom Sozialdarwinismus). Die Wertgebungen – und das findet sich bei Nietzsche nur in gewissen Entgleisungen – gründen aber nicht im Interpretationsvermögen des weltoffenen Menschenwesens – also in seiner hermeneutischen, kulturstiftenden Kompetenz –, sondern in seinem Blut, d. h. in der Struktur seines genetischen Code. Und darum ist der höchste Wert *der* Wert, der sich durchsetzt, und ipso facto das genetische Material dessen (d. h. *der* Rasse), *die* ihn durchsetzt, als das überlebensfähigste bewährt. Da Werte aber nur in sozialen Gemeinschaften – durch allgemeine Zustimmung – ihre Wirksamkeit erweisen, kann das beste Blut nur das Blut einer Rasse sein, die mit dem kulturellen Begriff einer »Gestalt« oder dem sprachlichen eines Volkes identifiziert wird. Daraus folgert Rosenberg:

* »Der größte Diagnostiker dieser Zeit, Nietzsche, erkannte mit wahrem Tiefblick im Historismus den Ausdruck der Glaubenslosigkeit und der Willensschwäche seines Jahrhunderts. Aus der willenlos angeschauten Vergangenheit lassen sich niemals Ziele ableiten. Eine Zeit, die nicht den Mut zu sich selber aufbringt, vermag auch durch die größte und reichste Vergangenheit nicht größer und reicher zu werden. Es war das Verhängnis der ›historischen Bildung‹, zu vergessen, daß das Handeln nicht dem Wissen um Geschehenes entspringt, sondern dem Glauben an die Gegenwart geschichtsbildender Kräfte« (*B*, 67,2).

daß die Gestalten etwas sozial Obligierendes haben. Sie sind ja keine wertfreien Anschauungsgebilde, die man in interesselosem Wohlgefallen beschauen (kontemplieren) soll, sondern dienen – wieder wie bei Nietzsche, wenn auch rassistisch umgeformt – dem Leben, dem Weiterleben – und zwar dem der Rasse:

Wer die Gestaltenkämpfe seiner Zeit sieht, der muß sie auch mitkämpfen. Nichtsehen ist Nichtsehenwollen. Anschauende Erkenntnis verpflichtet. Es liegt eine Entwürdigung des Menschen darin, von der eigenen praktischen Stellungnahme abzusehen und die Werte für sich im Raume des Geistes ihrem Schicksal zu überlassen. Denn ein Wert ist nur dann wirklich ein Wert, wenn er von lebendigen Menschen mit dem ganzen Einsatz ihrer Person bejaht und, wenn nötig, im konkreten Zusammenstoß verteidigt wird. Die Übereinstimmung der philosophischen und politischen Richtung der Kräfte in Rosenbergs Persönlichkeit beruht darauf, daß die geistige Gestalt als zur Tat verpflichtend geschaut wird (*B*, 14). Oder: »Jede Gestalt ist Tat, jede Tat ist wesentlich entladener Wille« (*M*, 316f.).

Wie immer Sie das kennzeichnen wollen – als Perversion oder Korruption der Nietzscheschen Gedanken –, eines ist sicher: hier werden die Schalthebel desselben Diskurses bedient. So wie der »Rausch« in der Vision als »Traum« sich manifestiert, so manifestiert sich bei Rosenberg die »Rassenseele« in der »weltanschaulichen Gestalt«. Auch das konnte man bei Nietzsche schon lesen, wenn auch mehr gelegentlich und ohne sein Werk insgesamt zu prägen. Ich gebe eine Stelle für viele. In *Jenseits von Gut und Böse* fundiert Nietzsche die Einträchtigkeit der philosophischen Tradition in der Grammatik. Dieser Gedanke, den er von Herder übernimmt, besagt: die Begrifflichkeit der philosophischen Spekulation bleibt doch immer im Rahmen der Weltausdeutung, die in der Grammatik einer Sprache niedergelegt ist. Da man damals gerade die Verwandtschaft der indogermanischen Sprachen entdeckt hatte, glaubt sich Nietzsche instand gesetzt, die Einheit des abendländischen Denkens aus der Einheit oder vielmehr: Familienähnlichkeit der europäischen Sprachen abzuleiten. So weit ist alles in Ordnung, und Nietzsche wird zu Recht wegen dieser Idee von den Neostrukturalisten in Frankreich beachtet. Aber nun folgt dieser Zusatz: »der Bann bestimmter grammatischer Funktionen ist im letzten Grunde der Bann *physiologischer* Werturteile und Rasse-Bedingungen« (*WW* II, 584) – ein Satz, der gerade das Wesen einer bestimmten Sprache (als weder ableitbar aus biologischen Dispositionen noch aus einer an sich seienden, von ihr nur abzubildenden Welt) verfehlt und so auch bei Rosenberg stehen könnte. Die dionysische Schicht, die in apollinischer Vision verklärt wird, erscheint bei Rosenberg als die Macht des Blutes (und die meint immer: des Blutes eines als Rasse gedachten Volkes), dargestellt im Gesamt der geistigen »Gestalten« eben dieses »Volkes«, z. B. des germanischen. Er spricht geradezu vom Gegensatz des »Faustischen« und des »Apollinischen« (*M*, 407). Die Umdeutung ist beträchtlich – aber sie vollzieht sich doch mit den Mitteln und auf der Grundlage derselben »Philosophie der Grammatik«, mit der Nietzsche (und viele andere) ihre Gedanken artikulieren und die heute noch keineswegs ausgestorben ist. Nach Rosenberg wäre dies auch gar nicht möglich: er denkt ja »Gestalten« als Manifestationen der Rasse, und solange die germanische Rasse noch lebt, wird sie immer dieselbe »Gestalt« hervorbringen. Bestreitet man die Rasse als physiologische Triebkraft der Kulturgeschichte, dann muß man die kulturelle Tradition selbst für das rassistische Weltbild verantwortlich machen: so stellt man die Rassenideologie vom Kopf auf die Füße und sucht für sie selbst einen realgeschichtlichen Grund.

II

Dringen wir jetzt ein wenig tiefer ein in die inhaltlichen Details des *Mythus des 20. Jahrhunderts.* Das Werk besteht aus drei »Büchern«, auf deren Titel wir achten müssen: *Das Ringen der Werte, Das Wesen der germanischen Kunst, Das kommende Reich.* Im ersten Buch wird die Behauptung illustriert, daß die gesamte abendländische Kultur von germanischen Stämmen ausgegangen sei; dann aber hätte die mit dem Christentum an die Macht gelangte römische »Priesterkaste« gemeinsam mit Jesuiten, Freimaurern und den »Verschwörern des internationalen Judentums« den Niedergang der germanischen Kultur gebracht. Nun aber stehen die Zeichen auf Umbruch, das Heft wendet sich, aus dem »Mythus des Blutes« dämmert das »kommende Reich«, in dem es ein reinrassiges germanisches Imperium geben wird. Vorandeutungen darauf finden sich in den mystischen Schriften des Meisters Eckhart; in ihnen liegen die Quellen einer »neuen Religion«, einer tatvorbereitenden »deutschen Mystik«. »Aus seiner Seele kann – und wird –

einmal der deutsche Glaube geboren werden.« – Im zweiten Buch wird aus der »Rasseseele« des germanischen Blutes das Wesen der germanischen Kunst »deduziert«. Diese Kunst habe noch aus einer mythischen Verbindlichkeit schöpfen können, etwa so, wie die alten griechischen Kunstwerke aus ihrem Mythos geschöpft haben; die germanische Kunst habe nämlich noch einen »Höchstwert« gekannt, den der »Ehre«, also einer stolzen, mitleidlosen und dem Lebenskampf besonders vorteilhaften Tugend, auf die schon Nietzsche – mit Kehrtwendung gegen die »jüdisch-christliche Mitleidsmoral«, die Benn »bio-negativ« nennen wird – hingewiesen hat: Ehre, Stolz, Vornehmheit, Selbstachtung: das sind Zarathustras und des Übermenschen Tugenden; Rosenberg besinnt sich ihrer. – Nachdem also der »Höchstwert« gegen die zersetzenden Effekte der modernen szientifischen und kapitalistischen Zivilisation gerettet ist, kann das dritte Buch eine Zukunftsperspektive auf ein »kommendes Reich« richten, das aus dem Blut-und-Ehre-Mythus des 20. Jahrhunderts geboren werden wird und unmittelbar bevorsteht (geschrieben, wohlbemerkt, 1930).

Wir kämen in uferlose Räsonnements, wenn wir uns nicht vom Grundthema unserer Vorlesung einen Leitfaden an die Hand geben ließen. Sehen wir also zu, wie die Idee einer Neuen Mythologie in diesem Buch sich Bahn bricht, wie sie anschließt an Bekanntes, wo sie davon abdriftet. Es ist schwer, diese Fragen an das Buch zu stellen und es antworten zu lassen, ohne beständig dazwischen zu reden. Versuchen wir's dennoch.

Uns fällt auf, daß auch im *Mythus des 20. Jahrhunderts* eine doppelte Beweisführung versucht wird: Erstens wird die Ansicht vertreten, die moderne Zivilisation – identifiziert mit dem Judentum – zersetze die zum Leben motivierenden Werte. Zweitens wird behauptet: der Mythus habe die Funktion, Leben und Gesellschaft aus einem »Höchstwert« zu legitimieren. Sehen wir nun, wie Rosenberg mit den beiden Thesen operiert. Zunächst eine terminologische Bemerkung: Das 19. Jahrhundert prägt den Begriff der »Weltanschauung«, der in Humboldts Sprachphilosophie bereits eine wichtige Rolle spielt. Jede Sprache befaßt in der Art und Weise, wie sie Begriffe voneinander unterscheidet und miteinander verbindet, eine je eigene Art, die Welt zu sehen. Insofern dies die Welt der sprechenden Gruppe ist, hat jede Sprache etwas Verbindendes. Bei Rosenbergs Interpreten Baeumler wird dieser Gedanke wie folgt »konkretisiert«:

Eine Weltanschauung ist nicht eine Sammlung von in sich ruhenden Wahrheiten, deren Bezugspunkt nicht bekannt ist; sie bleibt stets unabtrennbar von dem Subjekt, das sie erzeugt und sie in allen seinen Handlungen und Schöpfungen repräsentiert. Dieses Subjekt kann nicht ein vereinzeltes Individuum sein, sondern nur eine geschichtliche Individualität, innerhalb deren die einzelnen Individuen Leben und Bestand haben. Nur die ursprünglichen Subjekte der geschichtlichen Bewegung, die Völker, haben eine eigene Weltanschauung. Die Weltanschauung ist immer der Ursprungsort und zugleich der konkrete Inbegriff der höchsten Werte einer natürlich-geschichtlichen Gemeinschaft (*B*, 33).

Diese Definition erlaubt der Weltanschauung, die *Funktion* einer Religion zu übernehmen. Den Ausdruck Religion vermeidet Rosenberg gerne, denn er ist zu stark assoziiert mit dem Juden- und Christentum, das er ja ablehnt. Rosenbergs Konzept der Weltanschauung ist ferner rassistisch fundiert – das sahen wir schon: seine Hauptquellen sind Gobineau, der die Geschichte zuerst statt als Klassenkampf als Rassenkampf zu betrachten empfohlen hatte, und Chamberlain, der den Rassenkampf bereits in religiöse Terminologie eingefärbt hatte.*

Es wird Sie interessieren, daß von Richard Wagner (an den man doch auch denken wird) gesagt wird, »seine Gedankenwelt (...) entsprach bei aller Kühnheit keineswegs dem revolutionären

* Schon Nietzsches *Genealogie der Moral* hat sich Gobineaus Reduktion des Klassenkampfs auf den Rassenkampf angeschlossen; so, wenn sie die Mitleids-Ethik des Christentums (aus der sie die Französische Revolution und allgemein die moderne Demokratie ableitet) auf »ein *physiologisches Hemmungsgefühl*« zurückführt – auf ein Erlahmen des Lebens- und Lebenssteigerungs-Instinktes; und für diese Hemmung macht sie verantwortlich die »Kreuzung von zu fremdartigen Rassen (oder von Ständen – Stände drücken immer auch Abkunfts- und Rassen-Differenzen aus [...])« (*WW* II, 871). Baeumler bemerkt in diesem Zusammenhang: »Es ist manchmal vermutet worden, daß der Verfasser des ›Mythus‹ irgendwie von Nietzsche beeinflußt sei. In Wahrheit hat Nietzsche an der Ausbildung des ›Mythus‹ keinen Anteil, sowenig wie die deutsche Romantik darauf von Einfluß gewesen ist; die geistigen Befreier Rosenbergs sind ausschließlich Goethe und Schopenhauer gewesen« (*B*, 74/5). Was sicher nicht heißt, daß nicht beide, Nietzsche wie Rosenberg, aus dem großen Diskurs-Topf geschöpft hätten, in dem die sozial-darwinistisch-rassistisch-neomythologischen und nationalistisch-vitalistischen »Aussagen« gekocht und gebraut worden sind; im Sinne jener »großen Programmiermaschine«, von der Derrida in seinem Aufsatz *Nietzsches Otobiographie* (FUGEN, 1980) sagt, daß sie die Nietzscheschen *und* die nazistischen Aussagen determiniert, d.h. en- und de-co-diert habe und daß es gelte, diese Maschine durch eine »umformende Umschrift« als solche zu verändern (85, 89ff.): durch »politische Eingriffe in die politische Umschrift des Textes und seiner Bestimmung/Adresse« (92).

Geist, den die Idee der Rasse dem deutschen Denken einhauchen mußte« (*B*, 36). Es gibt eine Stelle, an welcher Rosenberg Wagners anarchistische Auflehnung gegen den »Herrn« am Beispiel von Tristans Verhältnis zu Marke tadelt, das weder dem Ideal des Führungsgehorsams noch der Ehre »Ehre macht«. – Das Nibelungendrama wird gar nicht erwähnt: es handelt ja von der Ohnmacht des »Bluts« und vom Fluch des Kapitals. Es entwirft eine Katastrophe, kein »kommendes Reich«: es sei denn das der befreiten Natur, ist darin also abermals »nicht verwendungsfähig«. (Einem weit verbreiteten Vorurteil zum Trotz ist in den Jahren während des Dritten Reichs der Verkauf und die Rezeption von Wagners *Ring* drastisch zurückgegangen. Dies am Rande. Beliebt waren vielmehr *Meistersinger* und *Tristan.)*

Rosenberg nennt seine »Methode« »physiognomisch« (*B*, 45). Aus der Erfindung einer arteigenen Rasseseele – die eine imaginäre Blutgemeinschaft an die Stelle der Traditionsgemeinschaft setzt – wird »deduziert«, welche Mächte ihr entgegenstehen. Diese Mächte müssen abermals »physiognomisch« konkretisiert sein: als das Judentum (und, in seiner Folge, die römische Kirche): diese rassisch konkretisierten Mächte »zersetzen das deutsche und europäische Leben«, d.h., richten es als synthetisches Gebilde: als »Weltanschauung«, zugrunde. Damit ist klar, was geschehen muß: »Es geht um die Wiederherstellung der Kräfte, die alles innerlich Machtvolle und Edle geschaffen haben, was unser Dasein erfüllt. Nur ein Weg der Rettung und Befreiung ist offen: der Weg zurück zu dem Wertsystem, das unserem eingeborenen Charakter entspricht« (*B*, 45).

Auch diese Bewegung ist uns nicht neu: der Mythus der *Zu*kunft ist eigentlich nur der wiederhergestellte Mythus der *Her*kunft: es ist eine rückwärtsgewandte Utopie mit konservativ-revolutionärem Charakter, unterschieden sowohl vom Fortschrittsglauben des Bürgertums (insofern es sich mit der Wissenschaft und dem kapitalistischen Wirtschaftssystem identifiziert) als auch vom Konservativismus der *kulturellen* Nostalgie.

Aus diesem Blickpunkt ist Rosenbergs Kunst-Kapitel, das zweite (und älteste Buch) im *Mythus*, geschrieben. Da er unter *Gestaltung* oder *Formung*, wie wir sahen, eine synthetische Aktivität versteht, die die atomisierte Verfassung der Wirklichkeit »in Eins« zusammenbindet, hält er die Kunst für eine mythische Kraft (die letztlich rassisch bedingt sei: *M*, 279). Das »eigentliche Kunstwerk« sei eine »Achse, um die die Analyse von Außen- und

Innenwelt zu einer Synthese als Kunstwelt herumgedreht wird« (*Schriften [...]*, I, 37). Von hier läßt sich absehen, wie Rosenberg diejenigen Kunstwerke beurteilen wird, die von der analytischen, der um alle Einheit gebrachten, der beschädigten Wirklichkeit Zeugnis ablegen: den Futurismus z. B. oder den Expressionismus und Surrealismus – Richtungen, deren Vertreter er später indizieren und verfolgen wird. Hier wird analytische Gesinnung gewittert (was doch, beiläufig gesagt, sehr falsch geurteilt ist) – und eine Tradition der Kunstbetrachtung aufdeckt, die noch heute an der Macht ist (ich erinnere an Emil Staigers Polemik gegen die moderne Literatur als »Kloakenpoesie«: als seien Becketts Mülltonnen-Existenzen Plädoyers fürs beschädigte Dasein und nicht vielmehr Proteste dagegen; das umgekehrte gilt: *das Positive* ist affirmativ, *es* bejaht die Beschädigung, wie dies an der Kunst der Nazis so überdeutlich sichtbar wird).

Schauen wir nun, wie der Rosenbergsche Mythus funktioniert. Der »Höchstwert«, um den er die soziale, vom Kunstwerk beurkundete Synthesis sich bilden läßt, ist die »Ehre«. Selbst wenn man zum Hohn und Spott aufgelegt ist, ist diese Auskunft enttäuschend. Freilich nur auf den ersten Blick. Denn auf den zweiten Blick zeigt sich, daß ein anderer »Höchstwert« die Konzeption des ganzen Buches gar nicht tragen könnte. Die »Ehre als der Höchstwert des germanischen Menschen« ist der einzige »Charakterwert« (*B*, 61), der sich der Blut- und struggle-for-life-Ideologie des Nazismus fügt. Ich sagte schon, daß er in Nietzsches Plädoyer für »Vornehmheit«, »Hartherzigkeit«, »aristokratische Gesinnung« und »Selbstachtung« seine Vorläufer hat. »Jetzt muß auch das Mildeste an dir noch zum Härtesten werden« (*WW* II, 403/4), spricht Zarathustra zu seinem Herzen, dem die Einsicht in die Grausamkeit der Lebenssteigerung nicht ganz leicht fällt. Von hier wird verhöhnt die christlich-demokratische Mitleidsmoral der »weichen Herzen«, der »Dattel-Herzen«, »Milch-Busen« und »Süß-Holz-Herz-Beutelchen« (l. c., 1246). Denn Zarathustra, der es auf die »Züchtung« des Übermenschen abgesehen hat (ein eindeutig biologischer Terminus), ist »ein Gegner der schändlichen modernen Gefühlsverweichlichung«, d. h. der »Werte des Mitleids und der Mitleid-Moral« (*WW* III, 767). Er gehört zu jenen »vornehmen Menschen«, die stolz sind auf ihr »hartes Herz« und stets »eine leichte Geringschätzung und Vorsicht vor den Mitgefühlen und dem ›warmen Herzen‹« zur Schau stellen (*WW* II, 731). Unter

Erinnerung an germanische Tugenden spielt die Metapher vom harten oder vom eisernen Herzen in der Rhetorik des Nazismus denn auch eine große Rolle: Goebbels nennt seine im Krieg (1943) erschienene Reden-Sammlung *Das eherne Herz*, unter Anspielung auf das Wort des Alten Fritz, der verlangt hatte, sich in Sturm- und Notzeiten »mit Eingeweiden aus Eisen und mit einem ehernen Herzen zu versehen, um alle Empfindsamkeit loszuwerden« (S. 9/10, 192). So auch Hitler in der Rede vom 22. 8. 1939 vor hohen Offizieren auf dem Obersalzberg, darin er zuerst seine Kriegsziele verkündete: »Wir müssen unser Herz verschließen und hart machen«. (Vgl. ferner Kurt Schuders Buch *Granit und Herz – Die Staßen Adolf Hitlers – ein Dombau unserer Zeit*, [Braunschweig 1940], S. 12: »Natürlich ist das Eisen hart, und die Maschine kein Zucker. Aber das Gesetz des Lebens ist der Stahl und nicht der Zucker, nicht Brei und nicht Mus. Und nur das *Herz und die Seele aus Stahl* gewinnen das Leben« [ähnlich S. 14].) In der Tat: die Hartherzigkeit ist eine kriegerische Tugend, sie schickt sich für den Kampf der »Gestalten«, der ja in seiner Tiefe ein Rassenkampf ist; und insofern ist er allerdings eine »germanische Tugend«. Nietzsche, der doch angeblich wenig Sympathie für das germanische Wesen hatte, schreibt dazu: »›Ein hartes Herz legte Wotan mir in die Brust‹, heißt es in einer alten skandinavischen Saga: so ist es aus der Seele eines stolzen Wikingers heraus mit Recht gedichtet. Eine solche Art Mensch ist eben stolz darauf, *nicht* zum Mitleiden gemacht zu sein: weshalb der Held der Saga warnend hinzufügt ›wer jung schon kein hartes Herz hat, dem wird es niemals hart‹« (*WW* II, 731). Das ist ein Zitat aus dem IX. Abschnitt *Was ist vornehm?* der Schrift *Jenseits von Gut und Böse*, wo Nietzsche seine Version der germanischen Ehre vorträgt. Dem gern zitierten *»Pathos der Distanz«* (l. c., 727) folgt wenige Zeilen später – weniger gern zitiert – die Definition *des* Menschen-Typs, der diese Tugend noch in Naturform besitzt: »Menschen mit einer noch natürlichen Natur, Barbaren in jedem furchtbaren Verstande des Wortes, Raubmenschen, noch im Besitz ungebrochener Willenskräfte und Macht-Begierden«, die sich »auf alte mürbe Kulturen« warfen: »es waren die *ganzeren Menschen* (was auf jener Stufe auch so viel bedeutet als ›die ganzeren Bestien‹)« (l. c.).

Nun, auf diesem Mythos des »ganzeren Menschen«, d. h. der »ganzeren Bestie« – vom Nietzscheschen »Typus« auf die »germanische Rasse« übertragen – beruht Rosenbergs Herausstellung der

Ehre als des Höchstwertes: es ist der zentrale Gedanke des Buchs (*B*, 62). Da wir nicht nur Wut empfinden, sondern auch verstehen wollen, habe ich den Exkurs über Nietzsche eingeschoben: Er sollte zeigen, daß eine die transzendente Legitimation ablehnende Mythologie notwendig auf die immanenten Lebenskräfte und ihren Kampf sich verwiesen sieht, für die – als Metapher – der barbarische Name des Blutes einsteht: aber dahinter schaut ihrerseits eine sozialdarwinistisch-rassistische Ideologie hervor, die das imperialistische Zur-Macht-Drängen einer »Rasse« nicht geschichtlich, sondern aus dem genetischen Inbild des germanischen Bluts erklären und den Sieg der Bestangepaßten legitimieren muß: und »Ehre« ist eben darum ein dem Rassenkampf so günstiger Höchstwert, weil er alle Rücksichten moralischer Art abschneidet: Ehre erwirbt, wer im Kampf der Rassen obsiegt, wobei Rasse mit Volk und Nation kurzerhand gleichgesetzt wird. Mit der »Wiedereinsetzung des Höchstwertes der Ehre« errichtet Rosenberg eine »neue Rangordnung der Werte« (*B*, 98), die wiederanschließt an »Wertsystem« und »Wertungsweise unserer Ahnen« (l. c.). Ich gebe, statt eigener Worte, abermals einen größeren Auszug aus Baeumlers Kommentar, der Sie den Zusammenhang zu Nietzsche deutlicher erkennen läßt als umständliche Beteuerungen meinerseits:

Das vergangene christliche Zeitalter hat die Idee der Liebe (caritas), die in innerem Zusammenhang mit den Tugenden der Barmherzigkeit und der Demut steht, zum Höchstwert der abendländischen Kultur erhoben. War auch die europäische Geschichte immer weit davon entfernt, diesem Höchstwert irgendwie zu entsprechen – es war ein fiktiver Höchstwert, nicht ein realer –, so blieb doch die einmal (von der Kirche) gesetzte Rangordnung der Werte in Geltung, mochte es sich gleich immer von neuem erweisen, daß diese Wertordnung jeder aufbauenden Macht bar war, die Kranken und Schwachen vor die Gesunden und Starken stellte und im übrigen nichts als Heuchelei begünstigte. Die moderne humanitäre Demokratie ist aus dieser Ideologie hervorgegangen, deren Moral durch Nietzsche als die Moral des »absteigenden Lebens« gekennzeichnet wurde. Die Überwindung des demokratischen Verfalls durch den Nationalsozialismus stellte den Aristokratismus der Natur wieder her. (...) Durch die Wiederherstellung der aristokratischen Wertordnung, in deren Mittelpunkt die Ehre steht, zu welcher die Tugenden der Tapferkeit und der Wahrheitsliebe gehören, wird die Gesellschaft nicht nur von dem unfruchtbaren Prinzip des Mitleids befreit, sondern auch von dem Geist der Unwahrhaftigkeit erlöst, den die Idee der »Liebe« über das gesamte öffentliche Leben gebracht hat (*B*, 98/9).

Hier sehen Sie in aller Deutlichkeit Nietzsches Erbe und zugleich die sozialdarwinistisch-rassistische Funktion des Höchstwertes »Ehre«. Rosenberg hat ihn in wortreichen Tiraden gegen den universalistischen Anspruch der Liebes-Moral verteidigt, die ja nie den Daseinsentwurf *einer* bestimmten Blutgemeinschaft und deren optimale Züchtung im Auge hat, sondern *die* Menschheit: ihr wohnt, wie Rosenberg sagt, keine typenprägende Macht inne (*M*, 158).

Immerhin: »Der Mythus ist immer Mythus einer Gemeinschaft. Er ist bezogen auf den, der ihn glaubt und verwirklicht, in seinem Begriff steckt die Beziehung auf ein menschliches Glauben und Handeln, auf einen Urheber und Mittelpunkt« (*B*, 71). – In diesem Falle auf eine Gemeinschaft, die zwar nicht die Menschheit, aber die Gemeinschaft der Angehörigen einer bestimmten Rasse befaßt.

Im Unterschied zu Nietzsche, der darin Spuren von Herdengesinnung sähe, hat der Höchstwert »Ehre« also zugleich eine *soziale* Komponente (die Nietzsche diesem »Wert« stets vorgeworfen hat: *WW* I, 503; II, 334; 27 [43], passim). Denn Ehre erwirbt man ja nur vor einer sie bestätigenden und anerkennenden *Gemeinschaft*. Diese Gemeinschaft darf – wie gesagt – nicht die der Menschheit schlechthin sein – da bewegte man sich sofort wieder im Rahmen der Moralität. Baeumler sagt dazu:

Der Höchstwert einer Rasse ist persönlich und allgemein zugleich. Er ist »allgemein« nicht im Sinne einer universalen Menschheitskultur, wohl aber in dem Sinne einer durch einen bestimmten Charakter geprägten Gesittung, die ungeachtet allen Wandels der Formen in ihrem Wesen dieselbe bleibt (*B*, 63).

Sagen wir es deutlich: der Höchstwert »Ehre« legitimiert im vorhinein eine aggressiv-imperialistische Politik, deren Legitimität genetisch, aus dem »Daseinsstil einer Rasse, eines Volkes« (*M*, 116f.) abgeleitet wird. Einer Rasse oder eines Volkes – beides zählt für Rosenberg gleich –, das impliziert immerhin: daß der Höchstwert mythologisiert werden muß.

Wir kennen die Figur bereits: Um einem Wert soziale Anerkennung zu verschaffen, muß er in einer »allgemeinen Symbolik« gefaßt sein, die seine Mitteilbarkeit begründet. Das leistet der Mythos. Unter Rückgriff auf Nietzsches Unterscheidung von Rausch und Traum nennen Baeumler und Rosenberg ihn »die Traumkraft einer Rasse« (*B*, 68), dadurch sie ihre Zukunft formend entwirft.

Präziser werden die Definitionen des Mythischen bei Rosenberg nicht: »Der Mythus«, sagt er z. B., ist »die nicht faßbare Zusammenfassung aller Richtungen des Ich, des Volkes, überhaupt einer Gemeinschaft« (*M*, 457); »das von einer (...) Rassenseele entworfene Bild der Welt« (*B*, 69), das »dauernde Gestaltungsprinzip, (...) der Urgrund aller Formen, die schöpferische Mitte des Lebens einer natürlich-geschichtlichen Gemeinschaft« (*B*, 68). »Der Mythus ist immer Mythus einer Gemeinschaft« (*B*, 71).

III

Versuchen wir abschließend, die Abweichungen – wenn es, wie ich hoffe, Abweichungen sind – genau zu bezeichnen, die Rosenbergs »Mythus« von dem frühromantischen und Wagnerschen unterscheiden. Es ist *nicht* die Idee der Gemeinschaft und *nicht* die des fehlenden Höchstwertes, nicht einmal die Bezogenheit auf die Zukunft (statt die Vergangenheit). Die einzige noch in Erscheinung tretende Opposition, die Rosenbergs Buch unterm Nationalsozialismus erfahren hat, war die anfangs sehr tapfere der Kirchen. Auf evangelischer Seite führte Walter Künneth das Wort: »Er weiß«, gesteht er Rosenberg zu (bedenken Sie freilich, unter welchen Umständen Künneth das formulierte), »daß es eine Wahrheit gibt, die allen anderen Gegebenheiten überlegen ist, einen höchsten Wert, an dem alle anderen Werte gemessen werden, daß es eine Kraft gibt, die die Urquelle aller Kraft und alles Lebens ist, einen letzten Sinn und eine letzte Deutung alles Seins, die unbedingte Gültigkeit hat« (zit. *B*, 73/4).

Dies ist sozusagen der Punkt des minimalen Konsenses. Für den Christen aber – und, ich füge hinzu: für die Romantik – war der Höchstwert immer ein Gegenstand der übersinnlichen Welt. Ich verstehe das Wort in jenem weiten Sinne, daß jeder Wert darunter fällt, den das menschliche Subjekt nicht mit Mitteln seiner eigenen Vernunft und auf der Grundlage seines eigenen Wollens sich hat geben können: ein selbstgesetzter Wert hätte eben dadurch alle soziale Verbindlichkeit eingebüßt: wie sollte der Mensch erlöst werden durch eine Ausgeburt seiner eigenen Phantasie?

Nun, genau diese übersinnliche Option findet sich nicht mehr bei Rosenberg, der darin Nietzsches »Gott ist tot« konsequenter weiterdenkt als die Autoren, denen wir in unseren kommenden Streifzügen begegnen werden. Rosenbergs Position – wie die des Nazismus allgemein – ist merkwürdig angepaßt an die rationalistische Religionskritik Feuerbachs und Straußens; selbst der Aufklärer Voltaire wird in diesem Zusammenhang beschworen (*B*, 74). Dem Christen Künneth dagegen wird entgegengehalten, was auch Feuerbach einem Christen entgegenhalten würde: daß die übersinnliche Welt doch nur eine Entfremdung, eine Verhimmelung menschlicher Wesenskräfte sei – eine Verhimmelung, die sich als solche nicht durchschaue (*B*, 70, 2). »Der Mythus, in dem sich das Prinzip der Formung, das die Gemeinschaft in sich trägt, zuerst ausspricht, wird zur bloßen Doktrin, das heißt zu einer von ihrem Subjekt gelösten Lehre; das Leben verkennt sich selbst und wendet sich gegen das Leben« (l. c.). So könnte wohl auch Nietzsche gesprochen haben.

Wie entgeht aber Rosenbergs Mythus-Begriff selbst der Religionskritik Feuerbachs und Nietzsches? Ganz einfach: durch »die Entdeckung, daß jeder formulierte Mythus, jede geschichtliche Religion aus dem Blute geboren wird« (l. c.). Das Blut – der Inbegriff der nicht-übersinnlichen Kräfte – entwirft in seiner Traum-Tätigkeit das Bild dessen, was der Steigerung und Erhaltung der Rasse frommt: und dieses kollektiv anerkannte Inbild des Blutes ist eben der Mythus. Rosenberg bemerkt dazu (in Baeumlers Paraphrase):

> Der Mythus des Blutes ist nicht eine »Mythologie« neben anderen, er setzt nicht eine »neue« Religion neben die alten Religionen, sondern er hat den geheimnisvollen Urgrund alles mythologischen Bildens selber zu seinem Inhalt. Alle Mythologien gehen aus einem formenden Prinzip hervor; die Erkenntnis dieses Prinzips ist nicht wiederum eine Mythologie, sondern der »Mythus« selbst als ehrfürchtig angeschautes Leben (*B*, l. c.).

Und gleich eine weitere klärende Stelle:

> Die entscheidende Frage, die durch [Rosenbergs] Begriff des Mythus aufgeworfen wird, lautet: Wie ist es möglich, von einem n e u e n Mythus zu reden, wenn es sich um den Mythus des Blutes handelt? Inwiefern ist dieser Mythus ein Mythus des 20. Jahrhunderts? Die Antwort ist einfach. Der Mythus des Blutes ist nicht nur deshalb der Mythus des 20. Jahrhunderts, weil er dieses und die kommenden Jahrhunderte bestimmen wird, er ist der Mythus unserer Zeit, weil es unserer Zeit vorbehalten war, ihn zu erkennen. Als e r k a n n t e r M y t h u s ist er neu, seine Entdeckung ein umstürzendes Ereignis. Seinem Gehalte nach ist er uralt – so alt wie die Geschichte der Völker. Niemand hat bisher um diesen Mythus gewußt, und doch haben

alle aus ihm gelebt. Die Entdeckung seiner verborgenen Wirklichkeit ist die Wende der Zeiten (*B*, 71, 2).

Sie sehen an diesen Zitaten sehr gut die Strategie des Rosenbergschen Buchs. Es spricht von der »mythuserzeugenden Gemeinschaft« (*B*, 70), und das ähnelt Formulierungen der Romantik. Aber zugleich entzieht es der Gemeinschaft auch wieder das Mittel, um sich über einen Höchstwert zu verständigen: Dieses Mittel ist die Kommunikation, die Verkehrsform des freien und öffentlichen Gesprächs, über die eine Masse von lauter Einzelnen zu dem zusammenwächst, was Schelling und Hegel eine »sittliche Totalität« genannt hatten.

Nun leugnet freilich auch Rosenberg die Angewiesenheit eines Mythos auf eine Gemeinschaft nicht – im Gegenteil. Aber diese Gemeinschaft erreicht ihren mythischen Konsens – worunter wir bekanntlich verstehen: das Sich-einig-Sein aller über die letzten Zwecke ihres Mitseins – nicht mehr, wie in den frühromantischen Utopien, durch universelle normbildende Kommunikation, sondern sie *hat* ihn schon immer, und zwar durch gleiche Teilhabe aller an den Gestalten der Rasse. Wer über sein »Blut« mit allen anderen immer schon eins und einig ist, der braucht sich mit ihnen über die Zwecke der Gesellschaft nicht mehr zu unterhalten – die gesellschaftlichen Prozesse verlieren den Charakter freier, auch gewaltfreier Veranstaltungen und erwerben den Charakter eines »Schicksals«, eines »Zwangs«, den Rosenbergs Buch ja auch beständig beschwört.

Gleichwohl: auch Rosenberg muß zugeben, daß das Gemeinschaftsbewußtsein in den letzten Jahrhunderten, und besonders seit dem Hochkapitalismus, Schaden genommen hat. Das ist sogar eine ständig wiederkehrende Wendung bei ihm. Aber im Unterschied zur Romantik ist er daran verhindert, geschichtliche Wirkkräfte dafür verantwortlich zu machen: etwa den ökonomischen Liberalismus als Inkarnation des analytischen Geistes, der synthetische Gebilde wie den Mythos zersetzt. Da alle Prozesse nur als Rassenkämpfe darstellbar sind, muß er den analytischen Geist und den ökonomischen Liberalismus in der jüdischen Rasse inkarnieren, die die Zersetzung über Mächte des Blutes und der Vererbung bewirkte. »Die Willenslähmung des 19. Jahrhunderts«, schreibt er, »wurzelt in seiner Glaubenslosigkeit, die schließlich dazu führte, daß der Mythus eines rassefremden Volkes, der seelenlose Mythus des Geldes und der Weltherrschaft, zum Idol des Abendlandes wurde. Unter dem Trompetengeschmetter eines Scheinsieges war dieses Idol in Versailles 1919 über allen Völkern aufgerichtet worden. Der Kampf des Führers gegen Versailles war der Kampf gegen den jüdisch-demokratischen Mythus« (zit. *B* 69/70), gegen den Geist der »Zersetzung« und das »absinkende Leben«.

Jetzt können wir unsere Frage beantworten, in welchem Punkt Rosenberg über Wagner und selbst über Nietzsche hinausgeht – an welcher Stelle also die Utopie einer gläubigen Menschengemeinschaft in den Mythos der aggressiven Rassegemeinschaft pervertiert wurde. Ich vereinfache und strukturiere die Etappen dieses Pervertierungsprozesses wie folgt:

Die Romantik entdeckt – im Namen der Mythologie – den Wertverfall im Wesen der Rationalisierung der Lebenswelt; aber sie orientiert sich weltbürgerlich, übernational und in wirklichen Mythen – also übersinnlichen Welten. Die (zu Unrecht so genannte) Spätromantik erwägt bereits die Idee, ob nicht auch die »Nation« ein tauglicher Ersatz des mythischen Höchstwertes sein könne. Der Gedanke ist nicht von Anfang an abwegig; denn unter »Nation« verstanden die Liberalen ein konstituiertes Volk, nach dem Vorbild des republikanischen Frankreich der Revolution. »Volk« wiederum ist die Masse der durch muttersprachliche Kommunikation vereinigten unteren Klassen, vor allem: die Regierten im Unterschied zur Obrigkeit (auch darin lag ein demokratischer Einschlag). Die Nationwerdung hätte dem in über 300 Einzelstaaten unter meist feudal-absolutistischen Regierungen und ohne Konstitution lebenden Deutschen eine nunmehr auch verfassungsmäßige Einheit gegeben, also eine Form des Sich-als-Gemeinschaft-Konstituierens unter demokratischen Vorzeichen. Bekanntlich hat es eine aus freiem Willen hervorgegangene demokratische Nation-Gründung in Deutschland aber nie gegeben; als die Nation erst »oktroyiert«, dann – nach der fehlgeschlagenen Revolution von 1848/49 – unter Bismarck »kleindeutsch« und keineswegs demokratisch (im Sinne der romantischen Liberalen) durchgesetzt wurde, war sie kein Gegenstand mehr, der in romantischen Mythemen sich verherrlichen ließe. Ökonomisch liberal (d. h. kapitalistisch und »zersetzend«, Mythen »entzaubernd«) und auf der anderen Seite autoritär, produzierte sie aufs neue anachronistische Sehnsüchte, die in einem letzten Schritt – als Produkt eines verinnerlichten, jetzt aggressiv gewordenen Ressentiments – vom Rassegedanken besetzt wurden.

Ich erkläre mir dessen Herkunft in unserem Fragezusammenhang so: Zur Idee des Volkes gehörte seit der Spätromantik ein religiöser Einschlag; denn ein Band von Gemeinsamkeit besteht nur zwischen Menschen, die in einer obersten Wertüberzeugung vereinigt und deren Gesellschaft *durch* diesen gemeinschaftlichen Glauben legitimiert ist. Eine solche transzendente Legitimation widerspricht aber den Spielregeln eines im Max Weberschen Sinne rationalistischen Staates, wie ihn die kapitalistischen Verkehrsformen produzieren. Die Zweifel an der Legitimität des bürgerlichen Staats sind ihrer Substanz nach romantisch, nicht sozialistisch. Ihr Hauptproblem ist, daß Legitimität nicht gewählt, erschaffen oder rational programmiert werden kann, sondern dem Spiel der freien Kräfte eines demokratischen Staats wesensmäßig entzogen sein muß: Ein höchster Wert, über den abgestimmt oder dessen Preis auf dem freien Markt ermittelt würde, wäre eben damit kein Legitimationsquell mehr. Genau diese Idee aber macht – jedenfalls nach dem Tod der übersinnlichen Welt – anfällig für den Wunsch nach einer Legitimation nicht durch rationale Wahl, sondern durch Vererbung: Die Idee einer »Blutgemeinschaft« taucht auf und enthistorisiert und biologisiert den kulturell-mythischen Volksbegriff der Romantik.

Zunächst muß man sehen, warum diese Verschiebung überhaupt Chancen haben konnte: Die Blutgemeinschaft konnte erstens wie die Sprachgemeinschaft (als die die Romantiker das Volk dachten) eine Art von (national eingeschränkter) Universalität beanspruchen; sie garantierte ferner Gemeinschaft diesseits der Atomisierung der bürgerlichen Monaden (die Entfremdung des Menschen vom Menschen gehört nur zur Erscheinung, nicht zum Genotyp einer Population); sie konnte sich drittens auf damals für solche gehaltene Erkenntnisse der Evolutionsbiologie, vor allem des Sozialdarwinismus und der Genetik berufen, die um diese Zeit das Modell der Linguistik als paradigmatischer Menschenwissenschaft in den Hintergrund drängten; sie war ferner nicht an den staatsrechtlich-seriösen Begriff der »Nation« gebunden und erlaubte schließlich noch besser als der sprachliche Volksbegriff die Vereinigung vorkapitalistischer und imperialistischer Sehnsüchte. Deutschnationalität war mithin ein »Höchstwert« per se auch ohne übersinnliche

Quelle – ein antidemokratisches Potential von äußerster Gefährlichkeit.

Die Blutreligion unterscheidet sich also in einem ganz entscheidenden Punkt von jeder »neuen Religion«, die wir bisher unter diesem Namen kennengelernt haben: sie hat ihren Quell nicht mehr in der übersinnlichen Welt, sondern in der Natur selbst. Mythisiert wird nicht eine göttliche Macht, sondern die biologistische Fiktion der Rasse und der ihr eingeprägten »Rasseseele«. Strukturell – wohlbemerkt: nur strukturell – konvergiert diese Verweltlichung des Mythos mit Nietzsches »Bleibt der Erde treu« und der Ersetzung des *Gottes* Dionysos durch das *reale* (und gerade ungöttliche) Willens- oder Lebensprinzip, als das der späte Nietzsche das Dionysische denkt. Immerhin: der Wille zur Macht ist – obwohl Nietzsche immer wieder durch den Sozialdarwinismus und durch den Rassismus sich irritieren ließ – als solcher kein Merkmal der Rasse; er ist ein Vitalvermögen, das allen Lebewesen und als Wille zur Macht insbesondere dem Menschentier eigen ist. Dagegen ist Rosenbergs Idee des »Blutmythus« nationalistisch-rassistisch restringiert. Auch darin widersteht sie dem Geist des Kapitalismus und des Liberalismus: sie ist gänzlich ungleichzeitig und unrational. Gerade das aber verschafft ihr Chancen beim enttäuschten, von der industriellen Revolution überfahrenen, vom Kapitalismus deklassierten, um seine nationale Identität sich betrogen fühlenden deutschen Kleinbürgertum, von dem man weiß, daß seine Wählerschichten den Faschismus vor allem gestützt haben. Insofern es die ungleichzeitigen Sehnsüchte dieser Schichten anspricht, kann man mit Ernst Bloch sagen, *Der Mythus des 20. Jahrhunderts* habe die Legitimationskrise der Weimarer Republik besser, nämlich erfolgreicher interpretiert als der versammelte Puritanismus der bürgerlichen Liberalen, aber auch als der »sektiererische Aufkläricht« der Kommunisten (*Erbschaft dieser Zeit*, Frankfurt/Main 1973, 22), die zwar die Welt verändern, aber ausgerechnet im Augenblick ihrer höchsten Not nicht interpretieren wollten. Hätte man sie interpretiert, so hätte man gefunden, daß diese Wünsche befriedigt, nicht als haltlos übergangen werden wollen: Kann der Sozialismus sie befriedigen, so erweist er darin seine Wahrheit. Kann er sie nur verbieten, so wird er erlebt als Bruder des Kapitalismus, wie das in der sonst unverständlichen Rede vom »bürgerlichen *und* marxistischen Deutschland« (*M*, 520) bei Rosenberg zum Ausdruck kommt.

Rolf Kauffeldt
Die Idee eines »Neuen Bundes« (Gustav Landauer)

I

Wir haben schon weiter oben kurz angedeutet, daß man nicht von einem wirkungsgeschichtlichen Automatismus der »mythologischen Renaissance« in Richtung auf die politische Rechte sprechen kann, wenngleich sie sich dort, zum Unheil Europas, am fatalsten entfaltet hat. Dafür, daß die aus dem weit verbreiteten »Unbehagen an der Kultur« erwachsenen Sehnsüchte und Bedürfnisse nicht in einer politisch reaktionären Ideologie und Utopie münden mußten, steht zu Beginn des Jahrhunderts vor allem eine Person: der deutsch-jüdische Schriftsteller und libertäre Sozialist Gustav Landauer.*

Hilfreich zu einer ersten Orientierung mag es sein, wenn Sie sich an die Darlegungen zum französischen Frühsozialismus und zum jungen Wagner erinnern (vgl. *Der kommende Gott*, 8. Vorlesung). Wenn man von einer Traditionslinie romantischer Utopie- und Mythologiepotentiale im 19. Jahrhundert sprechen will, in die G. Landauer einzuordnen wäre, so ist es sicherlich diese. Neben einer kritischen Sichtung der Frühsozialisten Fourier, der Saint-Simonisten, Pierre Leroux' und anderer, deren Sozialismus er deutlich »mit einer religiösen Reaktion gegen die französische Aufklärung verbunden« sieht (G. Landauer, *Von der Ehe,* in: *Der Sozialist,* [im folgenden zitiert als *S*] Jg. 2, 1. 10. 1910, Nr. 10, S. 150), steht eine intensive Auseinandersetzung mit der Person und dem Werk Richard Wagners. So kritisch er sich über die spätere Entwicklung Wagners äußert, so wichtig ist ihm der junge Künstler, »der die Sehnsucht gestaltet hat, (...) die Sehnsucht, von der Lebensqual und Weltensünde befreit und mystisch erlöst zu werden«, sowie

* Zu G. Landauers Leben und Werk vgl. u. a. Eugene Lunn, *Prophet of Community. The Romantic Socialism of G. Landauer,* Berkeley-Los Angeles-London 1973; Ruth Link-Salinger (Hyman), *Gustav Landauer. Philosopher of Utopia,* Indianapolis 1977; Charles B. Maurer, *Call to Revolution. The Mystical Anarchism of G. Landauer,* Detroit 1971. – Eine deutschsprachige Monographie wird vorbereitet u. erscheint 1989 im Klaus Boer Verlag München: R. Kauffeldt/M. Matzigkeit, *Gustav Landauer – Tradition und Utopie.*

beharrlich den Wunsch verfolgt hat, »für seine Musikdramen, die ihm den Gipfel des Dramas, eine Wiederkehr der griechischen Festspiele und der christlichen Mysterien bedeuteten, ein eigenes Haus zu haben. (...) Einst hatte Wagner, in der achtundvierziger Zeit, den Drang gehabt, aus seiner Schönheitssehnsucht heraus die Wirklichkeit umzugestalten« (*Bayreuth*, in: *S*, 4. Jg., 15. 8. 1912, Nr. 16, S. 125). Darüber hinaus teilte Landauer Wagners Kritik an der Kommerzialisierung der Kunst im sich entfaltenden Kapitalismus und der dieser Tendenz und der Isolation des modernen Künstlers entgegengesetzten romantischen Idee eines wieder zu errichtenden intakten, lebendigen Verhältnisses von Kunst und Volk. Daß der Kunst und im besonderen dem Theater im Ringen um die soziale Befreiung und eine »neue Menschheit« eine Vorreiterrolle zufalle, ist eine weitere Grundidee, die Landauer schon früh, angeregt durch Bruno Willes aktualisierender Paraphrasierung, Wagners Schrift *Die Kunst und die Revolution* entlehnt hatte.*

Für unseren Zusammenhang entscheidend aber ist es, daß sich Landauer in seinem ganzen kulturkritischen Schaffen als legitimer Erbe der Frühromantik zu erkennen gibt, der ein authentisches Verständnis ihres Geselligkeitsideals, ihres Volkbegriffs, ihrer Rationalitätskritik und Poetologie besaß und ihr Hoffen auf ein neues, durch einen brüderlich verbindenden Geist legitimiertes Zeitalter lebendig werden lassen wollte. Um Ihnen einen kleinen Vorgeschmack auf seine Perspektive der Romantik-Rezeption zu geben, will ich aus einer Rezension zitieren, die Landauer 1906 zu einer Auswahl von Briefen Schleiermachers verfaßt hatte:

Was man mit einem überaus schiefen und papierenen Namen Romantik nennt, ist eine tief aufwühlende und gestaltende Revolution des Gefühls und der Gesellschaft. Was die Franzosen in der Form der Revolution hatten, hatten die deutschen in der Form der Romantik. Aller Individualismus

* Vgl. Bruno Wille, *Kunst und Revolution*, in: *Berliner Volkstribüne*, Jg. 2, 1988, Nr. 42 u. 43; vgl. zur Bedeutung der kulturrevolutionären Schriften des jungen Wagners für die Konzeption der Berliner Volksbühnenbewegung, die von Wille und Landauer mitgestaltet wurde, auch das Kap. »Zur Friedrichshagener Wagner-Rezeption« in: R. Kauffeldt, *Erich Mühsam – Literatur und Anarchie*, München 1983, S. 34–38; bezeichnend überschrieb Wille seinen Gründungsaufruf für die »Freie Volksbühne« mit der direkt Wagner entlehnten Parole »Die Kunst dem Volke«, die im übrigen zugleich gezielt gegen den Leitspruch der offiziellen Parteilinie der Sozialdemokratie »Wissen, nicht Kunst ist Macht« gemünzt war. Vgl. dazu ebd. S. 37.

und alle Emanzipationsbestrebungen unserer Zeit gehen auf jene Jahre zurück. Nur daß, was heute massenhaft und mittelmäßig auftritt, damals die Gestalt der Genialität angenommen hatte. (...) Wie fremd mutet uns unsere Zeit noch immer an, wenn wir von Schleiermachers Briefen her wie aus der Heimat des Geistes und der Freiheit kommen! – Aber es wird da jetzt wieder besser; und es ist kein Zufall und nicht bloß literarisches Ausgraben, daß die Menschen der Romantik uns jetzt wieder von allen Seiten her nahgebracht werden. Es ist einfach, daß wir da wieder anknüpfen, woGeist und Leben und Aufruhr ist (*Blaubuch*, Jg. 1, Nr. 48, 1906, S. 1915).

Ich habe dieses Zitat an den Anfang gestellt, da es, im Vergleich zur national-chauvinistischen, aber auch bürgerlich biederen Romantik-Rezeption schon den anderen Akzent des Landauerschen Romantik-Bildes anzeigt. Sie werden alsbald sehen, wie die Romantik als »Heimat des Geistes und der Freiheit«, als Ausgangspunkt von »Individualismus und Emanzipationsbestrebungen«, als subversive und aktivistische Potenz (»Leben und Aufruhr«) den Rahmen von Landauers Leben und Denken absteckt und seine Vorstellung eines »neuen Geistes«, der die zerrissenen gesellschaftlichen Beziehungen alleine wieder einigen kann, füllt. Zunächst möchte ich Ihnen aber einige Informationen zu Leben und Nachwirkung Gustav Landauers nicht länger vorenthalten, zumal seine Biographie alles andere als langweilig oder philisterhaft war. Vielleicht sind einige von Ihnen inzwischen auf seinen Namen gestoßen, denn neben seinem lebenslustigeren Freund, dem Schriftsteller und Anarchisten Erich Mühsam, wird Landauer immer häufiger als Ahnherr von »Ökopax und Anarchie« vorgestellt.* Dieser Bezug gilt dann dem Theoretiker von Siedlungsgenossenschaften und Landkommunen; daß Landauer sich aber darüber hinaus auch um uns heute so aktuell erscheinende Fragen wie die Qualitätsminderung von Nahrungsmitteln durch Massenproduktion gekümmert hat, mag ein Artikel belegen, in dem er sich kritisch über die Zunahme von Brotfabriken äußert. Ich gebe einen etwas längeren Passus des 1911 verfaßten Beitrags, da, wie es mir scheint, er sehr schön die Fähigkeit Landauers zeigt, ein scheinbar beiläufiges Thema – gemessen an den großen Weltfragen der Zeit – im Gesamtzusammenhang und im Kontext seines Ganzheitsdenkens zu stellen. Übri-

* Vgl. dazu vor allem die beiden Bände von Ulrich Linse *Zurück o Mensch zur Mutter Erde! Landkommunen in Deutschland 1890–1933*, München 1983 und *Ökopax und Anarchie. Eine Geschichte der ökologischen Bewegungen in Deutschland*, München 1986.

gens befinden wir uns hier nicht auf »sinnlichen« Abwegen, wie Sie schnell merken werden:

Nicht nur unappetitlich ist oft die Herstellung des Brots und ekelhaft das Hausen der Bäcker, nicht nur teuer das Brot, ebenso schlimm ist, daß die Mannigfaltigkeit des Brots verloren gegangen ist. O du köstliches Brot, in dem die Sonne, die monatelang auf den Feldern geglüht hat, mit den geheimen Kräften der Erde und des Wassers verbunden und erschlossen wurde, zu was für einer grauen, faden Fabrikware bist du erniedrigt worden, und was für chemische Giftmischereien (wissenschaftliche Methoden genannt) haben sich schon an dich gewagt! Das ist ein schlimmes Kapitel aus der Geschichte niedergehender Völker: die Geschichte verloren gegangener Künste und Techniken. Viele Geheimnisse der Hausfrauen im Weben, Kochen, Backen, viele Geheimnisse der Handwerker wie der Künstler, die sich in Jahrtausenden von Geschlecht zu Geschlecht fortgeerbt hatten, sind unwiederbringlich dahin. Das Beste, was Menschen haben, stirbt, wenn die lebendige Tradition vergeht; und Tradition kommt uns von Jahrzehnt zu Jahrzehnt mehr abhanden.

Was das hier zu tun hat? Nun, das Brot, von dem hier gesprochen wird, ist ein Beispiel, ein wichtiges, für das Brot des Lebens, für den Sinn der Gesellschaft. Nur wo Gemeinschaft und Gemeinschaftseinrichtungen sind, kann Individualismus und Mannigfaltigkeit gedeihen. Haben wir erst wieder Gemeindebacköfen, dann werden wir auch wieder Hausfrauen haben, die ihren eigenen Teig zum Bäcker schicken, und Männer und Frauen, die ihren Willen aussprechen, was für eine Art Brot sie haben wollen. Man muß weite Reisen in entlegene Dörfer machen, ... um ein Brot zwischen die Zähne zu bekommen, das würzig und besonders schmeckt. In meiner Jugend wußte man noch in meiner süddeutschen Heimat, wie das Brot auf jedem Dorfe des Umkreises schmeckte; und in den Dörfern wußte man von bestimmten Häusern, daß die ein Brot buken, das kein anderer so machen konnte. Jetzt ist auch in die meisten Dörfer schon (...) das Fabrikbrot eingezogen. Der Sozialismus, der echte Sozialismus bringt, nicht ausgedachtermaßen, sondern mit natürlicher Notwendigkeit, all die schöne Kultur wieder, in all ihren mannigfaltig einzelnen Erscheinungen, die in den Jahrtausenden der Geistlosigkeit verloren oder gefährdet worden ist. Ist der auch so genannte Sozialismus der Marxisten nur ein verrückt konsequentes Zerrbild der kapitalistisch-bürokratischen Öde, so ist der echte Sozialismus ein Voranschreiten in ein Reich hinein, das uns abhanden gekommene Schönheit, Freiheit, Mannigfaltigkeit und Innung, das uns Kultur und Tradition wiederbringen wird (*Brot,* in: *S,* 3. Jg., Nr. 11, 1. Juni 1911, S. 83).

Nun, es ist schon erstaunlich, in wie vielen Bezügen sich der heutige Leser dieses Textes wiedererkennt, während man noch vor fünfzehn Jahren Haltungen wie diese als kleinbürgerliche, romantische Schwärmerei abgetan hätte. Aber der hier zum Ausdruck gelangende romantisch-anarchistische Antikapitalismus hat bereits zu seiner Zeit vor allem auf weite Teile der literarischen und künstlerischen Intelligenz eine, durch das charismatische Auftreten Landauers verstärkte, große Wirkung ausgeübt.

Für unseren literatur- und kulturgeschichtlichen Zusammenhang ist es von großem, bislang von der Forschung weitgehend übersehenen Interesse, daß Landauer nachweislich neben Nietzsche, Stirner und Wagner der vierte große geistige Anreger der literarischen Moderne in Deutschland war. Sein Einfluß ist bezeugt von so unterschiedlichen Schriftstellern und Künstlern wie Alfred Döblin, Arnold Zweig, Hermann Hesse, Ernst Toller, Oskar Maria Graf, Georg Kaiser, Arnold Zweig, Franz Jung, Leonard Frank, Hugo von Hofmannsthal, Theodor Heuß, Louise Dumont, Gottfried Benn, Manès Sperber, Franz Werfel und vielen anderen. Ernst Blochs Frühwerk lehnt sich in seinem ganzen Zuschnitt deutlich an von Landauer vorgeprägte Begriffe, Definitionen und Auffassungen an. (Vgl. dazu bes. Arno Münster, *Utopie, Messianismus und Apokalypse im Frühwerk von Ernst Bloch*. Frankfurt/Main 1982, 124f.) Kultur- und wissenschaftsgeschichtlich bedeutsam erscheinen darüber hinaus die vielfältigen Berührungspunkte und Überschneidungen mit Georg Simmel, Franz Oppenheimer, Wilhelm Dilthey und Ferdinand Tönnies insbesondere bei Fragen der Erkenntnistheorie und Soziologie. Aufsehen erregten auch einzelne Arbeiten Landauers. Sein *Aufruf zum Sozialismus* von 1911 etwa gilt neben Heinrich Manns Text *Geist und Tat* als programmatische Schrift für das geistige Selbstverständnis des Expressionismus. Daneben setzte er Maßstäbe mit seinen Übersetzungen Oscar Wildes, Walt Whitmans, Kropotkins, Proudhons sowie vor allem mit seiner Übertragung der mystischen Schriften Meister Eckharts. Mit seiner grundlegenden anarchistischen Idee einer dezentralisierten Gesellschaft, die sich auf der Basis freiwilliger Zusammenschlüsse in Gemeinschaften als Produktionsgenossenschaften organisieren sollte, die autonom über ihre eigenen Angelegenheiten zu bestimmen hätten, wirkte er direkt auf die zu jener Zeit sich entwickelnde Siedlungsbewegung in Palästina, und Martin Buber zählte ihn deshalb auch zu den geistigen Gründungsvätern der sozialistischen Kibbuzim.*

* Vgl. dazu insbesondere Martin Buber, *Der heimliche Führer. Ansprache über Landauer*, in: *Die Arbeit. Organ der zionistischen volkssozialistischen Partei*, ha-Poel ha-zair II, 6 (1920), S. 36f. Generell zu Landauers Verhältnis zum Judentum, vor

Auch im Deutschland der zwanziger Jahre gründeten frühe Aussteiger Landkommunen in seinem Namen, eine übrigens in Düsseldorf. Dies zeigt, nebenbei bemerkt, wie »utopische Schwärmer«, die angeblich an der Realität vorbeigehen – ein Vorwurf, den gerade Landauer stets zu hören bekam –, praktisch dennoch wirksam werden können und häufig die latent vorhandenen Bedürfnisse der Zeit besser interpretieren als die großen Organisationen mit fertigem Weltbild und Strategiekonzept.

Spuren der Wirkung, aber auch des Scheiterns finden sich, wenn wir seinen Lebenslauf im engeren Sinne verfolgen. 1870 in Karlsruhe geboren, wuchs Gustav Landauer in einer mittelständischen jüdischen Familie auf, deren Lebensweise vom Klima der Assimilation bestimmt war: Die Kaufmannsfamilie Landauer pflegte die jüdische Tradition und Identität vorwiegend in der Erinnerung; im Alltag spielte sie nur eine untergeordnete Rolle. Politisch national-liberal, glaubte sie, wie der Großteil der deutschen Juden im 19. Jahrhundert, daß die Einigung des Deutschen Reiches 1870/71 und der wirtschaftlich-technische Fortschritt die Fusion von Deutsch- und Judentum beschleunigen und das Problem der Judenemanzipation lösen würde. Auf die Jugend wirkte dieser »Assimilations-Optimismus« allerdings anachronistisch angesichts des zunehmenden Antisemitismus.

Wie bei vielen seiner literarischen und künstlerischen Zeitgenossen äußerte sich bei Landauer schon früh der Wunsch nach Unabhängigkeit als Ausdruck des so häufig beschriebenen und für ganze literarische Strömungen bezeichnenden Vater-Sohn-Konflikts. Ein Hinweis auf die spätere Entwicklung mag der hartnäkkige Widerstand gewesen sein, den Landauer dem Wunsch des Vaters nach einem naturwissenschaftlichen oder juristischen »Brot-Studium« entgegensetzte. Anstatt des kalten, abstrakten wissenschaftlichen Denkens fühlte sich Landauer von Beginn an eher der Welt der Literatur und der schönen Künste verbunden. Landauers erste literarisch-philosophische Idole waren dann Wagner und Schopenhauer, deren Wirkung aber durch Spinozas Pantheismus, Nietzsches Kulturkritik und Lebensphilosophie und Ibsens soziale Dramatik noch weit übertroffen wurde.

allem auch im Hinblick auf die Bedeutung des Messianismus in seinem Denken, vgl. R. Kauffeldt, *Zur jüdischen Tradition im Romantisch-Anarchistischen Denken, Erich Mühsams und Gustav Landauers,* in: *Bulletin des Leo Baeck Instituts,* Nr. 69, 1984 (Jerusalem), S. 3–28.

Rückblickend bemerkte er, alle seine eigentlichen Erlebnisse rührten vom Theater, der Musik und vor allem den Büchern her:

Um diese Zeit herum war es durch die billigen Reclambücher Henrik Ibsen, der einen ungeheuren Eindruck auf mich machte und mich und all die romantische Sehnsucht meines Herzens der gegenwärtigen Wirklichkeit zuwandte. Lechzendes, Reinheit, Schönheit und Erfüllung Begehrendes war in mir gewesen und hatte in Richard Wagner Nahrung gefunden, dessen Musikdramen ich, so oft es nur ging, von meinem fünfzehnten Jahre an auf dem Juchhe, wie bei uns der vierte Rang oder Olymp hieß, in Mottls prachtvoller Wiedergabe mit Wonne einschlürfte. Je mehr der Zaubertrank aber wirkte, um so mehr zog ich mich scheu geradezu schon vom Anblick der schnöden Wirklichkeit zurück. Ibsen war es, der in dem Knaben, der ich war, aus dem Traum von der Schönheit die Lust zur Verwirklichung machte, der mich mit faszinierender Gewalt zwang, die reale Grundlage, die Gesellschaft und ihre Häßlichkeit nicht zu ignorieren, sondern zu gewahren und zu kritisieren und ihr den Aufruhr und Kampf des Einzelnen entgegenzustellen. Vom Sozialismus verstand ich damals noch nichts und hatte keine Ahnung von national-ökonomischen Problemen; was mich in Gegensatz zu der umgebenden Gesellschaft und in Traum und Empörung brachte, war keine Klassenzugehörigkeit und kein soziales Mitgefühl, sondern das unausgesetzte Anstoßen romantischer Sehnsucht an engen Philisterschranken. So kam es, daß ich, ohne es zu benennen, ein Anarchist war, ehe ich ein Sozialist wurde, und daß ich einer der wenigen bin, die nicht den Weg über die Sozialdemokratie genommen haben. Ibsen bekam zudem sehr bald Gesellschaft an Friedrich Nietzsche, vor allem durch den Zarathustra. (...) ich lebte schon in den Philosophen und hatte schon als Gymnasiast Schopenhauer und Spinoza gelesen; nun begegnete [in Nietzsche] mir einer, in dem nicht das Denken sich rein und klar über gärend dumpfes Fühlen erhoben hatte, sondern Denken und Gefühl so miteinander verbunden waren, daß alle Liebessehnsucht und Inbrunst wie einer Geliebten der Idee gewidmet schienen. (...) Dazu aber doch wieder, wie bei Ibsen, die Wendung zur Wirklichkeit hin: es lag Aktivität in diesem geistigen Ringen, und es sollte geschaffen und gestaltet und vernichtet und umgeworfen werden (*Rechenschaft*, Berlin 1919, 146/147).

Dermaßen gerüstet kam Landauer 1890 als Zwanzigjähriger nach Berlin, um seine in Heidelberg begonnenen literarisch-philosophischen Studien fortzuführen; von Beginn an faszinierte ihn das Großstadtleben, das aufgewühlte intellektuelle und politisch-soziale Klima nach Aufhebung der Sozialistengesetze aber mehr als die nüchterne akademische Luft. Er reihte sich ein in die kulturrevolutionären naturalistischen Zirkel, die sich im sogenannten

»Friedrichshagener Dichterkreis« locker zusammengeschlossen hatten und die zu einem Teil gleichfalls in der, von Engels noch als »Studentenrevolte« abgetanen politischen Oppositionsbewegung der sogenannten »Jungen« gegen den zunehmend legalistisch-parlamentarischen Kurs der Sozialdemokratie standen. Hierher rührt auch seine Tätigkeit als oppositioneller Journalist, mit der er seine karge Existenz fristet, und als anarchistischer Propagandist in den kommenden Jahren, die ihn immer wieder in Konflikt mit der Staatsgewalt bringt. Mehrmals wurde er zu Gefängnisstrafen verurteilt. Er nahm an den Internationalen Sozialistenkongressen 1893 und 1896 in Zürich und London teil, fundierte seine sozialpolitischen Vorstellungen vor allem durch die Marxkritischen sozialistischen Theoretiker Benedikt Friedländer, Franz Oppenheimer und Eugen Dühring, dessen Antisemitismus ihn offensichtlich nicht störte, und versuchte zwischendurch auch immer wieder, literarisch Fuß zu fassen. So veröffentlichte er 1893 seine erste, an die Kapitelüberschrift »Von den Predigern des Todes« in Nietzsches *Zarathustra* angelegte Novelle mit dem Titel *Der Todesprediger.*

In dieser unverkennbar autobiographische Züge tragenden Novelle durchläuft der Held Karl Starkblohm die für die gesellschaftlich isolierte literarisch-künstlerische Intelligenz der neunziger Jahre üblichen Stationen einer Existenzkrise. Die Sinn- und Lebenskrise gipfelt schließlich in einer Todeslehre angesichts des nihilistischen Weltgefühls. Durch eine Liebesbeziehung (manche Passagen dieses im Alter von zwanzig Jahren verfaßten Werkes können durchaus als trivial bezeichnet werden) erwachen in ihm erneut die Lebenssehnsucht und der Drang nach innerer Wandlung. Als »Prediger in der Wüste« trachtet er nun danach, die bisher widerstrebenden Tendenzen Gefühl und Verstand, Sozialismus und Verherrlichung des Individuums, trotz der Abkehr von der bürgerlich-dekadenten Gesellschaft, zu vereinigen. Wenngleich Landauer sich später von diesem Jugendwerk distanziert hat, vieles mag ihm zu unausgegoren erschienen sein, so kündigen sich darin doch zahlreiche Positionen seiner späteren politischen Vorstellungen an. Bezeichnend dafür mag eine Stelle aus dem abschließenden Kapitel sein, wo K. Starkblohm seine mögliche Lebensperspektive anvisiert:

Utopien, das wäre vielleicht eine Aufgabe, der ich gewachsen wäre, Utopien zu schreiben, Ausbau von allem, wozu jetzt die Ansätze da sind: Psychologie, Technik, Kunst, Stadt u. Land, Verkehr, Geselligkeit, Familie, Natur; kurz: alles sagen (*Der Todesprediger*, Köln 1923, 3. Aufl., 108).

Aufgrund der frustrierenden Erfahrungen, die Landauer bei seinen Versuchen praktischer politischer Arbeit im Rahmen der in Deutschland schwachen, häufig auch konfusen anarchistischen Bewegung machte, widmete er sich ab Mitte der neunziger Jahre verstärkt philosophisch-literarischen Arbeiten. Dabei ragt seine langjährige Mitarbeit am sprachphilosophischen Werk seines Freundes Fritz Mauthner, *Beiträge zu einer Kritik der Sprache*, heraus.* Zu dieser Zeit verfestigte sich bei Landauer die Erkenntnis, daß mit einem schnellen radikalen gesellschaftlichen Wandel nicht zu rechnen und die entscheidende Aufgabe der umfassenden individuellen wie sozialen Emanzipation von Massenorganisationen nicht zu leisten sei. Zu geisttötend und jede Initiative hemmend erschienen ihm die bürokratisch-hierarchischen Strukturen der Parteien und Organisationen und fatal das Primat des sozioökonomischen Kampfes der Sozialdemokratie. *Durch Absonderung zur Gemeinschaft* hieß dann auch seine programmatische Schrift, in der er die persönlichen Erfahrungen der neunziger Jahre aufarbeitete und mit der er seiner alternativen kulturrevolutionären Strategie einen ersten Ausdruck verlieh.**

Es lohnt sich, bei dieser Lebensetappe etwas länger zu verweilen. Geschrieben hatte Landauer diese Schrift für die von ehemaligen naturalistischen Schriftstellern unter der Leitung der Gebrüder Hart 1900 gegründete *Neue Gemeinschaft*, die sich nichts Geringeres zum Ziel gesetzt hatte, als mit Hilfe einer »neuen Religion« das generelle Individuationsproblem wie auch die persönlich erfahrene gesellschaftliche Entfremdung zu überwinden. Getragen von einer pantheistisch-monistischen »All-Einheits- und Menschheitsanschauung«, die sich vor allem auf Spinoza und Giordano Bruno stützte, fühlten sie sich auf den Spuren Zarathustras und Heraklits als »Zukunftsmenschen«, die sich, indem »sie sich selbst umschaffen, die Welt umschaffen« und »die Erde in ein Reich der

* Fritz Mauthner, *Beiträge zu einer Kritik der Sprache*, 3 Bde. Leipzig 1901–1903. Vgl. dazu G. Landauer, *Skepsis und Mystik. Versuche im Anschluß an Mauthners Sprachkritik*, Berlin 1903.

** G. Landauer, *Durch Absonderung zur Gemeinschaft*, in: *Das Reich der Erfüllung. Flugschriften zur Begründung einer neuen Weltanschauung*, hg. v. Julius und Heinrich Hart, Heft 1 und 2, Leipzig 1901, Heft 2 in Zusammenarbeit mit G. Landauer und F. Hollaender. Hier Heft 2, S. 45–68.

Freude« verwandeln.* Sie wollten das »Sein wie ein Kunstwerk anfassen und durchführen lernen« und »zu dem neuen Menschen hinführen, welcher der Gott und der Künstler seiner Welt ist«.** Es ging ihnen um »die Erkenntnis der Identität von Welt und Ich, die Vorstellung vom Welt-Ich«, und es war ihr fester Glaube, daß das Individuum durch einen bloßen Akt des Wollens die das Sein und das Weltgeschehen bestimmenden Gegensätze in sich selbst zurücknehmen und überwinden kann.*** »Der neue Gott«, so der bezeichnende Titel, den Julius Hart für eines seiner programmatischen Bücher wählte****, meint dann auch den schöpferischen »Thatmenschen«, der den auf Erfüllung drängenden Anspruch aller Religionen einlöst. »(...) wir sagen genau wie der Christus und der Buddha, daß wir die alten Religionen nicht aufheben, sondern nur ausführen wollen. Indem wir sie zerstören, machen wir sie neu lebendig, erfüllen und vollenden wir sie. Nur um die neue Form, um die Wiederverjüngung uralter ewiger Wahrheiten handelt es sich, und daß wir den Wein der Vergangenheit in neue Schläuche für die Zukunft gießen. Durch alle Religionen geht eine geheime und tiefe Lehre von den ewigen Wiedergeburten.«***** Ziehen wir nun ein aufschlußreiches Bekenntnis des jungen Martin Buber hinzu, des großen jüdischen Religionsphilosophen, der ebenfalls Mitglied der »Neuen Gemeinschaft« war und hier Gustav Landauer kennenlernte, so wird ersichtlich, wie sehr die von Nietzsche vertretene dionysisch-heraklitische Weisheit****** und die Vorstellung des »kommenden Gottes« auch

* Ebd. Heft 2, S. 11.

** Ebd., 1. Umschlagseite.

*** Ebd. Heft 1, S. 93 (Schlußaufruf).

**** Vgl. Julius Hart, *Der Neue Gott. Ein Ausblick auf das kommende Jahrhundert.* Leipzig 1900. J. Hart entlehnte den Titel im übrigen dem Roman eines »alten Friedrichshagener Kollegen«, Hans Land, *Der Neue Gott* (1890), der im Kontext der »Naturalismusdebatte« auf dem Gothaer Parteitag eine gewisse Rolle spielte und mit seinen kulturaristokratischen Tendenzen schon Positionen der »Neuen Gemeinschaft« vorwegnahm. Man sieht, mit dem »neuen Gott« und »neuen Religionen« wurde Ende des 19. Jahrhunderts ein schwunghafter Handel betrieben. G. Landauer selbst hat Harts *Der Neue Gott* rezensiert, in: *Die Gesellschaft*, 2. 10. 1899, S. 112–119.

***** *Das Reich der Erfüllung*, Heft 1, S. 14/15.

****** Vgl. dazu die lesenswerte Untersuchung von Paul R. Mendes-Flohr *Von der Mystik zum Dialog. Martin Bubers geistige Entwicklung bis hin zu ›Ich und Du‹*, wo es heißt: »Diese dionysische Weisheit – eine Art naturalistischer Ontologie – sollte, laut Nietzsche, ihren philosophischen Ausdruck bei den Vorsokratikern, insbesondere bei Heraklit, finden. In seiner Vorlesungsreihe das Denken und vitalistische Lebensgefühl der »Neuen Gemeinschaft« bestimmte. Für Buber, der sich im übrigen ausführlich mit dem Dionysos-Mythos beschäftigt hat*, ist Nietzsche, den er zu dieser Zeit noch uneingeschränkt, fast hymnisch verehrt, der Prophet des »werdenden Gottes«, des Gottes, der durch sich selbst überwindende, schöpferische Menschen verwirklicht wird.

Dem Ideale eines behaglichen und schmerzlosen Lebens stellte er das Leben in Sturm und Gefahren entgegen (...) Dem Gotte des Weltbeginns brachte er einen großen Widersacher: den werdenden Gott, an dessen Entwicklung wir mitschaffen können.**

Verfolgen wir nun Landauers oben erwähnte Schrift, so stoßen wir auch dort auf die Idee des »werdenden Gottes«, die er als Konsequenz seiner Interpretation der mittelalterlichen Mystiker, dann Spinozas und Goethes wirksam sehen will.

Immer wieder stoßen wir auf diesen Hinweis, daß man Gott werden, daß man, anstatt die Welt zu erkennen, die Welt selbst werden oder sein kann. Es ist die tiefste Umdeutung vielleicht der Christuslegende, vielleicht auch die tiefste Bedeutung dessen, was Jesus selbst gelehrt hat, wenn Meister Eckhart den Gott, der zugleich Menschenkind ist, zu uns sprechen läßt: »Ich bin euch Mensch gewesen, wenn ihr mir nicht Götter seid, so tut ihr mir Unrecht.« Sehen wir zu, wie wir Götter werden, wie wir die Welt in uns finden können« (*Skepsis und Mystik*, 12).

Durch die Zusammenarbeit mit Mauthner hatte sich bei Landauer in erkenntnistheoretischer Hinsicht seine skeptische Grundhaltung gegenüber jeglicher äußerer Welterfahrung und die Einsicht in die Relativität begrifflich-abstrakter Wahrheiten, mithin in

›Die Philosophie im tragischen Zeitalter der Griechen‹ – gleichzeitig mit der Abfassung von ›Die Geburt der Tragödie‹ gehalten – belegt Nietzsche Heraklit mit dem aufschlußreichen Attribut ›apollinisch feindselig‹. ... Nietzsches Darstellung des erkenntnistheoretischen Gehalts bacchanalischer Erfahrung legt die Bezeichnung Heraklits als des Philosophen dionysischer Weisheit nahe. ... Nietzsches dionysisch-heraklitische Weltanschauung fand ein deutliches Echo in der Neuen Gemeinschaft.« Mendes-Flohr, *Von der Mystik zum Dialog*, Königstein/Ts., 1978, S. 59/60. Für unseren Zusammenhang ist der Doppelbegriff »dionysisch-heraklitisch« umso wichtiger, als sich Landauer insbesondere für Heraklit begeisterte. Vgl. dazu seine Briefe an C. Brunner, L. Berndl, R. Seligmann u. a. in: G. Landauer, *Sein Lebensgang in Briefen*, hg. v. M. Buber, 2 Bde., Frankfurt/Main 1929, die Briefe Nr. 119, 177, 187, 198 u. 201.

* Vgl. Mendes-Flohr, l. c., bes. das Kapitel »Bubers Erlebnis-Mystik«, S. 55–110.

** Martin Buber, *Ein Wort über Nietzsche und die Lebenswerte*, in: *Die Kunst im Leben I*, Nr. 2 (Dezember 1900), S. 13, zit. n. Mendes-Flohr, l. c., S. 71.

sprachlich formulierte Erkenntnisse, verfestigt. Ähnlich Buber stellte Landauer dem Erkennenden den Erlebenden gegenüber, und ihre für die »Neue Gemeinschaft« und den vitalistischen Zeitgeist typische Erlebnismystik, der Gott und wirkende Natur eins sind, suchte die Grenzen des starren SEINS und der damit korrelierenden rationalen Erkenntnis durch die intuitiven Erfahrungen des Werdens zu überwinden; nur als schaffendes und schöpferisches Subjekt wird der einzelne zum »Welt-Ich«:

Das Bestreben der Mechaniker ist, die Welt seelenlos, farbenlos, duftlos, klanglos zu machen; geschmacklos wird sie bei diesem Verfahren sowieso. Es sollten nur reine Raumverhältnisse übrig bleiben, die all das Wirre, Sinnengemäße erklärten. So sind sie dazu gekommen, die Welt in benannten Zahlenverhältnissen auszusprechen, deren Name keine Rolle mehr spielt. Sie haben die Welt auf die Zahl gebracht (...).

Die Zahl ist aber nicht nur das Maß des Raumes, sondern auch der Zeit, (...) nicht nur des materiellen Draußen, sondern auch des psychischen Innern. Die Aufgabe derer, die an dem Weltbild formen wollen, scheint mir zu sein: mit Hilfe der Ergebnisse der mechanistischen Wissenschaft stimmende Zahlenverhältnisse für das Intensive und das System des psychischen Fließens zu finden. An die Stelle der Dinglichkeit, der Kausalität, der Materie hat die Intensität, das Fließen, die Psyche zu treten, an die Stelle des Raumes die Zeit. (...) Das Sein muß in Werden verwandelt werden, wie Nietzsche im »Willen zur Macht« sagt; dessen Gedanken berühren sich vielfach mit diesen Ausführungen, die aber vor der Veröffentlichung jenes Nachlaßwerkes niedergeschrieben waren. (...) So gewinnt Schopenhauers Einsicht, daß die Musik die Welt noch einmal ist, einen neuen Sinn: sie ist einer der Versuche des Kunstwissens, der Weltverinnerlichung, mit Hilfe qualitativ getönter Zahlenverhältnisse ein Bild der Welt als Psyche zu geben, eine *Sprache* zu schaffen für das Reich der Intensitäten.« (*Skepsis und Mystik*, 57/58, Hervorhebung von mir [R. K.])

Für Landauer ist es also ein Trugschluß zu glauben, »die Religiosität, die wir für unser Leben brauchen, werde in einem Wortgebäude wohnen« (l.c., 38). Das hieße nämlich nur, auf leichte Lösungen vorgebende »fertige« Welterlösungskonzepte und Weltanschauungen zu vertrauen, wo doch nur der einzelne selbst der Anstrengung nicht entgehen kann, den tiefsten Weltengrund in seinem Innersten aufzusuchen. Fertige Wortgebäude und Weltanschauungen überwinden nicht die Trennung von Ich und Welt und die Leiden der Individuation; jeder muß das Göttliche, die wirkende Natur und seine Beziehung zum Unendlichen selber erfassen, denn unser Allerindividuellstes ist unser Allerallgemeinstes. Je tiefer ich in mich selbst heimkehre, um so mehr werde ich der Welt teilhaftig. (...) Seien wir nicht so stolz auf die Klarheit unserer Sinneseindrücke und vergessen wir nicht, daß wir die Gemeinschaftswelt, die ich meine, nicht wahrnehmen, sondern sein und leben wollen. (...) Der Weg, den wir gehen müssen, um zur Gemeinschaft mit der Welt zu kommen, führt nicht nach außen, sondern nach innen. Es muß uns endlich wieder einfallen, daß wir ja nicht bloß Stücke der Welt wahrnehmen, sondern daß wir selbst ein Stück Welt sind (l..c., 17, 10).

Dies ist für Landauer die notwendige Folge einer historischen Entwicklung, die zur Auflösung kollektiver Identitäten, d.h. zum »Tod Gottes« im Nietzscheschen Sinne geführt hat, den Landauer aber schon vor Nietzsche bei Max Stirner ausgedrückt sieht.

Der letzte große Nominalist war Max Stirner, der mit radikalster Gründlichkeit den Spuk der Abstrakta aus den Gehirnen auszukehren unternahm. Die Essenz seiner Lehre ist etwa in den Worten enthalten, die er nicht gerade so ausgesprochen hat: »Der Gottesbegriff ist zu vernichten. Aber nicht Gott ist der Erzfeind, sondern der Begriff«. Er hat entdeckt, daß alle tatsächliche Unterdrückung zuletzt von den Begriffen und Ideen ausgeübt wird, die respektiert und für heilig genommen werden. (...) Die Abstrakta waren nach seiner glänzenden Darstellung aufgeblasene Nichtigkeiten. (...) Der letzte Nominalist setzte das konkrete Einzelwesen, das Individuum, als Realität *auf den entleerten Stuhl Gottes, der von nun an von dem Einzigen und seinem Eigentum besessen wurde. Das war die Stirnersche Besessenheit.*

Uns liegt nun die entgegengesetzte und darum ergänzende Arbeit ob: die Nichtigkeit des Konkretums, des isolierten Individuums nachzuweisen und zu zeigen, welch tiefe Wahrheit in der Lehre des Realisten [Landauer meint die »Realisten« des mittelalterlichen Universalienstreites] steckt. Die Umwege, die in Jahrhunderten gemacht wurden, waren nicht überflüssig, aber jetzt ist es Zeit zu der Einsicht, daß es keinerlei Individuum, sondern nur Zusammengehörigkeiten und Gemeinschaften gibt...« (l.c., 12/13, erste Hervorhebung von mir [R. K.]).

Um auf dem Weg zur neuen Gemeinschaft voranzukommen, bedarf es allerdings eines zunächst paradox erscheinenden Umwegs, nämlich des schon angesprochenen »Wegs nach innen«. Dies rührt aber für Landauer eben daher, daß »die Welt in Stücke zerfallen und von sich selbst verschieden und geschieden ist« (l.c., 18), ihre Einheit also »äußerlich« – etwa durch einen alle verbindenden lebendigen Mythos oder religiösen Zusammenhalt, wie zum Beispiel im Mittelalter – nicht mehr erkennbar ist. Deshalb, so fährt er fort, »müssen wir uns in die mystische Abgeschiedenheit flüchten, um mit ihr eins zu werden« (l. c.). »Kehren wir aber bei uns selber ein, dann kann es uns schließlich gelingen, über das autonome Individualgefühl hinauszukommen« (l. c.), den ursächlichen Zusammenhang zwischen einzelnem und Welt, Vergangenem und Zukünftigem, gewahr zu werden und wahre Gemeinschaft zu leben und zu gestalten.

Da es Landauer jedoch – im übrigen ähnlich den aktivistischen Mystikern des Spätmittelalters – nicht bei reiner Kontemplation belassen will, sondern der »mystische Umweg«, wie wir gesehen haben, recht eigentlich ein Mittel zum Zweck ist, der zur Verwirklichung drängt, gilt es, Möglichkeiten auszukundschaften, den letztlich non-verbalen Erfahrungen der inneren Schau Ausdruck zu verleihen. Denken Sie daran, daß schon die Romantiker mit ihrer Poesie die Natur zum *klingen* bringen wollten, so wird es, glaube ich, verständlich, weshalb Landauer immer wieder bei seiner Forderung nach einer »neuen Sprache« auf die Musik verwies. Die Musik und schließlich auch das Schauspiel und die Kunst werden so für Landauer zu Vehikeln eines »neuen Mythos«, zu Instrumenten, die das Unsagbare ausdrücken und universale Ganzheits- und Gemeinschaftserfahrungen initiieren und nachvollziehbar machen können. Mit dieser Haltung ist schließlich auch eine besondere Leistung Landauers in literaturgeschichtlicher Hinsicht verbunden: Durch die Zusammenarbeit mit Mauthner für diese Bereiche sensibilisiert, gehörte er zu den ersten, die den inneren Zusammenhang zwischen Sprachkritik und den Dichtungen Stefan Georges, Hugo von Hofmannsthals, Richard Dehmels und Alfred Momberts aufdeckten und den berühmten *Chandos-Brief* von Hofmannsthal in diesem Sinne als Dokument der Zeit und der Krise einer ganzen literarischen Generation interpretierten. Aber lesen wir selbst, zu welchen Schlußfolgerungen ihn speziell die Lektüre des fiktiven Hofmannsthal-Briefes führte. Nachdem er ausführlich daraus zitiert hat, heißt es:

Dies Manifest nicht nur, sondern auch die Kunstübung Hofmannsthals und derer, die ich mit ihm zusammen nannte, ist die Abkehr von dem, was sich bisher Poesie nannte und was Rhetorik war. Schiller, der in dem Brief an Körner die plastische Gestaltung der Welt in Worten als das große Ziel des Dichters bezeichnete, hat es nur zur Rhetorik gebracht, und schon seine jüngeren Zeitgenossen, die Romantiker, lachten über das »Lied von der Glocke«, als es eben erschienen war, daß der Tisch sich bog. In der Rhetorik ist die Musik, der Wohlklang, das Instrument, das uns Worte und

Begriffe beibringt; in der neuen Poesie, die seit Goethe, Novalis und Brentano im Entstehen ist, sind dagegen Worte und Begriffe das Instrument, das uns zur Musik führt, – zum Rhythmus, zum Unsagbaren, das in uns einschwingt und uns mitschwingen läßt. (...) Dieses Ineinanderschwingen der Unsagbarkeiten, (...) dieses Auflösen alles Realen im Elemente des Traumes: das finde ich in den Dichtungen derer, die ich genannt habe, und das eben scheint mir die Stimmung zu sein, in der man einzig und allein von der Sprachkritik zur Wortkunst zurückkehren kann. Mauthner hat uns gezeigt, daß die begriffliche Wissenschaft unserer Sehnsucht, die Welt und unser Eigenes anders als nur menschlich zu fassen, nimmer Genüge tun kann; die Kunst aber kann es in den Momenten, wo wir in ihr leben. Wir gewinnen und schaffen Welten und verlieren uns selbst (*Skepsis und Mystik*, 73).

Der Kunst ist es also aufgegeben, der Welt und der mit ihr zwangsläufig aus den Fugen geratenen Sprache »neue Dimensionen« und damit einen neuen Sinn zu erschließen. Die ästhetische Sphäre erscheint als Korrektiv eines szientistisch-rationalistisch verkürzten Weltbezugs, sie hat die schmerzliche Lücke zu füllen, die die überholte traditionelle religiöse Sinnstiftung hinterlassen hat. »Dies also ist, meine ich, der praktische Wert der Sprachkritik, daß sie uns zwar keine religiöse Weltanschauung gibt, dafür aber die große Stimmung, *in der wir ihrer entraten wollen*« (l. c., 73, Hervorhebung von mir [R. K.]).

Wenn wir hier bei Gustav Landauers Beziehung zur »Neuen Gemeinschaft« sowie den hieraus erwachsenen Schriften länger verweilen als bei seinen anderen Lebensetappen, so deshalb, weil es sowohl Landauer als auch die »Neue Gemeinschaft« selbst nicht bei einer philosophisch-geistigen Ortsbestimmung bewenden ließen, sondern dies als eine, allerdings unverzichtbare Voraussetzung für die angestrebte *praktische* Verwirklichung eines »neuen Lebens« ansahen. Und nicht zuletzt die unterschiedlichen Versuche einer Umsetzung ihrer lebensreformerischen Alternativprojekte machen sie zu einem der interessantesten Faktoren in der jüngeren Kulturgeschichte. Die »Neue Gemeinschaft« war um die Jahrhundertwende ein Kulminationspunkt geistiger und künstlerischer Innovationen, von dem nachhaltige Spuren zu den künstlerischen Avantgarde-Bewegungen des 20. Jahrhunderts führen. Zudem war die »Neue Gemeinschaft« eng mit dem Beginn der Lebensreformbewegung verbunden, und die Gebrüder Hart selbst gehörten zu den Mitbegründern der Deutschen Gartenstadtgesellschaft. Insofern erscheint die »Neue Gemeinschaft« zu Recht als frühe ökologisch und naturphilosophisch orientierte Aussteigerbewegung. Man unternahm konkrete Schritte, um eine Landkommune zu gründen, die, fernab vom kapitalistischen Wirtschaftssystem, bürgerlichem Alltagstrott und dem »Moloch Großstadt«, Produktion und Konsum auf gemeinschaftlicher Grundlage sicherstellen sollte. Man organisierte Vortrags- und Rezitationsabende, dachte über eine ganzheitliche Erziehung der Kinder nach (auch Rudolf Steiner gehörte zum weiteren Kreis der »Neuen Gemeinschaft«), der Lichtkünstler Fidus gestaltete die Räume im Jugendstil, und Henry van de Velde hielt den bezeichnenden Vortrag *Zu neuer Kunst. Von den Fundamentalprinzipien des neuen Stils. Costume, Schmucksachen, Beleuchtungskörper, Möbel, Architekturen, Innendekorationen.* Insofern verstand sich die »Neue Gemeinschaft« als Kommunikationszentrum, als »ein neues Kloster ohne die Beschränkung der Möncherei«, als ein »Orden vom wahren Leben«, der »ethisch-religiös-ästhetisch das ganze Leben zu einem Kunstwerk gestalten sollte« (Heinrich Hart, zit. n. Linse, *Zurück o Mensch*, 67). Entsprechend der naturphilosophisch orientierten Weltanschauung waren dann auch »naturreligiöse Weihefeste«, zu denen man sich in die schöne Umgebung Berlins zurückzog, fester Bestandteil des Programms der »Neuen Gemeinschaft«. Sie sollten »dem modernen Menschen ein Ersatz sein für die alten religiösen Feiern, die mit dem Verfall der alten Religionen und Kulturen für ihn Inhalt und Bedeutung verloren haben« (Aus einem Werbeblatt der N. G. zit. n. Linse, 72). Eigentlich im Sinne einer Psychohygiene sollte der einzelne durch die Naturerfahrung geläutert und sich seiner »Beziehungen zu den Unendlichkeiten des Daseins bewußt werden« (ebd.). Für das Jahr 1903 waren so folgende Feste geplant:

25. Januar: Das Tao-Fest
Für die Nacht vom 21. zum 22. Februar: *Neue Dionysien*
22. März: Das Fest der Frühlingsstürme
... 26. Dezember: Das Fest der Selbsterlösung (Zit. n. Linse, 72/73, Hervorhebung von mir [R. K.]).

Landauer selbst hat in einem Brief den Eindruck eines solchen Festes anschaulich wiedergegeben.

Mittwoch nach Pfingsten [1900] schließlich fand ein Ausflug der Hartgemeinschaft, etwa 70 Personen nahmen teil, nach Friedrichshagen statt. Ein schöner Moment voll religiöser Stimmung war es, als wir uns an einer schönen Stelle am Seeufer gelagert hatten; ein wundervolles Abendlicht auf dem See und den Kiefern, Gewitterwolken am Himmel und fernes Donnern, während eine Prologdichtung Heinrich Harts [Zur Weihe] vorgetragen wurde, der ein längerer ernster und aus der Tiefe schöpfender Vortrag Julius Harts [Der neue Mensch] folgte. Leben! Leben! klang aus diesen Worten der beiden Brüder, und die Natur rief uns dasselbe zu (Landauer, *Lebensgang in Briefen,* Bd. 1, 56).

Verfolgt man die Ausstiegsversuche der »Neuen Gemeinschaft« aus der Gesellschaft und rufen wir uns den zunächst befremdlich lautenden Titel von Landauers Schrift *Durch Absonderung zur Gemeinschaft* in Erinnerung, so fällt auf, wie sehr der weiter oben geschilderte »mystische Umweg« hier seine konkrete soziale Entsprechung gefunden hat. So wie der »Weg ins Innere« die natürliche kosmische Einheit mit allem »erfahrbar« machen sollte, erscheint der soziale Ausstieg als temporär begrenzte Vorstufe zu einer erst dann möglichen neuen Gemeinschaft und Gesellschaft.

Die politischen Niederlagen der neunziger Jahre, den verlorenen Kontakt zur Arbeiterbewegung reflektierend hält Landauer in diesem Sinne fest:

Unsere Erkenntnis ist: wir dürfen nicht zu den Massen hinuntergehen, wir müssen ihnen vorangehen, *und das sieht zunächst so aus, als ob wir von ihnen weggingen.* Die Gemeinschaft, nach der wir uns sehnen, die wir bedürfen, finden wir nur, wenn wir Zusammengehörige, wir neue Generation, uns von den alten Gemeinschaften absondern. Und wenn wir uns ganz gründlich absondern, wenn wir uns als Einzelne in uns selber tiefst hinein versenken, dann finden wir schließlich, im innersten Kern unseres verborgensten Wesens, die urälteste und allgemeinste Gesellschaft: mit dem Menschengeschlecht und dem Weltall. (...) Fort vom Staat, soweit er uns gehen läßt oder soweit wir mit ihm fertig werden, fort von der Waren- und Handelsgesellschaft, fort vom Philistertum! Schaffen wir ... eine kleine Gemeinschaft in Freude und Thätigkeit, schaffen wir uns um als vorbildlich lebende Menschen. (...) Unser Stolz muß es uns wehren, von der Arbeit eben dieser Mitmenschen zu leben. (...) Lernen wir arbeiten, körperlich arbeiten, produktiv tätig sein (...) (G. Landauer, *Durch Absonderung zur Gemeinschaft,* Heft 2, 48, 67 u. 68, Hervorhebung von mir [R. K.]).

Wenngleich Landauer sich nach einiger Zeit mit der »Neuen Gemeinschaft« überwarf, da er sich an der weihevollen und alle Gegensätze übertünchenden Art der Gebrüder Hart mehr und mehr störte und schließlich das ernsthaft gedachte sozialistische Experiment zu einer Attraktion für die damalige Berliner »Kulturschickeria« verkommen sah, so hatte er doch grundsätzlich das Ziel der »Neuen Gemeinschaft« mitgetragen und ihm mit seiner Schrift programmatischen Ausdruck verliehen. Martin Buber hatte sich im übrigen aus ähnlichen Gründen von der »Neuen Gemeinschaft« losgesagt, von der er später einmal bemerkte, der gutgemeinte, aber naive Versuch der Lebensreform habe ihnen gezeigt, »wie Gemeinschaft nicht entstehe« (M. Buber im Vorwort zu den von ihm herausgegebenen Landauer Briefbänden, Bd. 1, VI/VII). Wie dem auch sei, Landauer und Buber haben in der »Neuen Gemeinschaft« entscheidende Impulse und Erfahrungen gewonnen, und von hier aus führt ein Weg zu ihren späteren Vorstellungen eines »dialogischen Anarchismus« bzw. Gemeindesozialismus auf selbstverantwortlicher Basis.

Mit dem »Abstand gewinnen« von dem kommunikativen Treiben der »Neuen Gemeinschaft« geht ein Lebensabschnitt Landauers einher, der durch Zurückgezogenheit geprägt ist und vor allem durch die 1901 geschlossene zweite Ehe mit der Lyrikerin Hedwig Lachmann bestimmt wird. Die folgenden Jahre gehören so auch vorwiegend der literarisch-philosophischen, essayistischen Arbeit.

Offensichtlich hat Landauer aber auch während dieser »Ruhephase« niemals ganz den Gedanken an eine praktisch werdende kulturrevolutionäre Organisation aufgegeben, wie uns ein Brief an seinen Mitstreiter Erich Mühsam zeigt. So schreibt er im Februar 1904:

Ich werde jetzt in Sachen des *neuen Volkes* – du weißt schon – vorgehen und nächstens zu diesem Zweck einen kleineren Kreis – Arbeiter und andere – einladen.* (Hervorhebung von mir [R. K.])

Durch den Einfluß Kropotkins, Proudhons und Tolstois entwikkelten sich in den Jahren nach 1900 seine Sozialismus- bzw. Anarchismus-Vorstellungen bis zu dem Grad, an dem er sich gedrängt sah, erneut an die Öffentlichkeit zu treten. 1908 gründete er mit Hilfe literarischer und politischer Freunde den »Sozialistischen Bund«, den er als organisatorischen Rahmen zur Umsetzung seines Programms verstand, das, auf eine kurze Formel gebracht, den

* Brief Landauers an Erich Mühsam vom Februar 1904, zit. n. Ulrich Linse, *Organisierter Anarchismus im Deutschen Kaiserreich von 1871*, Berlin 1969, S. 275.

Aufbau neuer kleiner Gemeinschaften und Siedlungen schon im »Hier und Jetzt« vorsah, um beispielgebend zu demonstrieren, daß der Sozialismus jederzeit möglich sei, wenn die Menschen nur »wollten«. Landauer nannte das »Verwirklichungssozialismus«, ein Begriff, den er bewußt gegen den seiner Meinung nach passiven, zu sehr auf gesetzmäßige Entwicklungen vertrauenden Marxismus setzte.*

Unverkennbar erscheint auch der religiöse Zuschnitt seiner Siedlungsidee, die sich das Werden eines neuen Geist-Volkes zum Ziel gesetzt hat. Alttestamentarische Prophetie und die neutestamentarische Vorstellung eines »neuen Bundes« spielten im Denken Landauers stets eine bedeutende Rolle. So heißt es in einem Artikel *Die Siedlung* 1909:

Unser Volk ist das neue Volk; ist das Volk und Kulturleben, wie es in unserem Geist als Ziel lebt. Und so, wenn wir um unsretwillen weggehen und vorausgehen, tun wir es um des Weges willen, um eines unausrottbar tiefgewurzelten Triebes willen, um deswillen, was wir in ernster Entscheidung als den Mittelpunkt unseres Wesens festgesetzt haben. Unser Fortgehen ist nicht um unseres Behagens willen, sondern um unsretwillen, das heißt, um der Revolution willen (*S*, Jg. 1, Nr. 11 vom 15. 7. 1909, S. 81).

Landauers für den »Sozialistischen Bund« entwickeltem voluntaristischem Revolutionskonzept war allerdings kein großer Erfolg beschieden, erlebte jedoch im Zuge der Diskussion um die Rätedemokratie 1918/19, vor allem aber im Rahmen der Siedlungsbe-

* Auf Landauers umfassende Auseinandersetzung mit dem Marxismus, der sich für ihn allerdings, dies gilt es zu bedenken, in vielerlei Hinsicht in der mißverständlichen Form der Zweiten Internationale präsentierte, kann hier nur hingewiesen werden, ebenso wie auf seine eigenen, stark an Proudhon angelehnten sozial- und wirtschaftspolitischen Ideen. Landauers Kritik an Marx aus anarchistischer, libertär-sozialistischer Perspektive war nicht frei von Polemik, erkannte aber nichtsdestoweniger weitsichtig uns heute bekannte negative Tendenzen voraus: etwa im Hinblick auf die bürokratischen Auswüchse eines »Staatssozialismus«, die Dominanz eines einseitig rationalen, technisch-ökonomistisch orientierten Gesellschafts- und Zukunftsdenkens, die Frage nach dem Stellenwert individueller Freiheit und Selbstverantwortung, die autoritären Strukturen in Partei, Gesellschaft, Erziehung u. Kultur usw. – Eine Zusammenfassung seiner Marx-Kritik findet sich im *Aufruf zum Sozialismus*, S. 24–62: dort ist auch manch originelles Bonmot zu lesen, wie etwa folgendes: »Der Vater des Marxismus ist der Dampf. / Alte Weiber prophezeien aus dem Kaffeesatz. Karl Marx prophezeite aus dem Dampf.« (l. c., S. 48) – Eine aktualisierende, den Wert der Landauerschen Marx-Kritik angemessen beurteilende Darstellung findet sich im Heft 41 von *L'80* (1986): Rolf Cantzen, *Wider den Dampfmaschinensozialismus. G. Landauers Marxismuskritik*, S. 34–41.

wegungen in Deutschland und Palästina seit den zwanziger Jahren eine unerwartete, konkret werdende Renaissance.*

Ungleich wirksamer als die praktischen Versuche zur Etablierung des »Sozialistischen Bundes« war die Wiederbelebung der Zeitschrift *Der Sozialist*, die Landauer ab 1909 als ständiges Organ des »Bundes« herausgab und die sich neben Pfemferts *Aktion* zur wichtigsten literarisch-politischen Plattform des aktivistischen Expressionismus und dessen Revolte gegen die wilhelminische Gesellschaft entwickelte. Ein besonderes Verdienst kommt dabei Landauer insofern zu, als er im *Sozialist* zahlreiche bislang noch nicht übersetzte bzw. unbekannte Schriften Proudhons, Kropotkins, Saint-Simons, Emma Goldmans, der Romantiker und Junghegelianer erstmals einer größeren Öffentlichkeit zugänglich machte.

Den Ersten Weltkrieg hatte Landauer vorausgesehen, und er gehörte dann auch zu den wenigen Vertretern der deutschen Intelligenz, die ihn nicht, als er begann, als »reinigendes Gewitter«, als »Stahlbad« und für die Läuterung der apathisch gewordenen Menschheit notwendig ansah. Im Gegensatz zu den verschiedenen aktiven pazifistischen Gruppen, die sich während der Kriegszeit im Umkreis seiner alten Bekannten organisierten, konzentrierte sich Landauer darauf, seine Anhänger auf die Nachkriegszeit vorzubereiten. Wesentlich erschien ihm hierfür die Gründung von »Volksbühnen«, denen er volkserzieherische Aufgaben zudachte. Landauer führte damit einen Strang seiner kulturpraktischen Tätigkeit fort, die er schon mit besonderem Interesse zur Friedrichshagener Zeit in den frühen neunziger Jahren als Gründungsmitglied der »Neuen Freien Volksbühne« wahrgenommen hatte. Bis zu seinem Tode blieb er der Volksbühnenbewegung verbunden und gehörte zu deren künstlerischen Ausschuß. Das Theater als moralische Anstalt wiederzubeleben war das Ziel, das er mit Louise Dumont teilte, die ihn so gerne als Dramaturg an ihr Düsseldorfer Schauspielhaus geholt hätte. Landauers Shakespeare-Studien, die in dieser Zeit entstanden, waren ihm dabei geistiges Fundament und praktischer Ratgeber in einem (G. Landauer, *Shakespeare. Dargestellt in Vorträgen*, hg. von M. Buber, 2 Bde., Frankfurt/Main 1923 (2. Aufl.). An Louise Dumont schrieb er im Januar 1919:

* Vgl. Ulrich Linse, *Gustav Landauer und die Revolutionszeit 1918–1919*, Berlin 1974, und Link-Salinger (Hyman), *G. Landauer*, S. 89–118 (G. Landauer in Historical Literature).

(...) die Bühne hat in den Zeiten, die kommen, eine wundervolle Aufgabe; (...) Wir fliehen nicht von den Menschen zur Menschheit in die reine Kunst; wir wollen mit den Menschen das Kunstwerk des guten Lebens aufbauen; und die Brücke zwischen dem Bild der Menschheit, wie es die Kunst aufbaut, und den wimmelnden Menschenhaufen, die Gestalt werden sollen, ist die BÜHNE, die zugleich Kunst und zugleich unmittelbaren Verkehr mit Menschen bietet. (...) (*Sein Lebensgang in Briefen*, Bd. 2, 351).

Auf Wunsch Kurt Eisners, des ersten bayerischen Ministerpräsidenten, Neukantianers, Schriftstellers und SPD-, dann USPD-Politikers, gibt Landauer seine politische Abstinenz auf, um, wie Eisner ihn aufforderte, »an der Wandlung der Seelen« mitzuarbeiten. Mit anderen Schriftstellern der expressionistischen Generation wie Ernst Toller, Erich Mühsam, Oskar Maria Graf, Ret Marut alias B. Traven, Alfred Wolfenstein plädierte er für eine revolutionäre Umgestaltung der Gesellschaft und gelangte mit Mühsam und Toller durch die Wirren der Münchener Revolution in eine führende Position in der kurzlebigen, aber für die deutsche Geschichte einzigartigen Münchener Räterepublik (vgl. dazu bes. die umfassende Dokumentation *Literaten an die Wand. Die Münchener Räterepublik und die Schriftsteller*, hg. von Hansjörg Viesel, Frankfurt/Main 1980); es verwundert nicht, daß Landauer zum »Volksbeauftragten für Volksaufklärung«, d.h. zum Kultusminister, bestellt wurde. Am 1. Mai wurde Landauer, in Vorwegnahme faschistischer Liquidierungspraktiken, von Soldaten und Offizieren der gegen die Revolution herbeigerufenen »Weißen Truppen« der Reichswehr gefangengenommen und bestialisch ermordet. Er brachte damit das Opfer, das er seinerzeit schon im *Aufruf zum Sozialismus* grundsätzlich angesprochen hatte und zu dem sein Freund Ludwig Berndl bemerkte, daß es für Landauer eine mythologische und messianische Kategorie bedeutete.*

* Vgl. Manuskript von Ludwig Berndl, mit Einleitung, Noten und Notizen zu G. Landauers Briefen an L. Berndl in Mappe A des Gustav Landauer Archiv IISG Amsterdam (Internationales Institut für Sozialgeschichte). – Vgl. G. Landauer, *Aufruf zum Sozialismus*, hg. v. M. Buber. Köln 1923, 4. Aufl., S. 152: »Das Beispiel der Vorausgehenden müssen wir geben. Beispiel und Opfermut! In der Vergangenheit, heute und morgen werden der Idee Opfer um Opfer gebracht: immer um der Auflehnung, immer um der Unmöglichkeit willen, so zu leben. Jetzt gilt es, dazu noch Opfer andrer Art zu bringen, nicht heroische, sondern stille, unscheinbare Opfer.«

II

Ich hoffe, daß durch diese Skizze das Profil Gustav Landauers für Sie ein wenig an Konturen gewonnen hat und wir seine Vorstellungen einer Neuen Mythologie im folgenden leichter im Kontext des biographisch-zeitgeschichtlichen Spannungsfeldes einzuordnen vermögen. Wir wollen dabei zuerst an die letzte, dramatische Lebensphase Landauers anknüpfen und uns mit einer Schrift beschäftigen, die Landauer mitten in den Wirren der deutschen Revolution verfaßt hat. Seine *Ansprache an die Dichter* endet mit den Worten:

Der Dichter ist der Führer im Chor, er ist aber auch – wie der Solotenor, der in der Neunten über die einheitlich rufenden Chormassen hinweg unerbittlichen Schwunges seine eigene Weise singt – der herrlich Isolierte, der sich gegen die Menge behauptet. Er ist der ewige Empörer. In der Revolutionszeit kann er der Vorderste sein, so sehr der Vorderste, daß er der erste ist, der wieder auf die Erhaltung, des neu Errungenen wie des ewig Bleibenden, drängt. Wo aber Stockung und Starrheit gekommen ist, wo die Gelenkigkeit eingerostet ist, und wieder Ungeist, Unrecht und Schlendrian sich bereit macht, da ist er, der immer die Sache des Lebens führt, sowie sein echter Ursprung sich der Sache der Allgemeinheit hingibt, der Befreier. Philister und strohtrockene Systematiker träumen den unsäglich öden Traum von der Einführung des Patentsozialismus, der in festgesetzten Einrichtungen und Methoden alle Ungerechtigkeiten und Widrigkeiten ein für allemal abschaffen und – man erlaube hier das demokratische Bureaukratenwort – verunmöglichen soll. Wir aber brauchen in Wahrheit die immer wiederkehrende Erneuerung, wir brauchen die Bereitschaft zur Erschütterung, wir brauchen den großen Ruf der Seisachtheia über die Lande weg, wir brauchen die Posaune des Gottesmannes Mose, die von Zeiten zu Zeiten das große Jubeljahr ausruft, wir brauchen den Frühling, den Wahn und den Rausch und die Tollheit, wir brauchen – wieder und wieder und wieder – die Revolution, wir brauchen den Dichter (*Der Werdende Mensch*, 363).

In dieser mit expressionistischer Sprachgewalt gestalteten *Ansprache* erkennen wir deutlich das Dionysische wieder. In Wahn und Tollheit, in Rausch und Erschütterung begegnet uns der immer wiederkehrende Erneuerer, unter dessen mystischen Jubelruf auch letztlich der Bann der Individuation zersprengt wird. Für den dionysischen Ekstatiker, als den sich Landauer den Dichter wünscht, »zerbrechen alle die starren, feindseligen Abgrenzungen zwischen den Menschen«, ihm ist, »als ob der Schleier der Maja zerrissen wäre und nur noch in Fetzen vor dem geheimnisvollen des Ur-Einen herumflattere«.* Denn der »herrlich Isolierte« ist für Landauer kein Wert an sich, sondern Ausdruck der gottlosen, zersplitterten Zeit des Niedergangs seit Reformation und Neuzeit, Ausdruck für die Abwesenheit von verbindendem Geist und Mythos im Volk, das nur noch »Menge« und »Masse« ist.

In solchen Zeiten sind es dann nur die wenigen, die Isolierten, seit der Romantik eben die Künstler, die eine Erinnerung an die Fülle des Lebens bewahrt haben und zu Statthaltern einer humanen Zukunft werden. Deshalb dürfen sie nicht im Elfenbeinturm verbleiben – ein *l'art pour l'art*-Dasein hat Landauer als verfehlte Bestimmung des Künstlers stets bekämpft –, sondern müssen wieder den Weg ins Volk finden, und dies nicht als Überhebliche, sondern »als Mensch unter Menschen«.** Der schöpferische Künstler, der über »Chaos und Mythoskraft« verfügt – bei dem Dichter Alfred Mombert, aber auch bei George und Rilke, Dehmel und Liliencron, vor allem aber bei Walt Whitman sah er diese mythenschaffende Kraft am Werke – und der auch derjenige ist, der überhaupt noch ein Wissen um die Bedeutung der alten Mythen besitzt, da es im Volk mehr und mehr verloren gegangen ist, gehört deshalb in die Revolution.

»Die Kunst soll zum Leben, das Leben zum Kunstwerk werden«, war ein von Landauer oft wiederholter, von den Romantikern entlehnter Leitsatz. Die Kunst sollte nicht nur apollinischer Schein bleiben, wenngleich sie in Krisenzeiten hieraus ihre antizipatorische Kraft gewinnt, sondern dionysisch »im Lebendigen schaffen« (*Aufruf zum Sozialismus,* 147). Verfolgt man Landauers

* Friedrich Nietzsche, *Werke in drei Bänden,* hg. v. Karl Schlechta, München 1966; Bd. 1, 25 *(Die Geburt der Tragödie).*

** Landauer, *Der Werdende Mensch,* l. c., 358; Landauer wandte sich hiermit vor allem gegen Kurt Hiller und seine in den berühmten *Ziel*-Jahrbüchern propagierten Vorstellungen einer »Geistesaristokratie«. In seiner *Ansprache an die Dichter* bemerkt Landauer dazu: »Von mancher Seite will man jetzt den Dichter, indem man ihn den Geistigen nennt, schlechtweg zur Führung der allgemeinen Volksangelegenheit berufen. Man sehe sich vor und vergesse eines nicht: die Psychologie. Dem Volk und dem Dichter tut es in der Tat not, daß sie zusammenkommen. Der Dichter ist aber nicht immer Dichter, und es wird gut und natürlich sein, daß er als einer unter vielen, als Mensch unter Menschen zu den Beratungen seiner Gemeinde und seines Volkes geht. Blieben er und seinesgleichen gar unter sich und bilden als neuer Schaum oder Adel einen Senat über den Delegierten der Höfe oder des Volkes, so wäre das ein Herrenhaus, das sich den Namen Tollhaus bald und billig verdient hätte.« (l. c.)

Entwicklung, so zeigt sich, daß seit der Zeit in der »Neuen Gemeinschaft« all seine Vorstellungen einer umfassenden Kulturrevolution bzw. der inneren Wandlung des Menschen als Voraussetzung der äußeren, sozialen Umgestaltung dionysische bzw. heraklitische, was nur eine, auch schon bei Nietzsche anzutreffende Variante darstellt, Attribute aufweisen (Vgl. Mendes-Flohr, *Von der Mystik zum Dialog*, 59/60). Das Erbe Nietzsches ist gewichtig, bei allen Abnabelungsversuchen, steht aber dennoch nicht alleine, sondern will insbesondere bei Landauer immer in Verbindung mit der Romantik gesehen werden, wie folgende Stelle einmal mehr belegt:

> Man hat, und nicht ohne Grund, in der letzten Zeit mit steigendem Ernst Friedrich Hölderlin mit Friedrich Nietzsche zusammengestellt, in der Tat mahnen uns Worte, Gedanken und Stimmungen Hölderlins, wenn er seine Anschauung vom Griechentum, von der Tragik, vom Orgiastisch-Asiatischen und Dionysischen äußert, immer wieder nah genug an Nietzsche. (...) Und so sind, wenn man näher zusieht, Hölderlin und Nietzsche vollendete Beispiele nicht bloß für Tönungen des Gleichen, sondern für entgegengesetzte Typen in einem Kampf des geistigen Menschen mit der gesunkenen Zeit (*Friedrich Hölderlin in seinen Gedichten. Ein Vortrag*, 1916, in: *Der Werdende Mensch*, 155).

Aber kommen wir noch einmal zurück auf Landauers *Ansprache an die Dichter*, unserem Ausgangspunkt. In ihr ist Ihnen vielleicht noch ein weiterer Bezugspunkt aufgefallen, der schon aus früheren Zusammenhängen bekannt ist. Ich denke daran, daß wir bei Schopenhauer, Nietzsche und Wagner die Musik einmal als Ausdruck des Leidens, zum anderen als »Evangelium der Weltharmonie« und als gemeinschaftsbildende Kraft kennengelernt haben, die in Beethovens neunter Sinfonie ihren vollendeten Ausdruck gefunden habe. Es ist nun interessant, daß Landauer die Musik im allgemeinen und Beethovens Neunte im besonderen ähnlich erläutert und ebenso als »ästhetische Rechtfertigung des Lebens« und Verkörperung des wieder einzusetzenden Mythos sieht. Mehr noch als bildende Kunst und Literatur verleiht sie der göttlichen Bestimmung des Menschen »Gestalt«. Aber hören wir Landauer selbst.

> Und war es für die christliche Ära die Baukunst [die mittelalterlichen »Gesamtkunstwerke«, die gotischen Kathedralen], die aus dem Bau der Gesellschaft als Wahrzeichen emporragte, das Symbol vereinigter und lebendig erfüllter Volkskraft; so ist unsere Zeit repräsentiert durch die individuell-

ste, melancholischste und klagendste aller Künste: die Musik, das Symbol des unterdrückten Volkslebens, des Verfalls der Gemeinschaft, der Vereinsamung der Größe. Man hat, in ganz anderm Zusammenhang, die Architektur *gefrorene Musik* genannt; in geschichtlicher Wirklichkeit jedoch ist die Musik aufgetaute, aufgelöste, zerflossene, nur noch individuell-seelisch erscheinende Baukunst. Die Architektur repräsentiert eine Wirklichkeit, die Musik die Zuflucht des Unbehausten und die Sehnsucht nach neuer Wirklichkeit (*Revolution*, 44/45, Hervorhebung von mir [R. K.]).

Und an anderer Stelle, und so will Landauer auch seinen Bezug in der *Ansprache* verstanden haben, heißt es im Hinblick auf die Revolution, die »spritzendes Leben« ist:

(...) wesentlich vor allem ist es, daß die Menschen sich ihrer Einsamkeit ledig fühlen, daß sie ihre Zusammengehörigkeit, ihr Bündnis, geradezu ihre Massenhaftigkeit erleben. Darum gibt es für uns keine wundervollere Versinnlichung und Vergeistigung dessen, was hier Revolution und was *Vorausgang und Bedingung* der Revolution genannt wird, als Beethovens Neunte Symphonie, die nach schwerem Erleben der in Melancholie und Brüten versunkenen Einzelseele, nach dem vergeblichen Versuch, in Einsamkeit froh zu sein und sich auszulassen, nach derber Paarung und nach der Himmelsseligkeit des in sich versunkenen und über sich hinausgehobenen geistigen Individualdaseins mit allen Strömen in den Massenchor an die Freude mündet. Und auch die Worte aus Schillers Revolutionsgedicht, das Beethoven zugrunde legte, wollen wir nicht vergessen: Alle Menschen werden Brüder, wo dein sanfter Odem weilt (*Revolution*, 44/45, 111, Hervorhebung von mir [R. K.]).

So viel mag bisher deutlich geworden sein: was der »neue Mythos« für Landauer leisten soll, war auch die entscheidende Funktion des alten. Sie erinnern sich: Mythen (und religiöse Weltbilder) dienen dazu, den Bestand und die Verfassung einer Gesellschaft aus einem obersten Wert zu beglaubigen – wir haben dies auch die kommunikative Leistung des Mythos genannt. Mit anderen Worten: Es geht um die von allen Gesellschaftsteilnehmern akzeptierte Manifestation von Gemeinschaft oder um das selbstverständliche Wirken von Einträchtigkeit. Dies zu vergegenwärtigen ist wichtig, wenn wir uns Landauers Idee der »Gemeinschaft« oder des»verbindenden Geistes« zuwenden. Vor allem der von Landauer immer wieder bemühte, zentrale Begriff des »Geistes« scheint nur deutlich werden zu können, wenn wir darin die »Rechtfertigungsleistung des Mythos« wiedererkennen, *den* Wert sehen, der zwischen den Menschen unumstritten ist – und dieser Wert, der für Landauer unumstritten und allgegenwärtig ist, liegt in der letztlich vom einzelnen nur mystisch erfahrbaren oder im Taumel der Revolution, des Festes oder der Liebe fühlbaren Einsicht in die natürliche Verbundenheit und Zusammengehörigkeit von allem, Mensch, Welt, Kosmos. Sie erkennen darin richtig einen pantheistischen Mystizismus, und daran hat Landauer auch nie einen Zweifel gelassen.

In Landauers bewußt nicht wissenschaftlich-sachlicher Sprache, in seinem von einem gedrängten, fließenden Rhythmus getragenen Sprachstil begegnet uns diese Vorstellung von »neuem Geist« und Gemeinschaft. Stören Sie sich nicht am Pathos dieses Stils, der nur Ethos sein wollte und auch formal, nicht nur gedanklich aufrütteln wollte. Auch dies hatte Landauer von Nietzsches dithyrambischem Stil gelernt.

Sie wissen wohl: das Ideal ist das Letzte, Äußerste an Schönheit und Freudeleben, was vor ihrem Gemüte, ihrem Geiste steht. Es ist ein Stück Geist, es ist Vernunft, ist Gedanke ... Nicht das Ideal wird zur Wirklichkeit; aber durch das Ideal (...) wird unsere Wirklichkeit. Wir sehen etwas vor uns, hinter dem wir nichts Mögliches mehr, nichts Besseres erblicken; wir gewahren das Äußerste und sagen: Dieses will ich –! Und nun wird alles getan, es zu schaffen; aber – alles!

Der Einzelne, über den es wie eine Erleuchtung kam, sucht sich Gefährten; er findet, da sind andere, über die es im Geiste, im Herzen schon wie eine Erschütterung und ein Gewitter gekommen ist [an anderer Stelle nennt Landauer die Revolution bezeichnend »ein Bad des Geistes«] (*Revolution*, 108).

(...) es liegt in der Luft für seines Gleichen; er findet wiederum andere, die nur leicht schlummerten, über deren Verstehen nur etwas wie ein dünnes Häutchen, über deren Energie nur eine leichte Betäubung lag; sie sind nun beisammen, die Gefährten suchen sich Wege, sie reden zu Mehreren, zu den Massen in den Großstädten, in den kleineren Städten, auf dem Lande; die äußere Not hilft die innere erwecken; die heilige Unzufriedenheit regt und rüttelt sich: etwas wie ein Geist – Geist ist Gemeingeist, Geist ist Verbindung und Freiheit, Geist ist Menschenbund, wir sehen es bald noch deutlicher – ein Geist kommt über die Menschen; und wo Geist ist, ist Volk, wo Volk ist, ist ein Keil, der vorwärts drängt, ist ein Wille; wo ein Wille ist, ist ein Weg; (...) Der Geist gibt dem Leben einen Sinn, Heiligung und Weihe (*Aufruf*, 2/3)

Dieser »Geist« stellt für Landauer eine Energie dar, die in den Zeiten seit der »Entzauberung der Welt« mehr und mehr verschüttet worden ist, aber dennoch in jedem einzelnen Menschen angelegt ist. Dieses »geistige Potential«, so möchte man sagen, gilt es aufzudecken. Dies ist für Landauer die entscheidende Aufgabe der Revolution, aus der dann auch eine »Neue Religion«, ein Begriff, den Landauer ansonsten äußerst vorsichtig und sparsam gebraucht, entstehen kann. Im *Aufruf zum Sozialismus* heißt es in der 1919 geschriebenen Einleitung zur zweiten Auflage:

> Das Chaos ist da; neue Regsamkeit und Erschütterung zeigt sich an; die Geister erwachen; (...) möge aus der Revolution die Wiedergeburt kommen; mögen, da wir nichts so sehr brauchen als neue, reine Menschen, die aus dem Unbekannten, dem Dunkel, der Tiefe aufsteigen, mögen diese Erneuerer ... nicht fehlen; ... möge den Völkern aus den neuen Bedingungen, aus dem urtief Ewigen und Unbedingten der neue, der schaffende Geist zuströmen, der erst recht neue Verhältnisse erzeugt; möge uns aus der Revolution Religion kommen, Religion des Tuns, des Lebens, der Liebe, die beseligt, die erlöst, die überwindet (*Aufruf zum Sozialismus,* XVII).

Im ersten Band des *Kommenden Gottes* haben wir Dionysos als »aller Götter Gott« kennengelernt, als mit dem Göttlichen schlechthin identischen »Geist«, der sowohl am Prinzip der Einheit als auch der Trennung, der Einzigartigkeit wie der Mannigfaltigkeit teilhat. Als dieser »realistische« Dionysos scheint er uns in Landauers »Geist«, der wie die dionysische Weisheit über die Individuation hinausgeht, aber dennoch an die gegenständliche Welt gebunden bleibt, wieder zu begegnen. Denn das dürfen wir nicht übersehen, daß Landauer sich selbst bei allem »schwärmerischen Pathos«, bei all seinem unbedingten Idealismus und, was die Realität des technischen Zeitalters angeht, seinem nostalgisch-romantischen Antikapitalismus als Realist im Goetheschen Sinne verstand. Die Einsicht in die Polaritäten menschlichen Daseins bewahrten ihn davor, den Menschen falsche Versprechungen einer im Diesseits realisierbaren, alle Spannungen auflösenden Totalität zu machen. Seine Vorstellungen sozialer Utopie schließen die Last und Mühsal, das ewig Unfertige ebenso ein wie Freude, Lust und Liebe. Sein tieferer Realismus rührt aber auch daher, daß das, was die Gemeinheit normalerweise als Realität bezeichnet, für ihn nur »Schein«, eben verkannte Realität ist. Denn für ihn, den Pantheisten und Mystiker, verbirgt sich, wie wir weiter unten sehen werden, hinter der sinnlichen Wahrnehmung, die immer eine einschränkende ist, noch eine andere, reichere, wichtigere »Realität«. Und diese, nennen wir sie mystische Realitätserfahrung, bringt Landauer dazu, die Relativität konkreter menschlicher Existenz zu begreifen, die Welt der Dinge und der Sprache – entschuldigen Sie den saloppen Ausdruck – »nicht ganz für voll zu nehmen«. Aber diese *gelassene* Weltsicht hat noch weitere Konsequenzen. Sie schützt Landauer sowohl vor dem Glauben an die mit wissenschaftlichem Anspruch vorgebrachten Patentrezepte zur Befreiung der Menschheit, wie er sie vor allem durch den Marxismus gegeben sah, als auch vor dem Ernstnehmen der seelischen Sonderangebote eilfertiger Religionsstifter, die vorgeben, schon alle Antworten und Lösungen zu kennen (*Aufruf*, 98–101). Generell will er »Worte« nicht mehr gelten lassen – dies eine nachhaltige Wirkung seiner sprachkritischen Versuche im Anschluß an Mauthner –, sondern nur noch Taten, beispielgebendes Schaffen. Daher auch sein steter Aufruf zum »Beginnen« – der keinesfalls als Ungeduld mißzuverstehen ist oder als Unfähigkeit, auf den notwendigerweise eintretenden Zusammenbruch des Kapitalismus zu warten, deshalb auch sein Versuch, schon innerhalb des bestehenden Systems, durch Ausstieg und Verweigerung, durch die Gründung des »Sozialistischen Bundes« Beispiele »neuer Wirklichkeit« zu setzen. Ihm geht es nicht um die Imitation überholter Religionsvorstellungen, sondern in der Tat um eine Neue Religion, die sich im Diesseits zu offenbaren hat und aus »Selbsterkenntnis« entsteht und die nicht rückgängig zu machenden Veränderungen der Geschichte und des Weltbildes reflektiert. Ihm schwebt nicht die Wiederbelebung alter Mythologien vor, die, und das betont Landauer immer wieder, einstmals ihren besonderen »Religionswerth« besaßen, sondern, ähnlich Herder, das Erkennen ihrer Funktion, die Wiederbelebung des in allen Mythen der Völker sich ausdrückenden »Erfindungsgeistes«, mithin das schöpferisch-geistige Prinzip. Dann wäre es vielleicht in irgendeiner Zukunft auch wieder möglich, »von den Dingen zum Seelenfließen, von der Gesichtssprache zur Musik, von der Weltanschauung zur Weltbeherrschung« zu kommen, d. h. den »Weg zu einer neuen Metapher« zu finden (*Skepsis und Mystik*, 53). Landauer konstatiert immer wieder »nicht bloß eine, nein mancherlei Beziehungen (...) zwischen Religion, Weltanschauung, Philosophie« und seinem Sozialismus, gibt aber ebenso zu bedenken, daß neben der tief im Menschen verwurzelten »Sehnsucht und Frage nach der wahren Welt«, nach dem absoluten und übersinnlichen Legitimationsgrund aller Existenz, aus der dann auch, wie Landauer hervorhebt, die Gleichnisse und Mythen entstehen, man nie vergessen sollte, »daß der

Sozialismus das gemeine Erdenleben lebendiger Menschenindividuen angeht«. Nicht durch »Anweisung des Absoluten«, nicht durch epigonale, scheinbar »fertige und erprobte Weltanschauungen und Religionen« – die in Landauers wie unseren heutigen Zeiten ja vielfältig angeboten werden – wird der »Drang nach dem Positiven« befriedigt, sondern allein dadurch, daß er »ausgelebt« und »verwirklicht« wird. Das Sein – für Landauer ohnehin »nur der farbige Abglanz, den das Leben hinter sich läßt« – muß in Werden verwandelt werden, wie Nietzsche im *Willen zur Macht* sagt (l. c., 58/61). »Das ist vielmehr das Große am Sozialismus: daß er uns von den Wortgebäuden weg zum Bau der Wirklichkeit führt« (*Gott und der Sozialismus* [1911], in: *Der Werdende Mensch*, 38/39).

Deshalb hat für ihn der Sozialismus die Aufgabe, das einstmals wertvolle – hierauf kommen wir noch zurück –, seit der Reformation aber »unsinnliche, absolutistische Christentum zu den Sinnen, zur Relativität, zum ganz gemeinen Leben und dadurch zur Erfüllung zu bringen«.

Wir Sozialisten wollen den Geist sinnlich und leibhaftig machen, wir wollen ihn ans Werk lassen, und wir werden gerade dadurch die Sinne und das Erdenleben vergeistigen. Was ist denn die Kunst, die geistigen Menschen schon seit Jahrhunderten wieder an die Stelle der Religion getreten ist – wieder, denn so war's doch wohl auch im klassischen Griechenland – was ist sie anderes, als Geist gewordenes Sinnenleben und sinnlich wiedergeborener Geist? was anderes als der Sinn der Welt, verkörpert in der Welt der Sinne? Schaffen wir den Sozialismus, greifen wir die wirtschaftliche Not an der Wurzel an, gründen wir, wie es ganz unausbleiblich ist, den Völkerfrieden und die Menschheit – was bleibt uns dann übrig für die Not und Wildheit und Leidenschaft und das lechzende Verlangen, für die Tragik, die wir brauchen, um Lebendige zu sein, als mit all unsern Sinnen und Gluten im Geiste zu leben? (l. c., 37/38)

Sie sehen, erneut taucht hier die Kunst als »Lehrerin der Menschheit« auf, die in Zeiten der »Gottesferne«, als Erbe der Religion, den Vorschein einer sozialen Utopie und allgemeinen Verbindlichkeit in sich trägt. Zu Recht bekommt sie bei Landauer die Qualität einer »sinnlichen Religion«, die wieder »zum großen Haufen« sprechen soll wie einst in der Antike, wo Kunst und Dichtung gleichzeitig Mythos waren und eben der »Tragik« des Lebens ihren »heiligen Ausdruck« verliehen. Aber nur durch die Verwirklichung der sozialen Befreiung, des ins Recht Setzen von Gemeinschaft, wird sie diese Funktion wieder ausüben und diese Qualität völlig entfalten können. Dabei darf gleichzeitig auch nicht die »Dienerrolle der Vernunft und Wissenschaft«, d. h. die unbestreitbaren Leistungen der Aufklärung wie der Technik übergangen und vergessen werden, wie Landauer gegenüber den vielfältigen, nun wirklich irrationalistischen Strömungen seiner Zeit zu bedenken gibt (vgl. *Aufruf*, 96–101).

Und hier zeigt sich nun, daß Landauer tatsächlich eine »Mythologie der Vernunft« vorschwebt, die weitgehend mit der übereinstimmt, wie sie anhand des *Ältesten Systemprogramms* im *Kommenden Gott* erläutert wurde. In diesem Sinne will ich Ihnen, als eine Zusammenfassung der Landauerschen Vorstellungen einer »neuen Religion«, folgenden längeren Passus aus einem während des Krieges verfaßten Artikels vorstellen:

Nun denn: auch die Vernunft ist dazu da, um gebraucht zu werden. Laßt sie ans Werk! Und wartet nicht zu lange damit; jedes Werkzeug, das nicht gebraucht wird, rostet; und die Vernunft hat es an sich, wenn man sie nicht übt, zu Dummheit und Wahnsinn zu werden.

Feine, tiefe, religiöse Menschen haben Angst vor der Vernunft und meinen, das sei ein Werkzeug der Analyse, der Zersetzung, der Negation; wir aber brauchten die Unterordnung unter ein großes Ganzes, die Synthese, das Opfer, die Hingebung, das Aufgehen des Individuums in der Gemeinschaft.

Ja, das brauchen wir; aber fürchtet euch nicht! Die Vernunft zersetzt nur das Sterbende, das dem Verfall gewidmet ist; sie organisiert das Lebende, das wächst. Wachstum in den Beziehungen zwischen den Menschen, Wachstum der Verhältnisse gibt es nur durch die Vermittlung des in den Individuen wachsenden und fortschreitenden, mit Gefühl und Aktivität, mit Natur und Trieb, mit Liebe und Gemeinschaft unlöslich verbundenen Geistes.

Weil die Menschen Sehnsucht nach dem verbindenden Geiste, der verloren gegangen ist, nach dem Ersatz für die in ihren Formen gestorbenen alten Religionen haben, darum opfern sie sich in Myriaden von Hekatomben dem Staat, der nur darum sein böses Scheinleben führt, weil die dem Geist erwachsenden Gemeinschaften dahingesunken sind.

Als die Religionen ihr Leben hatten, waren sie als Krönung und Verklärung über dem sinnvollen Zusammenleben von Völkern gewachsen.

Sorge dir erst für ein sinnvolles Zusammenleben, du Menschheit; (...) übt erst die angeborene und ewig gleiche Religion der Liebe im Kleinen und der Gerechtigkeit im Großen, – dann wird es nicht fehlen, daß die besondere Form der Menschheitsreligion aus eurem Leben erwächst. Aus dem Leben muß sie wachsen; aus geschichtlichem Wissen, Kenntnissen von längst dahingegangenen Ekstasen der Völker und erlesenen Geistern, aus Philologie und Verliebtheit in alte Formen der Mythologie kommt denen, die nicht verdauend mit überlegenem, vorwärts gerichtetem Leben die ernährende Erinnerung der Geschichte aufnehmen, nur Bildungskram (*Rechenschaft*, 197).

Man sieht also, daß es Landauer, wie er selbst betont hat, nicht um »die Künstlichkeit einer Religionsimitation« (*Aufruf*, 101) ging. Die vielfältigen, »geradezu der Mode unterworfenen ... Versuche, zu altem Aberglauben oder zu sinnlos gewordener Bildersprache zurückzukehren«, diese trügerischen Angebote, die ein leichtes Überwinden der Sinnkrise versprechen und in Wirklichkeit nur das Bedürfnis der Menschen nach seelischer Speisung ausnützen, finden immer wieder seine scharfe Kritik. Im übrigen fast wörtlich mit Schelling übereinstimmend, sind diese Tendenzen für ihn »letzten Endes wieder nur Symptome des Niedergangs« (l. c., 98). Ihm geht es vielmehr um die Einsicht, daß »die neue Gesellschaft, die wir bereiten wollen, (...) nicht eine Rückkehr zu irgend welchen alten Gebilden (sein wird)«, sondern »das Alte in neuer Gestalt, eine Kultur mit den Mitteln der in diesen Jahrhunderten neu erwachsenen Zivilisation« (*Aufruf*, 102; eine ähnliche Konsequenz zog ja auch schon Herder, vgl. *Der Kommende Gott*, 130ff.).

Sie merken, in mancherlei Hinsicht entspricht dieser Gedankengang der frühromantischen Vorstellung des kommenden Gottes, »jenes zweiten Gottes«, der noch gar nicht da war, zu dem also auch nicht zurückgekehrt werden kann, sondern der sich in neuer Gestalt erst in der Zukunft zu verwirklichen hat. Freilich, wenn wir hier davon sprechen, daß die Neue Gesellschaft nicht eine Rückkehr zu irgendwelchen alten Gebilden meint, so bedeutet das mitnichten, daß man die Vergangenheit einfach übergehen bzw. vergessen kann. Bloße »Rückkehr« und Restauration hieße reaktionär denken und handeln, zu meinen, ohne Vergangenheit und Tradition auskommen zu können, bedeutete, einem blinden Fortschrittsoptimismus zu huldigen. Von beidem waren die Frühromantiker wie Landauer und die libertären Sozialisten gleich weit entfernt. Treffend bemerkte dann auch Erich Mühsam, »daß eine Gegenwart, die die Vergangenheit nicht verdaut hat, für die Zukunft nicht zu gebrauchen ist« (*Gebildete Jugend*, in: ders., *Ausgewählte Werke*, Bd. 2, Berlin 1978, 409).

Deshalb verdient Landauers Geschichtsverständnis unsere besondere Beachtung. Mit seiner Vorstellung des »Geistes«, der zur »Gemeinschaft« drängt, mit seiner ungeduldigen messianischen Hoffnung auf die Ankunft und Verwirklichung dieser kommunikativen, »zerrissene menschliche Beziehungen« wieder einenden Energie, reagierte er, wir wir gesehen haben, auf die Unbehaustheit des modernen, isolierten Menschen und die Entzauberung der Welt. Landauer hob immer wieder hervor, daß wir in einer Periode des Niedergangs lebten, »in geistlosen Zeiten des Verfalls«. Für Landauer hatte nämlich, und jetzt werden Sie vielleicht überrascht sein, weil es unseren geläufigen Vorstellungen von kulturellem Fortschritt zunächst so diametral entgegenzustehen scheint, mit Renaissance und Reformation eine Entwicklung eingesetzt, die an die Stelle der Vielfalt mittelalterlicher Gemeinschaft und einer gelebten christlichen Religion das Dogma, die Abstraktion, die Institutionen gesetzt hatte.

So wie wir den Versuch gemacht haben, für das Jahrtausend von 500 bis 1500 das Walten einer einzigen Tendenz nachzuweisen: das Prinzip der Schichtung [anstelle des Hegelschen Gedankens einer fortlaufenden *Entwicklung* der Weltgeschichte], ermöglicht durch den verbindenden Geist, der Gemeingeist ist, so wollen wir jetzt behaupten, daß all die folgende Zeit von 1500 bis über uns weg in die nächste Zukunft hinein eine zusammengehörige Zeit ist, für die wir die Formel sagen wollen; ohne Gemeingeist; eine Zeit der Geistlosigkeit und damit der Gewalt; eine Zeit der Geistlosigkeit und darum des mächtig gespannten Geistes einzelner Individuen; eine Zeit des Individualismus und darum der Atomisierung und der entwurzelten und zu Staub gewordenen Massen; (...) eine Zeit des Verfalls und darum des Übergangs (*Revolution,* 51).

Für Landauer hat »uns die Reformation vorerst die Einheit, den Mythos, den verbindenden Geist umgebracht –, und uns dafür die Staatsknechtschaft gebracht«.*

Das christliche Zeitalter war ihm nicht finsteres Mittelalter, sondern die vorerst letzte Stufe großer Kultur, in der ein alles dominierender Gemeingeist das Leben in Zünften und Genossenschaften prägte, alle Existenz von einem obersten Wert beglaubigt war und im Bau der Kathedralen seinen höchsten symbolischen Ausdruck fand. Und über aller Arbeit auf den Äckern und im Handwerk in den Städten spannte sich die

* Vgl. G. Landauer, *Renaissance und Reformation: Notizen* (unveröffentlicht). Gustav-Landauer-Archiv Department of Manuscripts and Archives. The Jewish National and University Library, Jerusalem. Ms. Var. 432, Nr. 17.

Bläue des Himmelsgewölbes (...) die Ewigkeit des Geistes und die Gleichheit und Göttlichkeit der Menschen, sofern sie auf seelenhaften Wegen in blaue Unendlichkeiten folgen. Die Romantiker, wie zum Beispiel Novalis, haben es mit schönem Gefühl gewußt, daß das Blau die Farbe der Christenheit ist, diese Farbe, die mehr die Dunkelheit des Unwissens als das Licht der Erkenntnis zu bedeuten scheint, und die doch in Unendlichkeit da ist, wohin alle Sehnsucht geht und woher alles Licht fließt. Ein Bildnis der Muttergottes Maria kann man sich kaum vorstellen, das nicht irgendwie blau umsäumt wäre. Es ist gut, sich des Christentums als einer farbigen Lebensmacht bewußt zu sein und zu wissen, was seine Farbe ist. Je ferner wir dem Christentum stehen, umso deutlicher gewahren wir, daß es, als es lebendig war, nicht farbloses Licht und nicht düsteres Brüten war, sondern magisches Blau (*Revolution*, 40/41).

Dieses dergestalt *überdachte* Dasein, das Geborgenheit wie existentielle Grenzüberschreitung in sich verband, organisierte sich nun für Landauer in sozialer Hinsicht vor allem in einem dezentralisierten, mannigfaltig differenzierten Gemeinschaftsleben, quasi autonom sich verwaltenden Gemeinden und Sprengeln, die sich noch nicht den später im Absolutismus sich entfaltenden, rational-bürokratischen Territorialgewalten ausgesetzt sahen. So war für Landauer denn auch »die Form des Mittelalters nicht der Staat, sondern die Gesellschaft, die Gesellschaft von Gesellschaften (...); das christliche Zeitalter repräsentierte eine Stufe der Kultur, wo mannigfaltige Gesellschaftsgebilde, die ausschließlich waren und nebeneinander bestanden, von einem einheitlichen Geist durchdrungen eine in Freiheit sich zusammenschließende Gesamtheit vieler Selbständigkeiten darstellten« (*Revolution*, 42/43).

Nun erkennen wir auch, woher Landauer einen Teil seiner anarchistischen Gewißheit nimmt, daß eine gesellschaftliche Erneuerung durch die Verwirklichung von »Bünden der Freiwilligkeit«, fern jener für ihn künstlichen abstrakten staatlichen Organisation, möglich ist. (Für die Fundierung seines progressiven Mittelalter-Verständnisses war ihm im übrigen eine Quelle dienlich, die den Romantikern und französischen Frühsozialisten, die ja eine ähnlich positive Bewertung des Mittelalters zeigten, noch nicht zur Verfügung stand. Ich spreche von Kropotkins Werken *Gegenseitige Hilfe in der Tier- und Menschenwelt* [Leipzig 1904] und *Landwirtschaft, Industrie und Handwerk* [Berlin 1904], die Landauer selbst ins Deutsche übersetzt hatte. Diese anarchistischen Standardwerke bestärkten ihn in der heute wissenschaftlich sicherlich umstrittenen Überzeugung, daß es, anthropologisch gesehen, ein angestammtes Solidargefühl unter den Menschen gibt. Kropotkin hatte dies vor allem an den kooperativen gesellschaftlichen Organisationsformen des Mittelalters zu demonstrieren versucht.) Für Landauer bedeutete das Mittelalter eine Zeit, in der die Menschen noch nicht isoliert und entfremdet lebten und arbeiteten und in der ein kollektiv getragener, gemeinsamer Geist und Glaube wirksam war. Dementsprechend waren in jener historischen Epoche auch »die Künste sozial und nicht individuell, (...) vor allem Repräsentanten der Zeit und des Volkes, während sie in Zeiten der Auflösung und des Übergangs Produkte einzelner, vereinsamter genialer Naturen sind« (*Revolution*, 44). Mit Recht spricht Landauer von der anonymen »Gesamtheitskunst« des Mittelalters, in der bildende Kunst, Malerei und Architektur zusammenfielen und Künstler und Publikum sich zusammengehörig fühlten. Kunst war von »den Kirchen, den Rathäusern, den Plätzen und Straßen, den öffentlichen oder privaten Repräsentationsräumen nicht zu trennen« (l.c.), sie war öffentlich in einem umfassenden Sinne und noch nicht vom Leben getrennt wie in unseren Zeiten, wo »die Kunst nicht einmal äußerlich mehr einen Raum in der Gesellschaft hat, so daß ein eigener Kunstort geschaffen werden mußte: das Museum« (l.c., 45). Gemälde und Skulpturen erscheinen nur noch als »ein Produkt des Urhebers ohne Beziehung auf Empfangende; die Kunst ist nicht mehr ein Ausdruck derer, für die sie ist, sondern derer, von denen sie ist« (l.c.); sinnfällig setzte diese Entwicklung ja mit dem Aufkommen des Signierens der Kunstwerke in der Renaissance ein.

Landauers radikale Infragestellung des gängigen Geschichtsverständnisses führt also gleichzeitig auch zu einer der entscheidenden Wurzeln seines Kunst- und Künstlerverständnisses. So sehr ihm der Individualismus und die Existenz jener »vereinsamten genialen Naturen«, der Künstler, auch Ausdruck des kulturellen Niedergangs und der Abwesenheit des allein menschenwürdigen Gemeinschaftsgeistes sind, so wichtig war ihm die Einsicht, daß gerade deshalb die Künstler dazu prädestiniert waren, in ihrer Isoliertheit die Erinnerung an den umfassenderen Auftrag der Kunst zu bewahren und das utopische Moment, das jedem schöpferischen Schaffen innewohnt, lebendig zu erhalten. »Die Kunst« war Landauer den »geistigen Menschen schon seit Jahrhunderten wieder an die Stelle der Religion getreten« (*Gott und der Sozialis-*

mus, 38) und übt im Grunde genommen eine Platzhalterfunktion aus. Den Auftrag der Künstler sah Landauer dann auch darin, »als Träger einer kommenden Kultur«, die in der Kunst vorauseilen, Neues bringen und Unerhörtes gestalten helfen, »um in Traum und Bild neues Seelenleben und neue Weltenschönheit erstehen lassen möchten« (*Die Neue Freie Volksbühne*, in: *Die Schaubühne*, Jg. 1, Nr. 7, 19. 10. 1905, S. 192).

Das Zeitalter der in der Menge aufgehenden Künstler ist aber noch fern und die Zeit der Auflösung, die mit Renaissance und Reformation begann, noch nicht vorüber. Diese Sicht der Neuzeit bestimmt Landauers Interpretation der großen künstlerischen Naturen seit der Renaissance. Varnhagen von Ense zitierend, faßt er die für ihn fast erschreckende Einsicht zusammen, daß selbst das seinesgleichen suchende, großartige Schaffen Goethes, seine ganze Dichtung, »fast nur das Bild der Zerrüttung einer mit sich selber in Zwiespalt geratenen Welt ist« (*Hölderlin*, 184).

Landauers kritischer Blick auf die Kulturgeschichte der Neuzeit mit ihrer so mächtigen Entfaltung des Individualismus gewinnt an Authentizität, wenn man bedenkt, daß die in einem Atemzug gemeinhin als Repräsentanten der Überwindung des Mittelalters und des »Zu-sich-selbst-Kommens« des Menschen angesehenen Universalkünstler der Renaissance wie Leonardo, Michelangelo, Botticelli alles andere als Verfechter eines rein diesseitsbezogenen, sinnlichen und antik-heidnischen Daseins waren. So sehr sie dem beginnenden prometheischen Zeitalter die Bahn wiesen, so genau erkannten sie auch den Verlust und die für weite Volksteile nun selbstverständlich werdende materielle, soziale und geistige Unsicherheit, die mit der Erschütterung des geschlossenen mittelalterlichen Weltbildes und deren Sozialformen einhergingen. Nun verwundert es auch nicht mehr, daß die genannten Künstler zu den Kritikern des leichtfertigen Lebens der oberen Klassen in den italienischen Renaissance-Stadtstaaten und zu den Anhängern des charismatischen Dominikaner-Mönches und Bußpredigers Savonarola gehörten, der gegen Ende des 15. Jahrhunderts gerade in der lebenslustigsten, reichsten und frivolsten Renaissancestadt Florenz die Medici vertrieb und, mit einem großen Autodafé beginnend, einen fast drei Jahre währenden, auf urchristlich-kommunistischen Prinzipien beruhenden Gottesstaat begründete. Der stets, angesichts der mit der Jahrhundertwende erwarteten Apokalypse – denken Sie an Dürers Bilder – zur geistigen und kulturellen Umkehr aufrufende, schließlich als Ketzer verbrannte Savonarola entfachte eine massenwirksame religiöse Renaissance, die mit dieser Vehemenz nicht erwartet wurde. Von Botticelli sagt man gar, daß er, von der Suggestivkraft Savonarolas übermannt, als Zeichen der Reue und der Buße einen Teil seiner freizügigsten Bilder verbrannte. Wie dem auch sei, Savonarolas sozial-revolutionärer Versuch, seiner entgötterten Zeit ein Gottesreich auf Erden entgegenzustellen, wirkte als Fanal und bestimmte auch noch Geist und Handeln der Münsteraner Täuferkommune wie der radikalen Reformation im Zuge der deutschen Bauernkriege. Sie sehen, die kopernikanische Wende ging nicht ohne Geburtswehen vonstatten, und nicht erst in heutigen Zeiten reagierten die Menschen auf das Unbehagen an der Kultur mit Zeichen wie immer auch verstandener religiöser Renaissance.

Für unseren Zusammenhang ist es bedeutsam, daß sich Landauer in einer im Nachlaß befindlichen Schrift *Renaissance und Reformation* im aufgewiesenen Sinne auf Savonarola bezieht und ihn mit den Worten zitiert: »Oh, mein Volk, du weißt, ich kann mich nicht auf Staatsdinge einlassen. (...) Reinige deine Seele und wenn du in solcher Verfassung des Geistes deine Stadt reformierst, dann, Volk von Florenz, wirst du die Reform in ganz Italien begonnen haben.« Diesem für Landauer positiven, da apolitischen Reformationsverständnis stellt er dann die »ganz andere ›Reformation‹« entgegen, die tatsächlich kam, »den Anfang vom Ende des Christentums bedeutete«, der sich gleichfalls ausbildenden systematischen Staatsgewalt des Absolutismus sozusagen den Segen gab und in der Gestalt Martin Luthers ihren höchsten Ausdruck fand.* In seinem Buch *Revolution* illustriert und faßt Landauer diese grundlegende Umgestaltung der abendländischen Welt einmal mehr am Beispiel des Verlustes des Mythos zusammen:

Die Zeiten, die wir angeben, sind selbstverständlich willkürlich gesetzt. (...) Was 1500 sich mächtig und unweigerlich zeigte, hat schon Jahrhunderte vorher begonnen und gewirkt. Die Mythoskraft des Christentums war durch die scholastische Theologie und die kirchliche Organisation verloren gegangen. Diese Kraft beruhte in etwas, wovon wir uns in den Zeiten der

* Alle folgenden Zitate ohne gesonderten Nachweis finden sich in: G. Landauer, *Die deutsche Romantik in der Literatur (4 Abhandlungen),* und ders., *Die deutsche Romantik in Literatur, Musik und bildender Kunst* (Vorträge veranstaltet von der Neuen Freien Volksbühne), Gustav-Landauer-Archiv, l. c., Ms. Var. 432 Nr. 14 und 160.

Logik und der Verstandesnüchternheit schwer ein Erlebnis machen können; wir müssen an gewisse Formen der Frauenlogik denken oder an russische religiöse Menschen wie Dostojewskij und Tolstoi, um sie zu verstehen. Diese Mythoskraft heißt mit einem andern Wort: Glaube; wer in der Zeit des lebendigen Christentums z. B. glaubt, daß Christus Gottessohn ist, der empfindet damit etwas von sich selbst und seinem eigenen Kindschaftsverhältnis zum tiefsten Weltengrund. Das Zeitalter der Mythoskraft hat, bei Griechen ebenso wie bei Christen und überall, die besondere Gabe, das Geglaubte nicht wörtlich zu nehmen, sondern symbolisch, diesen Gegensatz aber gar nicht zu Bewußtsein zu bekommen, und so das Symbol als etwas Leibhaftes zu nehmen und zu erleben. Die Theologie und die Kirche hat dann diesen Gegensatz hergestellt und hat mit ihrem Drängen, die Überlieferungen und Dogmen wörtlich zu nehmen, das Christentum um Leben und Sinn gebracht. So wurden die eigentlichen Christen zu Mystikern, zu Ketzern und bald auch zu Revolutionären gemacht. Mit dem Verstand, der Unterscheidung, der Spitzfindigkeit und Untersuchung, mit dem Versuch der rationalistischen Begründung der Religion hat die Dummheit, (...) das Kirchenregiment angetreten. (...) Es heben die Zeiten an, wo es keine Einheit des Volkes, keinen verbindenden Geist mehr gibt (*Revolution*, 53/54).

Es ist also letztlich die Spur der »Besiegten der Geschichte«, die Landauer verfolgt und in der er das Wahrheitsmoment und mögliche Korrektiv historischer Entwicklung aufgezeichnet sieht. In einer großen Gegenrede enthüllt er somit die Wirkungsgeschichte jener, die sich seit jeher dem falschen Bewußtsein entgegengestellt haben. Und er erinnert an die großen Ketzer und Mystiker des Spätmittelalters, an die Hussiten, Herrnhuter und Wiedertäufer im 15. und 16. Jahrhundert, an Thomas Münzer, dessen Evangelium er gegen den kalten Protestantismus Martin Luthers abhebt, an den Bauernkrieg, »den man mit Fug die deutsche Revolution genannt hat, der aber noch treffender die christliche Revolution hieße« (*Revolution*, 63); schließlich hebt er Thomas Morus hervor als Vater von »Utopia« und verweist auf Campanella, Pico de Mirandola und Etienne de la Boëtie, den für ihn »größeren Freund Montaignes«, der mit seiner Schrift *Discours sur la Servitude Volontaire* allen späteren Revolutionären vorgedacht hat (vgl. l. c., 84 u. 90/91). Deutlich wird immer wieder Landauers Bemühen, die Geschichte »gegen den Strich zu lesen«: Es geht ihm um die Erinnerung an die vielfältige Wirkungsgeschichte eines urchristlich-kommunistischen Gemeindechristentums mit seiner obrigkeitsfeindlichem und staatlichem Hierarchiedenken widersprechenden Tendenz. Ihr Erbe gilt es zu bewahren, ihre Sehnsüchte und Hoffnungen sind für Landauer noch nicht abgegolten, sondern wirken weiter und sind erst noch beim »Bau der Zukunft« zu verwirklichen. Generell gilt für Landauer die Überzeugung, und hier steht er – wie mit so vielen Denkmotiven – deutlich in der Tradition der Frühromantik, daß das in die Zukunft Weisende im Blick auf die Vergangenheit sich enthüllen wird, und nicht im Abschneiden des Vergangenen als des schlechten »Überwundenen«, wie es die Fortschrittsoptimisten und Technokraten aller Schattierungen so lange glaubten. Für Landauer, der an diesem Punkt gerne immer wieder an Heraklit erinnerte – davon hörten wir ja schon bei der »Neuen Gemeinschaft« –, stehen der Mensch wie die Völker ohnehin in einer ewigen, gemeinsamen »Strömung«, mit anderen Worten: in einem lebendigen Erbe; wollte man es abschütteln oder vergessen, würde man seinen eigenen Ursprung verneinen, *wurzellos* werden und seelenlosen Surrogaten, allen voran dem Staat, den Versprechungen von Wissenschaft und Technik, dem blinden Konsum und der Geschichtslosigkeit anheimfallen und schließlich hilflos dastehen, wenn die nicht abzuschüttelnde Vergangenheit mit um so bedrohlicher Macht aus dem Verborgenen und Unbewußten hervorbricht.

III

Wenn im folgenden noch einmal gesondert Landauers Beziehung zur Romantik zur Sprache kommen soll, so vor allem deshalb, um am Leitfaden eines Manuskripts aus dem Nachlaß zu zeigen, daß die uns bislang deutlich gewordene Affinität großer Teile des Landauerschen Denkens zur Romantik nicht bloße zeitgeist-typische, neoromantische Attitüde gewesen ist, sondern Ausdruck einer intensiven, kritischen Auseinandersetzung. Landauers Interpretation der Romantik setzte sich zum Ziel, der üblichen Idyllisierung und national-chauvinistischen Indienstnahme der Romantik ein qualitativ anderes Verständnis entgegenzustellen.

Bei dem angesprochenen Manuskript handelt es sich, mit Ausnahme der Einführung, nicht um einen ausformulierten Text, sondern um umfangreiche Stichworte und Exzerpte, die Landauer zur Vorbereitung eines Vortragszyklus dienten. Ich möchte so vorgehen, daß ich die für unser Thema aufschlußreichsten Stellen anführe und auch nur sparsam kommentiere. In ihrem Zusammenhang, so hoffe ich, geben sie ein beredtes Zeugnis der Romantik-Rezeption Landauers.

Landauer beginnt mit der Frage »Was ist Romantik?« und nähert sich den möglichen Antworten zunächst ex negativo, indem er konstatiert:

Nicht Rückkehr zum Katholizismus
Nicht deutsch = patriotische Mittelalterlichkeit
Nicht Waldesnatur und Mühlräderrauschen
Nicht Liebesfreiheit und Frauenemanzipation
Nicht manische Selbstauflösung der Kunst und des Lebens
Nicht Nebel, Dunst und Gemüt gegen Verstand und Wissenschaft
Nicht Abkehr von der Zeit und Weilen in Spiel und Traum
Nicht gotisch im Sinne von »Verschmelzung von Rittertum und Christlichkeit« (...)
Nicht Romantik im Sinne von politischer Reaktion (Chateaubriand)
Nicht im Sinne von »Dichterschule« – aber eines Schriftstellerklüngels: Spätere Wehmut. Tieck an Schleiermacher: »Gern erinnere ich mich der Jugendzeiten, da wir uns nahe waren und wir uns oft bei gemeinschaftlichen Freunden trafen.« An A. W. Schlegel: »Es war eine schöne Zeit meines Lebens, als ich Dich kennenlernte; eine noch schönere, die wir und Novalis für Kunst und Wissenschaft vereinigt lebten und uns in mannigfaltigen Bestrebungen begegneten. (...)«
Nicht im Sinne des Gegensatzes zum Klassischen – Goethe: Klassisch ist das Gesunde; Romantisch das Kranke.
Nicht gotisch und nicht dürerisch und nicht romanisch
Nicht das Versinken und Spielen mit okkulten und übernatürlichen Dingen.

Nach dieser »Aufräumarbeit« mit gängigen Vorurteilen legt er für sich unterschiedliche Zugänge zur Romantik frei.

Man könnte sagen: Romantisch alles, was vor Cervantes liegt: Rittertum – Heldentum – Abenteuer – Liebe – Frömmigkeit – eine fertige, in sich beschlossene, vergangene = verklärte Zeit. Mit Cervantes beginnt das Bürgertum – das Irdisch-Geschäftliche. Aber – Don Quijote der Typus des modernen Romantikers: der die uralt-ewigen Ideale in vergeblichem Ringen überträgt in eine gemein gewordene Zeit.

In diesem Sinne sind dann auch Kennzeichen der »modernen« Romantiker vor allem »der Drang nach dem Ganzen – der Vollkommenheit – der Übereinstimmung der Innen- und Außenwelt, des Denkens und Fühlens und Handelns« und, so fällt Landauer auf, »trotz allem und bei fast allen: der Intellektualismus – die Verstandessehnsucht nach der Verstandlosigkeit (...) Das tiefe

Verständnis für Urnatur und Unbewußtes und die *Diener-Rolle* des Verstandes (...) Der Geist plant – aber aus dem Abgrund muß sich die Tat erheben (...) Das letzte Kapitel in der Geschichte der Menschheit: Wiedergewinnung der Unschuld und Göttlichkeit *durch* Bewußtsein; Einung von Natur und Geist«. Man sieht recht deutlich, daß hier explizit einmal mehr von der »Mythologie der Vernunft« die Rede ist, wie wir sie als Anliegen der Romantiker kennengelernt haben. Wichtig erscheint ebenfalls die typographische Hervorhebung der »Dienerrolle« des Verstandes, womit Landauer von vornherein keinen Zweifel daran läßt, daß »Verstand und Wissenschaft« nur als »*nicht*-verselbständigte« Bereiche ihre humane Kraft entwickeln können. Es illustriert zudem die starke Verwurzelung anarchistischen Denkens im 19. Jahrhundert, in der Romantik, daß sich bei Bakunin ein verblüffend ähnlicher Zusammenhang zeigt. In seiner Schrift *Gott und Staat* heißt es an zentraler Stelle:

Was ich predige, ist also in gewissem Grade die Empörung des Lebens gegen die Wissenschaft, oder vielmehr gegen die Herrschaft der Wissenschaft, nicht um die Wissenschaft zu zerstören – dies wäre ein Verbrechen an der Menschheit –, sondern um sie an ihren Platz zu verweisen, den sie nie wieder verlassen sollte. (...) Das Leben ist ganz flüchtig und vorübergehend, aber auch ganz vibrierend von Wirklichkeit und Individualität, Gefühl, Leiden, Freuden. (...) Das Leben allein schafft freiwillig die Dinge. (...) Die einzige Aufgabe der Wissenschaft ist die, das Leben zu erhellen, nicht es zu leiten. [Der Mensch] faßt das Leben nur in der Tat. [Und weil die Wissenschaft] die Sphäre der Abstraktionen [nicht verlassen kann, steht sie] unendlich tief unter der Kunst (...), die in unserer Einbildungskraft das Gefühl oder die Erinnerung dieses Lebens hervorruft. (...) Die Kunst ist (...) die Rückkehr von der Abstraktion zum Leben (Michail Bakunin, *Gott und Staat*, in. ders., *Gesammelte Werke*, Bd. 1, Berlin 1921, 127 u. 130).

Ausführlich widmet sich Landauer in seinem Vortragsmanuskript den biographischen und literarisch-philosophischen Eigenheiten nahezu aller Romantiker, inklusive des spezifischen Beitrags der romantischen Frauen, denen er, aufgrund seiner Vorstellung über die überlegene Qualität weiblicher Erlebnisfähigkeit, eine besondere Wertschätzung entgegenbringt.* Ihnen allen gemein sei das

* An vielen Stellen hat sich Landauer mit dem gerade heute aktuell erscheinenden Thema einer spezifischen Qualität frauenhaften Denkens und Weltbezugs auseinandergesetzt. Stellvertretend sei hier aus einer *Iphigenie von Tauris*-Interpretation Landauers zitiert: »Kaum noch einmal so in vollendeter Reinheit und Klarheit hat

Streben nach der »Einheit von Sinnlichkeit und Geistigkeit« gewesen sowie der unaufhörliche Konflikt mit den Beschränkungen der Konvention der Philistergesellschaft. »Charakteristisch für all diese Romantiker war der persönliche Umgang – Der Drang, die Kunst zu leben. Die Kunst sollte Leben und das Leben ein Kunstwerk sein.« Mit anderen Worten, die seit Beginn der Neuzeit und dem mit ihr korrespondierenden Niedergang der Religion nun in der Kunst aufgehobene Idee eines harmonischen, nicht entfremdeten Daseins sollte wieder seinen Weg in die Wirklichkeit finden. Die Idee der Kunst und Philosophie als Tat, denken Sie an Fichte, Hölderlin, die Junghegelianer, hier vor allem Cieszkowski und Heine, dann Heinrich Mann, Landauer und die »Neue Gemeinschaft« selbst, schließlich die Avantgarde – Strömungen des 20. Jahrhunderts –, sollte sich dann auch als einer der wirkungsmächtigsten Topoi der Romantik erweisen.

Daß Landauer auch nicht die zentrale Rolle einer neuen Religion in den Überlegungen der Romantiker entgangen ist, erhellt sich schließlich aus folgenden aufschlußreichen Stellen. So faßt er zum Beispiel seinen Eindruck von Novalis' Schrift *Europa oder die Christenheit* mit den Worten zusammen:

> Voll Ehrfurcht und Liebe zum alten Katholizismus – aber als etwas Vergangenem. Einer der klassischsten Aufsätze der Deutschen. Starker, fester Ton. Kriegerisch, aber nicht polemisch. Vereinigung von Milde und Verachtung. Manifest gegen die Aufklärung. Für die Verwirklichung des Romantischen. Große Anschauung des geschichtlichen Werdens. *Die Zeit der Auferstehung der Religion ist gekommen* (Hervorhebung von mir [R. K.]).

Und weiter zitiert er in diesem Zusammenhang Fichte mit dem Satz »Den Himmel auf der Erde finden« und kommentiert dies mit den Worten: »auch das erste Ziel der Romantiker«. Landauer entgeht aber natürlich auch nicht die kritische Entwicklung, die die Romantiker durchmachten, und hält deshalb enttäuscht –

Goethe der Menschheit den neuen Geist, das neue Reich, die neue Ordnung gezeigt wie in der Iphigenie. Nicht bloß aus Dankbarkeit gegen die Frau, die ihn auf seinem Wege zur Helligkeit begleitete, hat er eine Frau zur Entdeckerin des neuen Weges, der neuen Tat gemacht. Was Goethe uns verkündet, ist die *Ablösung der männlichen Welt des Krieges durch die frauenhafte Welt des Friedens, und der einzige Schritt, den unsere Zeit der Verwirklichung zu gemacht hat, besteht vielleicht in dem Einfluß der Frau auf unsere Kultur.*« (*Ein Weg deutschen Geistes,* München 1916 (Kleine Schriften des Forum Verlags Nr. 2, hg. v. W. Herzog, 16, Hervorhebung von mir [R. K.]).

ausgehend von Brentano – fest: »Statt der neuen Religion vielfach, aber nicht überall Rückfall in die alte«.

In allen Schichten romantischen Denkens und Handelns registriert Landauer eine kritische Reaktion auf die zur Entfaltung drängende, sich primär rational organisierende moderne Welt einerseits (»Die Welt ist die Fremde – Das Leiden an der Zeit, der Weltschmerz für sie nicht bloß etwas *zwischen* den Menschen, ein Kulturverlust, sondern Echtes, Organisches, Leibliches«) und die verknöcherten gesellschaftlichen Verhältnisse (»den hohen Senat der Erhalter«, denen es anheim gestellt ist, »das bewegliche Leben ertötend zu fesseln«) andererseits.

Deshalb ist für Landauer mit dem Ende der Epoche der Romantik auch nicht die romantische Grundhaltung gegenüber der Welt hinfällig geworden – vielmehr bleibt sie als Grundbefindlichkeit erhalten. Landauer treibt nicht bloß philologisches Interesse zur Romantik.

Ausblick in den Weitergang bis in unsere Zeit und darüberhinaus: Romantik immer wieder – (...) Einsamkeit der Geistigen. Kein Volk. »Kunst Selbstzweck«. Erst wenn neue soziale Grundlagen neues Volk, – kann es anders werden. Heute Kunst Melancholie oder Groteske; dann Freude. Die Synthese: Goethe – Romantik – Junges Deutschland – Sozialismus. Wenn der Ring so geschlossen wäre, wie ihn Rahel [Varnhagen] in ihrer Person geschlossen hat.

Der romantischen Weltdeutung bleibt Landauer verhaftet, da sie für ihn, hundert Jahre später, an Gültigkeit und Notwendigkeit noch gewonnen hat. Wenn er, wie im Verlauf des Ersten Weltkrieges, wieder den Weg von »privater Mystik« zum aktivistischen Aufbau eines »öffentlichen« neuen Mythos geht, dient ihm die Romantik als Beispiel. Ziel und Zweck seiner religiös-anarchistischen Romantik-Rezeption sprechen auch aus seiner mitten im Krieg verfaßten Ankündigung für den besagten Vortragszyklus *Die deutsche Romantik in Literatur, Musik und bildender Kunst:*

Diese Gedanken von der öffentlichen Bedeutung der Gesamtkunst und ihrem engen Zusammenhang mit Religion, Wissen, Leben und Gesellschaft entstammen dem Kreise der deutschen Romantik, von welcher der Vortragszusammenhang handeln will, den die Neue Freie Volksbühne in diesem Jahr veranstaltet. Nicht um trockene Belehrung geht es, sondern um den Versuch, die Herrlichkeit der gebietenden Kunst, die Unrat wegräumt und das Leben unter das Gesetz der Reinheit und Innigkeit, der

Freiheit und Eigenheit, des Wettstreits und der Brüderlichkeit stellt, den Hörern ins Herz zu senken, auf daß wir, wenn wir an die Ordnung irgendwelcher Lebensdinge künftig herangehen, den Himmel in der Seele tragen, ohne den alles Erdentreiben nur Kot ist, und in Streben und Haltung wenigstens an der Echtheit und Göttlichkeit teilhaben, in deren Namen der Zuruf des Dichters ergeht:

»Doch ihr, die echten Göttersöhne,
Erfreut euch des lebendig Schönen!
Das Werdende, das ewig wirkt und lebt,
Umfaß euch mit der Liebe holden Schranken,
Und was in schwankender Erscheinung schwebt,
Befestiget mit dauernden Gedanken!«

Im Rahmen dieses dergestalt eingeführten Vortragszyklus hob Landauer dann einen Dichter hervor, dem stets alle »Naturvorgänge zum Mythos, zum Gleichnis hohen Menschenschicksals« (Landauer, *Der Werdende Mensch,* 161) wurden und dessen offenen wie versteckten Appellen aus der Tiefe der Einsamkeit man Gehör schenken und folgen sollte. Seinen umfangreichsten Vortrag widmete er Hölderlin, dem »Gefolgsmann des Dionysos«, dem »einsamen Dichter in der entgötterten Welt«, der dennoch wie kein anderer »seiner Sehnsucht nach einem öffentlichen Leben der Schönheit und Freiheit«, nach »einer Gesellschaft der Freiwilligkeit und des Bundes«, nach »den Zeiten der in der Menge aufgehenden Dichter und Künstler« in so vielfältigen Bildern Ausdruck verliehen hat (l. c., 163, 166 u. 175). Den durch ihn »idealtypisch« verkörperten Dichtern und Künstlern sollten die angesprochenen, heutigen Menschen eine Heimstatt bieten, indem sie sich seinen Utopien öffnen, sie zum Maßstab des eigenen Lebens machten.

Welchen Glanz, welche Feste ahnt er voraus – obwohl es noch keine Eisenbahnen gab, die die herrlichen Vehikel ungeheurer Volksfeste wären, wenn wir um den verborgenen Geist unsrer Einrichtungen wüßten –, wenn erst diese Einigung in die Völker, zwischen die Völker käme, wenn der Künstler froh mitten in seinem Volke als Ausdruck der Gemeinschaft stünde und der Einsamkeitsqual ledig wäre (l. c., 179).

So wie Landauer die zeitgenössischen Künstler mahnte, sich in den Dienst des Volkes zu stellen – Sie erinnern sich an seine zu Beginn vorgestellte *Ansprache an die Dichter* –, so verlangte er von den Menschen – und hier diente ihm Hölderlin als mahnendes Beispiel –, den Dichtern eine Heimstatt zu bieten, indem sie sich ihren Utopien öffneten. Für Landauer ist die Einsicht noch nicht genügend verbreitet und gefestigt, daß Künstler und Volk aufeinander angewiesen sind. In einer gleichzeitig mit dem Hölderlin-Vortrag verfaßten Broschüre unter dem Titel *Ein Weg deutschen Geistes* (München 1916) beklagt er sich darüber, daß die Völker und Menschen nicht mehr darum wissen, aufgerufen zu sein, die von den Dichtern und der Kunst antizipierten Vorstellungen einer anderen, freieren und schöneren Welt in die Tat umzusetzen. »Die Menschen unserer Zeit wissen nicht, daß der Mythos vom Dichter stammt, und was vorausgehende und die Jahrtausende schaffende Mythoskraft bedeutet« (l. c., 5), bemerkt Landauer in diesem Zusammenhang.

Daß dieser Zusammenhang vergegenwärtigt und lebendig wird, dies erhoffte sich Landauer, wir haben es schon kurz angesprochen, von der Arbeit des kommenden Volkstheaters. Und es war Georg Kaiser, den er zu seiner Zeit, wie keinen anderen, dazu aufgerufen sah, an der inneren Wandlung des Volkes mitzuarbeiten. Generell plädierte Landauer während der Kriegs- und Revolutionszeit für eine prophetische Kunst und machte sich deshalb zum Fürsprecher der Werke des sogenannten messianischen Expressionismus mit ihren Verkündigungsdramen. Kaiser hielt er für den größten Dramatiker seiner Zeit, und mit ihm kam es auch zu einer produktiven Zusammenarbeit. In Kaisers Werken *Die Bürger von Calais* und *Gas* waren für ihn seine Vision einer von gemeinsamem Geist getragenen Menschheit dramatisch verwirklicht. Inmitten des Krieges verkörperten seine Stücke für Landauer einen verheißungsvollen neuen Mythos für die Wiedergeburt des deutschen Volkes als einer tätigen Gemeinschaft des Friedens. Und Kaiser selbst schrieb an Landauer, daß dieser allein sein Stück *Bürger von Calais* vollständig verstanden habe (Brief an Landauer vom 1. März 1916). Was sich Landauer von Kaisers Stücken versprach, geht aus einem während der Revolution verfaßten Brief hervor, in dem er hinsichtlich des zukünftigen Programms der Volksbühne Berlin bemerkt:

Jetzt müßte Schwung und Kraft in dem Hause sein; es müßte wie mit Posaunen voran sein in der zensurlosen Zeit! In diesem Hause müßten jetzt die »Bürger von Calais« und »Gas« von Kaiser aufgeführt werden; und Beethovens Neunte; und die »Perser« von Aischylos; und – kein Mensch hindert es! – Ansprachen der Befeuerung, der Innigkeit, die das Tiefste des privaten Herzens mit dem öffentlichen Leben und Brausen verbinden, müßten in diesem Raume gesprochen werden. (*Lebensgang in Briefen*, Bd. 2, 319).

Es wird aus diesen Zeilen deutlich, daß Landauer Aufklären und Bekennen eins war und er stets an eine emotional-identifizierende Teilhabe des Zuschauers dachte (im Gegensatz zu einer rational-distanzierenden wie etwa im Brechtschen Theater). Hier im Theater sah er den Platz, wo der einzelne sich seines inneren Zusammenhangs mit dem öffentlichen Geschehen und der ganzen Menschheit gewahr wird und sich die einzelnen wieder als *Volk* konstituieren können. Und um die Konstituierung von *Volk* ging es Landauer in letzter Konsequenz seines sozial- und kulturrevolutionären Denkens, und hier hatte sich die kommunikative Funktion des Mythos zu bewähren und zu realisieren. In seiner Schrift *Die Revolution* hatte er diesen Zusammenhang schon früh auf den Begriff gebracht:

Eine neue Zeit erwächst aus Décadence und ausgeruhter Entbehrung: da entsteht der Mythos, *und nur wo Mythos wird, wird neues Volk* (24).

Deutlicher noch als mit seinen kunsttheoretischen und mystischen Vorstellungen, bei denen, wie wir gesehen haben, auch andere Traditionen eine bedeutende Rolle spielten, steht Landauer in der Tradition der klassischen und romantischen Periode, wenn er den *organistischen Volksbegriff* übernimmt und sich in diesem Zusammenhang vor allem auf Herder bezieht. Volk ist Landauer die große Alternative zum Maschinenstaat, in der die Beziehungen der Menschen nicht mehr von einem verbindenden Geist getragen sind, und die Verkehrsformen bürokratisch und durch leblose Gesetze eingeengt werden. Volk bedeutet ihm »Anarchie im ursprünglichen Sinne, nämlich Ordnung durch Bünde der Freiwilligkeit« (*Die 12 Artikel des ›Sozialistischen Bundes‹* (1908) in: ders., *Aufruf zum Sozialismus*, Anhang).

Volk ist für Landauer eine historisch-kulturell gewachsene, von einem Mythos getragene *natürliche* Form der Menschengemeinschaft, deren schöpferischer Geist von der *künstlichen* Zwangsform des Staates gefesselt bleibt. Da Landauer in der Gegenwart vom Volk »nur noch seine entstellten Reste, den Unsinn des Aberglaubens und sein gemeinsames Surrogat, den Zwang der äußeren Gewalt, des Staates« (*Aufruf*, 13) wahrnimmt, gilt es nun, mit Hilfe eines »Wahns«, eines neuen Mythos, und hier hat die Kunst ihre entscheidende Aufgabe, ein neues Volk zu schaffen.

Ich glaube, daß allen großen Gestaltungen des Mitlebens der Menschen ein Wahn vorgeleuchtet hat, daß die Menschen immer nur durch Wahn aneinander gebunden waren, daß immer nur der Wahn die Individuen zu höheren Organisationsformen und Gesamtheiten aufgebaut hat. (...) Dies spricht die Rückschau und die Gerechtigkeit; *auch die Sehnsucht*, nicht nach dem selben Wahn, der unmöglich ist, *sondern nach einem neuen* – (...) (*Revolution*, 38, Hervorhebung von mir [R. K.]).

Für uns ist es heute sicher schwierig, sich dem mythischen Volksbegriff Landauers wie dem der Romantiker zu nähern; ist er doch durch den Faschismus ein für alle Mal pervertiert worden. Doch gilt es zu bedenken, daß Landauer unsere Konnotationen noch fremd waren und der Gebrauch des Volksbegriffs, ebenso wie die durch die Nazis diskreditierten Begriffe von Boden und Heimat, noch nicht eingeschränkt erschien. Im Gegenteil, Landauer stritt vehement um ein authentisches Verständnis dieser von ihm positiv besetzten Begriffe, die er damit gerade vor der schon zu seiner Zeit sich manifestierenden chauvinistischen und rassistischen Indienstnahme schützen wollte. Für ihn waren diese Begriffe zu essentiell, als daß man sie der politischen Reaktion willfährig überlassen sollte. Mit Herder und Fichte kämpfte er deshalb gegen die unbotmäßige Usurpation dieser Begriffe sowie der romantischen Ideale durch die Vertreter des alldeutschen Größenwahns.* Darin liegt denn auch der entscheidende Unterschied begründet, daß Landauer die Begriffe »Nation«, »Staat« und »Rasse« nicht zum Substitut für die verlorengegangene übersinnliche Welt geraten, wie es etwa, Sie haben es im vorigen Kapitel gehört, bei Hanns Johst und generell im Faschismus der Fall war. In der letzten seiner berühmt gewordenen *Dreißig sozialistischen Thesen* von 1907 schreibt Landauer:

Die Menschen verehren im Staat eine unsichtbare und heilige Macht, der sie sich unterwerfen. Die Menschen sollen eine unsichtbare und heilige Macht verehren und sich ihr unterwerfen. Über allen Zwecken des Lebens soll ein Sinn, eine Heiligung, ein Wahn, ein Etwas wohnen, um dessentwillen gelebt und mitgelebt wird. (...) Aber der Staat jedenfalls ist in irdischen

* Als dringende Mahnung veröffentlichte Landauer deshalb in der Zeit von September bis November 1914 Arbeiten von Fichte und Herder. Zum Beispiel einen *Bündigen Auszug aus Fichtes Reden an die deutsche Nation* mit dem Kommentar: »Wir haben aber den schändlichen Mißbrauch, der mit diesen Reden getrieben wird, satt (...). wollen ferner nicht ruhig mitansehen, daß Fichte als etwas hingestellt und gebraucht wird, was er nicht ist.« Vgl. *Der Sozialist*, Jg. 6, 1. 9. 1914, Nr. 14, S. 105–111 u. l. c., Nr. 18, November 1914, S. 137–141.

Dingen ein Tropf und für himmlische Sehnsucht ein Nichts (*Beginnen. Aufsätze über Sozialismus*, hg. v. M. Buber, Köln 1924, 19/20).

Eine differenzierte Betrachtung erfährt auch der Begriff »Nation«, den Landauer »von dem wüsten Ungetüm Staat« gerettet wissen will. »Aber nur im Verhältnis *zu allen* Nationen, die einen Kulturkreis bilden, kann die Besonderheit einer einzelnen bestimmt werden, *Nation ist nichts Absolutes*, sondern eine vielfältige Relation« (*Zum Problem der Nation. Brief an Herrn Prof. Matthieu in Zürich 1915*, in: ders., *Der Werdende Mensch*, 107 u. 113, erste Hervorhebung von mir [R. K.]).

Immer wieder wies Landauer darauf hin, daß Eingebundensein in ein Volk und Kosmopolitismus nur zwei Seiten einer Sache sind, daß der Reiz und der Sinn der Welt in ihrer Vielfältigkeit besteht, man aus diesem Grund jeden uniformierenden Tendenzen Einhalt gebieten muß, daß weiter die Grundlage eines Volkes niemals ein fadenscheiniger »Rassencharakter« sein dürfe und könne und daß schließlich jede Nation ihre Identität nur deshalb entwickeln und bewahren kann, weil man sich »im Fremden« selbst erkennt.

Was man Nationen oder auch Rassen nennt, beruht wohl von Hause aus am wenigsten auf Unterschieden in der Blutmischung, dem körperlichen Bau und den physiologischen Funktionen. Viel beträchtlicher ist die gemeinsame Geschichte in Sprach-, Sitten- und Geistesgemeinschaft. Völkermischungen und Abstammungen kommen auch dazu. (...) Das Wesentliche ist: diese Ähnlichkeit, diese Gleichheit im Ungleichen, diese verbindende Eigenschaft zwischen den Volksgenossen, dieser Gemeingeist ist eine Tatsächlichkeit. Überseht sie nicht, ihr Freien und Sozialisten: Der Sozialismus, Freiheit und Gerechtigkeit ist nur zu schaffen zwischen den von alters Zusammengehörigen, und nicht abstrakt wird ein Sozialismus hergestellt werden, sondern in *konkreter Mannigfaltigkeit* je nach den Völkerharmonien. Und auch die Völkerverbrüderung ist nicht etwas, was auf einmal und verschwommen für die ganze Menschheit kommt, sondern was in der Bestimmtheit, die sich aus den Tatsachen im Raum und dem Geschehen in der Zeit, aus Geographie und Geschichte ergibt, *bunt und vielfältig* zu schaffen ist (*Rechenschaft*, 88/89, letzte Hervorhebung von mir [R. K.]).

Landauers Volks- und Nationenbegriff war antiautoritär, libertär, föderalistisch und universal. Erst dort, wo die Menschen den inneren Zusammenhang von »Einheit und Vielheit«, das »individuelle Allgemeine« erkennen und sehen, daß all ihre Identität und regional-nationale Eigenart nur durch die Vielheit der anderen Völker und kulturellen Traditionen sich definiert, gewährleistet ist und zugleich bereichert wird, ist die Basis für Volk und Völkerverständigung gegeben. Schon zu Beginn des Krieges gehörte Landauer zu den Initiatoren eines internationalen Kreises, dem sich auch Romain Rolland anschloß, die diesen Gedanken unter den kriegführenden Völkern und Staaten verbreiten wollten. An den Holländer Frederik van Enden schrieb Landauer:

Als wir paar Menschen im Juni zu unserem Kreis zusammentraten, geschah es doch wohl in dem Gedanken, daß sich ein Band des Geistes, der aus dem Verstehen der Seelen kommenden Einheit um uns schlingen sollte, damit einst die Menschheit eine Wirklichkeit werde: jedes Volk in seiner besonderen Nationalität (wie jeder Mensch in seiner Individualität) ein besonderes Amt an der Menschheit repräsentierend (*Lebensgang in Briefen*, Bd. 2, 1).

Wichtig war Landauer, aus dem machtstaatlich bedingten Freund-Feind-Schema herauszukommen, nicht mehr in »Gegensätzen« zu denken, sondern in »Differenzierungen« (l. c., 36); insofern waren ihm auch Nationen, Sie hörten es schon vorhin, »nichts Absolutes«, sondern Ausdruck »vielfältiger Relation«, (*Der Werdende Mensch,* 113). »Nation«, so definiert Landauer es schließlich, »ist die besondere Art, in der in einer auf Grund gemeinsamer Geschichte zusammengehörigen Gemeinschaft das allgemein Menschliche und das individuell Einmalige sich ausdrücken« (l. c., 110).

Die Nation sollte nicht das zur homogenen Masse – die bloß mechanische Summierung von Einzelwesen – degradierte Volk verkörpern (wie es im Faschismus geschah), sondern Ausdruck einer vielfältig gegliederten Menschengemeinschaft sein, in der sich die einzelnen autonom und selbstbestimmt an einem wahrhaft öffentlichen Leben beteiligen. Der darin sich verwirklichende Mythos des Gemeinschaftsgeistes, der bei Landauer wie bei den Romantikern ja das – noch fehlende – Band ist, das die bloße Masse erst organisch zu Volk und Nation zu verbinden vermag, meint eben nicht gleichgeschaltete Gesellschaft. Landauers Vorstellung einer neuen Mythologie setzt wie die Schellings ein »intaktes« Volk voraus. Landauers letztlich diesseitsbezogener religiöser Sozialismus geht darin auf: »Rettung kann nur bringen die Wiedergeburt der Völker aus dem Geist der Gemeinde!« (*Aufruf zum Sozialismus,* 130). Nur wenn in diesem Sinne Tradition und Utopie, die, wie Landauer bezeichnenderweise sagt, »das Moment der begeisterten Erinnerung an sämtliche bekannte frühere

Utopien in sich zu bergen hat« (*Revolution*, 17), zusammenfallen, kann der kulturzerstörende, bedrohliche Verlust von *Erfahrung* und *Identität* aufgehoben werden.

[Und deshalb ist für ihn] der Sozialismus eine Kulturbewegung, ein Kampf um Schönheit, Größe, Fülle der Völker. Niemand kann ihn verstehen, keiner kann ihn führen, wenn der Sozialismus nicht aus den Jahrhunderten und den Jahrtausenden herkommt. Wer den Sozialismus nicht als einen Weitergang langer und schwerer Geschichte erfaßt, weiß nichts von ihm... Der Sozialist erfaßt das Ganze der Gesellschaft und der Vergangenheit; hat es im Gefühl und im Wissen, woher wir kommen, und bestimmt danach, wohin wir gehen (*Aufruf zum Sozialismus*, 22).

Gegen die uniformierenden und nivellierenden Tendenzen der »Modernen Zeiten« setzte Landauer die Erinnerung an die »Fülle des Lebens«: »Menschheit heißt nicht Gleichheit, Menschheit heißt Bund des Vielfältigen« lautet sein zentrales Bekenntnis (*Der Werdende Mensch*, 133), das, als Mahnung verstanden, angesichts unserer Gegenwart nur noch an Aktualität gewonnen hat.

Rilkes Orpheus

I

Nun sollen endlich diejenigen, die bislang zwar ständig, aber eher »indirekt« im Gespräch waren und mehr als »Gegenstand« denn als »Subjekt« der vorgestellten Reflexionen über die Neue Mythologie erschienen, zu Wort kommen und selbst befragt werden – ich spreche von den Dichtern, die doch immer wieder als Schöpfer und Träger von Mythen beschworen wurden. Überprüfen wir an konkreten Beispielen, inwiefern die Dichtung zu Beginn unseres Jahrhunderts ihre angestammte Aufgabe, das Unsagbare oder auch Verschüttete zur Sprache zu bringen, genüge getan und den mythischen und religiösen Bedürfnissen der Zeit Ausdruck verliehen hat.

Sie erinnern sich, daß Gustav Landauer in diesem Zusammenhang davon sprach, daß eine neue Poesie im Entstehen sei (vgl. *Skepsis und Mystik*, 73). Das hört sich vielversprechend an. So will ich Sie heute an einen Dichter erinnern, dessen frühes *Stundenbuch* (1899) man seinerzeit als »Theologie des Jugendstils« feierte: Rainer Maria Rilke. Interessieren sollen uns freilich die später, 1922, in wenigen aufeinanderfolgenden Tagen niedergeschriebenen 53 Sonette, die uns in das Reich des mythischen Sängers Orpheus führen, dem Rilke seine Verse widmete.

Wir hätten uns mißverstanden, wenn Sie annehmen würden, daß die Idee einer *in* der oder gar *als* Dichtung wiederkehrenden Mythologie im 20. Jahrhundert einen theoretisch-politischen und – ihm gegenüberstehend – einen dichterischen, und ferner: einen unerfreulichen, ja verhängnisvollen einerseits und einen ersprießlichen und bejahungswürdigen Ausdruck andererseits gefunden hätte. Ich suche vielmehr, die Einheit eines mythischen Diskurses zu rekonstruieren, der zwar in der modernen Dichtung seinen eigentlichen Ort oder besser: seine Erscheinungsstätte, hat, aber durchaus kein Phänomen ist, das im Weltinnenraum des Dichterischen aufgeht, um ein noch zu erläuterndes Wort von Rilke zu gebrauchen. Sie werden, wenn es mir gelingt, das deutlich zu machen, vielmehr sehen, daß die gesellschaftliche Strahlkraft der Idee einer Neuen Mythologie in der Dichtung nicht entschärft wird, so wenig sie umgekehrt, in der Politik, aufhört, ein ästhetisches Phänomen zu bleiben. Denn das ist das Besondere am Mythos, daß er zugleich Gedicht und soziale Tatsache ist. Wer einen Mythos wiederherstellen oder neubegründen will, will (wenn er sich selbst nur recht versteht) immer beides: Gemeinschaft stiften und einen sicheren Grund zurückerobern, aus dem sein Gesang schöpft.

Ich möchte diesmal umgekehrt vorgehen als in früheren Kapiteln: nämlich induktiv. Ich beginne mit einer Charakterisierung von Rilkes Sonetten und suche von dort aus den Weg ins Allgemeine unserer mythologischen Fragestellung.

Wir kennen vorderhand nichts als den Titel von Rilkes Gedicht-Sammlung: *Die Sonette an Orpheus*. »Sonett« bezeichnet die Bauform eines Gedichtes, das aus zwei vierzeiligen und aus zwei dreizeiligen Versen komponiert ist. Im klassischen Sonett sind die Quartette und die Terzette ineinander durch wiederkehrende Reime verbunden, so daß die beiden Quartette schon klanglich gegen die Terzette abgesondert sind. Darum hat man das erste Paar oder Couplet auch Aufgesang, das zweite Couplet Abgesang genannt. Das klassische italienische Sonett ist in Elfsilblern (also fünfhebigen Jamben) geschrieben; und die Reimanordnung ist in den Quartetten abba abba, so daß man mit Recht von einer genauen Abspiegelung des ersten Quartetts im zweiten hat sprechen können. Das läßt sich in den Terzetten wiederholen, wenn sie z. B. cdc cdc oder cde edc angeordnet sind; und es ist abzusehen, daß diese strenge Architektur eine Spielwiese für arithmetische und dialektische Phantasien von Dichtungs-Theoretikern geworden ist. Das Beste, was Sie dazu lesen können, finden Sie in August Wilhelm Schlegels Berliner Vorlesungen *Über schöne Literatur und Kunst* (in: *Kritische Schriften und Briefe*, hg. von Edgar Lohner, Stuttgart, Bd. IV, 185 f.). Wilhelm Schlegel zeigt dort, wie tief Reflexionen auf die sogenannte bloße Form eines Gedichts in die inhaltliche Dimension hineinreichen, ja, wie beide nicht zu trennen sind. Im vollendeten Sonett, meint er, hat man Form- und Inhaltserlebnis, Formenstrenge und Formmagie in einem. Das Geheimnis des Sonetts ist, daß es in vielleicht einzigartiger Weise von der Doppelnatur des Reims Gebrauch macht, der ja zugleich trennt und verbindet.

Statt unanschaulicher Skalpellarbeit will ich Ihnen Schlegels berühmtes Rezept, *wie* ein Sonett anzufertigen sei, *in* Sonettform selbst vorlesen:

Zwei Reime heiß' ich viermal kehren wieder
Und stelle sie, geteilt, in gleiche Reihen,
Daß hier und dort zwei eingefaßt von zweien
Im Doppelchore schweben auf und nieder.

Dann schlingt des Gleichlauts Kette durch zwei Glieder,
Sich freier wechselnd, jegliches von dreien.
In solcher Ordnung, solcher Zahl gedeihen
Die zartesten und stolzesten der Lieder.

Den werd' ich nie mit meinen Zeilen kränzen,
Dem eitle Spielerei mein Wesen dünket
Und Eigensinn die künstlichen Gesetze.

Doch, wem in mir geheimer Zauber winket,
Dem leih' ich Hoheit, Füll' in engen Grenzen
Und reines Ebenmaß der Gegensätze.

Das *Ohr* weiß es immer schon früher als die Reflexion, was im Sonett geschieht: in den Quartett-Paaren wird Trennung von Einheit umgriffen; und zwar so: im ersten Quartett hat das Ohr zweimal hintereinander das Erlebnis einer Trennung oder Nichtidentität: wieder/Reihen; zweien/nieder; und es hat ferner einmal in unmittelbarem Übergang das Erlebnis einer Verbindung: Reihen/zweien; und ein zweites Mal das Erlebnis einer verzögerten oder wiederhergestellten Identität: wieder – nieder (getrennt durch: Reihen/zweien). Zählt man aus, so stellt man fest: daß die Trennung die Verbindung überwiegt. Aber indem nun das ganze erste Quartett wiederum auf das zweite reimt (von dem es doch zugleich auch unterschieden ist), kann man sagen, daß die Einheit nunmehr die Trennung übergreift. Trennung und Verbundenheit, sagt Schlegel sehr schön, »reimen gleichsam aufeinander« (187/8), aber eben so, daß die Einheit das letzte Wort behält.

In den Terzetten wird diese vorläufige Harmonie aufgehoben. Hier überwiegt das Trennungs-Gefühl (die Dissonanz) das Gefühl der Einheit oder Harmonie, denn hier muß der Wiederklang eines Reims ja drei Zeilen abwarten. Nennt man 2 die Grundzahl der Gebundenheit und 3 die der Freiheit (des Hinausgehens über die unmittelbar erfahrene Gereimtheit), *dann* – kann man sagen – reflektiert *in* und *als* Sonett die Freiheit auf ihre eigene Gebundenheit, die sich ja in den Reimen der Terzette – wenn auch verzögert – wiederherstellt: der verzögerte Reim der Terzette ist die Form der größten Ferne der Paarung, d.h. des maximalen Aufschubs der

Identität, die sich dann doch – ohne Verlust der Freiheit – poetisch wiedereinstellt. So wird also das Sonett zum idealen Ausdruckskörper für eine menschliche Grunderfahrung: daß die Zerreißung und Trennung die Harmonie überwiegen (»weit auffallender ist freilich die Energie des trennenden Prinzips«: 189) oder daß die Wiederholung immer schon durch eine Veränderung ent-stellt ist. Aber zur Stätte eines mythischen Trostes findet diese schwer erträgliche Erfahrung im Gedicht: denn hier reimt sich gleichsam auch noch die Dissonanz, hier erscheint selbst die trennende Freiheit in der versöhnlichen Form der Gebundenheit, der Ordnung, der Verläßlichkeit.

Rilkes Sonette sind weniger formstreng als die altitalienischen oder die romantischen. Rilke reimt fast stets abab cdce/fgh hgf, wobei er sich in den Terzetten noch größere Freiheiten erlaubt. Daß seine Quartett-Strophen sich nicht ineinander spiegeln, bewirkt, daß die lyrische Rede hier flüssiger und gleitender wird und weniger in sich zurückgekrümmt erscheint als in den streng klassizistischen Sonettformen. Immerhin hält aber auch Rilke an der reflexiven Grundstruktur fest, die man in Schlegels Worten kennzeichnen könnte als Besinnung der Freiheit (oder der Dissonanz) auf ihre eigene Gereimtheit (oder Gebundenheit); es bleibt der Schnitt zwischen den beiden Couplets, der ja schon graphisch, beim Lesen, als erstes in die Augen fällt und die Semantik der Gedichte vorartikuliert.

Nun sind Rilkes Sonette keine »exercices de style«, sie heißen *Sonette an Orpheus*; und damit ist nun allerdings ein mythischer Name benannt. Zwar nicht der des Dionysos – Orpheus ist vielmehr der Gegner des Dionysos, den die rasenden Frauen aus Edonien in Stücke zerreißen –, aber er teilt mit Dionysos den Bezug zur musischen Inspiration (Kalliope ist seine Mutter) *und* den Bezug auf die *griechische* Mythologie – abermals zu Anfang des 20. Jahrhunderts. Mit der Anrufung des Orpheus sind durchs bloße Nennen ein paar Voraussetzungen gemacht, die wir aufzuklären haben werden. Zwar dürfen wir schon vorab vermuten, daß Rilkes Orpheus vor allem ein Geschöpf Rilkes sein wird (und sich uns aus der Lektüre seiner Gedichte enthüllt); aber indem er einen Namen wählt, der nicht seiner eigenen Rede entstammt, appelliert er an eine reiche Tradition, die in den Sonetten mitspricht oder eher mitsingt. Das läßt sich am Text selbst nachweisen. Orpheus ist schon im ersten Sonett der mythische Sänger, dessen Gesang die stumme Natur bezaubert und verzaubert, die wilden Tiere paradiesisch vertraut macht, auch um alle Wildheit bringt, und dessen Gesang in unserem Gehör einen Tempel sich schafft:

Da stieg ein Baum. O reine Übersteigung!
O Orpheus singt! O hoher Baum im Ohr!
Und alles schwieg. Doch selbst in der Verschweigung
ging neuer Anfang, Wink und Wandlung vor.

Tiere aus Stille drangen aus dem klaren
gelösten Wald von Lager und Genist;
und da ergab sich, daß sie nicht aus List
und nicht aus Angst in sich so leise waren,

sondern aus Hören. Brüllen, Schrei, Geröhr
schien klein in ihren Herzen. Und wo eben
kaum eine Hütte war, dies zu empfangen,

ein Unterschlupf aus dunkelstem Verlangen
mit einem Zugang, dessen Pfosten beben, –
da schufst du ihnen Tempel im Gehör.

(I, 1; alle Zitate hinfort nach dem Text der *Sämtlichen Werke* in zwölf Bänden, hg. von Ernst Zinn, Frankfurt/Main: Insel-Werkausgabe 1976, Bd. 2, 727/731 – 771/773; hinfort zitiert als *SW*)

Geschrieben ist das Sonett in der Vergangenheitsform: »Da stieg ein Baum«; aber diese Vergangenheit wandelt sich unversehens in Gegenwart: »O Orpheus singt!« – so, als sei dieser Gesang jetzt immer noch zu hören, wie das wiederholte »O« – der Laut des Aufmerkens und Bezaubertseins – es wirklich ausdrückt. »O« hat keine Bedeutung; aber es *ist*; wie der Schmerzschrei »Au« *bezeichnet* er nicht das Gefühl, sondern ersetzt es. In diesem Sinne ähnelt es dem Schweigen, wenn wir »Schweigen« hier – ich glaube: im Geiste des Gedichts – nicht als Lautlosigkeit, sondern als Abdankung der bezeichnenden, der auf Welt verweisenden Rede und ihre Ersetzung durch eine selbst welt-haltige, Welt gleichsam ersetzende und in sprachlichen Symbolen *seiende* Rede verstehen. Eine solche Rede wollen wir symbolisch nennen und darunter nichts anderes verstehen als dies eine: daß hier die Sprache nicht oder nicht in erster Linie gegenüber dem, *was* sie mitteilt und *wovon* sie es mitteilt, zurücktritt, sondern daß sie diesen ihren Gegenstand und diesen ihren Mitteilungs-Gehalt in sich vereinnahmt: selbst *ist*, wovon sie spricht, so wie die Musik selbst ist, worüber sie spricht, und in diesem Sinne allerdings schweigt: Wagner nannte sie ja »tönendes Schweigen«.

Eine Erinnerung scheint mir bereits hier angebracht: nämlich die an Friedrich Creuzers Unterscheidung der symbolischen von der mythischen Rede. In der symbolischen Handlung – z. B. einer liturgischen Formel oder dem Wort: »Dies ist mein Leib, dies ist mein Blut« – wird eine kultische Gegenwart nicht bezeichnet, sondern gegenwärtigt; während der Mythos vom Heiland, seinen Taten und seiner Himmelfahrt nicht selbst das auch *ist* oder vollzieht, wovon er spricht. Nun: Eine Dichtung, die – wie des Orpheus Lied – in unserem Ohr sich ihren Tempel schafft – beachten Sie wohl: das ist ihr Gotteshaus, ein Raum bestimmt zum Gottesdienst! –, eine solche Dichtung hat Ähnlichkeit mit kultischem Reden und ist in diesem genauen Sinne: symbolisch: der Sache selbst teilhaftig, *von* der sie spricht. Anders gesagt (denn ihr Gegenstand ist ein aus dem Vergangenen ins zeitlos Gegenwärtige des Mythos »überstiegene« [»O reine Übersteigung!«]) – diese Rede ist selbst »reines« oder »heiliges Sprechen«.

Verweilen wir einen Augenblick bei den Wendungen »stieg« und »reine Übersteigung«: sie klingen wie deutsche Übersetzungen von »transzendierte« und »reine Transzendenz«. In anderen Sonetten finden sich ähnliche: im fünften z. B. ist von des Orpheus »Metamorphose / in dem und dem«, z. B. in der Rose, die Rede; und es heißt: »Wir sollen uns nicht mühn / um andre Namen. Ein für alle Male / ists Orpheus, wenn es singt.« Und weiter: »Indem sein Wort das Hiersein übertrifft, / ist er schon dort, wohin ihrs nicht begleitet. / Der Leier Gitter zwängt ihm nicht die Hände. / Und er gehorcht, indem er überschreitet.« Übertreffen – überschreiten: zwei weitere Namen für das Transzendieren, und im eben zitierten fünften Sonett ist's deutlich zugleich ein Hinübergehen dorthin, wohin wir den Sänger nicht begleiten können. Sagen wir es entschiedener: Es ist nicht nur ein Hinübergehen ins für uns Unzulängliche (d. h., wörtlich, in den Bereich dessen, wohin wir nicht langen können)* – es ist auch ein Hinübergehen in eine Art von Transzendenz, in die wir nichts von dem, was uns auf Erden übereignet ist, mit(hinüber)nehmen können. In den *Duineser Elegien* (neunte Elegie) heißt die Richtung auf dies Jenseits der »andere Bezug«:

* Im Sinne des Goetheschen: »Das Unzulängliche, / Hier wird's Ereignis.«

> (...) Ach, in den andern Bezug,
> wehe, was nimmt man hinüber? Nicht das Anschaun, das hier
> langsam erlernte, und kein hier Ereignetes. Keins.
> Also die Schmerzen. Also vor allem das Schwersein,
> also der Liebe lange Erfahrung, – also
> lauter Unsägliches. (*SW* 2, 717/8)

Als Bewegung der Bezugnahme hat die Transzendenz notwendig an beiden Bereichen teil: am Irdischen (Sagbaren, Sichtbaren), von dem sie sich wegwölbt, und am Himmlischen (oder Unsäglichen oder Unsichtbaren), in das sie sich vorspannt. So auch der Tempel, den wir als Ziel der reinen Übersteigung im eben gelesenen ersten Orpheus-Sonett gezeigt bekommen haben. Auch er hat an zwei Bereichen teil: an der Erde, auf der z. B. »ein Baum« (I, 1) wächst oder – wie im zweiten Sonett – ein Mädchen lebt; aber andererseits an den Himmeln, am Nichts, am Göttlichen (I, 3). Darauf deutet im neunten Sonett die Rede vom »Doppelbereich«, oder in II, 13 vom »reinen Bezug« oder im I, 6 die Verse (von Orpheus gesagt):

> Ist er ein Hiesiger? Nein, aus beiden
> Reichen erwuchs seine weite Natur.

Es ist immer schade, Gedichte zu zerbrechen, um einen einzigen Zusammenhang zu entdecken, der sie alle verfugt. Darum will ich ein weiteres Sonett ganz zitieren, ohne diesen Zusammenhang aus dem Auge zu verlieren (I, 3):

> Ein Gott vermags. Wie aber, sag mir, soll
> ein Mann ihm folgen durch die schmale Leier?
> Sein Sinn ist Zwiespalt. An der Kreuzung zweier
> Herzwege steht kein Tempel für Apoll.
>
> Gesang, wie du ihn lehrst, ist nicht Begehr,
> nicht Werbung um ein endlich noch Erreichtes;
> Gesang ist Dasein. Für den Gott ein Leichtes.
> Wann aber *sind* wir? Und wann wendet *er*
>
> an unser Sein die Erde und die Sterne?
> Dies *ists* nicht, Jüngling, daß du liebst, wenn auch
> die Stimme dann den Mund dir aufstößt, – lerne
>
> vergessen, daß du aufsangst. Das verrinnt.
> In Wahrheit singen, ist ein andrer Hauch.
> Ein Hauch um nichts. Ein Wehn im Gott. Ein Wind.

Hier ist abermals von einem Sowohl-als-auch, einem Doppelbereich und einem Bezug von einem ins andere die Rede. Aber dies

Sowohl-als-auch trägt den Namen »Zwiespalt«; es heißt: eine Kreuzung zweier Herzwege, an der kein Apollon-Tempel stehe. Warum gerade Apolls Name hier angeführt wird (und keineswegs der des Dionysos), wird uns später beschäftigen: vorerst haben wir genug getan, wenn wir verstehen, daß der Apollon-Tempel am Ziel eines Transzendierens steht, von dem das in Gedichten ausfließende zwiespältige, irdisch-überirdische Gefühl eines (vielleicht verliebten) jungen Mannes keine Ahnung hat, wohin er dem Gott nicht folgen kann, auch nicht durch die Leier. Denn Gesang, wie ihn Orpheus lehrt – der Gott –, ist nicht adressiert an ... und ist nicht lyrisch gebrochenes und symbolisch eingefärbtes Reden von ... Er ist nicht Werbung »um ein endlich noch Erreichtes« und ist nicht Singen um einer Verweisungs-Absicht willen: er ist oder richtiger: er wäre ein Singen als *Sein* (»Gesang ist Dasein«), kein »Aufsingen«.

Beachten Sie diese Wendung. Aufsingen kann man, wie man aufschreit: als Übersetzung einer Leidenschaft in Stimme oder Gesang; wenn, wie es im Gedicht heißt, der Mund uns die Stimme aufstößt. Das aber *»ists* nicht«; oder – schärfer formuliert – dies Singen *ist* nicht; es ist nicht absolutes Singen, sondern eine vom Willen zur Macht oder vom Willen zum Leben erpreßte und gedrängte Verlautbarung, die »verrinnt«, deren Wort das Hiersein nicht überschreitet (I, 5) und die darum am Kreuzweg zweier Herzens-Tendenzen steht, nicht aber in dem Doppelbereich des Orphischen, in dem allein »wahres Singen« möglich wird. Verglichen mit dem getriebenen und instrumentellen Sprechen ist es ein Singen »um nichts«. Aber umgekehrt ist im Vergleich zu diesem wahren und daseienden Singen unser ganzes anderes intentionales und interessiertes Sagen vielleicht »nichts«. So wie es ja im vorhin gelesenen ersten Sonett von den Tierstimmen hieß, daß sie aus einer Verschweigung neu geboren werden, daß »Brüllen, Schrei, Geröhr« klein werden im Herzen der Tiere; und daß die bebenden Pfosten einer real existierenden kleinen Waldhütte umgewandelt – transzendiert – erscheinen in einen »Tempel«, der nirgends anders ist als »im Gehör« – also im Vernehmen und Sich-zu-eigen-Machen eines Äußeren im Inneren. Von dieser verinnernden Verwandlung handeln – wenn Sie mir diese unpoetische Verallgemeinerung erlauben – alle Sonette an Orpheus. Und das Innere ist nicht, wie in der Psychoanalyse oder bei Nietzsche, das hinter dem Sagen lauernde und es ködernde dionysische Begehren, das

Unbewußte oder Vorbewußte, das sich im Gesang Bahn bricht und *als* Gesang das Leben auf süße Weise von der Verzweiflung an sich selbst erlöst und zum Weiterleben verführt (das war ja die Aufgabe, die Nietzsche dem Künstler zuwies); es ist vielmehr das rein »vergessene Begehren« (I, 3), das daseiende, nicht das aufsingende Sagen, das im innern Ohr seinen Apollon-Tempel, d.h. seine Verklärung zur Vision erreicht. Im verklärten Hören ist der sichtbare Weltraum eingetauscht gegen das unsichtbare »eigene Sein« des Singens (II, 1), das Rilke auch den *Herz-* oder den *Weltinnenraum* genannt hat und von dem die *Duineser Elegien* sagen, in ihm allein sei Welt:

> Nirgends, Geliebte, wird Welt sein, als innen. Unser
> Leben geht hin mit Verwandlung. Und immer geringer
> schwindet das Außen. (Die siebente Elegie, *SW* 2, 711)

Ich füge, gleich anschließend, ein paar Verse aus der neunten Elegie an:

> (...) Mehr als je
> fallen die Dinge dahin, die erlebbaren, denn,
> was sie verdrängend ersetzt, ist ein Tun ohne Bild.
> (l.c., 718) (...)
>
> Erde, ist es nicht dies, was du willst: *unsichtbar*
> in uns erstehn? – Ist es dein Traum nicht,
> einmal unsichtbar zu sein? – Erde! unsichtbar!
> Was, wenn Verwandlung nicht, ist dein drängender Auftrag?
> Erde, du liebe, ich will. (...)
> (...) Überzähliges Dasein
> entspringt mir im Herzen. (l. c., 720)

In einem Brief an Witold Hulewicz (Briefstempel: 13. XI. 25) nimmt Rilke eine Frage seines Gesprächspartners vorweg (»Verwandelt?«) und antwortet:

> Ja, denn unsere Aufgabe ist es, diese vorläufige, hinfällige Erde uns so tief, so leidend und leidenschaftlich einzuprägen, daß ihr Wesen in uns »unsichtbar« wieder aufersteht. *Wir sind die Bienen des Unsichtbaren. Nous butinons éperdument le miel du visible, pour l'accumuler dans la grande ruche d'or de l'Invisible.* Die »Elegien« zeigen uns an diesem Werke, am Werke dieser fortwährenden Umsetzungen des geliebten Sichtbaren und Greifbaren in die unsichtbare Schwingung und Erregtheit unserer Natur, die neue Schwingungszahlen einführt in die Schwingungs-Sphären des Universums. (...)
>
> Die Erde hat keine andere Ausflucht, als unsichtbar zu werden: *in* uns, die

wir mit einem Teile unseres Wesens am Unsichtbaren beteiligt sind, Anteilnahme (mindestens) haben an ihm, und unseren Besitz an Unsichtbarkeit mehren können während unseres Hierseins, – *in* uns allein kann sich diese intime und dauernde Umwandlung des Sichtbaren in Unsichtbares, vom sichtbar- und greifbarsein nicht länger Abhängiges vollziehen, wie unser eigenes Schicksal in uns fortwährend *zugleich vorhandener und unsichtbar wird*. Die *Elegien* stellen diese Norm des Daseins auf: sie versichern, sie feiern dieses Bewußtsein (R.M. Rilke, *Briefe*, hg. vom Rilke-Archiv in Weimar. In Verbindung mit Ruth Sieber-Rilke besorgt durch Karl Altheim, Wiesbaden 1950, 898/9).

Aber das gilt nicht nur für die *Elegien* (mit ihnen wollen wir uns hier nicht beschäftigen), sondern auch für die Orpheus-Sonette. Bevor wir die komplexe Theorie, die aus dem Brief-Passus nur in einem Fragment uns erreicht, in kleine Bereiche zerlegen, will ich rasch nachweisen, auf welche Stelle in den *Sonetten* ich mich beziehen konnte, um diesen Exkurs zu rechtfertigen.

Ich bezog mich nämlich mit der Formulierung vom Eintauschen des Weltraums gegens eigene Sein des lyrischen Sprechens auf folgende Verse im ersten Sonett des II. Teils:

Atmen, du unsichtbares Gedicht!
Immerfort *um das eigne*
Sein rein eingetauschter Weltraum. Gegengewicht,
in dem ich mich rhythmisch ereigne (Hervorhebung von mir [M.F.])

In der Bewegung des Eintauschens von lyrischem Eigensein gegen Weltraum werden Sie eine neue Formulierung für das wiedererkennen, was wir vorhin »transzendieren«, »hinübersteigen« nannten. Im ersten Gedicht war's »ein Baum«, der stieg, wie denn in verschiedenen Überlieferungen des antiken Mythos vom orphischen Gesang tatsächlich Bäume und selbst Steine von der Stelle bewegt worden sind (z.B. Virgil, *Ekl.* 6, 71; auch Hesiod; vgl. W.H. Roscher, *Ausführliches Lexikon der griechischen und römischen Mythologie*, Leipzig 1897–1902, Neudruck: Hildesheim 1965 [hinfort zitiert: *Roscher*], IV. 1. 1116). Bei Zone zeigte man sogar einen ganzen Eichenwald, dessen Bäume dem Orpheus gefolgt sein sollen (l. c., 1086, 1117), wobei es sich um einen heiligen Hain gehandelt haben wird, auf den Rilkes Worte vom »klare[n], gelöste[n] Wald« hindeuten könnten. Bei ihm wird aus diesem Sich-Bewegen und Von-der-Stelle-Rücken ein Sich-Übersteigen, und zwar nicht nur: Kraft der Wirkung *von* Gesang, sondern geradezu: *in* Gesang. Erst sind es Bäume; dann ist's eine Rede, die sprechend in der reinen Verschweigung landet; im zweiten Sonett ist's »ein Mädchen fast«, von dem schon unsicher ist, ob sie starb und dann als Gesang im orphischen Ohr Wohnung bezog oder ob sie gleich »hervorging« »aus diesem einigen Glück von Sang und Leier / und glänzte klar durch ihre Frühlingsschleier / und machte sich ein Bett in meinem Ohr« (I, 2).

Und schlief in mir. Und alles war ihr Schlaf.
Die Bäume, die ich je bewundert, diese
fühlbare Ferne, die gefühlte Wiese
und jedes Staunen, das mich selbst betraf.

Sie schlief die Welt. Singender Gott, wie hast
du sie vollendet, daß sie nicht begehrte,
erst wach zu sein? Sieh, sie erstand und schlief.

Wo ist ihr Tod? O, wirst du dies Motiv
erfinden noch, eh sich dein Lied verzehrte? –
Wo sinkt sie hin aus mir? ... Ein Mädchen fast ... (l. c.)

Wie immer wir die Fragen nach der Herkunft dieser Mädchen-Phantasie beantworten: ihr Ziel, die Stätte ihrer Transzendenz, ist deutlich: das Mädchen schläft den Schlaf, in dem die Welt abstirbt und mit ihr alles, was auf die Welt sich bezieht: Erstaunen, Begehren, Bewundern, Fühlen. Der Tod erscheint als die Stelle, in der Realität in Herzinnenraum transzendiert oder, wie II, 1 sagt: in dem Weltraum gegens eigne Sein des Sagens rein eingetauscht wird. Nun gibt es vieles, das von vornherein gar nicht im Weltraum war: der Gott ist eines, der Tempel (oder vielmehr sein Allerheiligstes) ein anderes, das Spiegelbild ein drittes, der »reine Bezug« ein viertes, das innere Ohr ein fünftes; und »dieses Tier, das es nicht giebt« (nämlich das Einhorn), wäre ein sechstes (II, 4): es heißt »rein« – mit dem Zauberwort, das in den Orpheus-Sonetten jeden Weltbezug durchstreicht:

Zwar *war* es nicht. Doch weil sie's liebten, ward
ein *reines* Tier. Sie ließen immer Raum.
Und in dem Raume, klar und ausgespart,
erhob es leicht sein Haupt und *brauchte kaum*

zu sein. Sie nährten es mit keinem Korn,
nur immer mit der *Möglichkeit*, es sei. (II, 4; die zweite und alle folgenden Kursivierungen von mir [M. F.])

Vom steigenden Baum bis zum imaginären Einhorn: eine einzige Irrealisierungs-Bewegung. Bäume *gibt* es noch, Einhörner dagegen brauchen »kaum zu sein«, sie leben von der bloßen »Möglichkeit, sie seien«.* Das Mädchen aber, das im Ohr – d.h. im Vernehmen der orphischen Stimme – schläft, steht in der Mitte zwischen beiden Bereichen: es ist nicht Adressatin einer verliebten Stimme, die – vom Begehren getrieben – eben dieses Begehren lyrisch festhalten oder – pathetisch gesprochen – verewigen will; sondern das Mädchen ist jenseits von Wünschen und Begehren rein aufgehoben in ein Symbol, das nicht mehr einsteht für Welt, sondern den *Welt*bezug zugunsten dessen durchgestrichen hat, was Rilke den *»reinen* Bezug« nennen wird. Und zwar im Sonett II, 13:

Sei allem Abschied voran, als wäre er hinter
dir, wie der Winter, der eben geht.
Denn unter Wintern ist einer so endlos Winter,
daß, überwinternd, dein Herz überhaupt übersteht.

Sei immer tot in Eurydike –, singender steige,
preisender steige zurück in den reinen Bezug.
Hier, unter Schwindenden, sei, im Reiche der Neige,
sei ein klingendes Glas, das sich im Klang schon zerschlug.

Sei – und wisse zugleich des Nicht-Seins Bedingung,
den unendlichen Grund deiner innigen Schwingung,
daß du sie völlig vollziehst dieses einzige Mal.

Zu dem gebrauchten sowohl, wie zum dumpfen und stummen
Vorrat der vollen Natur, den unsäglichen Summen,
zähle dich jubelnd hinzu und vernichte die Zahl.

In diesem Sonett gewinnen wir gegenüber dem, was wir schon beobachtet haben, eine neue Erfahrung, die durch viele andere Sonette unterstützt wird: Unter den Namen »Winter«, »Eurydike«, »die Schwindenden«, »Reich der Neige«, »Sich-im-Klingen-Zerschlagen« usw. hält *der Tod* Einzug in die poetische Welt der Sonette. Der Tod ist bereits das beherrschende Thema des Dritten Buchs der Gedicht-Sammlung *Das Stundenbuch*, von 1903, überschrieben: *Das Buch von der Armut und vom Tode* (*SW*

* Brief an Gräfin Margot Sizzo-Noris-Crouy (vom 1. Juni 1923): »Alles was ›Anspielung‹ wäre, widerspricht für meine Überzeugung dem unbeschreiblichen *Da-Sein* des Gedichts. So ist auch im Einhorn keine Christus-Parallele mitgemeint; sondern nur Liebe zum Nicht-Erwiesenen, Nicht-Greifbaren, aller Glaube an den Wert und die Wirklichkeit dessen, was unser Gemüt durch die Jahrhunderte aus sich erschaffen und erhoben hat, mag darin gerühmt sein.« Das Einhorn sei »das Nicht-Seiende für den Profanen« (*Briefe*, 841).

1, 341 ff.), und viele von Ihnen wissen, welche Rolle er im *Malte Laurids Brigge* spielt. Dieses Prosawerk, das in der Vision eines von allem Ding- und Weltbezug freien Lebens und eines in diesem Geiste ankommenden Gottes gipfelt, hatte die Erfahrung des Sterbens und Schwindens schon positiv zu verstehen gesucht: als gleichsam sinnlich greifbaren Beweis für die Tatsache, daß die Dinge der Welt (und darunter auch die Menschen) in sich keinen Bestand haben, daß sie sich vielmehr aufheben. Und daß, wenn wir mit »positiv seiend« das Unvergängliche bezeichnen, in den Dingen unserer Welt kein »positives« Sein anzutreffen ist. *Sein* wäre erst in *dem* Leben, das sich um den *Tod* ergänzt oder das, wie es im eben gelesenen Sonett heißt, *im* Sein zugleich des Nicht-Seins Bedingung weiß. Ein solches ums Nicht-Sein ergänztes und korrigiertes Sein ist aber – z. B. – die Sphäre der Einbildungskraft: im strengen Sinne *sind* ihre Gegenstände nicht; aber sie sind darum auch nicht *nicht*: sondern leben dauerhafter als das sterbende Seiende im orphischen Lied, dessen Macht das Nichtseiende – wie Paulus es vom göttlichen Wort sagt – anruft als das Seiende. Und nicht-seiend ist eben nicht nur das, was überhaupt gar nicht da ist, sondern auch das, das einmal nicht (mehr) dasein *wird*: der steigende Baum, die lauschenden Tiere, die Orpheus' Gesang zum Leben erweckt, aber auch wir, die Menschenwesen, z. B. das »Mädchen« oder die vom Schlangenbiß in die Unterwelt geschleuderte Eurydike. In ihr, sagt das Gedicht, sind wir »immer tot« – wie es ja dem Mythos vom in die Unterwelt steigenden und seine Gattin Eurydike aus dem Hades herausführenden Sänger-Gott entspricht. Aber wir *sind* auch immer wieder, wenn wir uns, wie das in den orphischen Mysterien symbolisch begangen wurde, neu erschaffen lassen aus der Einweihung in die heilige Wandlung: Orpheus und seine Mysterien handeln ja von der ewigen Wandlung, die unseren nichtseienden (aber für seiend gehaltenen) Leib umschafft in einen seienden (aber imaginären) Leib, genau wie die Christen sich das von der Taufe versprechen oder von der Kommunion:

Wolle die Wandlung [singt das Sonett II, 12]. O sei für die Flamme begeistert,
drin sich ein Ding dir entzieht, das mit Verwandlungen prunkt;
jener entwerfende Geist, welcher das Irdische meistert,
liebt in dem Schwung der Figur nichts wie den wendenden Punkt.

Diese Wandlung – die den Tod umschafft ins Leben, wie Gott das relativ Nichtseiende (unser schwindendes und sich wandelndes Leben) umschafft ins Seiende – ist nur ein anderer Name für das, was ein früheres Sonett (I, 5) des Orpheus »Metamorphose« genannt hatte: »(...) Wir sollen uns nicht mühn / um andre Namen. Ein für alle Mal ists Orpheus, wenn es singt. Er kommt und geht.«

Das ist uns schon vertraut. Neu ist, daß diese Transzendierungs-Bewegung nun als vom *Tod* erzwungen erscheint. Der Tod: das ist des Nicht-Seins Bedingung *im* Herzen des Seienden selbst: unseres Daseins Tendenz auf die Irrealisierung. Anders gesagt: es ist nicht, wie eine törichte Redegewohnheit spricht, poetische Überhöhung, die dem Seienden im Nichtseienden seine Wahrheit zuweist; sondern es ist die Wirklichkeit selbst, die – indem sie auf den Tod zuläuft – im Nicht-Wirklichen ihr Telos (ihr Ziel und ihre Bestimmung) erwählt. »Der Mensch«, sagt Sartre, »wird definiert durch das, was ihm fehlt« (Clarté-Interview vom März/April 1964); und anderswo sagt er: »Der Mensch gleicht entweichendem Gas, das ins Imaginäre entweicht« (*Sartre par Sartre*, in: *Situations* IX, Paris 1972, 118). Das heißt: der Sinn des menschlichen Seins enthüllt sich von dem her, was es nicht ist (erst unsere Zukunft definiert die Bedeutung unserer Gegenwart); und es heißt ferner: Wir haben im Gegenwärtigen keinen Bestand, wir rinnen hin – wie ein Faß rinnt –: ins Nichtseiende, das unsere Wahrheit in sich beschließt. Mit den Worten des Stundenbuchs (*SW* I, 347/8):

> DENN wir sind nur die Schale und das Blatt.
> Der große Tod, den jeder in sich hat,
> das ist die Frucht, um die sich alles dreht.

In der Metaphorik von Frucht und Schale, vom Jahreszyklus mit Werden und Wiedergeburt, vom endlich in der Frucht erreichten Ziel des wachsenden Baums steckt etwas Aristotelisches. Aristoteles hatte das, um dessentwillen ein Lebewesen wächst und lebt, die Entelechie genannt. Wörtlich übersetzt heißt das etwa: das, um dessentwillen eines ist; oder: das, was in ihm selbst keimhaft sein Ziel austrägt und enthält. Nun: dieses im Herzen des Seienden keimende Telos ist bei Rilke der Tod: das kommende Nichts, das Offene, in das das ungeschützte Menschenwesen aus-sich-heraus-und-hinein-steht, so wie es der Ausdruck »Ex-sistenz« besagt: Aus-sich-heraus-Stehen; sein Sein nicht in sich, sondern *in* einem anderen und *durch* ein anderes haben: eben im und durchs Nicht-Sein. (Genau dasselbe heißt: Zeitlichsein; denn »zeitlich« ist alles, das sein Sein nicht in sich selbst, sondern in einem anderen hat, das sein Sein abermals in einem anderen hat und so ins Unendliche.)

Aber das Nichtsein wird bei Rilke nicht erfahren als einfacher Widerruf der Ansprüche des Seienden, sondern als Ekstasis in Gesang: als Wink der Natur, die Wahrheit der Natur nicht in ihr selbst, sondern im Gesang zu suchen: d. h. im Imaginären, in *dem* Medium, in welchem der Tod die Wahrheit des Seienden unterstreicht und steigert. Der Sänger ist der »bleibende«, so wie Orpheus immer noch ist, wenn »es singt«; und so wie Eurydike »immer« noch stirbt und als Gesang lebt. Der Sänger ist allem Abschied voran, er nimmt die Wahrheit des Todes bereits hinein in den Anspruch des Lebens, und darum vollzieht er »den unendlichen Grund [s]einer innigen Schwingung« »dieses einzige Mal« »völlig« (II, 13); das meint: im gelungenen Gedicht erwirbt das stets vom Nichtsein angefressene, das unganze und durch die Zukunft sich zu ergänzen strebende Menschenleben seine Abrundung und Vollendung in seiner unwiederholbaren Einmaligkeit; denn Orpheus' Lied besingt das Leben unter dem Vorzeichen des Unwiederbringlichen oder des Todes; er besingt also das Seiende ergänzt um all das, was es jetzt (noch) nicht ist: er er-gänzt es, so wie es schon bei Novalis vom Tode hieß:

> Was uns gesenkt in tiefe Traurigkeit
> Zieht uns mit süßer Sehnsucht nun von hinnen.
> Im Tode ward das ewge Leben kund,
> Du bist der Tod und machst uns erst gesund.

(Novalis, *Schriften*, hg. von Paul Kluckhohn und Richard Sammel, Stuttgart 1960ff. [zit.: *NS*], I, 147)

– wobei Gesundsein für Novalis heißt: Ganz-Sein (»darum sagt man auch zu einem Kranken: ›was fehlt dir?‹«).

Jetzt sind wir gerüstet für das Verständnis eines der berühmtesten Sonette an Orpheus, nämlich I, 9 – eines Sonetts, das abermals an des Orpheus Gang in die Todeswelt erinnert und ihn – wie der Mythos das sonst nur noch von Herakles, Dionysos und Christus erzählt – als Sieger über die Mächte des Todes hervorgehen läßt:

Nur wer die Leier schon hob
auch unter Schatten,
darf das unendliche Lob
ahnend erstatten.

Nur wer mit Toten vom Mohn
aß, von dem ihren,
wird nicht den leisesten Ton
wieder verlieren.

Mag auch die Spieglung im Teich
oft uns verschwimmen:
Wisse das Bild.

Erst in dem Doppelbereich
werden die Stimmen
ewig und mild.

Da kehren, um die Erfahrung des Todes bereichert, fast alle Motive wieder, die wir schon aufgesammelt haben: Erst *dessen* Leier, erst *dessen* Gesang darf die Welt preisen, der schon unter die Schatten versetzt war, d. h., der den Tod in sein Leben hat hineingreifen lassen. Denn alsdann hat das Leben am Imaginären – am »Ewigen«, wie das Gedicht in religiöser Sprache sagt – teil; erst dann wird es auch den leisesten (d. h. den mit sinnlichen Ohren unvernehmlichsten) Ton nicht wieder verlieren. Einer platonischen Idee gleich, übersteht der vom Tode verstärkte Gesang den Unbestand der Weltdinge, deren Anblick wie die Spieglung im Teich verschwimmt. Es gilt: das »Bild« – also den poetischen Ausdruck, in den sich die Weltdinge aufheben – zu »wissen«. Gewußt: *bleibt* das Bild stehen, es verewigt sich. Aber diese Verewigung ist nicht zu denken, wie das Nein zum Ja oder wie die Inexistenz sich zur Existenz verhält. Ewig ist nicht die Negation der vergänglichen Wirklichkeit mit Putz und Stiel – sondern nur die Negation ihres Sich-Verstarrens ins Wirkliche als solches. Das, was diese abstrakte Wirklichkeit überdauert, ist schon jetzt Bild und kann als Bild gerettet werden. Diese doppelte Perspektive meint der Ausdruck »Doppelbereich«: das Bild ist weltlich und sichtbar, denn es ist ausgehoben aus den Dingen und Begebenheiten dieser sichtbaren Welt; aber das Bild ist zugleich innenweltlich und unsichtbar, weil es das nicht verschwimmende, das bleibende Bild ist, das die Stätte des Todes und des Nichtseins überdauert hat und immer noch *ist*, weil es im Gesang seine Stätte hat, von dem es heißt: »Gesang ist Dasein.«

Wir sprechen von Rilke und nicht von Novalis. Dennoch kann ich in diesem Zusammenhang eine hübsche Stelle aus den *Dialogen* des Novalis nicht aus meinen Gedanken verdrängen, die Rilkes Erfahrung unterstreicht. Es unterhalten sich dort zwei Dialog-Partner A und B. A sagt:

Ich begreife nun, daß unsre ursprüngliche Existenz, wenn ich mich so ausdrücken darf, Lust ist. Die Zeit entsteht mit der Unlust. Daher alle Unlust so lang und alle Lust so kurz. Absolute Lust ist *ewig* – außer aller Zeit. Relative Lust mehr oder weniger Ein ungetheilter Moment.

B. Sie begeistern mich – nur wenige Schritte noch und wir stehn auf der Höhe der innern Welt.

A. Ich weiß, welche Schritte sie meynen. Unlust ist, wie die Zeit endlich. Alles Endliche entsteht aus Unlust. So unser Leben.

B. Ich löse Sie ab – und fahre fort. Das Endliche ist endlich – Was bleibt? Absolute Lust – Ewigkeit – Unbedingtes Leben. Und was haben wir in der Zeit zu thun, deren Zweck Selbstbewußtseyn der Unendlichkeit ist –?

Vorausgesetzt, daß sie einen Zweck hat, denn man könnte wohl fragen, ob nicht Zwecklosigkeit gerade die Illusion karacterisirt!

A. Auch das – indeß was sollen wir zu bewircken suchen? Verwandlung der Unlust in Lust und mit ihr der Zeit in Ewigkeit, durch eigenmächtige Absonderung und Erhebung des Geistes, d[es] Bewußts[eyns] d[er] Illusion, als solcher.

B. Ja, Lieber, und hier an den Säulen des Herkules lassen Sie uns umarmen, im Genuß der Überzeugung, daß es bey uns steht das Leben wie eine schöne, genialische Täuschung, wie ein herrliches Schauspiel zu betrachten, und daß wir schon hier im Geist in absoluter Lust und Ewigkeit seyn können, und daß gerade die alte Klage, daß alles vergänglich sey, der Fröhlichste aller Gedanken werden kann, und soll. (*NS* II, 667)

Ich wiederhole die Pointe dieses Dialogs. Alle Unlust entsteht aus der Erfahrung der Vergänglichkeit, alle Lust aus der Erfahrung des Zeit-Stillstandes: der Ewigkeit. Nun ist aber unser Leben, das durch Vergänglichkeit definiert und eben darum mit Unlust verbunden ist, selbst vergänglich. Und darum ist die Lektion, die uns das Leben erteilt, die, daß es nichts wert ist und daß sich die Illusion, es habe einen Wert, durch das Sterben selbst korrigiert. Und so wird aus der alten Menschheitsklage, daß alles vergänglich sei, der fröhlichste aller Gedanken: denn im Tode schafft sich die Vergänglichkeit selber ab zugunsten der Ewigkeit.

Und von dieser Des-illusionierungsbewegung handelt das orphische Lied, das schon jetzt, unter Bedingungen des Lebens, diesen fröhlichsten aller Gedanken zu Worte bringt, indem es rühmt und preist: »Rühmen, das ists« (I, 7); und der rühmende Gott »ist einer der bleibenden Boten, / der noch weit in den Türen der Toten / Schalen mit rühmlichen Früchten hält« (l. c. I, 7). Wieder hängt die Bedingung fürs Bleiben des Wortes davon ab, ob der Sprecher das Toten-Reich durchquert hat und also im Doppel-Bezug steht (I, 6) – oder ob er bloß »ein Hiesiger« ist (I, 6), dessen weite Natur nicht »aus beiden / Reichen erwuchs« (l. c.).

II

Wir können uns nun an die Überlegung machen, ob und inwiefern Rilkes *Sonette an Orpheus* auf unsere Frage nach Mythos und Mythen in der Literatur des 20. Jahrhunderts Antworten bereithalten.

In einem manifesten Sinn ist das der Fall durch die Anrufung des Gott-Sängers im Titel und auch in vielen Sonetten selbst. Seine mythische Rolle ist hinreichend profiliert durch drei Übernahmen aus dem antiken Mythos: Orpheus erscheint erstens als der Sänger, der alle Lebewesen der Natur zum nichts mehr begehrenden, ganz den Tönen hingegebenen Lauschen verzaubert (*Roscher*, IV. 1, 1115 ff.)* – und selbst den unerbittlichen Unterweltsgott, dessen Eisenherz von Orpheus' Leier erweicht wird (l. c., 1160/1); zweitens erscheint Orpheus als der Gatte der Eurydike (II, 13), in der er stirbt – sie kam durch einen Schlangenbiß ums Leben – und die aus dem Hades führend er das Sterben überlebt (vgl. l. c., 1157ff.); drittens erscheint Orpheus als der Widersacher des Dionysos (I, 6), dessen Mänaden-Schwarm ihn überfällt und jauchzend in Stücke zerreißt, ohne freilich sein Haupt und seine Leier zerstören zu können, die singend bzw. von selbst erklingend auf den Fluten des Helikon in den Melesfluß treiben, wo sie »noch jetzt singen«: denn des Orpheus Gesang teilt mit dem Wirken des Gottes Dionysos die Eigenschaft, zu ›bleiben‹. So hatte Hölderlin von seinem »kommenden Gott« – in *Brod und Wein* (v. 143 ff.) – bereits gesungen:

> Ja! sie sagen mit Recht, er söhne den Tag mit der Nacht aus
> Führe des Himmels Gestirn ewig hinunter, hinauf,
> Allzeit froh, wie das Laub der immergrünenden Fichte,

* Vgl. auch die Naturbezwingungs-Wunder während der Argonauten-Fahrt: Orpheus beschwichtigt die See, die Sirenen, die Felsen usw. (*Roscher* IV, 1., 1155).

Das er liebt und der Kranz, den er von Epheu gewählt,
Weil er bleibet und selbst die Spur der entflohenen Götter
Götterlosen hinab unter das Finstere bringt.
(von mir kursiviert [M. F.])

Als den Bleibenden, dem gebührt, zu sein, charakterisiert ihn immer wieder auch Schellings *Philosophie der Mythologie* – der erste Teil unserer »Vorlesungen über die Neue Mythologie« hat es gezeigt.

Auch Rilke vergleicht seinen Orpheus dem Weingott in einem Sinne, der dicht an Schellings Räsonnements über die Vergeistigung des *Wein*geists in den Geist-der-Gemeinschaft und noch abstrakter in den absoluten Geist des Idealismus heranführt. Schon der über alle ausgegossene *Geist* des Pfingstwunders ließ ja die Außenstehenden vermuten, die in Zungen Redenden seien »voll süßen Weines«. In I, 7 sagt Rilke von Orpheus:

(...) Ein zum Rühmen Bestellter,
ging er hervor wie das Erz aus des Steins
Schweigen. Sein Herz, o vergängliche Kelter
eines den Menschen unendlichen Weins.

Und im letzten Terzett desselben Gedichtes heißt es:

Er ist einer der *bleibenden* Boten,
der noch weit in die Türen der Toten
Schalen mit rühmlichen Früchten hält.
(Von mir kursiviert [M. F.])

Hier verschmilzt Orpheus nicht nur mit dem Weingott, sondern auch mit der Vegetationsgottheit schlechthin – die, in die Türen der Toten die Früchte haltend, wie das Saatkorn der Persephone stirbt, um als Frucht wieder zum Leben zu erwachen. Noch die Urchristenheit arbeitet mit den liturgischen Formeln der Eleusinien, um Christi Sieg über die Mächte des Todes zu feiern, z. B. im Johannes-Evangelium (12, 14): »Das Weizenkorn muß in die Erde fallen und sterben, sonst bleibt es für sich allein; wenn es aber stirbt, trägt es viele Frucht.« Oder denken Sie an das Paulus-Wort: »Es wird gesät verweslich und wird auferstehen unverweslich« (zit.: Schelling *SW* II/2, 638).

Auch außerhalb des Sonette-Zyklus hat freilich Rilke zum Dionysos sich geäußert. Aus Nietzsches Tragödie-Schrift hat er fleißig exzerpiert und ein paar lesenswerte Notizen dazu angefertigt (*SW* 12, 1163–1177: *Marginalien zu Friedrich Nietzsche: ›Die Geburt der Tragödie‹*). Im Brief an Rudolf Bodländer vom 23. März 1922 schreibt er:

Das Entsetzliche ist, daß wir keine Religion besitzen, in der diese Erfahrungen [um die Fragen des Geschlechts nämlich], so wörtlich und handgreiflich wie sie sind (:denn: zugleich so unsäglich und so unantastbar), in den Gott gehoben werden dürfen, in den Schutz einer phallischen Gottheit, die vielleicht die *erste* wird sein müssen, mit der wieder eine Götterschar bei den Menschen einbricht, nach so langer Abwesenheit (*Briefe*, 778/9).

Gewiß ist dies auf einen konkreten Zusammenhang hin gesprochen; aber verallgemeinbar ist doch die These, im phallischen Gott nahe zuerst wieder die Götterschar. Auch sonst, wiederholt anklingend im *Stundenbuch*, hat Rilke die Wendung vom werdenden oder vom zu erbauenden oder auch vom kommenden Gott gebraucht, z. B. in einem Brief an Franz Xaver Kappus (Rom, 23. Dez. 1903). Darin heißt es:

Warum denken Sie nicht, daß er *der Kommende* ist, der von Ewigkeit her hervorsteht, *der Zukünftige*, die endliche Frucht eines Baumes, dessen Blätter wir sind? (*Briefe*, 66, von mir kursiviert [M. F.])

Das erinnert an den Schluß der *Aufzeichnungen des Malte Laurids Brigge*. Dort heißt es:

Es war jetzt furchtbar schwer zu lieben, und er fühlte, daß nur Einer dazu imstande sei. Der aber wollte noch nicht (*SW* 11, 946).

Es ist der kommende Gott, dessen Liebe den Geliebten frei läßt, ihn nicht begehrend noch auch seine Begierde verlangend: ein kommender Gott, als den wir den Orpheus der Sonette wiedererkennen: den Gott, der den Weltbezug durchstreicht und den man nur hat, indem man ihn nicht hat, wie Rilke an Ilse Jahr schreibt (22. Febr. 1923):

Das Faßliche entgeht, verwandelt sich, statt des Besitzes erlernt man den Bezug, und es entsteht eine Namenlosigkeit, die wieder bei Gott beginnen muß, um vollkommen und ohne Ausrede zu sein (*Briefe*, 819/20).

III

Noch enger lehnt sich an Hölderlins Dionysos-Mythos das Sonett I, 26, das vom Überleben des orphischen Gesangs in der sich übersteigenden Natur-Stimme handelt – so wie Hölderlin die Dichter den heiligen Priestern des Weingotts verglich (*Brod und Wein*, v. 123/4).

Du aber, Göttlicher, du, bis zuletzt noch Ertöner,
da ihn der Schwarm der verschmähten Mänaden befiel,
hast ihr Geschrei übertönt mit Ordnung, du Schöner,
aus den Zerstörenden stieg dein erbauendes Spiel.

Keine war da, daß sie Haupt dir und Leier zerstör.
Wie sie auch rangen und rasten, und alle die scharfen
Steine, die sie nach deinem Herzen warfen,
wurden zu Sanftem an dir und begabt mit Gehör.

Schließlich zerschlugen sie dich, von der Rache gehetzt,
während dein Klang noch in Löwen und Felsen verweilte
und in den Bäumen und Vögeln. Dort singst du noch jetzt.

O du verlorener Gott! Du unendliche Spur!
Nur weil dich reißend zuletzt die Feindschaft verteilte,
sind wir die Hörenden jetzt und ein Mund der Natur.

Das erinnert unmittelbar an Hölderlins Verspaar: »Weil er bleibet und selbst die Spur der entflohenen Götter / Götterlosen hinab unter das Finstere bringt.«

Worin gründet aber eigentlich die alte Feindschaft zwischen Dionysos und Orpheus? Aus Rilkes Sonetten erhalten wir keinen ausdrücklichen Bescheid – es sei denn, wir zögen Schlüsse aus der gewaltlos sanften Stimme dieser Lieder, die so gern den Apoll beschwören und den Dionysos nur als den Feind und Zerstörer. Einen Wink freilich gibt das eben gelesene Sonett: der orphische Gesang wird universell erst durch den Tod des singenden Individuums, das ihn hervorbringt. Dionysos, der rasende Gott, ist der in die Vielheit und in die Vervielfältigung verliebte Gott: der Zerreißer der Einheit und der Feind des principium individuationis, als den ihn Rilke von Nietzsche her kannte. Eben dadurch vervielfältigt Dionysos aber auch die eine und einsame Zauberstimme des Orpheus und macht seinen nicht mehr lebenden, sondern ins Gedicht hinübergestiegenen, imaginär und still gewordenen Gesang (wenn Stille heißt: von allem Naturlaut unterschieden: »rein«) – eben diese Vervielfältigung seiner Stimme, sage ich, macht den orphischen Gesang allgegenwärtig: »Nur weil dich reißend zuletzt die Feindschaft verteilte, / sind wir die Hörenden jetzt und ein Mund der Natur.« – So ist also auch bei Rilke der kommende Gott nicht ganz abwesend: im Gegenteil, er ent-bindet erst die Unendlichkeit und Allgemeinheit des orphischen Gesanges, ihn so auf einen zeitgenössischen und nicht-vergangenen, vielmehr bleibenden Gott »übersteigend«.

Es scheint, daß Rilkes Weiterdichten am Orpheus-Mythos mit den bekanntesten Quellen sich begnügt hat. Zu denken ist vor allem an Ovids *Metamorphosen* (11, besonders v. 8ff.). Dort wird erzählt, »wie die Mainaden ihre Thyrsosstäbe und Steine nach Orpheus werfen, wie diese aber in der Luft durch den Gesang bezaubert werden und unschädlich, gleichsam um Verzeihung bittend, zu seinen Füßen niederfallen, bis der bakchische Lärm den Gesang übertönt« (Artikel *Orpheus* in: *Roscher*, IV. Bd., 1. Abt., Sp. 1167). Darauf scheinen unmittelbar anzuspielen die eben zitierten Verse des zweiten Quartetts: »Wie sie auch rangen und rasten, und alle die scharfen / Steine, die sie nach deinem Herzen warfen, / wurden zu Sanftem an dir und begabt mit Gehör.« Aber auch die Terzett-Verse scheinen in Ovid ihren Vorläufer zu haben. Es wird dort nämlich weiter erzählt, »wie die Weiber die Glieder ins Meer werfen. Die Führerin der Musen [und Mutter des Orpheus], d.i. Kalliope, steht am Hebros trauernd über die jetzt taube belebte und die jetzt nicht mehr bewegte unbelebte Natur (*Stat. Silv.* 5, 3, 15); mit ihren Schwestern sammelt sie die Glieder und bestattet sie (*Hyg. p. a.* 2,7). Die Natur, die meist von dem lebenden O. besungen war, klagt über den Toten (*A.P.* 7,10); Felsen und Bäume jammern, selbst wilde Tiere. Die Bäume verlieren in ihrer Trauer das Laub (wie die Menschen sich scheeren), die Flüsse weinen und schwellen davon an, Najaden und Dryaden haben aufgelöste Haare (*Ov. Met.* 11, 45ff.), die thrakischen Frauen selbst fangen an zu klagen« und streuen sich Asche aufs Haupt (l. c., 1167). »Das Haupt [des Orpheus] schwimmt nach der später gewöhnlichen Lokalisierung des Mythos auf dem Haimos (o. § 28) auf dem Hebros ins Meer. *Virgil* läßt das schwimmende Haupt noch eine Weile lebend und sterbend den Namen der Gattin rufen (*Georg.* 4, 525); bei *Ovid*, der auch hier seinen Vorgänger überbietet, murmelte die bereits tote Zunge noch einen wunderbaren Klagegesang, die Leier, die nach einer Version mit dem Haupte schwimmt, stimmt ein (*Ov. Met.*, 11, 51; *Luk. Salt.* 51), indem die Winde in ihre Saiten schlagen (*Luk. adv. ind.* 11). Endlich werden Kopf und Leier nach dem Melesfluß (o. § 30) oder nach der gewöhnlicheren Überlieferung nach Lesbos (§ 33) getrieben, wo eine Schlange, die in das Haupt des Sängers beißen will, versteinert wird (*Ov. Met.* 11, 56). (...) Später taten die Reliquien des O. Wunder. Sein Haupt erteilte in einer lesbischen Erdspalte Orakel. (...) Die Nachtigallen singen in Lesbos am Grabe des O. schöner als sonst. (...) Noch wunderbarer ist, was von einem Hirten erzählt wird, der auf diesem Grabe eingeschlafen war; er soll im Schlafe angefangen haben so schön zu singen, daß von weit und breit alle Landleute zusammenströmten (*Paus.* 9, 30, 10). Aus dem Blute des O. soll nach einer apokryphen Nachricht die Blume κιθάρα entsproßt sein, welche während der Dionysien den Klang einer Zither von sich geben soll (*Pseudoplut. de fluv.* 3, 4; *F.H.G.* 4, 367)« (zit. *Roscher* IV. 1, 1168). Die Leier des Orpheus wird entweder dem Apollon ausgehändigt oder von Zeus unter die Gestirne versetzt (l.c., 1169).

Was aber – so wird es Zeit zu fragen – hat Orpheus mit dem Dionysos zu tun, und was erklärt die Feindschaft der beiden Halbgötter? Darüber ist viel gerätselt und gestritten worden. Schelling hat eine berühmte, sehr spekulative Deutung versucht, die dies Wahrheitsmoment auf ihrer Seite hat, daß sie sich auf die orphische Literatur berufen kann. Schelling macht den Orpheus zum Widersacher nicht nur des Dionysos, sondern auch des Homer. Homer, sagt er, sei das abendländische, Orpheus das orientalische Prinzip der Mythologie (*SW* II/3, 429). Dieser Unterschied ist grob identisch mit dem, den wir früher zwischen der symbolisch-kultischen und der mythischen Seite des mythologischen Prozesses gemacht haben. Die Etymologie von »Orpheus« deutet auf den Stamm *orph-: Dunkel, besonders nächtliches Dunkel bezeichnend. »In den frühesten Sagen«, sagt Schelling, »eben denen, die sich auf den Dionysoscultus beziehen, erscheint Orpheus als Anhänger des Zabismus, als Repräsentant des astralen Princips. Er weigert sich den Dionysos (die zerstörende Potenz dieses Princips) zu erkennen, indem er den Helios, oder, wie dieß später gedacht wurde, den Apollon für den größten Gott erklärte. Darum wird er nun von den Mänaden zerrissen, d.h. der dionysische Taumel siegt über das retardirende Princip des Bewußtseyns, das trotz seines Widerstrebens, oder vielmehr eben seines Widerstrebens wegen, zerrissen, d.h. in eine Vielheit zersetzt wird« (*SW* II/3, 430/1).

Diese Vorstellung scheint der nahezukommen, die Rilkes Weiterdichten am Mythos lenkt: Orpheus ist der in die vormythische Einheit sich verschließende Gott, in dessen Stimme der paradiesische, jeder Spannung und Zersetzung und selbst der sprachlichen Artikulation zuvorkommende, also gleichsam vor-babylonische (oder nach-babylonisch pfingstliche) Gesang der uranfänglichen Einheit ertönt; eben darum aber gerät er in Widerspruch mit dem Prinzip der Differenz, der Vervielfältigung, der »symbolischen Ordnung«, die seinen Gesang artikuliert: d. h. zerstreut, vervielfältigt und gerade dadurch erst zu einer *wirklich* universellen Stimme macht. »Nur weil dich reißend zuletzt die Feindschaft verteilte, / sind wir die Hörenden jetzt und ein Mund der Natur.«

Wirklich ist ja Rilkes Orpheus durch mehrere Stellen – und nicht zum wenigsten durch den Stil seines Gesangs – als Diener des Apollon, und nicht des taumelnden Dionysos ausgewiesen. So hat sich schon Aischylos in seinem Drama *Bassarai* (dem zweiten Stück der *Lykurgeia*) die Zerreißung des Orpheus erklärt. Im Prolog dieses Dramas (das nur in Fragmenten erhalten ist) »trat O. als Diener des Helios-Apollon den aus Lydien mit Bakchos ins Land gekommenen Bassarai entgegen; diese scheinen geantwortet zu haben, der wahre Apollon sei Dionysos (fr. 341 ...). Trotzdem zieht O. auf das Pangaiongebirge, um seinem Gott das Morgenopfer darzubringen; doch wird er, wie im Verlaufe des Stückes ein Bote erzählt zu haben scheint, von den edonischen Frauen, die Dionysos in Raserei versetzt hatte, zerrissen« (*Roscher*, l. c., 1165). Kurzum: Orpheus teilt das Schicksal derer, die – wie nachmals Pentheus in den *Bakchen* – dem taumelnden Dionysos-Kult sich entgegenstellen (auch Pentheus wird zerrissen, auch sein blutendes Haupt wird seiner Mutter vor die Füße geworfen usw.) (vgl. l. c., 1166). – Sieht man die Dinge so, dann fällt des Orpheus Tötung in die Konstellation der Polarität des apollinischen und des dionysischen Prinzips: beide Götter sind ja fürs Orakel und für die Dichtkunst zuständig, beide aber repräsentieren zwei ungleichzeitige Stadien der mythologischen Evolution. Viele, z. B. Bachofen, glauben, Apollon habe die unter Dionysos noch herrschenden matriarchalischen Strukturen durch Männerherrschaft ersetzt; und dafür scheint dann auch sein Diener Orpheus den Kopf haben hinhalten müssen: denn es sind ja Frauen, die ihn ermorden (vgl. zu Orpheus' Feindschaft gegen die Frauen: *Roscher*, l. c., 1166).

Mit dieser Erklärung steht nur auf den ersten Blick im Widerspruch die Überlieferung, daß Orpheus – dessen Kult übrigens, wie der des Dionysos, aus Thrakien eingedrungen sein soll – der Stifter der dionysischen Mysterien, besonders der allerheiligsten, der in Eleusis, gewesen sei und daß Orpheus immer wieder in Tempeln neben Dionysos aufgestellt erscheine. Wir wissen, daß, wer vom Dionysos spricht, immer hinzufügen sollte, welchen er meint, da es ja – und zwar eben nach orphischer Überlieferung – drei Götter dieses Namens gibt: den Zagreus, den Bakchos und den Iakchos. Schelling, der im ganzen mythologischen Prozeß nur die Entfaltung des dionysischen Prinzips aus dunklen Anfängen zu einem seiner selbst gewissen Bewußtsein sieht, präzisiert darum seine aus Aischylos bestätigte These von der uralten und prinzipiellen Feindschaft des Orpheus und des Dionysos dahin, daß er sagt: Orpheus ist nur der Gegner des Bakchos, des thebanischen Dionysos, des taumelnden Gottes, der die uranfängliche Einheit der Natur gewaltsam zerreißt. Diese Deutung hat viel für sich: denn in der Tat erleidet ja Orpheus nur das Schicksal des von den Titanen zerrissenen Dionysos-Zagreus, des Sohns von Zeus und Persephone. Der Zagreus-Mythos ist also nicht nur ähnlich dem Orpheus-Mythos; aus demselben Kult stammt wohl schon der Name des Vaters von Orpheus: Oiagreus »der einsam Jagende« (während Zagreus heißt »der große Jäger«); und beide Kulte verweisen auf chthonische Gottheiten, denen ja in der Tat der das Totenreich betretende und bestehende Orpheus deutlich zugeordnet ist (*Roscher*, l. c., 1112, 1125, 1140).

Als chthonische Gottheit verkörpert Zagreus die beharrende Einheit des Anfänglichen, die gewaltsam zerrissen werden muß, um in der »bacchischen Dissonanz« (Schelling, *SW* II/3, 431) als Differentialprinzip – eben als Dionysos-Bakchos – wiederzuerstehen. Und nur dieses Gottes Widersacher ist Orpheus. Nun ahnen wir zugleich, warum Orpheus für den Stifter selbst der eleusinischen Mysterien gelten konnte: in ihnen wird ja, nach orphischer Überlieferung, der in die reale Vielheit zerrissene Zagreus im Geist und in der Wahrheit wiedergeboren und heißt alsdann Iakchos: der wieder in geistige Einheit zurückgenommene plurale Dionysos. Die von dieser Entwicklung gleichsam überflügelten Orphiker, meint Schelling, hätten ihren Widerstand gegen Dionysos sofort aufgegeben, wie sie wahrgenommen hätten, daß der in den Mysterien verehrte zwar nicht mehr der vor-mythologische, sondern nunmehr der über-mythologische Dionysos gewesen sei, als dessen Offenbarer spätere Generationen das Christus-Kind in der Krippe oder Wiege betrachten werden (vgl. Schelling *SW* II/3, 431/2).*

So explizit ist Rilkes orphische Mythologie nicht; doch gibt es Züge, die seine Deutung der romantischen verbinden: Orpheus ist beiden ein chthonischer Gott, ein Gott des Totenreichs. Beiden wird dieser ins Dunkle verstarrte Vorwelt-Gott gewaltsam in die Offenbarung, in die Vervielfältigung gezwungen; beiden übersteht er den Tod durch eine zwar körperliche Vernichtung, aber mit ihr Hand in Hand gehend: eine geistige Befreiung und Verallgemeinerung, in deren Folge das orphische Lied, ursprünglich an einen Ort und eine Zeit gebannt, die Jahrhunderte überlebt und zu unserer Zeitgenossin wird. Mehr noch: der Vergeistigungsprozeß des orphischen Liedes ist zwar – wie bei Schelling – die Aufhebung seiner im strengen Sinne mythologischen Substanz (wobei »Mythologie« hier im gleichen Sinne verwendet wird wie »Vielgötterei/Polytheismus«); aber diese Vergeistigung ist nicht die rationalistische Aufhebung seiner Teilhabe am Heiligen. Orpheus *bleibt*, und mehr: er bleibt als *Gott*; und zwar, in nachgöttlicher Zeit, als der einzige Gott (dies teilt er mit dem Hölderlinschen Dionysos).

* Ich gebe diesen interessanten Abschnitt aus der *Philosophie der Offenbarung* nachfolgend ungekürzt wieder:

»Die Orphiker, Gegner alles bacchischen Orgiasmus, schreiben sich aus der Zeit her, wo nur erst Dionysos, der Semele Sohn, bekannt war, Dionysos im Gegensatz und in der Spannung, wo er nur als Zerstörer eines früheren Bewußtseyns, noch nicht zugleich als der Vermittler eines höheren, geistigeren Bewußtseyns erschien. Die letzten, (d. h. die vollendeten) griechischen Mysterien hatten die bacchische Dissonanz in sich durch einen höheren Akkord aufgelöst, jener Bakchos, der zuerst nur im Gegensatz und als Zerstörer erschien, war hier selbst einer höheren Einheit untergeordnet. Diese letzten griechischen Mysterien waren völlig rein von dem wilden bacchischen Orgiasmus, dem die Orphiker auf einer früheren Stufe sich widersetzt hatten. Nie war Bakchos, der thebanische Dionysos, für sich Gegenstand der Mysterien, aber die Orphiker, indem sie dem Bakchos absolut widersprachen, hinderten sie eben damit zugleich die Entwicklung der höheren Idee, zu der Bakchos nur der Uebergang war. Als daher die Dionysosidee in den Mysterien zuletzt allen Gegensatz und Widerspruch in sich selbst überwunden, die ursprüngliche Dissonanz ganz aufgelöst hatte, sahen sich die Orphiker durch die Mysterien gleichsam überflügelt, und konnten sich, da sie nun übrigens auch geschlossene Gesellschaft gegenüber von diesen zu bilden, geheime Weihen mitzutheilen suchten, sie konnten sich nur noch als mysteria privata (durch Privateinweihungen einzelner Abergläubiger, wie aus Theophrasts Charakter des Deisidämon erhellt) behaupten, und waren schon zu Platons Zeiten in große Verachtung gesunken, der in der Republik [Anm.: II, p. 364 E] erwähnt, wie sie mit Büchern des Orpheus, der Selene und der Söhne der Musen umherziehen, und nicht bloß Privatpersonen, sondern auch Städte bereden, durch gewisse Opfer Lösungen und

Hören Sie unter dieser Voraussetzung das zu Recht gerühmte Sonett I, 19:

Wandelt sich rasch auch die Welt
wie Wolkengestalten,
alles Vollendete fällt
heim zum Uralten.

Über dem Wandel und Gang,
weiter und freier,
währt noch dein Vor-Gesang,
Gott mit der Leier.

Nicht sind die Leiden erkannt,
nicht ist die Liebe gelernt,
und was im Tod uns entfernt,

ist nicht entschleiert.
Einzig das Lied überm Land
heiligt und feiert.

Hier wird die Brücke geschlagen, die das Uralte mit dem Gegenwärtigen verbindet, und zwar verbindet im Namen des Vollendeten, das immer »heim«fällt, also nach Hause gelangt zum »Uralten«. Des Gottes »Vor-Gesang« »währt *noch*«, d. h., man kann ihn heute noch hören. Und nicht obwohl, sondern weil die Leiden heute noch unerkannt und die Liebe noch immer ungelernt und der Tod immer noch unentschleiert sind, auf der anderen Seite aber die real existierende Religion ebenfalls abgedankt hat, bleibt die Erinnerung ans Heilige »einzig« dem Lied überm Land vorbehalten: Die Dichtung selbst und also solche wird zur Neuen Mythologie.

Ein letztes bleibt uns vielleicht zu fragen. Gibt es Anhaltspunkte in Rilkes Text selbst dafür, daß die Rationalität – in jenem weiten Sinne, in dem wir, Max Weber folgend, dies Wort verwenden – den

Reinigungen von unrechtmäßigen Handlungen, sowohl für Lebende als für Todte, bewirken zu können. Ein anderes Geschäft, das sie trieben, war die Wahrsagerei (...). Um diese Zeit der höchstens griechischen Bildung erscheinen die Orphiker nur noch als eine Art von Gauklern, als herumziehende oder Bettelpriester (ἀγύρται) und Wahrsager (μάντεις). Dieser Entartung ohnerachtet hatte das orphische Wesen, inwiefern es besonders mit einer eignen Lebensweise (βίος ὀρφικός) verbunden war und z. B. in der Enthaltung von thierischer Kost sowie von blutigen Opfern bestand, einen ehrwürdigeren Ursprung. Das Orphische ist in der griechischen Bildung eben das, was auf einer früheren Stufe die Mithrasidee oder der Buddismus – also eigentlich das antimythologische Princip. (...)« (*SW* II/3, 431/432).

Tod Gottes bewirkt hat? Tatsächlich wird dies ja ausgesprochen an wenigstens drei Stellen des Zyklus, nämlich jenen Sonetten, die – selbst, wie wir wissen, in romantischer Tradition – für den großen Widersacher der religiösen Gebundenheit das mechanistische Denken halten: die Maschine, die »das Neue« verkündigt (I, 18; II, 10); die Bank, die mit allen vertraulich tut, die sich als Tempel der nach-religiösen Kultur aufspreizt (wie Wagner schon sagte) und deren Art von Universalisierung und Kommunikation der religiösen Kommunikation geradewegs den Garaus macht (II, 19).

Diese drei Sonette darf ich Ihnen fast ohne Kommentar vorlesen:

Hörst du das Neue, Herr,
dröhnen und beben?
Kommen Verkündiger,
die es erheben.

Zwar ist kein Hören heil
in dem Durchtobtsein,
doch der Maschinenteil
will jetzt gelobt sein.

Sieh, die Maschine:
wie sie sich wälzt und rächt
und uns entstellt und schwächt.

Hat sie aus uns auch Kraft,
sie, ohne Leidenschaft,
treibe und diene. (I, 18)

Die alte Schellingsche Vision einer ihrem Baumeister entglittenen Maschine, die nun nicht mehr unseren Zwecken (oder überhaupt: irgendwelchen humanen Zwecken) dient, sondern die uns verknechtet (Schelling, *SW* I/3,584), aber zugleich »das Neue« verkörpert und in missionarischem Eifer »verkündigt«. Die Anrufung »Herr« in der ersten Zeile scheint mir bezeichnend, auch die Parodie der religiösen Termini »verkündigen« und »loben« – die gerade die Säkularisierung und Entwertung des »Hörens«, des »Rühmens«, des religiösen und des poetischen Sprechens manifestieren.

Im zweiten Sonett erscheint die Maschine als Zerstörerin alles Erworbenen; als eine sich sinnlos selbst mahlende Mühle (wie bei Novalis [*NS* III, 515]), die nicht dem Geiste dient, sondern ihn verknechtet, als Entgöttlicherin der Natur, deren Aura recht pessimistisch (und das heißt: recht realistisch) nur noch auf einen kleinen Spiel- und Schonraum eingeschränkt gesehen wird, wo sie den Imperativen der Zweckdienlichkeit (der »Brauchbarkeit«) entgeht: »noch« entgeht (wie lange?).

Alles Erworbne bedroht die Maschine, solange
sie sich erdreistet, im Geist, statt im Gehorchen, zu sein.
Daß nicht der herrlichen Hand schöneres Zögern mehr prange,
zu dem entschlossenern Bau schneidet sie steifer den Stein.

Nirgends bleibt sie zurück, daß wir ihr *ein* Mal entrönnen
und sie in stiller Fabrik ölend sich selbst gehört.
Sie ist das Leben, – sie meint es am besten zu können,
die mit dem gleichen Entschluß ordnet und schafft und zerstört.

Aber noch ist uns das Dasein verzaubert; an hundert
Stellen ist es noch Ursprung. Ein Spielen von reinen
Kräften, die keiner berührt, der nicht kniet und bewundert.

Worte gehen noch zart am Unsäglichen aus ...
Und die Musik, immer neu, aus den bebendsten Steinen,
baut im unbrauchbaren Raum ihr vergöttlichtes Haus. (II, 10)

Auch das dritte Gedicht, das Sonett vom Gold in der verwöhnenden Bank, appelliert an den Raum des Schweigens, den die gesamten Orpheus-Sonette der Sphäre des Heiligen vorbehalten. Nicht darum, wie wir wissen, weil dort nicht geredet würde, sondern weil die symbolische Ordnung – zu deren zersetzender Zergliederung (Artikulation) der universelle Warentausch verstärkend beiträgt – im Weltinnenraum des Gedichts virtualisiert und aufgehoben erscheint. Das macht den Dichter dem Bettler, dem Schweigenden, dem nichts Begehrenden vergleichbar, der im Geld immer auch und noch das Gold – das Naturding – sieht: wie es schon in einer frühen Vision des *Stundenbuchs* zum Ausdruck kam, wo die zu Geld zerbrochenen Kronen der Welt-Könige erst der Gewalt dienen, dann zu Geld (»dem zeitgemäßen Herrn der Welt«) kleingebrochen und verallgemeinert, im Feuer zu Maschinen gedehnt werden, sich grollend fügen und mit denen das Glück nicht ist – wo also das so mißbrauchte Geld folgende Vision auslöst:

Das Erz hat Heimweh. Und verlassen
will es die Münzen und die Räder,
die es ein kleines Leben lehren.
Und aus Fabriken und aus Kassen

wird es zurück in das Geäder
der aufgetanen Berge kehren,
die sich verschließen hinter ihm.
(Rilke *SW* 1, 329; das ganze: 328)

Eine ganz romantische Vision, die fast den *Ring des Nibelungen* von Wagner auf die Formel zu bringen geeignet ist.

Hören Sie nun als letztes das Bank-Sonett von Rilke:

Irgendwo wohnt das Gold in der verwöhnenden Bank
und mit Tausenden tut es vertraulich. Doch jener
Blinde, der Bettler, ist selbst dem kupfernen Zehner
wie ein verlorener Ort, wie das staubige Eck unterm Schrank.

In den Geschäften entlang ist das Geld wie zuhause
und verkleidet sich scheinbar in Seide, Nelken und Pelz.
Er, der Schweigende, steht in der Atempause
alles des wach oder schlafend atmenden Gelds.

O wie mag sie sich schließen bei Nacht, diese immer offene Hand.
Morgen holt sie das Schicksal wieder, und täglich
hält er sie hin: hell, elend, unendlich, zerstörbar.

Daß doch einer, ein Schauender, endlich ihren langen Bestand
staunend begriffe und rühmte. Nur dem Aufsingenden säglich.
Nur dem Göttlichen hörbar. (II, 19)

Schön gereimte vor-modern-antikapitalistische, also im wirklichen Sinne dieses Wortes: *konservative* Phantasien, gewiß.

Aber doch auch mehr. Rilke hat nämlich ein Motiv für die Tendenz-des-Gedichts-in-die-Stille-und-ins-Unsichtbare *in* der Rationalisierung der Lebenswelt selbst aufgewiesen. Sie erinnern sich vielleicht noch der Verse aus der neunten Duineser Elegie, wo es hieß:

(...) Mehr als je
fallen die Dinge dahin, die erlebbaren, denn,
was sie verdrängend ersetzt, ist ein Tun ohne Bild. (*SW* I, 718 u.)

Die Verdrängung der Individualität des Seienden durch die Funktions-Marke, durch den Tauschwert, durch das Ersetzbare, das universelle Äquivalent: das ist eine ganz konkrete Erfahrung des 20. Jahrhunderts – und sie treibt uns auf eine ziemlich unpoetische Weise selbst schon immer weiter hinein ins Unsichtbare. Das gilt auch für die Gegenstände und Konstrukte der Naturwissenschaften: *sie* werden ungegenständlich, nicht nur die moderne *Kunst* wird es. Rilke sagt in der siebten Elegie:

(...) Unser
Leben geht hin mit Verwandlung. Und immer geringer
schwindet das Außen. Wo einmal ein dauerndes Haus war,
schlägt sich erdachtes Gebild vor, quer, zu Erdenklichem
völlig gehörig, als ständ es noch ganz im Gehirne.
Weite Speicher der Kraft schafft sich der Zeitgeist, gestaltlos
wie der spannende Drang, den er aus allem gewinnt.
Tempel kennt er nicht mehr. Diese, des Herzens, Verschwendung
sparen wir heimlicher ein. Ja, wo noch eins übersteht,
ein einst gebetetes Ding, ein gedientes, geknietes –,
hält es sich, so wie es ist, schon ins Unsichtbare hin.
Viele gewahrens nicht mehr, doch ohne den Vorteil,
daß sie's nun *innerlich* baun, mit Pfeilern und Statuen, größer!
(*SW* 2, 711)

Das meint: Wo wir bislang uns aufgehoben glaubten: auf der Erde – sie hat aufgehört, ein dauerndes Haus zu sein, das uns Asyl und Heimat bietet. An ihre Stelle tritt das erdachte Gebilde: die technische Konstruktion, die Gedankenwelt, die Welt der Figuren, der Zahlen, der Funktionen und Tauschwerte – lauter Größen, die die anschauliche Welt aufheben in eine unanschauliche, die gestaltete Welt in eine gestaltlose. Tempel kennt der Zeitgeist konsequent nicht mehr; ökonomisch, wie er geworden ist, hat er keinen Sinn mehr für des Herzens Verausgabung: für das Werk der selbstlosen Liebe, die immer noch wächst, wenn man sie verschwendet. Gleichwohl: so wie die weltlos, da un-rationell gewordene Liebe ihren Tempel im Herzinnenraum sucht, um dort *innerlich* ihre Welt zu baun, »mit Pfeilern und Statuen, größer«; so strebt auch die wirkliche Welt selbst hinaus ins Unwirkliche; oder, mit einem Ausdruck Musils aus dem *Mann ohne Eigenschaften*: »Die Wirklichkeit selbst und als solche hat die Tendenz, sich abzuschaffen.« – Und darin erweist die Utopie des Weltinnenraums ihre tiefe Zeitgenossenschaft zur rationalisierten/technologisch in Besitz genommenen, in Zahlverhältnis und Begriff aufgehobenen Welt der hochindustrialisierten kapitalistischen Staaten Europas.

Rilke hat das sehr schön in einem Brief an Robert Heinz Heygrodt (vom 12. Januar 1922) zum Ausdruck gebracht. Er fragt sich dort nach dem Ort des Kunstwerks in der modernen Wirklichkeit und vergleicht ihn mit dem früherer Wirklichkeiten:

Im Tempel, in der Kathedrale, ja in der Mitte einer Häuslichkeit, deren Herdstelle noch unwillkürlich, über die tägliche Nutzbarkeit hinaus, kraft ihres unendlichen Feuers, bedeutend war, hatte das Kunst-Ding seine eigentümlich abgesonderte und doch in Alles (rascher vergängliche) hinüberwirkende Existenz. Wo ist sein Platz mitten im heutigen Gedräng? – Indem die Sichtbarkeit des Göttlichen (zugleich mit der aller höheren Werte, z. B. dem dem Geldes, das dem Golde längst nicht mehr gleichzusetzen ist) mehr und mehr abnimmt, – ja das Schicksal selbst, seine entscheidenden Bewegungen und Geschehnisse mehr und mehr ins Unsichtbare zurückzieht und es immer schwerer machen dürfte, dem Wesentlichen ein *sichtbares* Äquivalent aufzustellen, ergibt sich das Kunstwerk als ein auch schon Verdrängtes aus einer Welt, die bis ins Letzte vom Schlag und Rückschlag des Scheinbaren ausgefüllt ist. – (*Briefe*, 731/2).

Hier wird also die Bewegung, die das Kunstwerk ins Unsichtbare beschreibt, als Verlängerung und Übersteigerung der Bewegung gesehen, die die gesellschaftliche Wirklichkeit selbst ins Unsichtbare hinein treibt. Mit dem Unterschied, daß, während der gesellschaftlichen Wirklichkeit ihr Heiliges zum u-topos, zum Nicht-Ort, dahinschwindet, die Kunst das Heilige in eine Utopie hinein retten kann; ihr Unsichtbares ist nicht wie das der kapitalistisch-technologischen Welt die Aufhebung der anschaulich-sinnlichen Welt, sondern die Rettung eben dieser vom Fortschritt zerstörten Welt in den Herzinnenraum des Gedichts: in die Dichtung als die Fluchtburg und das Asyl der mythischen Wünsche im technischen Zeitalter:

[Denn] (...) diese, von Hingang
lebenden Dinge verstehn, daß du sie rühmst; vergänglich,
traun sie ein Rettendes uns, den Vergänglichsten, zu.
Wollen, wir sollen sie ganz im unsichtbarn Herzen verwandeln
in – o unendlich – in uns! Wer wir am Ende auch seien (*SW* 2, 719).

Gerhard Plumpe
Alfred Schuler und die »Kosmische Runde«

I

Rilkes *Sonette an Orpheus* fragen nach der Möglichkeit von Kunst in der Moderne. Der von den Mainaden zerrissene mythische Sänger füllte über sein grausames Ende hinaus mit seinem Sang die Natur; ihr Widerklang im inspirierten Künstler war Bedingung allen poetischen Sagens – »nach Orpheus«. Kunst gründet für die immanente Ästhetik des späten Rilke im Sein der Welt, nicht, jedenfalls nicht vorrangig, in Person und Eigenart des Künstlers. Darin berührt sich Rilke mit Martin Heideggers forciert gegenmodernem Kunstverständnis. Hängt die Möglichkeit der Kunst aber an Gegebenheiten des Seins, dann entscheidet dessen »Geschichte« über ihr Schicksal. Rilke deutete diese »Geschichte des Seins« als Verfall, er interpretierte seine Gegenwart als tiefgründende, weitreichende »Krise«, die, neben anderem, die Lage der Kunst prekär werden ließ. Ich belege diesen Hinweis mit dem 28. Sonett des zweiten Teils, das von jener Wera Ouckama Knoop, einem früh verstorbenen jungen Mädchen, spricht, der die gesamten *Sonette* als ein »Grab-Mal« gewidmet sind.

> O KOMM und geh. Du, fast noch Kind, ergänze
> für einen Augenblick die Tanzfigur
> zum reinen Sternbild einer jener Tänze,
> darin wir die dumpf ordnende Natur
>
> vergänglich übertreffen. Denn sie regte
> sich völlig hörend nur, da Orpheus sang.
> Du warst noch die von damals her Bewegte
> und leicht befremdet, wenn ein Baum sich lang
>
> besann, mit dir nach dem Gehör zu gehn.
> Du wußtest noch die Stelle, wo die Leier
> sich tönend hob –; die unerhörte Mitte.
>
> Für sie versuchtest du die schönen Schritte
> und hofftest, einmal zu der heilen Feier
> des Freundes Gang und Antlitz hinzudrehn. (*SW* 1, 769 f.)

Das Sonett bittet Wera, die Tänzerin war, im Schritt ihres Tanzes eine Kunstfigur zu realisieren, die das »poetische Potential« des

Seins momenthaft überbietet. Der Redegestus des Sonetts ist aber eben beschwörend, bittend, appellierend – keineswegs Deskription einer wirklich geleisteten künstlerischen Überschreitung. Denn das 28. Sonett stellt indirekt heraus, daß sich der Sang des Orpheus in der Natur verloren hat, daß ihr poetisches Sein geschwunden ist: »sie regte / sich völlig hörend nur, da Orpheus sang«. Diese Zeile bezieht sich keineswegs allein oder gar ausschließlich auf den lebenden Orpheus, sondern auch und vor allem auf die fortwährende Dauer der orphischen Resonanz des Seins. Der Tod des Gottes, so sagen die *Sonette*, hob seinen Gesang nicht auf, gab ihm vielmehr allererst Dauer – wir haben davon im letzten Kapitel gehört.

Die mythische Qualität des Seins der Natur, die alle Poesie erst möglich werden ließ: »Ein für alle Male / ists Orpheus, wenn es singt« (*SW* 1, 733), erscheint in der Gegenwart außer Kraft gesetzt: Orpheus singt nicht mehr. Poesie, die anderes sein will als artifizieller Ausdruck beliebiger Subjektivität, hat ihren mythischen Grund verloren; sie wird unwesentliches Sagen.

Diese Diagnose der immanenten Ästhetik Rilkes wäre ruinös und für alle Kunstanstrengung in der Moderne niederschmetternd, wäre in sie nicht die heimliche Hoffnung eingelassen, es könnte wieder besser werden. Rilkes Dichtung hat sich klar darüber ausgesprochen, welchen Vorgängen sich Mythosschwund und Kunstferne in der Gegenwart verdanken. Es sind, Sie erinnern sich, die vielbeklagten Prozesse der »Modernisierung« gewesen, die das »Orphische« verdrängt und die Kunst ins Aussichtslose manövriert haben. Nun hatte Rilke allerdings die Hoffnung, daß diese Vorgänge nicht final, nicht das »letzte Wort« in der Geschichte des Seins gewesen sind. Er glaubte vielmehr, daß sie Insignien einer äußersten Verdüsterung seien, die es zu bestehen gelte und in der von wenigen Wissenden die Erinnerung an ein anderes, früheres Sein gepflegt und den Künftigen als Prämisse eines neuen Kapitels in der Geschichte des Seins bewahrt werden müsse. Zu diesen wenigen Wissenden zählte Rilke die jungverstorbene Wera – »die von damals her bewegte«, die um »die unerhörte Mitte«, »wo die Leier sich tönend hob« noch wußte. Die wissende Bewahrung des orphischen Seins und die Öffnung zum Tode rühmte Rilke an der Tänzerin:

dieses einige Einssein ihres, allem erschlossenen Herzen *mit* dieser Einheit der seienden und währenden Welt, diese Zusage ans Leben, dieses freudige, dieses gerührte, dieses bis ins Letzte fähige Hineingehören ins Hiesige – ach, ins Hiesige nur?! Nein (...) ins *Ganze*, in ein viel mehr als Hiesiges. (...) Wie reichte sie mit den Antennen ihres Herzens über alles hier Erfaßliche und Umfängliche hinaus (*Briefe*, 728).

Bedeutsamer noch als Wera Ouckama Knoop und in den *Sonetten* vielfach präsent ist die Gestalt eines Mannes, der zu den Sonderlingen und eigentümlichen Figuren der Jahrhundertwende gehört, ein Mann, den manche für verrückt, einige für ein Schwabinger Faschingskuriosum, andere für genial gehalten haben; ich spreche von Alfred Schuler*, dem Mittelpunkt der legendenumwobenen »Kosmischen Runde«. Rilke trieb mit Schuler fast einen Kult: er galt ihm unter den Lebenden als derjenige, der die Bindung an den mythischen Grund und an die Welt der Toten in unvergleichlicher Weise bewahrt habe. Ich möchte die wichtigsten Zeugnisse, die Rilkes Bewunderung für Schuler belegen, hier anführen.

Am 9. März 1915 schrieb Rilke an Lou Andreas-Salome: »(...) ein Mensch, der schon deshalb wichtig ist, weil das Heillose, das jetzt geschieht, keinen seiner *tiefern innern Zusammenhänge* aufhebt (...)« (*Briefwechsel*, 386, Hervorhebung von mir [G. P.]).

Am 11. April 1918 an Hedwig Woermann-Jaenichen: »... Es genüge zu sagen, daß Alfred Schuler uns, die wir in seinen Vereinzelungen und Verästelungen wohnen, einen Durchschnitt des Lebensstammes bietet ... « (unveröffentlicht).**

Am 17. April 1923 an Hedwig Woermann-Jaenichen: »Aber so wie er lebte, bedurfte er dieser ›Bearbeitungen‹ nicht, jener Erfahrungen des Lebens und des Todes, die in ihm fortwährend als *Urgeschehen* sich offenbarten. Ihm die *Sonette* zu senden (oder

* Die Darstellung folgt meinem Buch *Alfred Schuler. Zur Funktion des Mythos in der Moderne*, Berlin 1978 (Kap. V und VI). Die Texte der »Kosmiker« werden wie folgt zitiert: Alfred Schuler *Fragmente und Vorträge aus dem Nachlaß*. Mit Einführung von L. Klages, Leipzig 1940 *(Fr. u. V.)*. Alle anderen Schuler-Zitate sind dem unveröffentlichen *Nachlaß* entnommen, der sich im Deutschen Literaturarchiv in Marbach befindet und seit 1973 der Forschung zugänglich ist.

Ludwig Klages, *Rhythmen und Runen*, Nachlaß, hg. von ihm selbst. Leipzig 1944 (*RR*).

Ludwig Derleth, *Das Werk*. 6 Bde. In Verbindung mit Christine Derleth hg. von D. Jost, Bellnhausen 1971 *(W)*.

Karl Wolfskehl, *Gesammelte Werke*, 2 Bde., hg. von M. Ruben und C. V. Bock, Hamburg 1960 *(GW)*.

** Das Deutsche Literaturarchiv in Marbach besitzt Kopien der Briefe Rilkes an Hedwig Woermann-Jaenichen.

selbst die *Elegien*), hätte mir geschienen, als ginge ich vor ein Urgebirg, um seinen *unerschöpflichen Bergen* ein Stück geschliffenen Malachit, um der schönen Adern willen, hinzuhalten...« (unveröffentlicht, Hervorhebung von mir [G. P.].

Am 23. April 1923 an Clara Rilke: »Aber nun hast Du mir (...) sein versöhntes und verständigtes Fortgehen so eingesetzt, wie es in mir bleiben wird, als Ergänzung und Bestätigung seiner *Gestalt*, in der das *Geheimnis* so gegeben war, wie ich es immer ahne, als *Dasein*...« (*Briefe*, 834; Hervorhebung von mir [G. P.]).

Nimmt man noch den gegenüber Hedwig Woermann-Jaenichen geäußerten Satz: »Er ist ein Berg und ich ein kleines geplagtes Ding« (J. F. Angelloz, *Rilke*, Zürich 1955, 293) hinzu, so scheinen es vornehmlich drei Bezüge gewesen zu sein, in denen Schuler für Rilke bedeutsam wurde:

Erstens: Sein Nachweis der innigen Kommunikation von Totenwelt und Sphäre der Lebenden bestärkte Rilke in eigenen Anschauungen, die im Erlebnis der ägyptischen Totenkulte (1911) einen ersten Kulminationspunkt gehabt hatten. Zweitens: Schulers Einsichten in das kaiserliche Rom erschienen Rilke als Deutungen eines Seins, das sich allen evolutionistischen Geschichtskonzepten entzieht und zugleich gänzlich außerhalb der zeitgeschichtlichen Misere angesiedelt ist. Drittens: Schulers *Gestalt* erscheint selbst als Repräsentant dieses unvordenklichen Seins. Das ist wesentlich, da Rilke diese Auffassung in Bildkomplexen ausdrückt, die seinem dichterischen Spätwerk als Metaphern eines Seinszustands dienen, dessen Wiedererweckung in der Stiftung lyrischer Bilder momenthaft erreicht werden kann. Denn das »Dasein« Alfred Schulers wird in der natürlich-elementaren, eigentlich vormenschlichen Bilderwelt des »Gebirges« vergegenwärtigt, dessen Vorsilbe »Ur-« die Unvordenklichkeit dieses Seins ins Bewußtsein rufen soll.

Schulers gänzliches Anderssein, das Rilke 1915 in dem Brief an Lou Andreas-Salome hervorhob – »weil das Heillose, das jetzt geschieht, keinen seiner tiefern innern Zusammenhänge aufhebt – (wer darf das von sich sagen?)« –, läßt ihn zum Zeugen jener unvordenklichen Welt werden, deren Erinnerung die *Sonette* dienen und von deren geheimer Anwesenheit die Möglichkeit von Kunst in der Moderne abhängig ist. Über die Intention von Schulers Denken schrieb Rilke:

Es steckt in den meisten zuviel von der Eitelkeit des Evolutiven, des Etwas-Gewordenseins –, als daß sie Hingabe zeigten für eine widersprechende Weltdeutung, die von den Menschen keinen »Fortschritt« verlangt, es sei denn den einen, der in der Anerkennung urtümlicher Größe und Vollendung unserer Bedingungen bestünde (I. Schnack, *Rilkes Leben u. Werk in Bildern*, Frankfurt/Main 1956, Nr. 249).

Schuler ist für Rilke Repräsentant einer verborgenen Kontinuität, die unaufhebbare Bedingung jeder Kunstanstrengung ist, wie sie das 17. Sonett des ersten Teils vergegenwärtigt. Im Bilde des Baumes zeigt sich jene Verbindung von Wurzeln und Zweigen, deren oberster »zur Leier sich biegt« (*SW*, II, 742).

Das Motiv der »Baumwurzel« weist auf das sechste Sonett des ersten Teils, in dem erstmals die Totenwelt vergegenwärtigt ist.

> Kundiger böge die Zweige der Weiden,
> wer die Wurzeln der Weiden erfuhr. (734)

Die Parallele zum 17. Sonett ist augenfällig. Das »Biegen der Zweige« stiftet die »Leier«, das Kunstsymbol. Meint der Bezug zum »Alten« im 17. Sonett eher die Sphäre der Vorfahren – man hat in dem Gedicht Züge einer »imaginäre(n) Familiengeschichte« zu sehen geglaubt (E. Heller, *Nietzsche*, Frankfurt/Main 1964, 86) –, so weisen die Wurzeln der Weide, also des Trauerbaumes, in die das Erdreich füllende Sphäre der Toten (379 f.). Während nun die Welt der Lebenden durch ihre eindeutige Grenzziehung gegenüber der Totenwelt bestimmt ist:

> Geht ihr zu Bette, so laßt auf dem Tische
> Brot nicht und Milch nicht; die Toten ziehts – (734),

erhält das Singen des Gottes gerade Rang und Würde durch die uneingeschränkte Teilhabe an beiden Bereichen:

> Nichts kann das gültige Bild ihm verschlimmern;
> sei es aus Gräbern, sei es aus Zimmern,
> rühme er Fingerring, Spange und Krug. (734)

Als Schmuck der Lebenden wie als Gabe für die Toten sind ihm »Fingerring, Spange und Krug« gleichermaßen Gegenstände der Rühmung. Allein in der Teilhabe an beiden Welten erfüllt sich das Singen als »Dasein«.

> Erst in dem Doppelbereich
> werden die Stimmen
> ewig und mild. (736)

Was die Kennzeichnung »mild« besagen will, hat Rilke in einem Brief an die Gräfin Sizzo so erläutert:

Ich werf es allen modernen Religionen vor, daß sie ihren Gläubigen Tröstungen und Beschönigungen des Todes geliefert haben, statt ihnen Mittel ins Gemüt zu geben, sich mit ihm zu vertragen und zu verständigen. Mit ihm, mit seiner völligen, unmaskierten Grausamkeit: diese Grausamkeit ist so ungeheuer, daß sich gerade bei ihr der Kreis schließt: sie führt schon wieder an das Extrem einer Milde, die so groß, so rein und so vollkommen *klar* ist (aller Trost ist trübe!), wie wir nie, auch nicht im süßesten Frühlingstag, Mildigkeit geahnt haben. Aber zur Erfahrung dieser tiefsten Milde, die, empfänden sie nur einige von uns mit Überzeugung, vielleicht alle Verhältnisse des Lebens nach und nach durchdringen und transparent machen könnte: zur Erfahrung *dieser* reichsten und heilsten Milde hat die Menschheit niemals auch nur die ersten Schritte getan, – es sei denn in ihren ältesten, arglosesten Zeiten, deren Geheimnis uns fast verloren gegangen ist. Nichts, ich bin sicher, war je der Inhalt der »Einweihungen«, als eben die Mitteilung eines »Schlüssels«, der erlaubte, das Wort »Tod« *ohne* Negation zu lesen; wie der Mond, so hat gewiß das Leben eine uns dauernd abgewendete Seite, die *nicht* sein Gegenteil ist, sondern seine Ergänzung zur Vollkommenheit, zur Vollzähligkeit, zu der wirklichen heilen und vollen Sphäre und Kugel des *Seins* (*Briefe*, 806 f.).

Dieses ganzheitliche Sein ist ausgezeichnet durch die wechselseitige »Offenheit« der Sphären von Lebenden und Toten.

Er ist einer der bleibenden Boten,
der noch weit in die Türen der Toten
Schalen mit rühmlichen Früchten hält. (735)

Gegenüber Nanny von Escher nannte Rilke den »im Gemüt mehr und mehr erwachsene[n] Entschluß, das Leben gegen den Tod hin offen zu halten« (*Briefe*, 852), die zentrale Voraussetzung der Orpheusdichtung. Die Konzeption dieser »Offenheit« rührt wesentlich aus der Begegnung mit Schuler, den Marie von Thurn und Taxis »den Mann aus dem Totenreich« nannte. Der Begriff des »Transitus« war Schulers Formel für solche »Offenheit«:

Der Transitus ist der Durchgang von einer Straße zur anderen Straße und ist demnach das Symbol des offenen Lebens, indem er das Diesseits mit dem Jenseits verbindet. (...) Das geschlossene Leben wehrt auch den Toten die Rückkunft, es versiegelt das Jenseits ... « (*Fr. u. V.*, 213; 179)

Gegenüber solchem »offenen«, Welt der Lebenden und Sphäre der Toten gleichermaßen umgreifenden, uranfänglichen Dasein bedeutete Rilke die weite Spanne der geschichtlichen Existenz der

Menschheit Einengung und Verfall. Die Implikationen dieser »Verfallgeschichte« berühren zugleich den Raum der Natur, die zweckgerichtetem Eingriff zum Opfer fällt. Die Trias von Natur, Tradition und Totenwelt, die in den *Sonetten* hervortritt, ist als gültige und dauernde Möglichkeit der Gegenwart verwehrt. Einzig in einer doppelten »Exterritorialität«, in den »Zwischenräumen der Zeit« wie in der besonderen Einmaligkeit des Ortes, in dem erinnernden Innewerden des verpflichtenden Ursprungs kann das Kunstwerk gelingen.

Mehr noch als die Kenntnisnahme einzelner anregender Motive beeindruckte Rilke die Gestalt des »Sonderlings« (Rilke/Andreas-Salome, *Briefwechsel*, 386), des »ganz eingezogenen Mannes« (Thurn und Taxis, *Briefwechsel*, hg. v. E. Zinn, Zürich, Frankfurt/Main 1951, 109), der ihm in besonderer Weise diese »Exterritorialität« und geheime Verbindung zum Ursprung bewahrt zu haben schien. Als »Dasein«, wie er an Clara Rilke schrieb, sei dieser in ihm gegenwärtig gewesen.

Oft, wenn ich mich (...) nach einem »Sinn« umsah jener münchner Jahre, zu denen ich durch die Kriegsläufte verurteilt war, erschien mir die Begegnung mit Schuler als der eine unendliche Werth, der mir dort sollte eingeflößt werden... (unveröffentlicht).

II

Das Leben Alfred Schulers ist in ein legendäres Dunkel gehüllt, das zu seinem Nimbus freilich nicht unwesentlich beigetragen hat. Ehe ich auf diskursgeschichtliche Besonderheiten des »Kosmiker-Kreises« eingehe, möchte ich daher einige Hinweise auf die Biographie geben.

Alfred Schuler wurde 1865 als Sohn eines Juristen in Mainz geboren. Er besuchte das Gymnasium in Zweibrücken und gewann schon als Schüler großes Interesse an der Archäologie. Die nähere Umgebung seiner Heimatstadt enthielt eine Fülle von Zeugnissen der römischen Vergangenheit, die den Heranwachsenden faszinierten. 1883 notiert er:

Wenn ich (...) in den Trümmern von Schwarzenacker verweilte, und rings um mich frisch aufgeworfener Schutt der eingesunkenen Römervillen lag, da belebte sich plötzlich meine öde Umgebung. Aus den halbverbrannt umherliegenden Menschenknochen, die an eine furchtbare Katastrophe erinnerten, stiegen die Geister der Vorzeit. Aufs neue wölbten sich die längst verschwundenen Hallen, aufs neue sprudelte Wasser durch die säulenumrahmten Höfe und die Bäder, und jubelnde Bacchantinnen umtanzten die zechenden Gäste. (...) Zeitweise lebte ich ganz in jener idealen Zeit *(Nachlaß)*.

Der Bevorzugung der römischen Antike verschwistert war das Motiv der Italiensehnsucht, das in seinen frühen Aufzeichnungen und Versen häufig anklang:

Doch mein Verlangen nach jenen fernen Zeiten knüpfte sich bald an einen Punkt der wirklichen Gegenwart, an das Land, aus dem alle jene Kultur zu uns ins Gallierland geflossen, aus dem der Römer mit seiner Kunst und Bildung zu uns herübergestiegen: Italien. Wohl ist auch dort alles Schutt und Trümmer, aber doch glauben wir in jenem Land der Antike näher zu sein. – Den Stadtplan Roms hatte ich aufs genaueste studiert: kein Tempel, keine Säule entging mir *(Nachlaß)*.

Nach dem Tode des Vaters übersiedelte Schuler 1887 mit seiner Mutter nach München, das er – mit Ausnahme einiger kürzerer Reisen – bis zu seinem Tode nicht mehr verlassen sollte. Am 25. Oktober 1887 immatrikulierte er sich an der Ludwig-Maximilian-Universität, um zunächst Rechtswissenschaften zu studieren.

Nichtsdestoweniger bezog ich die Universität (...), mechanisch die Jura erwählend als eine Art Sprungbrett *(Nachlaß)*.

Er trat dem »Akademisch-Literarischen Verein« bei, dem später auch Ludwig Derleth angehörte. Bald machte sich jedoch seine Vorliebe für Archäologie wieder geltend.

Mein Beruf blieb mir fremd; frühere Eindrücke trieben mich zu Archäologie und Literaturgeschichte *(Nachlaß)*.

Ludwig Curtius erinnert sich, Collegheft Schulers gesehen zu haben, die darauf verweisen, daß Schuler in dieser Zeit noch Hörer des Archäologen Heinrich Brunn (1822–1894) gewesen ist (*Deutsche und antike Welt*, Stuttgart 1950, 248), der mit J. J. Bachofen gut bekannt war und mit ihm in den sechziger Jahren über altertumswissenschaftliche Fachfragen in regem Briefwechsel stand. Jedoch scheint die akademische Praxis des archäologischen Studiums Schulers imaginatives Verlangen nicht lange interessiert zu haben; schon 1889 notierte er in sein Tagebuch:

Sic transit gloria mundi. – Ich wollte Archäologe werden; verzweifelter Entschluß, aber ich glaube, ich wollte es wirklich, – so einige Wochen; u. es lag etwas Wahres darin, so verkehrt es war; Kunst, Kunst; der Kunst des Altertums mein ganzes Leben; wie fühlte ich mich glücklich – einige Tage – Stunden. – Kunst? Nein Studium der Kunst; Studium; ewiges wissenschaftliches Studium; Eunuch ohne Zeugungsfähigkeit; u. dazu noch das spindeldürre Gespenst der Philologie – da war es vorbei *(Nachlaß)*.

Wesentlicher war die Begegnung mit Strömungen des Naturalismus, der in München vornehmlich durch den Kreis um M. G. Conrad, den Herausgeber der *Gesellschaft*, repräsentiert wurde. Schuler lernte Conrad persönlich kennen und muß noch vor 1890 die wichtigsten weltanschaulichen Basistexte des Naturalismus gelesen haben. Er plante, eine »naturalistische Tragödie« zu schreiben, in der Motive seiner Familiengeschichte unter milieutheoretischen Aspekten dramatisiert werden sollten. Durch einen Freund wurde er zugleich auf Ibsen aufmerksam gemacht, dessen gesellschaftskritischen Stücke ihn nachhaltig beeindruckten. Er schrieb an Ibsen:

Allein im Kampf mit der Außenwelt waren die Jugendträume bereits verblasst; die Dinge glitten kraftlos an meinem erregten Innern ab, und mit der wachsenden Unsicherheit wuchs die Verzweiflung an mir selbst; vielleicht an der Gedankenwelt, der ich noch angehörte, mit der ich mich identisch fühlte, und deren Untergang ich instinktiv vorempfand, nachdem in hiesiger Hauptstadt Eindrücke auf mich zu wirken begannen, wennschon ich nach nicht ahnungslosem Sinnen der großen neuen Welt entgegen lebte, der modernen Zeit. (...) Da leitete mich einer meiner Freunde (...) zum Studium Ihrer Werke an (...). Ich las und eine neue, unerhört großartige Welt tat sich vor mir auf, eine schwarze Binde fiel von den Augen, als sehe ich, viele meiner eignen dunklen Gedanken und Gefühle gewannen Gestalt und Leben. (...) Dann aber kam es über mich wie ein taufrischer Frühlingsmorgen, in dem alles knospt und schwillt nach einem luftreinigenden Gewitter, das in der Nacht gewütet *(Nachlaß)*.

In diesen Jahren teilte Schuler die z. T. radikal formulierten sozialpolitischen Programme der naturalistischen Generation; Stirnerscher Individualanarchismus und sozialistische Formeln kamen in seinem Denken zu einem merkwürdigen Amalgam zusammen:

Der siegende Sozialismus, die Lehre der zu ihrer Realsubstanz ernüchterten Gleichheit einerseits, andererseits die aufschiessende elektrische Kraft der Person, die Lehre des sich zurückgegebenen Menschen. Erst ein erneuter Connex dieser anscheinend todfeindlichen Gegensätze wird und muß die Neuordnung der Gesellschaft präcedieren. Die Gleichheit aller im Glorienschein des Einzelnen *(Nachlaß)*.

Auch die 1894 bereits gefundene, später so beschworene Kategorie des »Kosmischen« galt Schuler zu dieser Zeit als »dem Sozialistischen nahverwandt« *(Nachlaß)*. Noch 1899 prägte Schuler radikalanarchistische Losungen: »Dem jungen Arbeiter: Rat ich euch Lohnerhöhung? Kürzung der Arbeitszeit? Die Brandfackel in die Fabriken, ›et les patrons aux transmissions!‹« *(Nachlaß)*. Im »Literarischen Verein« hielt Schuler 1889 einen Vortrag über Nero, der, dem »Hohn und Entsetzen der Philologen« preisgegeben, seine enge Bindung an Milieutheorie und Darwinsche Abstammungslehre zum Ausdruck brachte:

Die idealistische Epoche, oder besser gesagt, die Zeit der abstrakten Begriffe, liegt abgeschlossen hinter uns, und für den modernen Menschen ist die Gegenwart, ist der keimende Samen der Zukunft in ihr der einzig wahre Lebensquell. (...) Die Naturwissenschaften haben eine neue Aera menschlichen Denkens eröffnet und uns die Dinge in ihrer nackten Realität gezeigt. Vererbung durch Geburt und äußere Eindrücke nach der Geburt bedingen ausschließlich die Entwicklung des einzelnen Menschen, der Einzelnen Entwicklung die Menschheit. Nicht die Tatsache, dass etwas geschah, auch nicht, wie es geschah, ist von Wichtigkeit, sondern warum es geschehen musste, das zu erforschen ist die Pflicht des modernen Geschichtsschreibers, das in künstlerischer Weise zu bewältigen, die Aufgabe des Dichters unserer Epoche, mag derselbe die Gegenwart gestalten, mag er einen Charakter der Vergangenheit neu beleben *(Nachlaß)*.

Die Auseinandersetzung mit Ereignissen und Gestalten der römischen Kaiserzeit rechtfertigte sich für Schuler allerdings noch aus einem anderen Grund. Diese Periode, besonders die Zeit Neros, war nämlich seiner Anschauung nach in einer der Gegenwart vergleichbaren Lage:

Beide bedeuten unleugbar in der Geschichte einen Höhepunkt menschlicher Geisteskultur; hinter beiden zerrinnt eine Fabelwelt phantastischer Idealgestalten, welche die kindliche Einbildungskraft einer vergangenen Periode gezeitigt und unter deren buntschillernder Hülle unterbewußt und unbekümmert um die reale Wirklichkeit der geistige Entwicklungsprozess sich vollzog. Ist derselbe jedoch bis zu dem Grad gediehen, dass der Mensch zu ahnen beginnt, jene scheinbar festgefügte Wölbung über seinem Haupte, die er so lange in naivem Glauben für die Welt gehalten, sei nichts anderes als eine Dichtung seiner Phantasie aus jugendschwärmerischer Vergangenheit, führen ihn die Konsequenzen seines Denkens endlich hinaus über diesen engumzirkelten Horizont, dann beginnt die flimmernde Schale über seinem Haupte zu springen, und es ergreift ihn zuerst jenes unsagbar trostlose Gefühl seines eigenen scheinbaren Nichts in der rätselleeren Unendlichkeit der Materie. – Gerade im höchsten Entwicklungsstadium römischer Kultur war die europäische Menschheit zum ersten Mal an diesem Punkt angelangt; zum zweiten Mal ist sie es in unserem Zeitalter *(Nachlaß)*.

Während die Antike jedoch an diesem Versuch der »Entmythologisierung« zerbrochen und in die Enge der christlichen Dogmen eingemündet sei, hoffte Schuler von der Gegenwart »Verjüngung und Fortentwicklung« auf Dauer *(Nachlaß)*.

Die Hinwendung zur römischen Antike hatte aber noch weitere Gründe. Wohl bereits mit der Übersiedlung nach München war sich Schuler über die Unabweisbarkeit seines homosexuellen Verlangens im klaren. Ohne eine Analyse geben zu wollen, fällt im Blick auf Schulers familiäre Konstellation doch das Ineins von extremer Mutterbindung und homosexueller Triebregung auf. Ironisierten auch zeitgenössische Schilderungen und satirische Pamphlete die Tatsache, daß Schuler bis ins hohe Mannesalter ein im Grunde kindliches Sohn-Verhalten gegenüber seiner Mutter nicht verlor, fungierte dieser ganze Komplex also gleichsam als »Verschiebung« bürgerlicher Tabuisierung, als Anlaß zum Amüsement einer pseudo-emanzipierten Bohème, so sind doch alle Teile des Schulerschen Weltbildes – auch die späteren – von diesem lebensgeschichtlichen Hintergrund eingefärbt. Die gesellschaftliche Ächtung der Homosexualität wurde Schuler zum Ferment einer Gegenwartskritik, die über das Persönliche weit hinausgriff. In der Attackierung der Homosexualität als »Perversion« mußte Schuler mit der Gesellschaft im ganzen als Widerpart und Verfolger rechnen. So wurde das antike Sujet zugleich Maske, Gegenbild und Vorbild. Über den Plan eines Romans notierte er 1889 in sein Tagebuch:

In antiker Tracht muss ich mich in diesem Roman geben (...), nicht bloss, weil sein Plan meiner Schulperiode entstammt – Wahrheit zu Hilfe! – meine Triebe haben keinen Raum in der modernen Welt – u. deshalb die Antike – Nur deshalb? – Nein – Deshalb auch? – Ja *(Nachlaß)*.

Bereits zu Beginn der neunziger Jahre löste sich Schuler – äußerlich und innerlich in immer größere Isolation geratend – von dem Zukunftsoptimismus und dem Pathos der Moderne. Freilich vollzog er nur auf seine Weise einen Übergang, den fast alle wichtigen naturalistischen Autoren in der einen oder anderen Form ebenfalls erkennen lassen. In dem Maße, in dem ihm die gegenwärtige Gesellschaft mehr und mehr als universaler Krisenzusammenhang erschien, nahm die beschworene Antike die Funktion eines allein noch imaginativ zu vergegenwärtigendem Gegenbildes ein. Sicherlich charakterisiert Friedrich Wolters Schuler zutreffend, wenn er im Blick auf diese Jahre schreibt:

Als George auf Schuler traf, hatte dieser freilich weder die Möglichkeit zum verschwenderischen Wort noch zum Weiterleben in der widerhallosen Luft einer geistigen Einsamkeit. Ja er hatte durch das beständige Hinausschreien ohne verstanden zu werden etwas gefährlich Übersteigertes bekommen (*Stefan George*, Berlin 1930, 71).

1894 reiste Schuler für einige Wochen nach Rom. Im gleichen Jahr nahm er die Arbeit am Nero-Thema wieder auf. Veranlassung war diesmal die gerade erschienene Broschüre *Caligula* des Historikers und nachmaligen Friedensnobelpreisträgers Ludwig Quidde, der in der Person des römischen Kaisers mittels parodistischer Persiflage die imperialistische Politik Wilhelm II. zu kritisieren suchte. Schuler entwarf eine *Nerobroschüre*, von der er nicht nur eine zurechtrückende Darstellung des kaiserlichen Rom, sondern – angesichts seiner materiellen Lage sehr verständlich – auch eine Wiederholung des finanziellen Erfolges der Quiddeschen Schrift erhoffte. Die hinterlassenen Bruchstücke der *Nerobroschüre* zeigen, daß Schuler in dieser Zeit Nietzsche gelesen haben muß; zumindest sind ihm jetzt dessen Formeln »Dionysos« und »Übermensch« geläufig. Er spricht von den Anzeichen einer »kosmischen« Erneuerung und nennt: »Goethe – Nietzsche – Dionysos – Übermensch« *(Nachlaß)*. Auch das Swastika-Motiv, zu dem Schuler später zeitweilig eine Dissertation plante, erscheint in den Handschriften dieser Broschüre erstmalig als Randschmuck.

Das bedeutende Individuum wude ihm nun zum eigentlichen Hoffnungsträger. Als solche Individuen galten Nietzsche, die Kaiserin Elisabeth von Österreich und Ludwig II. von Bayern. Dieser Einstellung entsprach der Wunsch, den kranken Nietzsche in einem rituellen Vorgang zu heilen. Nach dem Vorbild des in der griechischen Mythologie berichteten Kuretentanzes, der Zeus als Kind vor seinem Vater Kronos schützen sollte, plante Schuler Nietzsches Heilung. In einem Brief heißt es:

Ich habe meine Anschauung über Nietzsches Heilung durch Kureten vertieft und einstweilen abgeschlossen. Auf der Mitte der Schilde muss sich das Zeichen der Mitte wiederholen also Nietzsche – Purpur – Kind und Gold (Kronos), d.h. Rubin in Gold. (...) In Bezug auf die Spiegel tragende Person schwanke ich: ityphallisch erregter nackter Knabe mit Spiegel? (...) Alles natürlich kosmisch-uranisch erregt *(Nachlaß)*.

Für die Kaiserin Elisabeth fertigte Schuler ein kostbares »Tabelarium« an, das die wichtigsten seiner Fragmente enthielt. Als ihm nach verschiedenen Versuchen endlich eine Audienz gewährt wurde, fiel Elisabeth wenige Tage zuvor einem Attentat zum Opfer (10. 9. 1898). Der an die Kaiserin gerichtete Bittbrief macht deutlich, wie sehr Schuler als Weg aus einer hoffnungslosen Gegenwart einzig das Handeln des besonderen Einzelnen ansah.

Überall dieselbe Aas- und Hasskruste um diesen gesamten Ball. Kadaver eines alten erloschenen Swastika in äusserster Zersetzung. Und wo – selten genug – ein Auge Gold und Schwangerschaft die Rinde riss, da sah ich auch das Fallbeil und die sichere Katastrophe – (...) Es sind die entrücktesten, unbekanntesten Augenblicke, aus denen das Leben Zukunft herausspinnt – Geruhen Ihre Kaiserliche Majestät mich der Gnade eines persönlichen Gehörs zu würdigen, vielleicht jene Schätze mit meiner Hilfe zu heben (...) Geruhen Ihre Majestät den Künftigen eine Welt zu hinterlassen... *(Nachlaß)*.

Das Scheitern all dieser Versuche, durch ausgesuchte Individuen eine Renaissance erfüllten Seins herbeizuführen, ließ Schuler das Gefühl völliger Isolation in einer fremden Gegenwart zu äußerster Gewißheit werden. Einzig die Regression in die Sphäre der Mutter war noch Ziel des Einsamen. In den 1899 entstandenen *Tristien* heißt es:

Ich werfe mein Netz voll Purpurmaschen und eingeflochtener Smaragden und – falle allein – mutterseelenallein – Allein – fiel Nietzsche, fiel Elisabeth, fiel Alles was bisher Mutter Seele war. (...) Mutterseelenallein. Ich habe Nächte der Verzweifelung über dieses Wort gebrütet. (...) Es ist die furchtbarste Anklage gegen Vaterrecht. (...) Mutterseelenallein. Das ist der – Gottverlassene. Gottvergessene. Das letzte zusammengewürgte Herzweh Seele, der zitternde Lebenstropfen in äusserster Verzweifelung wendet sich zu Urschoss Mutter, wandelt sich in Urschoss Mutter. Damit ist Gott Vater gerichtet *(Nachlaß)*.

Aus diesen Zeilen ist abzulesen, in welcher Weise Schuler prädisponiert war, das Werk Bachofens, das er wohl erst nach 1900 kennenlernte, in sein eigenes Denken aufzunehmen. Der bei dem Basler Forscher nur latente Dualismus von Muttertum und Vaterrecht steigerte sich in seinem Denken zum alles beherrschenden, universalen Antagonismus, gleichsam zum Widerstreit zwischen einem guten und einem bösen Prinzip der Geschichte.

Bereits 1893 hatte Schuler Ludwig Klages kennengelernt. Dieser stand damals noch unter dem Eindruck der Philosophie Eugen Dührings – übrigens einer der Wortführer des Antisemitismus: in dem 1882 erschienenen Werk *Sache, Leben und Feinde* identifizierte er ausdrücklich Judentum mit Molochismus. Klages schrieb über die Begegnung mit Schuler:

Wohl mindestens ein Jahr lang galt mein Verkehr mit Schuler mehr der Anteilnahme an einem sozusagen genialen Sonderling als seinen bedeutenden, mir vorderhand kaum zugänglichen Gedanken (H. E. Schröder, *L. Klages. Die Geschichte seines Lebens.* I, Bonn 1966, 181).

Im Verlauf ihrer Beziehung wurde sein eigenes Denken jedoch mehr und mehr durch Schuler geprägt, dem er voraus hatte, visionäre Erlebnisse, Evokationen und antikisierende Imaginationen in diskursiv-begrifflicher und systematischer Weise darstellen zu können. War, wie übereinstimmend berichtet wird, Schulers Beredsamkeit in ausschließlicher Weise an stoffliche Substrate und äußere Anlässe geknüpft, so verstand es Klages bald, die beiden gemeinsame Grundansicht des Dualismus von ursprünglichem Sein und gegenwärtiger Katastrophe als »Metaphysik des Heidentums« in geschlossenerer Form zu formulieren. Die ersten, um die Jahrhundertwende von Klages publizierten Arbeiten sind von den Begegnungen mit Schuler unabtrennbar.

Klages und Schuler müssen als der eigentliche Kern des Kosmiker-Kreises angesehen werden, da sowohl Karl Wolfskehl als auch Ludwig Derleth von Anschauungsweisen bestimmt waren, die nur ein partielles Zusammengehen mit Klages und Schuler zuließen. Derleth, den Schuler wohl 1894 kennengelernt hat, wird übereinstimmend als fanatisch-militanter Katholik geschildert, der in der Gründung militärisch organisierter Ordensgemeinschaften dem allgemeinen Verfall der Zeit den asketisch-kämpferischen Geist ursprünglichen Christentums entgegensetzen wollte. Neben den zweifellos existierenden sachlichen Kontroversen zwischen Derleth und Schuler wird man sich vor Augen halten müssen, in wie hohem Maße die vielfältigen Erneuerungsversuche dieser Zeit unmittelbar an Personen gebunden waren, die im jeweils anderen nur den Rivalen zu sehen vermochten. Wie Dominik Jost berichtet, kam es zwischen ihnen bereits 1901 zu heftigen Auseinandersetzungen.

Für Derleth stand jetzt fest, daß Schuler die Gegenwelt vertrat. Er war sich aber auch bewußt, daß der Widerpart im München der Jahrhundertwende eine Kraft war, mit der man zu rechnen hatte. (...) Zwischen Kaiser und Galiläer, dem Kosmischen und dem Heiligen, der Urmutter und der Jungfrau lief die unerbittliche Scheidelinie, die hüben und drüben trennte. (...) Sie waren feindliche Brüder, mit aller Erbitterung und allen Ähnlichkeiten, die damit verbunden sind (D. Jost, *L. Derleth*, Stuttgart 1965, 45, 47).

Wolfskehl, den Schuler erst nach dessen endgültiger Übersiedlung nach München im Jahre 1899 näher kennenlernte, war zu sehr von der Priorität der dichterischen Aufgabe Stefan Georges überzeugt, als daß er sich vorbehaltlos den jeden Stilwillen außer acht lassenden Erneuerungsversuchen der Kosmiker angeschlossen hätte. Zudem führten seine zionistischen Pläne – im Jahre seiner engeren Bekanntschaft mit Klages und Schuler gründete er eine zionistische Ortsgruppe in München und lernte auch Martin Buber kennen – zu einer zunehmenden Distanzierung von dem immer heftiger werdenden Antisemitismus der kosmischen Protagonisten. Immerhin kamen sie alle darin überein, daß einer chaotischen oder belanglosen Gegenwart einzig der auf Tat und Aktion bedachte Zusammenschluß auserwählter Einzelner die Wende bringen könnte, wobei allerdings in den Zielvorstellungen kaum Übereinkunft zu erreichen war. Wollte Derleth einen hierarchisch organisierten Ordensstaat, Schuler die Wiedererstehung des neronischen Roms und Wolfskehl eine zionistische Kolonie, so war Klages an der theoretischen Konzeption einer dualistisch-zeitkritischen, aber resignativen Weltanschauung interessiert. Zielsetzung und Vergeblichkeit dieser Pläne und Spekulationen betonte noch 1919 George im Gespräch:

Hier waren Kräfte, alle einig im Wissen, daß es so nicht weitergeht, daß auf diese Weise Menschheit zugrunde geht, und daß nicht soziale Utopien da helfen, sondern allein das Wunder, die Tat, das Lebendige. Aber sie wußten alle nicht zu zeugen. Sie hatten keinen einzigen Jünger, so wenig wie Nietzsche! (E. Landmann, *Gespräche mit Stefan George*, Düsseldorf/München 1963, 72)

Mit George selbst ist Schuler erst 1897 in näheren Kontakt getreten, wenngleich er ihn bereits länger kannte und von seinen Dichtungen vornehmlich den Abschnitt *Tage des Algabal* hoch schätzte. Zeitweilig hatte er die Absicht, nach Nietzsche und der Kaiserin Elisabeth nun den Dichter zu kosmischer Erneuerung zu gewinnen. Bereits 1897 muß in Schulers Wohnung eine Art »römisches Fest« stattgefunden haben, das George zum Anlaß für ein

Widmungsgedicht an Schuler nahm *(Porta nigra)*. Das in der Literatur so häufig beschriebene Fest am 29. April 1899 wird nur der Höhepunkt dieser Versuche gewesen sein, George zum Medium der kosmischen Bewegung zu machen.

Die Kontakte zwischen Schuler und George waren aber zu keinem Zeitpunkt eng. Wie sehr sich Schuler und George in der Wertung von Dichtung unterschieden, zeigt in plastischer Weise eine Tagebuchnotiz Schulers vom Dezember 1899.

Im Atelier Endells (Schwabing) bei Schnee und fürchterlicher Kälte die drei roten Tafeln für Stephan George geschrieben und mit kosmischen Symbolen geschmückt: »Wenn um die Dächer«. »Gegen Osten«. »Am Forum« *(Nachlaß)*.

Zwei der von Schuler gemeinten Gedichte aus dem *Algabal* tragen allerdings andere Titel: *Wenn um der Zinnen* und *Am Markte*. Wenn man weiß, in wie hohem Maße George der äußeren Gestalt seiner Dichtung Wert und Bedeutung zumaß, wird man sich vor Augen halten können, daß Schulers Intentionen dem Dichter nahezu als Barbarei erscheinen mußten.

Robert Boehringer berichtet von einem Gespräch mit George, in dem dieser später zu Schuler noch einmal Stellung nahm:

Von mir sagte er: Da hat er diese substanz, und was macht er daraus? – kunst! (...) Die kosmik, die alte und die neue, ist ein karikiertes sehen. Man betont das sehen, aber nicht das sehen des sichtbaren, und erwartet alles von einzelnen fähigkeiten (*Ewiger Augenblick*, Basel 1945; Düsseldorf/München 1965, 17).

Schuler sei »in seiner Konsequenz (...) die Elimination alles Schönen, alles Lebendigen, aller Kräfte zugunsten eines blutleeren Gespensterwortes« gewesen (zit. E. Salin, *Um Stefan George*, Düsseldorf/München ^{2}1954, 191). Es ist anzunehmen, daß George von Beginn an durch Gundolf, der die Kosmiker stets ablehnte, in seiner Abstand haltenden Position bestärkt wurde.

Zentrales Ereignis für die Kosmiker war die Begegnung mit den Schriften des Basler Archäologen und Altertumswissenschaftlers J.J. Bachofen. Bereits bei den Vorarbeiten zu seiner Dissertation über germanische Werbungssagen, also noch vor 1893, war Wolfskehl auf das *Mutterrecht* gestoßen, ohne allerdings den Rang dieses Werkes zu erkennen. Um 1900 wies er dann vor allem Klages auf das *Mutterrecht* hin. Noch in der Zeit des neuseeländischen Exils beharrte er auf seiner Priorität hinsichtlich der »Entdekkung« des Schweizer Forschers. »Ja ich darf sagen, daß dieser völlig Verschollene durch mich wieder in die Welt des deutschen Geistes eingeführt wurde« (K. Wolfskehl, *Zehn Jahre Exil*, Heidelberg/Darmstadt 1959, 48). Klages bestritt Wolfskehl dieses Verdienst zwar nicht direkt, hob jedoch immer hervor, daß Bachofens eigentliche Bedeutung erst von ihm selbst verstanden worden sei. »Was aber seine [Bachofens] Bedeutung für die Erschließung der Urzeitseele betrifft, so hatte um 1899 bis 1900 tatsächlich ich das Pech, sie herauszufinden. Der Alleskenner Wolfskehl kannte zwar *vor* mir *Mutterrecht* und *Gräbersymbolik* und hatte gelegentlich nicht verfehlt, jenes als für mutterrechtliche Fragen wesentlich zu bezeichnen; ob auch den metaphysischen Gehalt beider Werke, weiß ich nicht, denn gesagt hat er das niemandem« (*Fr. u. V.*, 57f.). Klages war von Bachofen fasziniert; »für alle Freunde unzugänglich geworden«, las er fünf Wochen »ununterbrochen« das *Mutterrecht* (58). Zweifellos bot ihm Bachofen dank der Materialfülle und der relativen Geschlossenheit seiner Argumentation ein die Schulerschen Visionen übertreffendes Reservoir, in dem sich die strikt dualistische Rigidität seines Denkens materialisieren konnte. Welche Rolle Bachofen in den Schwabinger Zirkeln spielte, zeigt am deutlichsten der satirische Schlüsselroman der Gräfin Reventlow, *Herrn Dames Aufzeichnungen*:

Nach Bachofen – das ist ein bekannter Gelehrter, lieber Dame, und wenn Sie sich dauernd in unserem Stadtteil niederlassen wollen, müssen Sie ihn lesen – nach Bachofen ist der Hetärismus die früheste Lebensform – in Wahnmoching [Schwabing] gilt sie natürlich für die enormste.

Adrian [O. A. H. Schmitz] trat wieder zu uns und betrachtete das bewegte Schauspiel durch seinen Zwicker.

»Hören Sie, Sendt« [P. Stern], sagte er hingerissen, »wenn Sie immer noch nicht zugeben wollen, daß wir in Wahnmoching noch einmal ein dionysisches Zeitalter erleben werden ... «

»Meinetwegen – erleben Sie es«, entgegnete der Philosoph trocken. »Es ist ja im späteren Altertum schon einmal vorgekommen, daß die dionysischen Kulte eine wohlgeordnete patriarchalische Weltanschauung wieder über den Haufen rannten und ... « Adrian horchte gespannt auf: »Was? das wußte ich ja gar nicht!«

»Nun, dann wird es Sie sicher interessieren, daß auch damals die Frauen wieder zu Mänaden und Hetären wurden, und (...) auch damals lernte ein ernüchtertes Zeitalter wieder den Rausch einer tieferen und glühenderen Lebensempfindung kennen – was, soviel ich weiß, die verborgene Hoffnung Wahnmochings ist.« (*Ges. Werke*, München 1925, 751 u. 788)

Nun hatte dieselbe Gräfin Reventlow bereits 1899, also noch vor der Zeit der Schwabinger »Wiederentdeckung« Bachofens, in der von Oskar Panizza herausgegebenen Zeitschrift *Zürcher Diskussionen* einen, im übrigen bemerkenswert konservativen Aufsatz zum Problem der Frauenbewegung unter dem Titel *Viragines oder Hetären?* publiziert, der deutlich macht, daß die Bachofen-Lektüre der Kosmiker vorbereiteten Bahnen folgte. Die Gräfin, die den Kosmikern und besonders Klages zu dieser Zeit eng verbunden war, schreibt nämlich in diesem Aufsatz:

Nun Gott sei Dank, unsere christliche Gesellschaftsmoral hat sich mehr wie gründlich überlebt, die letzten Jahrzehnte, die moderne Bewegung hat die junge Generation wieder etwas von der mutigen Frohheit des Heidentums gelehrt. (...) Warum sollte das moderne Heidentum uns nicht auch ein modernes Hetärentum bringen? (...) Die Viragines, die bei uns die Männer abschaffen wollen, sind also wohl zum größeren Teil nur hermafroditische Geister, mit denen der gesund-erotische Geist des neuen Heidentums, dessen Sieg wir vom nächsten Jahrhundert erhoffen, bald aufräumen wird (7f.).

Nach dem Zeugnis von Ludwig Klages hat sich Schuler der Bachofeneuphorie zunächst keineswegs angeschlossen, sondern sich nur zögernd mit dessen Werken vertraut gemacht.

Seit fast einem Jahrzehnt war er den Mutterkulten nachgegangen, aber zu anderm Ziel und somit auch auf andern Wegen. Nichts von alledem, was wir davon in seiner Hinterlassenschaft finden, stammt aus der Befassung mit Bachofen! Schätzungsweise zwei Jahre habe ich gebraucht, um ihn zu veranlassen, eines jener Werke in die Hand zu nehmen. Dann freilich war auch er überrascht, hier viel Verwandtes zu finden (*Fr. u. V.*, 58).

Die Gruppe der Kosmiker war von Beginn an nicht so homogen, als daß sie größere Erschütterungen wohlbehalten überstanden hätte. Da sie keine hierarchisch gegliederte »Gemeinde«, sondern ein Zusammenschluß sich gleichrangig fühlender Protagonisten war, mußten die inneren Rivalitäten über kurz oder lang zu Auseinandersetzungen führen. Bereits 1901 war Derleth mit Schuler in heftigen Konflikt geraten und hatte sich von ihm und Klages getrennt. Im Winter 1903/04 kam der Bruch mit Wolfskehl und George, bekannt als der »große Schwabinger Krach«, hinzu. Versucht man, aus den recht unübersichtlichen zeitgenössischen Erinnerungen und späteren Darstellungen, die zudem fast insgesamt entweder aus der Perspektive Klages' oder des George-Kreises geschrieben worden sind, die eigentlichen Gründe für diese so spektakuläre Trennung herauszulesen, so scheinen vornehmlich zwei Gesichtspunkte wesentlich gewesen zu sein.

Die Erneuerung ursprünglichsten Lebens in einer abgefallenen Gegenwart war für Schuler und Klages ständig bedroht durch ein historisch-metaphysisches Gegenprinzip, das als molochitisch oder jahwistisch bezeichnet wurde. Als Wolfskehl nun die Möglichkeit einer zionistischen Erneuerung des Lebens propagierte, deuteten dies Schuler und Klages als Blasphemie und Verrat an der ursprünglichen Aufgabe. Roderich Huch erinnert sich, daß die Kosmiker Wolfskehl erst dann »verdammten, als er eine zionistische Blutleuchte zu entdecken meinte und damit nach ihrer Ansicht die kosmische Seele verriet, da solche Juden als Anhänger des Vaterrechts keiner kosmischen Seele fähig sein könnten« (*Die Enormen von Schwabing*, in: *Atlantis*, 30/3 (1958), 145). Und O. A. H. Schmitz erklärte:

Anlaß zu dem Zusammenbruch dieser farbigen und geistigen Welt gab das Mißtrauen Schulers und Klages gegen Wolfskehl. Dieser, ein jüdischer Edeltypus, sprach gar zu plötzlich von semitischer Blutleuchte, die ebenso wie die arische unter der späteren Rassendekadenz immer wieder hervorbreche, und wies nach, daß die erdfremde, zerstörerische Tendenz des Judentums tatsächlich erst nach der Rückkehr aus dem babylonischen Exil bei den Propheten zu bemerken sei. Er verherrlichte in Versen die präjahwistische jüdische Substanz (*Dämon Welt*, München 1926, 293 f.).

Die krude und geschmacklose Übersteigerung dieses antisemitischen Affekts leistete sich Klages rund 40 Jahre später in der Einleitung zu seiner Edition der *Fragmente und Vorträge* Schulers (1940). Unter Verwendung der These von der jüdischen Weltverschwörung wollte er glaubhaft machen, daß unter Wolfskehls heimlicher Leitung George und die *Blätter für die Kunst* zu einer Zentrale dieser universalen Verschwörung zur Unterdrückung letzter wirklicher Lebensreste geworden seien, aus deren Einfluß er und Schuler sich nur allmählich hätten befreien können.

Atmosphärisch am treffendsten hat wiederum Franziska zu Reventlow die Ereignisse geschildert und auf den zweiten Aspekt des »Kraches« hingewiesen.

Zwischen Hallwig [Klages] und dem Professor [Wolfskehl] ist es zum Bruch gekommen – zu einem endgültigen und furchtbaren Bruch. Was für eine Welt ist dadurch in Trümmer gegangen, noch ehe sie erstanden war! (...) Man weiß auch nicht mehr, was Tatsache, was Vermutung ist, denn alles ist Geheimnis und alle sprechen darüber. Es heißt, Hofmann

[Wolfskehl] sei durch jene beiden – den Rabbi und die Jadwiga [Hedwig Kubin-Schmitz] – so verblendet worden, daß er ungemein starke kosmische Substanzen in ihnen zu entdecken glaubte und (...) im Zionismus die Möglichkeit einer großen Blutleuchte, die ja so sehr herbeigesehnt wurde. (...) Als nun Hallwig bei seiner Rückkehr von alledem erfuhr, war er durchaus nicht einverstanden, sondern beschuldigte Hofmann, daß er durch Anwendung der kosmischen Geheimnisse die Sache der Juden und des Zionismus unterstützen wolle und somit das Heidentum Wahnmochings an den jahwistischen Moloch in eigener Person verraten und ausgeliefert habe. Ja, er könne gar nichts anderes damit beabsichtigen, als auf eigene Hand gewissermaßen eine Filiale des angestrebten kosmischen Reiches zu gründen – nein, keine Filiale, sondern ein direktes Gegenreich – und sich zum Oberpriester desselben zu machen. (...) Furchtbare Worte, Briefe und Blicke sollen zwischen den beiden gewechselt worden sein (818f.).

Sehr feinsinnig zeigt die Gräfin, wie für die Beteiligten geradezu »Geschäftsinteressen« auf dem Spiel standen. Als Leiter einer »Filiale» hätte Klages Wolfskehl vielleicht noch »angestellt«, als monopolbedrohenden Konkurrenten mußte er ihn aufs Äußerste bekämpfen.

Als sich die ersten Wogen des »Schwabinger Krachs« geglättet hatten, hielt Gundolf den Kosmikern in einem Brief an das Ehepaar Wolfskehl satirischen Abgesang. Schulers Stil imitierend, schrieb er:

Ach wenn Alfreds des Koproskopen polterndes gespenst nachts mit kupfernen gefäßen umgeht und mit hohler aber schmähsüchtiger und pathetisch schöner stimme stellen aus der »heilsamen Dreckapotheke« aus den Kela zitiert oder gar die unsterblichen Verse: Zur Urne bauchend ... – wird jemand da sein, der dann aufwacht und von Aufglutungen angefaßt (denen der frau Claudius geb. Messalina oder nur geringeren) geisterhaft violette ringe um kupfernen dunst ölblauer nach sieht ... so viele gespenster werden umsonst wandeln müssen, umsonst wird Ludwig [Klages] mit der kosmischen luftpumpe sein eintöniges geräusch in den corridoren verursachen... (Karl u. Hanna Wolfskehl, *Briefwechsel mit F. Gundolf*, hg. v. K. Kluncker, Amsterdam 1977, Bd. 1, 316).

Für Schuler schien mit der Auflösung des »Kosmiker-Kreises« die letzte Möglichkeit geschwunden zu sein, aus dem Zusammenwirken einiger auserwählter Individuen eine Wende der Geschichte herbeizuführen. Er sah sich in die alte Isolation zurückgeworfen und spielte eine Zeitlang mit dem Gedanken an den eigenen Opfertod als äußerstes Unterpfand neuen Lebens.

Wenn aber dieser Körper nicht mehr rettbar, dann möge mein Schicksal so fallen, daß mein Opfertod die Pforten des Lebens öffnet *(Nachlaß)*.

Schuler begann sich – beeinflußt wohl durch die Lektüre Bachofens – in höherem Maße mit Totenkult und Totenwelt zu beschäftigen, einem Thema, das in den späteren *Vorträgen* eine zentrale Rolle spielen und auf Rilke solche Faszination ausüben sollte.

Diese *Vorträge* hielt Schuler erstmals 1915 im Rahmen der von Elsa Bruckmann-Contačuzène organisierten »Kriegshilfe für geistige Berufe«, die auch Norbert v. Hellingraths berühmte Hölderlin-Vorträge möglich machte. Schulers Vortragszyklus *Vom Wesen der ewigen Stadt*, der ihm zum erstenmal größere Resonanz verschaffte, enthielt in der ursprünglichen Fassung drei Einzelvorträge, *Im Zeichen des Eros*, *Ausgleich und Caesarismus* und *Im Zeichen des schwarzen Rades*. Den letzten hörte auch Rainer Maria Rilke, der über seinen Eindruck an Marie von Thurn und Taxis schrieb (18. März 1915):

Ein paar Vorträge, zu denen man einen sonst ganz eingezogenen Mann kürzlich bewogen hat, haben den kleinen Kreis, der dazu zusammenkam, wunderlich erregt und beschäftigt. (...) stellen Sie sich vor, daß ein Mensch, von einer intuitiven Einsicht ins alte kaiserliche Rom her, eine Welterklärung zu geben unternahm, welche die Toten als die eigentlich Seienden, das Toten-Reich als ein einziges unerhörtes Dasein, unsere kleine Lebensfrist aber als eine Art Ausnahme davon darstellte: dies alles gestützt durch eine unermeßliche Belesenheit und von einem solche Gefälle innerer Überzeugung und Erlebung, daß der Sinn unvordenklicher Mythen, gelöst, in dieses Redebett herbeizustürzen schien, den Sinn und Eigensinn des seltsamen Sonderlings auf seiner großen Strömung tragend – (Rilke/Thurn und Taxis, *Briefwechsel*, Bd. 1, 409 f.).

Im Winter 1917/1918 wiederholte Schuler die Vorträge in München, die nunmehr auf sechs Abende verteilt waren, »von welchen ich 3 in die wachsende Finsternis, 3 in das werdende Licht setze« *(Nachlaß)*. Schuler, der in so vielem Symbolisierungen früheren Seins sah, wird auch diese Anordnung bewußt als Signum von Untergang und Neubeginn verstanden haben. Wieder war Rilke unter den Hörern; noch von Berlin aus kündigte er Schuler sein Kommen an.

Es ist eine sehr große Freude für mich, daß Sie sich entschlossen haben, das wichtige und bedeutende Erlebnis Ihrer tief erlebten Arbeit in sechs Vorträgen vor uns hinzustellen; leider werde ich den ersten Abend versäumen müssen, da ich nicht vor dem 8. Dezember in München eintreffen kann.

Den anderen fünf Vorträgen aber hoffe ich ein aufmerksamer Hörer zu sein. Sie wissen, daß ich das, was Sie zu geben haben, für ganz unschätzbar halte (G. W. Freytag, *R. M. Rilkes Briefe an A. Schuler*, in: *Jb. d. dt. Schillerges.*, 4 (1960), 429).

Die Verbindung zwischen Rilke und Schuler wurde enger; als Rilke das Frühjahr 1918 in München verbrachte, sahen sie sich häufig. Rilke war es auch, der Schuler darin bestärkte, seine Vorträge nochmals, und zwar in Dresden, im Hause der Malerin Hedwig Woermann-Jaenichen, im April und Mai 1918 zu wiederholen. Bedeutendster Hörer dieser Dresdener Vorträge war der Maler und Schriftsteller Oskar Kokoschka.

Der äußere Erfolg und ein allmählich den engsten Kreis seiner Münchner Freunde übersteigender Einfluß vermochten Schuler jedoch nicht mehr seiner tiefen Resignation zu entreißen. Als er die Einladung nach Dresden erhalten hatte, schrieb er an Klages:

Mein innerer Zustand ist dadurch keineswegs gebessert. Was nützt es einem Weibe, wenn es nach jahrzehntelangem Harren endlich zum Beischlaf kommt, nachdem die Zeit der Conceptionsfähigkeit vorbei ist? *(Nachlaß)*.

Noch zweimal, im März und Juni 1922, hielt Schuler seine Vorträge in München. Vor seinem Tode hatte er Gelegenheit zu sehen, wie die nationalsozialistische Bewegung Symbole und Ideen aufgriff, die sein gesamtes Denken geprägt hatten. Im Nachlaß findet sich folgende aufschlußreiche Notiz:

Der nationalistische Tumor auch in München rapid im Steigen, in der Hitlergruppe den Antisemitismus –, »So geben Sie mir ein anderes Schlagwort, womit ich die Masse gewinne« (Hitler) – aus dem Zentrum drängend, ist die trunkene Todesfackel, welche den Völkern ins Schlachthaus voranleuchtet *(Nachlaß)*.

Einerseits die Klage über eine opportunistische Nutzung des ihm wichtigen und zentralen Antisemitismus, andererseits eine geradezu prophetische Kritik!

Am 8. April 1923 starb Schuler in München. Seinem Leben treu, ließ er sich in römischer Bekleidung bestatten.

III

Ich möchte nun auf einige diskursgeschichtliche Besonderheiten des »Kosmiker-Kreises« im Kontext der Jahrhundertwende eingehen. Meine These lautet, daß Schuler und Klages, Wolfskehl und Derleth, deren gewiß in vieler Hinsicht unterschiedlichen Auffassungen ich nicht verkenne, in symptomatischer Weise auf den »Modernisierungsschub« im Kaiserreich reagiert und der als »Apokalypse« gedeuteten Transformation der allgemeinen Lebensverhältnisse eine »mythische« Alternative entgegengestellt haben – in den Genres philosophischer Reflexion, lyrischer Beschwörung, aktivistischer Propaganda oder »ritueller« Tathandlung, die der Nähe eines Faschingsulks freilich nie entkam. Ich konzentriere meine Darstellung der »kosmischen« Quellentexte auf zwei Aspekte, die mir besonders wesentlich erscheinen: auf die Modellierung eines »mythischen« Raums hermetischer Geschlossenheit und auf die Fixierung einer »mythischen« Zeit als zyklische Wiederkehr. Die an den Quellen beobachtbare »Mythisierung« von Raum und Zeit läßt sich zwanglos, so meine ich, als Reaktion auf den traumatisch erlebten Verlust traditionaler – topischer und temporaler – Erfahrungsmuster und Orientierungsformen verstehen.

Blickt man auf die Lebensdaten der Mitglieder des »Kosmiker-Kreises«, so fallen einige Gemeinsamkeiten ins Auge. Der Älteste von ihnen, Alfred Schuler, wurde 1865 in Mainz geboren, verlebte dann seine Kinder- und Schulzeit in Zweibrücken, einer Kleinstadt, in der Züge von »Authentizität« (Lévi-Strauss) noch direkt erlebbar sein mochten. Ähnliches gilt für Wolfskehl, der 1869 in Darmstadt geboren wurde, und in noch höherem Maße für Derleth, der seine Kinder- und Jugendzeit im unterfränkischen Gerolzhofen verlebte, wo er 1870 geboren wurde. Auch Ludwig Klages, der jüngste des Kreises, konnte in seinen frühen Jahren eine von der Industrialisierung noch nicht wesentlich geprägte Umwelt in seiner Heimatstadt Hannover erfahren. Der dort mit ihm aufgewachsene Theodor Lessing schreibt in seinen Lebenserinnerungen: »Die Stadt, zwischen Wäldern und am Flusse Leine, einem Nebenfluß der Aller gelegen, hatte um 1880 etwa achtzigtausend Einwohner, deren Mehrzahl noch halb bäurisch lebte« (*Einmal und nie wieder. Lebenserinnerungen*, Gütersloh 1969, 19).

Um so einschneidender mußten die sichtbaren Resultate der Industrialisierung erlebt werden. Noch einmal Lessing:

In meiner Jugend wurde das Gebiet zwischen Braunschweig, Celle und Lüneburg vielfach ausgeödet und vernutzt durch Hüttenwerke, Kalischächte und Industrieanlagen. Aber wenige Orte dürften so rasch eine ähnlich schlimme Wandlung erfahren haben, wie ich sie in fünfzig Jahren an meiner Heimatstadt beobachten konnte. (...) Noch zeigen kleine Nachbarstädte: Hameln, Goslar, Göttingen, Hildesheim, Bückeburg jenes gute altertümliche Antlitz. Aber das Wilhelminische Zeitalter verwischte das altväterische Gesicht mit der seelenarmen Gleichförmigkeit der Industrie. Die Bauart, der Lebensstil und sogar die Gesichtszüge der Menschen wurden gleichartig, und die Steine, welche alte Landesgeschichte erzählen, sind allmählich zerbröckelt (l. c., 20f.).

Die Angehörigen des »Kosmiker-Kreises« entstammten einerseits dem Bürgertum: Wolfskehls Vater war Bankier und zeitweilig Vizepräsident der zweiten hessischen Kammer, Schulers Vater war Oberlandesgerichtsrat – andererseits dem Kleinbürgertum: Derleths Vater war Gerichtsschreiber, Klages' Vater war Reisender eines Textilunternehmens. Bis auf Schuler absolvierten sie ein ordnungsgemäßes Studium, das Klages (Chemie) und Wolfskehl (Germanistik) mit der Promotion, Derleth mit der Lehramtsprüfung abschlossen. Wesentlich ist nun, daß sie alle einen bürgerlichen Beruf nicht ausgeübt haben (Derleth war immerhin einige Jahre aus finanzieller Notlage als Lehrer, ganz gegen seine eigentlichen Absichten, tätig, schied jedoch im Jahre 1906 endgültig aus dem Schuldienst aus). Ihren Unterhalt bestritten sie aus Vermögenserträgen bzw. aus Hilfeleistungen ihrer Angehörigen. Das hatte zur Folge, daß sie alle nicht in eine längerfristige Berührung mit relevanten Arbeitsprozessen ihrer sozialen Umwelt gekommen sind. So wurde ihre Wahrnehmung der sozialen und ökonomischen Innovationen eigentümlich gebrochen. Als von deren Resultaten kaum Erfaßte, die die Umstände ihres Lebens einer, wenn auch hochgradig künstlichen und dergestalt deformierten Eigensteuerung verdankten, konnten ihnen die Diskontinuitäten und Entgrenzungen in der sozialen Lebenswelt als ein unvermittelt »Anderes« erscheinen, als Einbruch einer gewissermaßen »transzendenten« Macht des »Bösen«.

Die Technik und vornehmlich die industrielle Produktion erscheint in der Kritik der Kosmiker als Instrument der Ablösung der Menschheit von ihren natürlich-ursprünglichen Bedingungen.

Sie findet ihren Ort in einer universalen Geschichtsspekulation, die der Verherrlichung archaischer Anfänge eine abgefallene Gegenwart als Spätzeit kontrastiert. »Die heutige Flugmaschine war Wodans Untergang« (Klages, *RR*, 291). Der mechanischen Künstlichkeit der interpersonalen Kommunikation steht als Gegenbild die Kreatürlichkeit des Beginns gegenüber:

Herzenskälte ist selbstverständliches Element der »Bildung« geworden. Das schöpferische Pathos verlor seinen Gegenstand: die Ferne entglitt ihm. Der Mensch hat Allwissenheit (Telephon), Allgegenwart (Automobil), Allmacht (Dynamit) erlangt. Vom Brodem der Urwelt ist die geistig trockene Atmosphäre ganz »gereinigt« und statt aus dem Mutterleibe als schmutziger Säugling wird der zukünftige Mensch als Homunkulus aus der Retorte steigen (*RR*, 341).

Die Innovationen von Technik und Industrie haben einen Substanzverlust zur Folge, der die gegenwärtige Zeit gegenüber früheren Kulturen armselig erscheinen läßt.

Daß die Griechen nicht drahten, kabeln und funken konnten, erklärt das gewöhnliche Vorurteil aus ihrem Minder an physikalischer Wissenschaft. Allein sie bauten Tempel, meißelten Bildsäulen, schnitten Gemmen von einer Schönheit und Zartheit, wie sie uns nicht mehr beschieden ist, die wir doch künstliche Instrumente zusammenfügen (Klages, *Mensch und Erde* [1913], Stuttgart 1956, 17).

Auch Derleth diagnostizierte den kulturzerstörenden Effekt der auf Technik gründenden Gegenwart.

Nirgends eine Monumentalschöpfung, die ein sichtbarer, künstlerischer Ausdruck dieser ungeheuren technischen Mittel ist. Es ist, als ob die technische Erfindung an Wert einer Gesamtheit von moralischen und politischen Zielen vorgehe, als ob alle physikalischen Errungenschaften nur dazu benützt werden, um nur viel erstaunenswertere Werkzeuge zu erfinden, so daß Kulturen verschwinden und Industrien erhalten bleiben (*W II*, 436f.).

Gelegentlich weist diese Kritik auch in die Dimension der kapitalistischen Indienstnahme der technischen Umwälzungen, ihrer Abstellung einzig auf den Zweck der Profitmaximierung, ohne daß sich diese Kritik jedoch des analytischen Zusammenhanges von Technik und Gesellschaftsform bemächtigte.

Die Flut des Goldes hat auch die heiligen Schwellen überschwemmt. Alle Krankheiten der Selbstsucht, die sonst die Völker befielen, gehen in den goldenen Aussatz des Mammons über. Nur noch das Geld, das Agio, die

Bank, die Börse, das Kontor verschafft sich Geltung und Macht. Alle sind käuflich, wuchern und schachern und unterscheiden sich nur nach dem Preise, den man für ihre Seelen zahlt (*W II*, 411).

Die Hellsichtigkeit dieser Kritik, die das Eindringen der Warenform auch in die Sphäre der Interpersonalität diagnostiziert, wird jedoch zurückgenommen, da der soziale Zusammenhang solcher Erscheinungsformen verkannt und als Bann oder als Apokalypse begriffen wird. Auch die industrielle Aneignung der Natur wird einzig als Zerstörung einer ehedem intakten Harmonie von Mensch und Kosmos verstanden.

Der Natur wurde der Mensch als eine zweite Natur an die Seite gestellt, um ihre Höherhinaufbildung in die Hand zu nehmen und heilend und pflegend zu ihrer Palingenesie beizutragen. Aber seine ungeheure technische Physik mit ihren Hebeln und Schrauben und mathematischen Formeln, Teleskopen, Mikroskopen und Spektoskopen, künstlichen Apparaten und chemischen Lösungen ist nur eine Vergewaltigung und Abtötung des Lebens. (...) Statt die gefallene Natur durch einen magischen Willen zu beleben und in ihr reines ursprüngliches Dasein zu erheben, übt er nur eine entsetzliche Vivisektion des Natürlichen... (*W II*, 436).

Sichtbarstes Zeichen dieses Abfalls der Menschheit von ihrer einstigen naturhaft-kosmischen Gebundenheit ist für Klages die Großstadt.

Dies entscheidet zunächst über meine Neigung zu Menchen, ob ich sie wie ein Stück Erde verstehen kann, ob sie mir Scholle, Wald, Wolke, Meer, Felsen oder Blütenduft, Sommerschwüle, Windhauch sind. Die andern bleiben außerhalb des tellurischen Reigens. Sie sind anthropozentrisch, sie sind die Krankheit der Erde. Der Molochsbauch dieser am Geiste Kranken heißt Großstadt (*RR*, 256).

Diese Krankheitsmetaphorik ist zugleich auch Ausdruck umfassender Zerstörung. Die Bezeichnung »Moloch« ist Signum dieser Destruktion. Zugleich ist damit eine Thematik anvisiert, die in der Bilderwelt der expressionistischen Lyrik ihre bedeutsamste Ausprägung finden wird. Die mörderische Zerstörungswut des »Moloch Großstadt« bringt Klages in krasse Bilder:

Nackt und vom vergossenen Blute kindlicher Völker rauchend steht die »Groß-Stadt« auf dem Scherbenberge der Vorzeit. (...) Der Baum des Lebens hat all sein goldenes Laub verloren, und im morschen Geäst wimmelt mit schreiender Hast das widrige Geschlecht der Affen (*RR*, 272; vgl. 426).

Die großen Städte sind bestimmt von Prozessen der Entgrenzung. Die Nivellierung der traditionellen Hierarchien mag in ihnen am spürbarsten erfahren werden.

Aber seht nur ihr Kapitalen: San Francisco, New York, Paris, Berlin und Moskau, diese Ansammlungen ohne Herrschaft und Herrlichkeit! Überall ein alter Abschaum, der sich von neuer Gährung nährt, ein blindes Wüten, das sich gegen die monarchische Idee der Einheit erhebt (*W II*, 424).

Die Städte sind Orte der großen »Massen«. Gerade ihr Anliegen scheint es zu sein, selbst die letzten Reste der Grenzen zwischen »Oben« und »Unten« einzuebnen. Auch sie erscheinen als »Moloch« auf dem großstädtischen Platz ihrer zerstörerischen Aktionen.

Das radikal Böse, das einst in neronischen Individualitäten in Erscheinung trat, hat sich in gewaltigen proletarischen Massen verkörpert. Sie haben's wahrlich im Sinn, die Welt zu zerstören, und wissen es nicht. Das Volk, dieser gefräßige Moloch, will sein Opfer haben, man wirft ihm die besten Söhne der Mutter Erde vor. Unantastbares wird nicht geschont im Taumel der blind zerstörenden Masseninstinkte, in den Aufruhrbrünsten dämonischer Gewaltausbrüche. Die Götter selbst entgehen nicht dieser Nacht, die aus den Bulgen des Chaos steigt (*W II*, 413; vgl. 423).

Durchgängig werden die im Prozeß der Industrialisierung sich bildenden Massen animalisiert. Klages spricht vom »widrigen Geschlecht der Affen«, Schuler vom »Staats- und Gesellschaftsvieh«, von »Blattlausherden der Gesellschaft« *(Nachlaß)*. Im Blick auf bestimmte Verse Georges deutet auch Wolfskehl das Auftreten der Massen in Bildern der Animalität, der Krankheit, der Katastrophe. »Ein seelenlos zappelndes Gewimmel (...) überzieht wie eine böse Krankheit den entgötterten Planeten, verdunkelt den Himmel, der in unfassliche Fernen absinkt, je näher dies Geschlecht ihm zu kommen meint« (*GW* II, 265).

Technik, Großstadt und Massen erscheinen so als Triebkräfte und Elemente eines buchstäblich blutsaugenden und tödlichen – Motive aus dem Umkreis des Vampyrismus ergänzen gelegentlich die Thematik des Moloch – Gegenprinzips, das in das kosmische, Mensch und Natur umspannende Ordnungsgefüge des ursprünglichen Seins als transzendente Macht eindringt und in Chaos und Apokalypse endet. Klages findet 1901 folgende Periodisierung des 19. Jahrhunderts:

Mitte des 19. Jahrhunderts: Taumel des Bürgertums über die plumpe Taschenspielerei der »weltbezwingenden« Erfindungsepoche. – Siebziger Jahre: man ahnt, daß alles dies nur Folterwerkzeuge Molochs sind. Aus dem Glutschein der Hochöfen höhnt sein Feuerodem; aus dem drohenden Qualschrei der Fabrikpfeifen gellt die Notwut zertretenen Lebens: Naturalismus! – Jahrhundertwende: dies alles fern und gewohnt. Moloch siegte; das Menschenmaterial stumpf und verbraucht; die große Woge unbeseelt verebbt; über kaltnüchternem Alltag aus Rätselzonen seltene Schauerlichter (*RR*, 307).

In dieser untergangsgeweihten Szenerie existieren nur noch wenige inselhafte Residuen ursprungsnäheren Seins. Sie sind an die verbliebenen authentischen Kommunikationsräume von Dorf und Kleinstadt gebunden. »Dagegen lebt dunkel und tastend von seiner Allseele ein Pochen in den Dörfern und einsamen Gehöften, zumal der Heide (*RR*, 254). – »In Kleinstadt und Dorf bleibt länger vom Schlaf der Unbewußtheit behütet, was auf den heller bewegten und wacheren Höhen des Lebens zu schnell sich als Drang und Tag verbraust« (*RR*, 272). Die spezifische Rückständigkeit Deutschlands im 19. Jahrhundert gegenüber den westlichen Ländern, sowohl in ökonomischer Hinsicht als auch im Blick auf die politische Emanzipation des Bürgertums, gilt in der Argumentation von Klages geradezu als Bedingung einer, wenn auch noch so bedrohten Bewahrung ursprünglicher Lebensfülle. »Daß in Deutschland länger als anderswo die Masse des Volkes in geistiger und wirtschaftlicher Untätigkeit verblieb, war Ursache, weshalb es länger und tiefer die Schauer nähren konnte, die innersten Wesens Schauer der Kindheit sind« (*RR*, 273).

Die vertikalen und horizontalen Entgrenzungen aufzuheben und soziale Beziehungen und Lebensräume von extremer Abgegrenztheit zu restaurieren, kann als entscheidendes Merkmal der sozialen Utopie der Kosmiker angesehen werden. Die universale Hierarchisierung drückt sich in der Unterscheidung »enormer« und »belangloser« Menschen aus. Die selbsternannten »Enormen« markierten ihre Exklusivität durch strikte Separation von der Masse der »Belanglosen«. »Sehen Sie, der dort ist Hallwig [Ludwig Klages], er ist entschieden ein ungewöhnlicher Mensch; ich möchte ihn schon lange kennenlernen, aber er hält sich vollständig zurück und verkehrt nicht mit belanglosen Leuten, wie ich und Sie es sind ...« So schrieb Franziska zu Reventlow mit milder Ironie in ihrem Schlüsselroman (738).

Die Esoterik des Zirkels der »Enormen« realisiert sich darin, daß sie über eine ganze Anzahl von »Geheimnissen« verfügen, die dem Außenstehenden völlig unzugänglich ist. Diese »geheimen« Merkmale betreffen zugleich Habitus, Sprache und Lehre. Es macht die signifikante Prägnanz von *Herrn Dames Aufzeichnungen* aus, in der Perspektive eines Außenstehenden geschrieben zu sein, dem der Code jener Esoterik erst allmählich entschlüsselt werden muß. »Ich hätte gerne noch gewußt, was eine ›Wahnmochingerei‹ ist und ›kosmische Träume‹. Aber der Philosoph schien mir nicht gut aufgelegt, und ich kann doch nicht immer fragen und fragen wie ein vierjähriges Kind« (719f.). Dieser Philosoph – es handelt sich um Paul Stern, der im Roman als »Sendt« auftritt – erhält die Funktion des »Übersetzers«; er vermittelt die esoterische Geheimsprache der »Enormen« in exoterischem Ausdruck an den außenstehenden »Helden« des Romans. »Sie werden überhaupt mit der Zeit bemerken, daß man unter echten Wahnmochingern einen ganz besonderen Jargon redet, und Sie müssen lernen, diesen Jargon zu beherrschen, sonst kommen Sie nicht mit« (724). Die Treffen und Feste der »Enormen« mit ihrem meist rituellen Anstrich erfordern von dem »Laien« (747) gänzliches Umdenken. »Mir ist, als müßte ich mein Gehirn auseinandernehmen und wieder neu zusammensetzen. Die Art, wie es bisher funktioniert hat, die mir geläufigen und gewohnten Gedankengänge nützen mir nichts mehr – ich möchte sie ausschalten, ausrangieren, bis ich imstande bin, mich in all diesen neuen sicherer zu bewegen« (745).

Diese exklusive Andersartigkeit eines Zirkels, der sich selbst durch Ausschluß der »Masse« konstituiert, ist zugleich an die Exklusivität des Ortes gebunden. Die Besonderheit ist eine der postulierten sozialen Hierarchie wie eine des Raumes. Bekanntermaßen ist die Zeit um die Jahrhundertwende von dem Motiv der Gründung von weltlichen Klöstern oder Geheimgesellschaften und elitären Kolonien in hohem Maße geprägt. Schon Nietzsche erwog mehrfach den Gedanken, eine engumgrenzte Gemeinschaft in abgelegener Gegend zu intensivem Gedankenaustausch zusammenzurufen. Man darf auch an die vielen Künstlerkolonien denken, die die Zeit hervorbrachte, wie etwa in Pont-Aven in der Bretagne oder in Worpswede. Die Idee der Gründung esoterischer Klostergemeinschaften hat bereits Strindberg festgehalten und zugleich in ihren Motiven kritisiert: »Die Idee vom Kloster hatte damals schon lange in der Literatur gespukt. In Berlin hatte man davon gesprochen, konfessionslose Klöster zu gründen für die Intellektuellen, die in einer Zeit, da Industrie und Handel in den Vordergrund drängten, sich nicht zurechtfinden konnten in der materialistischen Atmosphäre, die zu predigen sie selbst sich hatten verleiten lassen« (zit. nach Helmut Kreuzer, *Die Boheme*, Stuttgart 1971, 168). Bis 1905 unternahmen Schuler und insbesondere Klages immer neue Versuche, eine »heidnische Kolonie« zu gründen, die in strikter Abgeschiedenheit den Kreis der »Enormen« sammeln und von einer Umwelt der »Belanglosen« abgrenzen sollte.

Das eine ist, daß man damit umgeht, eine heidnische Kolonie zu gründen. Ich verstehe sehr gut, warum man diesen Plan geheimhält, vor allem wohl, um nicht mit manchen scheinbar ähnlichen Unternehmungen verwechselt oder auch nur verglichen zu werden. Ich verstehe auch, welche Tragik darin läge, einfach für Weltverbesserer, Religionsstifter oder dergleichen zu gelten, wo es sich doch um viel Tieferes handelt. Man wünscht deshalb auch nicht, daß sich viele darzu herandrängen und die Auslese wird aufs strengste gehandhabt (*Herrn Dames*, 794).

Das so gegenwartskritische Unternehmen, eine elitäre Kolonie zu gründen, kam jedoch darin mit der sonst so verachteten Tendenz der Zeit überein, daß zu seiner Realisierung kapitalkräftiges Mäzenatentum vonnöten war. Die Bemühungen der Kosmiker um diese ökonomischen Voraussetzungen ihrer Pläne hat Franziska von Reventlow ironisch festgehalten (815 f.). Eine Variante dieser »heidnischen Kolonie« bedeutete Wolfskehls etwa gleichzeitiger Vorsatz, eine »zionistische Kolonie« ins Leben zu rufen.

Am deutlichsten ist die Idee einer Klostergründung an Derleth gebunden. Er, der es liebte, zeitweilig in der Zurückgezogenheit katholischer Klöster zu leben, betrieb seit 1896 mit Nachdruck den Aufbau eines militant-christlichen Ordens. Bereits zu Beginn der neunziger Jahre hatte er in Paris Sàr Péladan kennengelernt, der die »Rosenkreuzer«-Bewegung zu erneuern versuchte. Das 1892 von Péladan verfaßte *Manifest der Rosenkreuzer* verbindet in einer Weise Esoterik, Ästhetizismus und religiöse Mystik, die die berühmten *Proklamationen* Derleths von 1904 in vielem vorwegnimmt. So schließt das Manifest: »Brüder in der Kunst, ich lasse den Kriegsruf erschallen, bilden wir eine heilige Schar zur Rettung der Idealität. Wir sind wenige gegen alle, doch die Engel kämpfen mit uns. Wir haben keinen Führer, aber die alten Meister leiten uns dem Paradies entgegen« (zit. nach H. H. Hofstätter, *Symbolis-*

mus, Köln ²1973, 230). Die Intention von Derleths Ordensgründung wurde von Zeitgenossen folgendermaßen charakterisiert:

Er war auf der Suche nach Menschen, nach wahrhaftigen Menschen, und sein Ziel war, diese *Auserlesenen* zu einer Gruppe zusammenzufassen, die, immer wachsend, von dem gleichen Gedanken beseelt und von dem gleichen hohen Streben durchdrungen, geistigen Einfluß auf die Menschen ausüben sollte (Jost, *Derleth*, 36, Hervorhebung von mir [G. P.]).

»Sein frühes Mannesalter aber war der Tat gewidmet, der geträumten, gedachten, der versuchten Tat: Werbung *einer kleinen, ausgewählten Schar* beherzter, an Askese und Gehorsam gewöhnter geistiger Kämpfer als *Kerntruppe* gewalttätiger religiöser Erneuerung« (l. c., 78, Hervorhebung von mir [G. P.]).

Noch während des Ersten Weltkrieges, als Derleth bereits alle Hoffnungen aufgegeben hatte, einen eigenen Orden begründen zu können, faßte er den Entschluß, in ländlicher Abgeschiedenheit, nun allerdings für sich allein, ein quasi-mönchisches Leben zu führen; ein zu diesem Zweck zu erwerbendes Gut sollte den beziehungsreichen Namen »Rosenarche« (l. c., 95) tragen. »Arche« – auch Schuler verwandte dieses Symbol – hat als Signum vollendeter Abgeschiedenheit gegenüber einer feindlichen oder gleichgültigen Außenwelt zu gelten.

Die das Denken des »Kosmiker« prägende Art und Weise, den Raum horizontaler Grenzziehungen zu unterwerfen, läßt an das mythische Denken erinnern, dessen Raumvorstellung an der strikten Dichotomie »heilig« – »profan« orientiert ist. Bestimmte Plätze oder Gebäude, denen zumeist ein kosmisches Vorbild zugeordnet ist, haben sakralen Rang, von dem die Profanität des übrigen Raumes deutlich abgehoben ist. Die ästhetisierte Säkularisation dieses mythischen Topos, deren soziale Dimension auch in ihrer Unausgesprochenheit stets mitgelesen werden muß, findet sich in besonders anschaulicher Weise im ersten Teil der *Algabal*-Dichtung Stefan Georges.

In dem *Buch vom Orden*, das zwar erst später entstanden, dennoch unmittelbar aus den Erlebnissen und Ideen der Jahrhundertwende motiviert ist, hat Ludwig Derleth in repräsentativer Weise das Modell eines restaurativ-authentischen Raumes von vertikaler und horizontaler Begrenzung in der Vision klösterlichen Lebens Gestalt werden lassen. Die Tendenz zur heimlichen oder bewußten Ästhetisierung des hermetischen Bezirks findet sich in Derleths Schilderung der Anlage der Ordensgebäude wieder.

Auf der Plattform eines Kegelbergs, die von acht Türmen gekrönt ist, ersteht in statuarischer Schöne die Akropolis des Ordens, in deren Gestalt man von ferne einen auf den Knien liegenden Stier zu erkennen glaubt, der seinen Kopf über den Abhang streckt. *Eine grandiose Vergewaltigung der Natur* in Granit wird sichtbares Analogon der Ordensvernunft (*W* III, 28, Hervorhebung von mir [G. P.]).

Die transformierende Beherrschung der Natur, die beinahe Züge von Gigantismus annimmt, hebt deren Eigensinn mit imperialer Gebärde in äußerste Künstlichkeit auf. Dieser Ästhetizismus des Ordensraumes hat so heimlich an jenem technisch-industriellen Eingriff in die natürliche Ordnung teil, dessen Kritik Derleth wie den Kosmiker so wichtig war. Die »Vergewaltigung der Natur«, eigentliches Stigma der Technik, verklärt sich im Horizont möglicher Ästhetisierung. »Eine breite ausladende, von hundert Sphinxen getragene Treppe führt in den kreisrunden, dunklen Zwölf-Apostel-Saal. Acht Säulen von grünem Achat tragen die nachtblaue Wölbung, von deren Mitte eine gigantische Kugel aus Lapislazuli schwebt« (l. c.).

Die Interieurs zeigen sich im Schmuck von »edelsteinprunkenden Schreinen«, »sonnenstrahligen Monstranzen«, »goldenen Kapseln der Wohlgerüche«, Mosaiken »von Edelsteinen« etc. (l. c.). Gebunden ist diese halbreligiöse Prachtentfaltung jedoch wiederum an die strikte Hermetik des eingegrenzten Raumes, der von Außen vollständig opak wirkt. »Dieses Haus, welches die Prächte von Tausendundeiner Nacht in sich vereinigt, ist *eine Welt für sich*, eine Anlage, welche die kosmischen Mächte in ihren Schoß zieht. Mag *draußen* die Verödung wachsen, in diesem Umkreis leben die Unsterblichen« (*W* III, 29, Hervorhebung von mir [G. P.]). Immer wieder betont Ludwig Derleth diese Hermetik des schönen Bezirks: »Das Ganze bildet in sich ein abgeschlossenes Gemeinwesen, welches das absolut Wesensfremde für immer ausschließt.« – »Was innerhalb des Ordens gültig ist, kann nicht außerhalb seiner Sphäre begriffen werden« (*W* III, 20f.). An anderer Stelle nennt er den Raum des Klosters pointiert »Kleinweltkörper« und macht so Parallelen zur Bilderwelt von »Muschel« und »Perle«, Metaphern deutlichsten Gegensatzes von Innen und Außen, unübersehbar. Was von diesem Ordensraum ausgegrenzt ist, liegt auf der Hand. Es sind die »Übel der Zivilisation«, wie die »gestaltlose Masse«, die »einförmige Völkermasse«, »ohne lebendigen Mittelpunkt« (*W* III, 10ff.). Bereits in seiner architektonischen Gestaltung versinnbildlicht das Ordensgebäude strenge hierarchische Gliederung.

In edelmassiver Quadermauer erheben sich Bauten, die ein vollkommenes Gefühl von Ewigkeit erregen, einen wesentlichen Einfluß auf ihre Bewohner haben, das religiöse Gemeingefühl verstärken. Der Weltgeschichte Atemzug und Seele weht durch diese Mauern. Durchbildert und durchschmeidet mit allegorischem Schmuck eng zusammenliegende, stufenweise in die Türme eingebaute Zellen. Jede Zelle mit ihrem besonderten Zeremoniale und ihren Einweihungsfeiern, so daß das Heiligste von unten nach oben sich vollendet (*W* III, 29).

Die zeremonialen Formen des Verkehrs der Ordensmitglieder untereinander regelt eine Art Fürstenspiegel, der »alle konventionellen Ehrenbezeugungen« vorschreibt, »um die tatsächlichen Unterschiede aufrecht zu erhalten« (*W* III, 55). Allerdings zeigt sich auch in diesem aristokratischen Verhalten ein Anflug von Ästhetizismus. »Da ist ein System höfischer Handlungen und edelmännischer Allüren, welche alle Akte der Hingebung im Rituale vorzeichnet, die Kniebeugung, die segnende Grazie, die Akkolade, das Zutrinken, alle Formen der morgenländischen Adoration und Proskynesis« (l. c.).

Diese soziale Hierarchisierung gilt allerdings in weit höherem Maße für die profane Welt selbst. Nur eine kleine Elite, »welche noch ursprüngliches Leben« besitzt, ist zum Eintritt in den Orden auserwählt. Ihr gegenüber bleibt die Mehrzahl »belanglos«.

Von nun an geht eine Scheidung durch die Geschichte. Die Einen – und das ist die Mehrzahl – kommen noch nicht in Betracht. Die Zweiten – und das sind die wenigen – erwecken nur Hoffnungen. Sie erkennen zu spät, was der Sinn des Lebens ist. Die Letzten sind die Siegreichen über die Dämonie des Weltprozesses (*W* III, 14f.).

Es fällt nicht schwer, zu sehen, welchen Tendenzen in der sozialen Realität dieses Konzept entgegengesetzt wird. Bereits 1904 erklärten Derleths *Proklamationen*: »Gegen die demokratische Ordnung der modernen Welt stellen wir das gefürchtete Vorbild des Gehorsams auf. Wollt ihr Beispiele? Die römische Infanterie, das Korps der Assassinen, die Kompanie Jesu« (*W* I, 54). Und von Nietzsche rührt der Gedanke her, daß eigentliche Kultur allein auf dem Fundament der Sklaverei denkbar sei. »Überall, soweit wir Geschichte kennen, hat Despotie höhere Wohlfahrt gezeitigt als Sklavenregiment, hat ein Unterworfenes dem Höhergearteten als Grundlage gedient, waren die hellsten und schönsten Offenbarungen, alles Wachstum in Geist und Kultur an den Bestand von irgend einer Tyrannei gebunden« (*W* III, 233).

Neben der Existenz horizontaler und vertikaler Grenzen und durch sie bedingt war direkte Kommunikation ein Merkmal des »authentischen Raumes«, dessen Restauration die Kosmiker anstrebten. Derleths Ordnung zeigt auch dies Phänomen. Sie erscheint als »ursprüngliche Einheit des Personalorganismus«, als »kollektives Subjekt«, in dem »gottgeweihte Verhältnisse von Person zu Person« möglich sind (*W* III, 18 und 13). Sucht man nach einem Archetypus dieses Ordensraumes, so liegt es nahe, an die biblische Schilderung des Paradieses zu denken. Das Paradies: ein vollendeter, begrenzter, mit einer Pforte versehener Garten, der die Wüste der Mühen und des Leidens ausgrenzt. So gewinnt Derleths Orden letzte Legitimation durch bewußtes Bezugnehmen auf sein primordiales Paradigma. »Eine einzigartige Schönheit liegt über diesem kleinen, geordneten Gemeinwesen (...). Gegenseitig durch die Verwandtschaft ihrer höheren Natur angezogen, leben sie in der Richtung eines allgemeinen Guten, das von allem Anfang an durch den göttlichen Willen in der heimlich süßen Beschränkung des Paradieses wirksam war« (*W* III, 13).

In einer Weise, die längst nicht mehr allein als Reaktionsform auf soziale Diskontinuität verstanden werden kann, findet sich die Hermetik des imaginären Raumes schließlich in den *Fragmenten* Alfred Schulers. Die äußerste Zurückweisung jedes sozialen Bezuges wird in einer evokativen Metaphorik sichtbar, die die vollendete Abgeschlossenheit eines begrenzten Innenraumes zum Ausdruck bringt. »Bernsteinarche im Meer der Großstadt« – »Scharlachgondel im Rauch der Gassen« *(Nachlaß)*. Die totale Abkapselung des Insekts im umschließenden Bernstein wird hier zum Signum des absoluten Rückzugs aus jedweder Sozialität und markiert die Regression in den beschützenden Schoß der Mutter. Klages hat diese Raumwelten Schulers umschrieben: »Das ist Schulers Krypten-, Gewölbe- und Katakombenfreude, seine Lust, sich einzunisten, in Sänften getragen zu werden« (*RR*, 249); oder »Haus, Gewölbe, Sänfte, Krypte, Katakombe, kurz alles, was das Leben konserviert, heranreifen macht, ausbrütet, gebärt, alles Mutterleibartige« (250f.). So findet man in der Tat in den Fragmenten das Motiv des von einem Vorhang verschlossenen »Reisewagens«, der »Katakomben« und vor allem auch das der Urne, die als Symbol des Mutterschoßes fungiert: »Kindliche Völker schwärmen in Urnenform. Göttlich ist ihnen die Urne, eine schwangere Mutter, ein erstes Idol« (*Fr. u. V.*, 148). In einem Brief an die Kaiserin Elisabeth von Österreich schildert Schuler früheste Kindheitseindrücke in dieser Bilderwelt hermetischer Abgeschiedenheit: »Mein frühes Bewußtsein umschloß mich gleich Wänden und Feuerschein. Eine schwebende Scharlachzelle in schwimmender Finsternis« *(Nachlaß)*. Dies Bewußtsein ursprünglicher Geborgenheit führt angesichts einer fremden Gegenwart zu extrem regressiven Wunschräumen, denen wohl allein psychoanalytische Überlegungen gerecht würden.

Denn Mutter feuchtet ihre Wärme, deine Werdenacht und Sicherheit und Wiege, die ein dunkler, buntgestickter Himmel deckt. Ort wie dein Vater, wie des Hauses blutgehauchter Traum. Kirschrote Gondel, die in abendlicher Bläue schwimmt. Und wenn in seinen tiefsten Purpurstunden noch formlos färbend unbewußt dein All dir schwebt, umgeben deines Mutterschoßes Falten dich (*Fr. u. V.*, 142).

Das mythische Paradigma des hermetischen Raums ist die Arche Noahs in der Sintflut. Der gegenüber dem tödlichen Außen geschützte Innenraum der Arche birgt ein Potential, das nach Beendigung der Katastrophe neues Leben auf der Erde möglich macht. Die paradigmatische Erzählung der Bibel öffnet die Einsicht in den Zusammenhang von hermetischem Raum und *zyklischer Zeit*. Der strikt abgegrenzte Innenraum der Arche bildet die unabdingbare Voraussetzung eines neuen »Beginns«, den das manifeste Chaos des Untergangs und der Vernichtung aus sich entläßt. Der Universalität und Endgültigkeit der eingetretenen Katastrophe stehen allein der hermetische Raum und seine auserlesenen Insassen entgegen. Gemäß der »Logik« des zyklischen Verlaufs der Geschichte kann die als Krise erfahrene Gegenwart zugleich als Start eines neuen »Weltentages« aufgefaßt werden. Die Kosmiker artikulierten das zyklische Schema nun in einer Variante, die manichäische Elemente aufnahm und den Gang der Geschichte aus der Dynamik eines »Kampfes« zwischen »Tag« und »Nacht«, »Licht« und »Finsternis« herleitete. Schuler meinte etwa in seinen »Vorträgen«:

Zugleich wagte ich die Hypothese, daß Perioden der Lichtfülle wechseln mit Perioden ihrer Verdrängung wie Tag mit Nacht, Blühen mit Vergehen, und wies darauf hin, daß bereits der griechische Philosoph Empedokles zwei einander ablösende Zeiten des Lebens unterschied: eine sich zusammenziehende, sich ballende, aphrodisische, und eine darauf folgende des Hasses, welche jene zersetzt (*Fr. u. V.*, 161).

Ebenso liest man bei Derleth: »Die Unterirdischen hatten sich zur Verdunkelung des Lichtgotts erhoben, und die Heerscharen des Abgrunds im Harnisch von Pech und Ruß sammelten sich unter dem Scharlachbaume, der aus dem Schoße der Urnacht aufschoß« (*W* III, 198).

Klages sprach von der Gegenwart als »Bühne des Kampfes zweier unversöhnlichen Wirklichkeiten« (*RR*, 19) und sah in der Weltgeschichte den »Prozeß einer etwa fünftausendjährigen Entartung (...): geplant von akosmischen Transzendentalgewalten ...« (*RR*, 377). Die durchaus mythische Personalisierung dieses historischen Dualismus findet ihren prägendsten Ausdruck bei Schuler:

Zwei Säulen will ich vor Ihnen aufbauen, die – ein unversöhnliches Bild – Ihnen die Meinung meiner Vorträge verdeutlichen sollen. Hier zur Linken, die goldene Säule, gekrönt mit dem Sonnenkinde; zur Rechten die schwarze Säule, gekrönt mit dem Magus. Das Sonnenkind ist die Blüte des offenen, der Magus der Tyrann des geschlossenen Lebens (*Fr. u. V.*, 233).

Das »Nachtprinzip« der Geschichte deuteten Klages und Schuler gerne als »Moloch« oder »Vampyr«.

Die Ätherzelle ist ein dem Leben immanenter Bestandteil; erlischt sie, so tritt sofort an ihre Stelle der ätherlose, schwarze Hohlraum, welcher saugt. – Das Agens der Evolution, der Mann als Magus, der Spermatikos Logos der Stoa – im Christentum trägt er einen anderen Namen – ist die Verkörperung dieses hohlen saugenden Raumes (*Fr. u. V.*, 169).

Bereits G. F. Daumer und E. Dühring hatten die Juden als »Moloch« bezeichnet; für Klages und Schuler wird »der Jude« nun zum »Vampyr der Menschheit«, sie fühlen sich selbst als »Opfer Molochs« (*RR*, 281). Im Vorwort zu Schulers hinterlassenen *Fragmenten und Vorträgen* zeichnet Klages ein Bild des früheren Gefährten Wolfskehl, das implizit ebenfalls Züge von Vampyrismus zeigt: »Offen liegt zutage und wird keineswegs verheimlicht der unersättliche Hunger nach Menschen. Ob morgens, mittags, nachmittags, abends, nachts, dieser Mann braucht Menschen ...« (*Fr. u. V.*, 51).

In einem höchst esoterischen Gedicht hat Schuler der zyklischen Folge von Lebensfülle und Zerstörung Gestalt gegeben.

Im Zenit der Bläue augen wir Purpur.
Milchweibestitze.

Schwellender Omphalos.
Zwischen dem Scharlachgeflecht der Binden
Schwillt und füllt sich der goldne Phallos.

Nicht Mann noch Weib.
Zeugen Empfangen ist eins.
Das nie Zeugende zeuget Licht –
Das nie Empfangende gebiert Licht –
In der Tiefe Kern leuchtet das Eine.

Aus ihm
Rollt das Leben in goldnen Spiralen.
Breiter und breiter das kreisende Swastika.
Schwächer je breiter. Kälter je weiter.
Somma und Mondring erstarrt sein Fluß.

Im Zenith das Neue augen wir Purpur.
Milchweibestitze.
Schwellender Omphalos.
Zwischen dem Scharlachgeflecht der Binden
Schwillt und füllt sich der goldne Phallos.
(*Fr. u. V.*, 152)

Bereits die Identität der ersten mit der letzten Strophe weist auf die Figur des Zyklus. Die einzige Differenz: »Bläue« – »Neue« zeigt signifikant die Erwartung im Moment der Katastrophe, die vom Künftigen die Restauration des Ehemaligen erhofft. Die erste Strophe weckt den Eindruck schwellenden Lebens im Bilde der mütterlichen Brust wie im Bilde des Phallus.

Die zweite Strophe präsentiert eine spezifische Vorstellung Schulers, nach der im ursprünglichen Leben noch keine Geschlechterdifferenzierung vorliege; es ist der alte Topos des Androgynismus. In den »Vorträgen« sagt Schuler: »Das Licht leuchtet auf hermaphrodisischer Ara« (*Fr. u. V.*, 168; vgl. *RR*, 417). Die dritte Strophe vollzieht den Entwicklungsprozeß, den Schuler hier im Bilde der kreisenden Swastika, des Hakenkreuzes, vorstellt. An dessen Ende erkennt man die bereits vertraute Szenerie der erkalteten, erstarrten, toten Welt. Dies ist der Moment des »Übergangs«, in dem Vernichtung und Vision des »Neuen«, das das Alte ist, zusammenrücken.

Wie empfindet der Mensch im Übergang die Lebensleuchte? Vor ihm ein kommendes Lichtreich, hinter ihm ein versunkenes und dazwischen eine ungeheure Wegstrecke voll Leere, Finsternis, Kälte und Qual – (*Fr. u. V.*, 166).

Indem die letzte Strophe das »Neue« als die alte Ursprünglichkeit ins Bild setzt, wird der Gedanke zyklischer Wiederkehr unmittelbar sinnfällig, dem Schuler in seinem vielleicht bekanntesten Gedicht deutlichen Ausdruck verliehen hat:

Wir kommen wieder. Wir sind nicht tot.
Schwimmende Glieder im Urlichtrot

(...)
Wenn die Zeit verrast ohne Glut in Rot –
wenn die Zeit veraast im wachsenden Tod –
Wir kommen wieder durch Qual und Not – (*Fr. u. V.*, 146)

Dieses dualistische System von »Tag« und »Nacht«, das bei Klages und Schuler häufig auch durch die Opposition von »Eros« und »Logos« substituiert wird, ist nun einerseits abstrakt genug, um dem Anspruch zu genügen, das Ganze der Weltgeschichte zu »erklären«, andererseits – in seiner metaphorischen Dimension – auch konkret genug, um dem manifesten Unbehagen an der eigenen Gegenwart deutlichen Ausdruck geben zu können. Dieses Verhältnis von Abstraktion und Konkretion macht das System gewissermaßen »unangreifbar«; als völlig geschlossenes vermag es alles Phänomenale seiner »Logik« zu unterwerfen: seine Bildwelt absorbiert jedwedes Krisenbewußtsein, sein rigider Schematismus erfüllt den Anspruch grundlegender Deutung des Seins.

Seinen Fixpunkt hat das »kosmische« System jedoch in der Beschwörung der Vorzeit. Das Denken der Kosmiker ist vorzugsweise Ursprungsdenken; im Rückgriff auf die primordiale Zeit findet sich die Gegenwart aufs härteste kritisiert. So läßt sich ein Paradigma etablieren, dem das von der Katastrophe entlassene Neue zu entsprechen hätte. Der Negativbilanz der Zeit- und Kulturkritik entspricht die Positivität einer »goldenen Zeit«.

Bachofen hatte bereits im *Mutterrecht* die ältesten Menschheitsstufen in der wechselseitigen Einheit sozialer, mythologischer und kosmologischer Dimension interpretiert. Jedes soziale Geschehen steht so unmittelbar in naturhaft-kosmischer Bindung.

Alle Stufen des geschlechtlichen Lebens, von dem aphroditischen Hetärismus bis zu der apollinischen Reinheit der Paternität haben ihr entsprechendes Vorbild in den Stufen des Naturlebens von der wilden Sumpfvegetation, dem Prototyp des ehelosen Muttertums bis zu dem harmonischen Gesetz der uranischen Welt (*Mutterrecht, Ges. Werke*, Bd. 2, 58).

Dieser Vorstellung verleiht Klages 1903 fast hymnischen Ausdruck:

Von solchem Leben die letzte geschichtlich erreichbare Stufe ist das Pelasgertum. Am Skamandros, in den Flußtälern Thessaliens, um den See von Dodona, an der sumpfigen Mündung des Po und am heiligen Nil war seine Stätte; dem in unzähligen Strömen der Erde nässenden Urwasser Acheloos galt sein Kult. In ihm rollt die zeugende Seele der Gaia, die aus Schlammgründen in vegetativen Geburten hervordringt. (...) Mit den Tieren der Moräste und Gewässer weiß sich diese Lebensstufe eins. (...) Von ihr her tränkt der mystische Quell das ganze Altertum. (...) Bei diesem Wasser erbeben selbst höchste Olympier: sie ahnen den immerschaffenden Muttergrund, der von jeder Wesenheit so Grab als Wiege ist. Allein was doppelt schien, ist nur ein Atem der ozeanischen Urnacht (*RR*, 403; vgl. 309).

Für Schuler ist das »goldene Zeitalter« – »vor den Pforten der Geschichte« (*Fr. u. V.*, 161) – vor allem durch das völlige Fehlen von Herrschaft und Eigentum gekennzeichnet:

Im offenen Leben ist kein Besitz, kein Eigentum, da der Besitz der Leuchte allen gemeinsam ist. Alle leben im All. Der Urzeit ist deshalb der Begriff der proprietas völlig fremd. (...) Auch das Gefühl der Freiheit, welches dieser Zeit eignet, ist nichts anderes als das Gefühl des Einsseins mit der Schrankenlosigkeit des Universums. Daß jeder das Ganze ist, ist das Gefühl der Solidarität, selbstverständlich auch (...) der Gleichheit (*Fr. u. V.*, 163).

Diese gleichsam »urkommunistische« Szenerie vorgeschichtlichen Seins bewahrt jene Glücksversprechen auf, die die Gegenwart nur allzu kraß mißachtet.

Es ist der große Feiertag des Lebens, und wo Fest, Feier, Glück ist, da ist auch das offene Leben nah – (l. c.).

Die Vorzeit ist den Kosmikern recht eigentlich ungeschichtliche Zeit. Das, was man »Geschichte« zu nennen gewohnt ist, wird nun zum Ort des Aufeinandertreffens antagonistischer Mächte oder, besser, zum Schauplatz des Einbruches jener feindlichen Gewalt, die das in sich ruhende Leben der Vorzeit »auszehrt« und verfallen läßt. Die Potenzen des Ursprungs sind jedoch nie völlig aufhebbar; periodisch kehren sie an die Oberfläche der Geschichte zurück und ermöglichen Momente der Rückgewinnung des Ursprungs (vgl. *RR*, 376, 394).

In der Deutung der abendländischen Geschichte konkretisiert sich die starre und hermetische Logik dieses Denkens. Der Abfall von jener paradiesischen Vorzeit realisiert sich nämlich im Zeichen von Individualisierung, Intellektualisierung und Arbeit. Die vorsokratische Philosophie zeigt schon Spuren der Loslösung vom mythischen Erbe. Zugleich tritt in der warenproduzierenden Gesellschaft des östlichen Mittelmeerraums die Individualität des Produzenten in den Vordergrund und läßt den mythischen Kollektivismus hinter sich zurück. Auch die Arbeitsprozesse verschieben sich; neben die naturwüchsige, in Erzeugung und Konsumption identische, dem naturalen Rhythmus unterworfene, familiale oder Stammes-Gemeinschaft tritt eine am Markt orientierte, differenzierte Produktion.

In der symbolischen Artikulation von Klages und Schuler wird dergestalt tatsächlich der Beginn der Warenproduktion zum Sündenfall der Menschheit. Herakles und Sokrates gelten als erste Repräsentanten des weltgeschichtlichen Gegen- und Nachtprinzips. Jener als Symbolgestalt der »Arbeit«, dieser als Symbolgestalt ursprungsferner Rationalität und Individualität. Herakles entscheidet »sich für den Weg der Mühe, der Arbeit, des Wollens mit verächtlicher Abkehr vom Pflanzenglück der träumend Müßigen« (*RR*, 420). Schuler spricht von »Aktivität, (...) Arbeit, Tatendrang, Erziehung zur Arbeit« *(Nachlaß)* und führt gleichfalls die Arbeiten des Herkules als Etappen der Vernichtung (*Nachlaß*; vgl. *Fr. u. V.*, 238) an. Die Spiritualität, der Gang »vom Konkreten zum Abstrakten« (*RR*, 342), erscheint unmittelbar als Preisgabe ursprünglicher Essenz, als Blutverlust. »Aus dem Blutverlust der Substanz erwächst dergestalt die spezifisch-menschliche Geistigkeit« (*RR*, 329). Von Sokrates, der »ohne Heimat des Blutes« und »Plebejer« (!) war (*RR*, 425), sagt Klages folgendes: »Wir hören, daß Sokrates häßlich war, impotent und niemals trunken, und erkennen daran, wie der Boden beschaffen sei, wo der Glaube an den Wert des Ich gedeihen könne« (l. c.). Der Zusammenhang von Warenproduktion, Individualbewußtsein und philosophisch-wissenschaftlicher Rationalität muß es so auf sich nehmen, als Emanation des Bösen in der Geschichte in Erscheinung zu treten.

Für Schuler ist es erst das Kaiserliche Rom, das eine Wiedergewinnung des Ursprungs erkennen läßt:

Ich sehe im Imperium Romanum die letzte großartige Zellenausgeburt der Renaissance des urtümlichen Seins. (...) Drei Ringe sind es, die nach Rom hinführen, drei Ringe sind es, die wegführen von Rom bis in unsre Tage.

Als den frühesten Ring nehme ich die mykenische Königszeit an, als den zweiten Ring das Pisistratidenzeitalter und als den dritten Rom zunächst gelegenen, Rom verwandtesten die alexandrinische Königszeit. Ringe, die von Rom wegführen bis in unsre Tage: Als ersten möchte ich die Tage des byzantinisch-germanischen Kaisers Otto III. erkennen, als den nächsten Ring das 15. Jahrhundert und als allerletzten Ring das 18. Jahrhundert, welches bis in unsre Zeitperiode hereinragt. In allen diesen haben Sie (...) Erscheinungsformen dessen, was ich das geöffnete Leben nenne (*Fr. u. V.*, 182f.).

Man sieht, daß die vorrömischen Daseinsformen des urtümlichen Seins programmatisch die klassische Phase Griechenlands ausklammern. Mit Ausnahme der noch vom Mythos durchsetzten Philosophie der ersten Vorsokratiker erscheint das eigentliche griechische Denken bereits als Moment des Abfalls, es gilt als »zentrifugalidealistisch«. Demgegenüber ist Rom »etwas Fremdes, Unbekanntes, von der Urzeit übriggebliebenes, was sich wieder neu gebildet hat« (*Fr. u. V.*, 282f.).

Die Erneuerung ursprünglichen Lebens im Rom der Kaiserzeit manifestiert sich zuerst in den Phänomenen des Jugendlichen, des Blühenden und Vitalen. Ein Motiv, das auch George im *Algabal* verwandt und als Chiffre vollendeter, den Tod umgreifender Ästhetisierung verstanden hatte, deutet Schuler als Symbol befruchtender Lebenszeugung:

Wenn wir vom Gastmahl des Otho hören, daß er aus den Blütendolden der Kassettonen kostbarste Essenzen gleich einem Regen auf die (...) Gäste herabträufeln läßt, so sind dies wiederum quintessentielle Symbole; die herabträufelnden Essenzen sind gleichsam der Samenregen, der aus den Blütendolden der Kassettonen ausgespendet wird. Das gleiche bedeutet es, wenn Kaiser Elagabal eine Menge von Rosen aus den Kassettonen seiner Decke auf die Gäste herabsendet, so daß einige sogar unter deren Gewalt erdrückt worden seien (*Fr. u. V.*, 192f.).

Wieder stoßen wir auf das Motiv der Durchlässigkeit der Sphäre der Lebenden gegenüber der Totenwelt. Merkwürdig verschränkt sich so jugendlicher Beginn und Einfluß des Vergangenen. Die kosmische Vorstellung des Ineins von Untergang und neuem Anfang, der Rhythmus des Alls, findet sich in Schulers Verständnis der knabenhaften Laren wieder, die zugleich als Inkorporationen Verstorbener vorgestellt werden.

Ich muß nun die wichtigste Tatsache der Caena Romana mitteilen. Diese ist, daß die Toten, die Seelen der Abgeschiedenen, als polarisierte und floreszente Knaben in den Laren erscheinen; denn die Laren und die Toten sind eins, und die Laren sind polarisierte floreszente Knaben, welche die Urleuchte oder das quintessentielle Blut spendend in erotisch erregtem Bacchantenschritt auf die Lebendigen zueilen (*Fr. u. V.*, 196).

Das Bild des Kindes als Heilsbringer, in der Mythologie eine sehr vertraute Vorstellung, bedarf genauerer Betrachtung. Es ist dem Ältesten ebenso verpflichtet wie es als Agent einer Wende in Aktion tritt:

Ich nehme an, daß von Zeit zu Zeit vom Leben ein Wesen herausgetrieben wird, welches mehr oder minder die absolute Quintessenz enthält. (*Fr. u. V.*, 216)

Das »Sonnenkind« steigt aus der »großen Flut der Völker« empor, wenn eine »Wende des Lebens«, ein neuer »Sonnenaufgang des Lebens« (*Fr. u. V.*, 217) sich vollziehen soll. Dies soteriologische Prinzip hat die Kosmiker in besonderer Weise beschäftigt. Es zeigt an, daß die Idee zyklischer Wiederkehr keineswegs als naturaler Mechanismus aufgefaßt wurde, der sich mit eherner Notwendigkeit durchsetzt. Bereits das Motiv des Manichäismus als »Motor der Geschichte« trug einem Denken Rechnung, das vorrangig Krisenbewußtsein zu bewältigen hatte. Das Symbol des »Sonnenkindes« erstellte zusätzliches aktionistisches Potential. Manifestation eines zwar universalen Prinzips, mußte es sich doch in realer Geschichte bewähren, d. h., die Möglichkeit des Scheiterns, des Unterliegens, konnte so denkmöglich werden. Dies »Sonnenkind« ist nun nach Schulers Auffassung befähigt, die noch ursprünglichem Leben verbundenen Menschen in abgefallener Zeit zu sammeln und einem neuen Weltentag zuzuführen. Dabei bedient er sich des mythischen Motivs des Kuretentanzes; um das Weinen des eben geborenen Zeus vor seinem Vater Kronos zu verbergen, umkreiste eine Schar bewaffneter Männer dessen Wiege und schlug beständig mit Speeren gegen die Schilde. Diese Symbolik von Kern (»Kind«) und Peripherie (»Tänzer«) deutete Schuler als Befruchtungsvorgang:

Die Polarisation des Sonnenkindes nach außen zieht aktivere Wesen an, welche das Sonnenkind gleichsam umkreisen (...) Daraus entwickeln sich die Kureten, die Korybanten. Diese wirken durch die Zentralzelle Kind, welche passiv ist und Licht spendet, nun aktiv auf das Kind ein, wodurch es zum Ergusse der innerlichen Zelle kommt. Das ist das Mysterium der Korybantiasis (*Fr. u. V.*, 217f.).

Die Erneuerung ursprünglichen Lebens im kaiserlichen Rom überwindet zudem den Patriarchalismus der Republik. Die synkretistische Adaption orientalischer Religionen, von der Schuler aus Burckhardts *Constantin der Große und seine Zeit* wußte, wurde zum Indiz weitgehender Restauration des alten Matriarchats.

Nun beginnt innerhalb der eben geschilderten Periode, welche die tropischen Tage eines Nero und Elagabel vorbereitet, ein eigentümlicher Prozeß in der Frauenwelt. Das Weib strebt danach, die alten Fesseln, die Gatte, Vater, Bruder oder ein anderer Agnat auf sie gelegt hat, allmählich abzustreifen, und demgegenüber ist das männliche Geschlecht nicht mehr standhaft genug, sein altes usurpiertes Recht über die Frau aufrecht zu erhalten (*Fr. u. V.*, 246).

Jedoch war die Restauration der »goldenen Zeit« im kaiserlichen Rom nicht von Dauer. Das negative Geschichtsprinzip, das »schwarze Rad«, das »Mordphänomen«, überwältigte und »entleerte« in Gestalt der stoischen Philosophie wie des Christentums die vitale Fülle der Kaiserzeit. Rationalität, Individualität und Arbeit sind wiederum die Zeichen des drohenden Untergangs (*Fr. u. V.*, 237).

Die Geschichtsspekulationen Schulers und Klages zeichnen sich bei aller esoterischen Bildlichkeit durch ein erstaunliches Maß an Monotonie aus. Allein der Wechsel von Zerstörung und Neubeginn, von »goldenem Zeitalter« und Perioden des Abfalls, von universaler Allverwobenheit und isolierender Entfremdung, von strömender Fülle und »vampyrischer« Arbeit diktiert den Gang der Weltgeschichte. So schloß Schuler seine Vorträge mit der Prophezeiung: »Die Zeit wird kommen, da (...) Nero auf dem Gespann des Helios über dem Neubruch dampfenden Ackerlandes als die alte Seelenröte heraufzieht« (*Fr. u. V.*, 296).

Als Wiederholung urzeitlicher Blüte deutete Schuler vor allem die Frührenaissance und das Rokoko des Ancien Régime. Diese Periodisierung, der die völlige Abwertung von Reformation und Französischer Revolution nur zu sehr entspricht, folgt bestimmten Formulierungen Nietzsches in der *Genealogie der Moral* (I, 16).

Ich möchte den in Frage stehenden Absatz ganz zitieren:

Rom ist ohne allen Zweifel unterlegen. Allerdings gab es in der Renaissance ein glanzvoll-unheimliches Wiederaufwachen des klassischen Ideals, der vornehmen Wertungsweise aller Dinge: Rom selber bewegte sich wie ein aufgeweckter Scheintoter unter dem Druck des neuen, darüber gebauten judaisierten Rom (...); aber sofort triumphierte wieder Judäa, dank jener gründlich pöbelhaften (deutschen und englischen) Ressentiment-Bewegung, welche man die Reformation nennt (...). In einem sogar entscheidenderen und tieferen Sinne als damals kam Judäa noch einmal mit der französischen Revolution zum Siege über das klassische Ideal: die letzte politische Vornehmheit, die es in Europa gab, die des siebzehnten und achtzehnten *französischen* Jahrhunderts, brach unter den volkstümlichen Ressentiment-Instinkten zusammen... (Nietzsche, *Genealogie der Moral*, *Werke*, hg. v. G. Colli u. M. Montinari VI/2, 30)

Diese Periodisierung findet sich bei Schuler wieder:

Renaissance: Im Scheiden neue kosmische Lichtschauer kreuzend und reizend – Giordano Bruno. Über dieser Wende ist eine wunderbare Röte, aus glühenden Wandgemälden und neronischen Gewölben rauchend. Die italienische Renaissance (*Fr. u. V.*, 148).
Reformation: Der Ausbruch des Wittenberger Skandals signiert am drastischsten das zerlöste Christentum, die erlöschende Leuchtkraft »in Christo«. Das materielle Mittelalter räumt den Platz dem physischen als Sieg des extensiven Prinzips über die Intensität. (...) Das Sonnenlehen des Mittelalters wird Proprietas, Eigentum. Die Usurpation des Bauern in der Kirche parallelisiert die Emanzipation des Bourgeois in der Gesellschaft *(Nachlaß)*.
Ancien Regime: Ich erblicke im Schäferstabe des Rokoko den Thyrsus des Dionysos und im wogenden Tanzrad der Quadrille à la cour den sich flechtenden Seelenring... (*Fr. u. V.*, 267).
Französische Revolution: Rasende Hallenweiber bohrten ihre Zähne in das noch schlagende Herz der Hypatia der Revolution, der Prinzessin Lamballe (*Fr. u. V.*, 268).

Wir sahen, daß das Verhältnis von Katastrophe und Neubeginn seine paradigmatische Prägung in der mythischen Erzählung von der Sintflut fand. Das Bild des Propheten in einer Wendezeit wird im biblischen Bericht vom Zuge des israelischen Volkes durch die Wüste gezeichnet, an dessen Ende das verheißene Land wartet. Im Augenblick seines Todes öffnet sich Mose vom Berg Nebo das Panorama der Zukunft. In diesem Motiv des prophetischen Blicks sahen die Kosmiker ihre eigene Situation vergegenwärtigt: Wolfskehls Gedicht *Vom Nebo* mag unsere Darstellung des »kosmischen« Geschichtsdenkens deshalb beschließen:

Leises geräusch dringt bis zu mir herauf:
Ein lufthauch bringt die düfte der verheissung
Von unserem land dahin ich euch geleitet

Dahin ich selber nie gelangen soll.
Wie weit mein blick! er segnet eure tracht
Fruchtschwere niederungen grüne weiden.
Ich hätte gerne meiner brüder herd
Auflodern sehen, auf der heimatscholle
Ihr tagwerk noch geweiht – doch ich erkenne
Die dunklen wege die Du mich geführt
Bis hierher auf die letzte bergeshöhe
Zur abschiedsschau ... die welt der wanderung
Geht nachtend unter und ein neu gesetz
Heischt neuen herrn. Ich seh im fernen land
Ferne geschicke wundersam gespiegelt
Die ich nicht wissen will. Gesättigt reif
Bette mich berg der letzten abendrast! (*GW* I, 58 f.)

Stefan Georges »neuer Gott«

I

Von einem anderen »Kreis« soll in diesem Kapitel die Rede sein. Nicht jedoch so sehr von den mehr oder weniger stark stilisierten Ritualen, sondern vor allem von der ästhetischen Produktion ihres Oberhauptes, Stefan George. Wir wollen das Werk Stefan Georges nach Spuren des Mythischen und des Kultischen befragen: wie stets nicht in der Absicht, traditionelle mythologische Zitate (»neueren Gebrauch der Mythologie«, wie Herder das nannte) in ihm aufzustöbern, sondern zu sehen, ob und wie seine Dichtung selbst zum Sprachrohr aktueller (und in der Aktualität unerfüllter) mythischer Bedürfnisse sich formt. Um es vorwegzunehmen: an kaum ein anderes Werk des 20. Jahrhunderts könnte unsere Frage besser gerichtet sein als an das seine, und das aus zwei Gründen: zum ersten darum – ich drücke mich zunächst ganz formelhaft aus –, weil die Georgesche Lyrik von den frühen Gedichten bis zu den Texten des *Neuen Reichs* die Sprache des religiösen Kults – freilich ohne konkrete religiöse Adressen und Anlehnungen – zu erneuern versucht wie keine andere; zum anderen aber darum, weil George als Haupt eines »Kreises« wie als Meister einer »Schule« auftrat, die das Verbindliche, das jeder heiligen Handlung eignet, wirklich auch ins Gesellschaftliche hinüberzutragen versucht hat: in bündisch organisierten Elite-Gruppen, in denen wir, »in unheiliger Zeit«, den Gedanken des Heilands und seiner Jünger, also den Gedanken der *Gemeinde*, aufbewahrt sehen.

Übertrieben mag zunächst die krude Behauptung erscheinen, daß Georges Einfluß auf den Kulturbetrieb der ersten Hälfte dieses Jahrhunderts von einer Mächtigkeit war, der nichts Vergleichbares zur Seite gestellt werden kann. Durch die Menge ihm oft hörig zu nennender »Jünger« – und darunter befanden sich ausgezeichnete Geister wie Kommerell, Gundolf u. a. – hatte der »George-Kult« einen Multiplikations-Effekt, der innerhalb dieses Adressatenkreises die Attraktion anderer zeitgenössischer kulturreformerischer Ideen verdunkelte und überflügelte, so daß es nicht ganz falsch ist zu behaupten, hier habe sich so etwas wie ein »inneres Reich« gebildet, das zu dem äußeren in bald ablehnendem, bald förderndem, in jedem Fall: zutiefst widersprüchlichem Verhältnis stand und noch heute, durch Schülerschaften von Schülerschaften in die Gegenwart (z. B.) der Germanistik hineingetragen, regiert.

Kaum einer der sogenannten großen Geister des 20. Jahrhunderts ist diesem Einfluß entgangen, und für jeden wäre er einzeln zu begründen und zu belegen: z. B. für Walter Benjamin, Rilke und Hofmannsthal, für Heidegger, Gadamer, Ernst Robert Curtius, Max Weber oder Adorno, die untereinander doch vieles trennt, nicht aber das Geprägt- und Beeindrucktsein durch die Ideen des George-Kreises oder gar durch die persönliche Bekanntschaft mit dem, der wie ein Magnet alle aufkommenden Talente und Genies (sofern sie nur hinreichend außerordentlich, kultur-revolutionär-konservativ und nicht-weiblichen Geschlechts waren) an sich zog, faszinierte, nicht mehr von sich ließ, zum Haß oder Widerspruch provozierte, in keinem Fall aber kalt ließ und im allgemeinen lebenslang wie ein Leitstern lenkte. Hofmannsthal entzog sich mit genauer Not diesem Einfluß. Rilke hatte es leichter, und doch kam er, dessen lyrische Produktion so hoch über der Georgeschen steht, nicht vorbei an dem, den er nur mit »Meister Stefan George« anredete (*Briefe*, 11; 7. Dez. 97; vgl. Brief an George vom 7. April 99: »Verehrter Stefan George«, l. c. 13) und dem er mehr durch Flucht sich entzieht als durch Kraft des Willens.

George lebte von 1868 bis 1933. Er gehört zu den ersten Deutschen, die zu einer Zeit, in denen der späte Realismus mit dem aufkommenden Naturalismus sich übersteigerte, dem hermetischen Kunstideal des französischen Symbolismus sich öffnete. In Paris war er Gast und Hörer von Stéphane Mallarmé, in dessen Kreis er auch anderen symbolistischen Lyrikern begegnete. Die erste Gedicht-Sammlung Georges, die Hymnen und die *Pilgerfahrten* (1890) sind dann die frühesten Dokumente einer am symbolistischen Stil-Ideal orientierten, radikal anti-naturalistischen Lyrik; und so auch der *Algabal* (1892), der in einer von Weihrauch dampfenden, oft schwülen Rhetorik die exotische Gegennatur einer in Kristall, Metall und Wasser getauchten absoluten Innenwelt mit manchmal unterirdischem, manchmal sadistischem, manchmal nur imperialen Sprachprunk entfaltet: erste Wegmarken des deutschen Sich-Öffnens für die Errungenschaften einer »reinen«, einer sich selbst als Zweck verehrenden und gesellschaftsabgewandten Poesie.

Hier ist nicht der Ort zu zeigen (ein Lieblingsthema Sartres in seinen Monographien zu Baudelaire, Flaubert und vor allem Mallarmé), inwiefern die sogenannte »absolute Poesie« selbst schon eine Antwort war auf die Erfahrung vom Tode Gottes und wie sie »Gottes Fehl« durch eine Anbetung des »Nichts« selbst und als solchen ersetzte, wie dies – formelhaft gesagt – in Mallarmés Werk geschieht. Der Symbolismus der *poésie pure* ist selbst ein Stück Neuer Mythologie, und womöglich sogar das bedeutendste, das die nachromantische Dichtung geschaffen hat. Indessen scheue ich mich, mich auf dieses weite Feld zu begeben, und kehre rasch zurück zu Stefan Georges Anfängen, von denen ich kontrastiv feststelle, daß sie die implizite und natürlich negative Theologie der Mallarméschen Nichts-Verehrung Stück um Stück re-theologisieren, affirmativ wenden und ganz ausdrücklich mit sakralen Metaphern belegen: verbannt ist alles Häßliche, das doch bei Mallarmé zuweilen noch provokant durchscheint; aber geblieben ist die Abwehr des Natürlichen, des Warm-Kreatürlichen, die Option für die kalte Pracht lebensfeindlicher, künstlicher Paradiese, artifizieller Gärten und Parks – und dies eben charakteristisch verwoben mit Wendungen, die offen auf »das Heilige« anspielen, das sich über der durchgestrichenen, der gemeinen Wirklichkeit azurblau und unbewohnbar wölbt. Ein Beispiel aus dem *Algabal*:

Mein garten bedarf nicht luft und nicht wärme ·
Der garten den ich mir selber erbaut
Und seiner vögel leblose schwärme
Haben noch nie einen frühling geschaut.

Von kohle die stämme · von kohle die äste
Und düstere felder am düsteren rain ·
Der früchte nimmer gebrochene läste
Glänzen wie lava im pinien-hain.

Ein grauer schein aus verborgener höhle
Verrät nicht wann morgen wann abend naht
Und staubige dünste der mandel-öle
Schweben auf beeten und anger und saat.

Wie zeug ich dich aber im heiligtume
– So fragt ich wenn ich es sinnend durchmass
In kühlen gespinsten der sorge vergass –
Dunkle grosse schwarze blume?

(Stefan George, *Werke.* Ausgabe in zwei Bänden, Düsseldorf und München 1958, [3]1976, [fortan zit.: *GW*] I, 47; vgl. 318: die azurne und kristallne Wunderblume...).

Der esoterische Charakter spricht in diesen Zeilen überzeugender als in solchen, die sich an der Semantik der Erlesenheit, des Aristokratismus und des imperialen Stils inspirieren. Das für uns Entscheidende ist die religiöse Interpretation des ästhetischen Hermetismus, der sich weigert, in und durch Sprache Welt zu offenbaren, der sich vielmehr der Offenbarung verschließt.

Alles, was geheiligt ist und geheiligt bleiben will, hüllt sich in ein Mysterium [notierte Mallarmé]. Die Religionen verschanzen sich in der Deckung von Geheimnissen, die sich nur dem Auserwählten erschließen: die Kunst hat die ihrigen.

In der Lobrede an Mallarmé schreibt George:

Deshalb o dichter nennen dich genossen und jünger so gerne meister weil du am wenigsten nachgeahmt werden kannst und doch so grosses über die vermochtest · weil alle in sinn und wohlklang nach der höchsten vollendung streben damit sie vor deinem auge bestehen: weil du für sie immer noch ein geheimnis bewahrst und uns den glauben lässest an jenes schöne eden das allein ewig ist (*GW* I, 508).

Hier haben Sie wieder ein Zeugnis für die religiöse Überdeterminiertheit der Kunst, die selbst und als solche – in ihrer Absonderung vom Profanen – heilige Stimme wird. Zum Profanen gehört nicht nur die Menge oder Masse, die Georges Lyrik immer wieder angeekelt von sich weist, sondern ganz elementar jeder Weltbezug des lyrischen Sprechens.

In der dichtung – wie in aller kunst-betätigung – ist jeder der noch von der sucht ergriffen ist etwas »sagen« etwas »wirken« zu wollen nicht einmal wert in den vorhof der kunst einzutreten (l. c., 530).

Oder:

Den wert der dichtung entscheidet nicht der sinn (sonst wäre sie etwa weisheit gelahrtheit) sondern die form (...) (l. c.).

Eine Dichtung, die nicht zuerst »etwas« mitteilen will – die aber gleichwohl sich dem Druck und damit stillschweigend der Vervielfältigung anvertraut –, muß Sicherheiten erwägen, um sich vor der Profanation zu schützen. George begründet 1892 als Organ seines Kreises die *Blätter für die Kunst* (1892–1919); ihnen treten von 1910 bis 1912 die *Jahrbücher für geistige Bewegung* zur Seite. Bei den *Blättern* handelt es sich ursprünglich um Privatdrucke in 100er Auflage, die nicht über den Buchhandel vertrieben, sondern einer Schar Eingeweihter und Auserlesener zugeteilt wurden. Die programmatische Vorrede der ersten Auflage sagt unter anderem:

Der name dieser veröffentlichung sagt schon zum teil was sie soll: der kunst besonders der dichtung und dem schrifttum dienen, alles staatliche und gesellschaftliche ausscheidend. – Sie will die GEISTIGE KUNST auf grund der neuen fühlweise und mache – eine kunst für die kunst – und steht deshalb im gegensatz zu jener verbrauchten und minderwertigen schule die einer falschen auffassung der wirklichkeit entsprang. sie kann sich auch nicht beschäftigen mit weltverbesserungen und allbeglückungsträumen in denen man gegenwärtig bei uns den keim zu allem neuen sieht, die ja sehr schön sein mögen aber in ein andres gebiet gehören als das der dichtung.

Hier wird also so etwas wie eine Gegenöffentlichkeit gebildet – d. h. eine Öffentlichkeit nur für Kreismitglieder und in Abschottung gegen die bürgerliche. Schon die konsequente Kleinschreibung und später der an Georges Handschrift angeglichene Druck-Typus protestierten gegen die technische Revolution der Druckindustrie, der das wenigstens vergleichsweise kunstgewerbliche Drucker*handwerk* zum Opfer fällt. Die handsignierten Exemplare des *Jahrs der Seele* (1897) wollen Stück um Stück als individuelles Kunstwerk betrachtet sein: einzelner Widerstand gegen die nivellierenden Kräfte des Allgemeinen und der Gleichschaltung.

Betrachten wir etwas genauer, was hier geschieht. Auf den ersten Blick handelt sich's einfach um eine Absetzbewegung vom sozialen und politischen Engagement, um eine radikale Verweigerung gegenüber den Anforderungen der gesellschaftlichen Realität. Aber dem zweiten und behutsameren Blick stellt sich das Phänomen anders dar: Die Absetzbewegung enthüllt sich selbst als eine gesellschaftliche Handlung. Mit dem »Profanen«, mit dem »Volk« oder mit der »Masse« wird niemand anders als das Bürgertum angeredet, und zwar – wie nicht erst Georges Auseinandersetzungen mit dem großen Theoretiker der bourgeoisen Rationalität, mit Max Weber, beweisen – das Bürgertum in einem soziologisch einigermaßen präzisen Sinne. »Einigermaßen«, sage ich vorsichtig; denn Georges Verachtung des Bürgertums (dem er freilich selbst zugehört, von dem er sich aber in aristokratisch-nobilitierter Option abgrenzt) geht so weit, daß er es kaum ertragen kann, das Phänomen ins Auge zu fassen. Dem angeekelten Blick des Meisters einer kleinen erlesenen Schar stellt sich der Bürger stets nur im schnöden Plural der gesichtslosen, der nicht mehr abzählbaren, der gleichförmigen, der wimmelnden Masse mit dem bösen Blick dar. Immer wieder haben Sie in Georges Gedichten diesen Urgegensatz. Ich gebe ein paar Beispiele:

Sie ziehen hin gefolgt vom schelten ·
Vom bösen blick der grossen zahl. (I, 88)

Die Masse schilt die adligen Ästheten und schaut sie mit kaltem, mit bösem Auge an: denn der Masse ist nichts heilig, sie haßt das Erlesene; sie nivelliert die Ausnahme.

[Du] bleibst wie vormals gast von fernem strande
Den vielen – die du immer meiden möchtest. (180/1)

Blöd trabt die menge drunten · scheucht die nicht!
Was wäre stich der qualle · schnitt dem kraut!
Noch eine weile walte fromme stille
Und das getier das ihn [nämlich Nietzsche] mit lob befleckt
Und sich im moderdunste weiter mästet
Der ihn erwürgen half sei erst verendet!
Dann aber stehst du strahlend vor den zeiten
Wie andre früher mit der blutigen krone. (231)

Hier, wie Sie hören, steigert sich die Verachtung der Masse zum offenen Mordgelüste, vorausgesetzt, man kann vermeiden, Qualle und Unkraut anzufassen. Der Masse gegenüber aber steht eine charismatische Gestalt, ein Heiland, ein religiös-auratisch gesteigerter Führer oder »Erlöser« (l. c.). Ein weiteres Attribut der Masse aber wollen wir uns merken: Diesmal wird ihr auch vorgeworfen, daß sie sich mäste. Anderswo heißt es »im überflusse siech« (243). Übersetzen wir dies ins schnöde Soziologische: Die Masse ist dem Konsum verfallen: »der satte bürger« frißt und verzehrt und verdirbt dabei, für die übersinnliche Welt ist sein Geist stumpf geworden.

In der Hommage an *Boecklin* erscheint die Masse ferner als solche von »feisten krämer[n]« (232), von deren »entehrendem« Geist der Künstler »verschont« seine stillen Kreise, »den sonnen zu«, zieht.

Als damals hässlich eitle hast begann ·
Die glieder so verschnürt dass eins nur wuchre ·
DER unrat schürfte · DER den himmel stürmte:
Entflohest du des alltags frechem jubel:
›Was einzig hebt aus schlamm und schutt – ihr ehrt
Und kennts nicht mehr · dies kleinod reinster helle
Das alle farben strahlt rett ich zur fremde
Bis ihr entblindet wieder nach ihm ruft.‹ (232)

Die Masse ist also hastig geworden, und zwar zu einer bestimmten historischen Zeit; sie schnürt ihren Leib ein, der alle Göttlichkeit verliert (aber nicht die Lüsternheit); der Himmel wird gestürmt, Unrat geschürft. In dieser Situation flieht Boecklin aus Schlamm und Schutt in die imaginäre Welt und badet in einem Licht, das das Auge der Masse blendet, bis sie vielleicht eines Tages selbst den Wunsch äußern wird, in ihrer Weltennacht wieder Licht zu sehen. Die Masse ist in der dritten Strophe ferner »als jene knechteswelt« charakterisiert (233) – also nietzscheanisch von der Moral der Herren ausgesondert. Und sie wird als »kalt« von der Wärme, von der Helle oder von der Glut des Heiligen unterschieden. Dem Künstler allein verdankt diese kalte Zeit, daß das heilige Altarfeuer – ein bei George immer wiederkehrendes Bild – noch nicht völlig erloschen und alles dem wuchernden bürgerlichen Rationalisierungstrend verfallen ist:

Du gabst den schmerz sein maass: die brandung musste
Vertönen · schrei durch güldne harfe sausen ·
Und steter hoffnung tiefste bläue wölktest
Du über öde fall und untergang . .
Dass heut wir leichten hauptes wandeln dürfen
Nicht arm im dunkel schluchzen war dein walten ·
Du nur verwehrtest dass uns (dank dir Wächter!)
In kalter zeit das heilige feuer losch. (233)

In unaristokratischer Zeit nimmt der Pöbel auch die Regierungssitze ein – hier gibt es kein Oben und kein Unten mehr:

Heut da sich schranzen auf den thronen brüsten
Mit wechslermienen und unendlem klirren:
Dreht unser geist begierig nach verehrung
Und schaudernd vor der wahren majestät
Zum ernsten väterlichen angesicht
Des Dreigekrönten wirklichen Gesalbten
Der hundertjährig von der ewigen burg
Hinabsieht: schatten schön erfüllten daseins. (236)

Diesmal ist der Papst (Leo XIII) gemeint, der Verwalter des Heiligen, dem das unendliche Klirren (es wird das Geräusch von Wechselgeld sein) und die Wechslermienen der nunmehr auch ökonomisch charakterisierten Bürger mißfallen. Die Städte der Bürger vergleicht George anderswo einem »mond / Von glitzernden und rauhen häuserwänden / Endlosen strassen drin mit gleicher gier / Die menge tages feilscht und abends tollt« (243, *Die tote Stadt*). Auch dies Motiv kehrt bei George immer wieder: in der alle Materien über ihren Tauschwert gleich-machenden abstraktiven Gewalt des Geldes liegt der Angriff auf den Wert aller Werte, auf das Heilige, strukturell oder logisch begründet. Wer Werte nur als Tauschwerte kennt – der Bourgeois –, der kann den Gedanken an den einen, gänzlich inkommensurablen, also unvergleichlichen »Höchstwert« natürlich nicht fassen. Insofern dies der Fall ist und die bürgerliche Klasse ihre Identität wirklich in unklarer Weise an die abstrakte Identität der Tauschwerte und ihrer Beziehungen gebunden hat, kann man von ihr sagen, sie habe den Himmel gestürmt, d. h., Gottes Platz und das Wesen des Auratischen bestritten. Genau das nannte Max Weber den Prozeß der Rationalisierung und »Entzauberung« der Welt: in ökonomischer, politischer und juristischer Hinsicht.

Es gibt ein Gedicht, *Die tote Stadt*, in dem George geradezu ausspricht, daß die verlorene Sphäre des Heiligen kein Wert ist, wie es die tauschbaren Werte sind, daß das Heilige, mit anderen Worten, inkommensurabel, nicht eintauschbar gegen Geld und Waren ist – und zwar nicht zunächst aus sentimentalen, sondern aus strukturellen Gründen. Das Gedicht hat folgende stark allegorisierte Handlung: Eine alte, nun verödete Stadt ist um des kommerziellen Fortschritts willen von vielen ihrer Einwohner verlassen worden, die einen »neuen hafen« errichtet haben und im Handel reich geworden sind. In den Straßen wird tagsüber endlos gefeilscht und abends »getollt«; gegenüber der »mutterstadt« auf hohem Felsen haben die Bürger der Neugründung »nur hohn und mitleid«. Tatsächlich ist sie ökonomisch »arm«, »vergessen von der zeit«. Aber das Leben ihrer Einwohner hat Sinn: Der Stadtturm ragt »in ewige sonnen«, »weihebilder« rechtfertigen das Leben, das ein Leben ohne »leid« und voller Hoffnung ist. Eines Tages kommt eine Delegation der prosperierenden Unterstadt »den berg hinan« (243). Ich zitiere die beiden Schlußstrophen. Die Rede ist zunächst vom Zug der »flehenden«:

›Uns mäht ein ödes weh und wir verderben
Wenn ihr nicht helft – im überflusse siech.
Vergönnt uns reinen odem eurer höhe
Und klaren quell! Wir finden rast in hof
Und stall und jeder höhlung eines tors.
Hier schätze wie ihr nie sie saht – die steine
Wie fracht von hundert schiffen kostbar · spange
Und reif vom werte ganzer länderbreiten!‹

Doch strenge antwort kommt: ›Hier frommt kein kauf.

Das gut was euch vor allem galt ist schutt.
Nur sieben sind gerettet die einst kamen
Und denen unsre kinder zugelächelt.
Euch all trifft tod. Schon eure zahl ist frevel.
Geht mit dem falschen prunk der unsren knaben
Zum ekel wird! Seht wie ihr nackter fuss
Ihn übers riff hinab zum meere stösst.‹ (243/4)

Hier können Sie besonders gut sehen, wie George das heilige Leben für uneinkaufbar hält – für einen Wert von vollkommen anderer Natur, als es die Tauschgüter sind, die die Vertreter der Unterstadt aufbieten, um sich ein bißchen Seelenheil für die ausgetrockneten Herzen einzukaufen. Die Antwort der armen Oberstädter ist deutlich: die Warengesellschaft produziert »falschen prunk«, ihre Münzen und Spangen gelten oben nichts, ihren Benutzern ist wie den Bewohnern von Sodom und Gomorrha der Tod gewiß. – In vielen anderen Gedichten zahlt die Masse den Verlust des höchsten Wertes durch »Irre« – ein ebenfalls immer wiederkehrendes Epitheton der Garzuvielen in Georges Gedichten: Die Masse, um ihr höchstes Ziel gebracht, irrt ziellos, wie die Wanderungen des zirkulierenden Geldes ziellos sind.

Bleiben wir, um ein wenig Ordnung in unsere Zitatenauswahl zu bringen, zunächst bei diesem ökonomischen Aspekt, für den wir bisher zwei Merkmale gesammelt haben: den Vorwurf des Konsumierens und den des Wechselns und Schacherns. In dem dem Grafen Bernhard Uexkull gewidmeten Gedicht *Der Dichter in Zeiten der Wirren* fügt sich das Stichwort »der Markt« hinzu. Der Dichter, heißt es dort sinngemäß, der einzige, der die irrende Masse in kalter Zeit noch führen könnte, weil er allein den Bezug zum Heiligen bewahrt und vor dem Schicksal der Rationalisierung gerettet hat, der Dichter

(...) sichtet schon (...)
Die lichtere zukunft. Ihm wuchs schon heran
Unangetastet von dem geilen markt
Von dünnem hirngeweb und giftigem flitter
Gestählt im banne der verruchten jahre
Ein jung geschlecht das wieder mensch und ding
Mich echten maassen misst · das schön und ernst
Froh seiner einzigkeit · vor Fremdem stolz
Sich gleich entfernt von klippen dreisten dünkels
Wie seichtem sumpf erlogner brüderei
Das von sich spie was mürb und feig und lau

Das aus geweihtem träumen tun und dulden
Den einzigen der hilft den Mann gebiert..
Der sprengt die ketten fegt auf trümmerstätten
Die ordnung · geisselt die verlaufnen heim
Ins ewige recht wo grosses wiederum gross ist
Herr wiederum herr · zucht wiederum zucht · er heftet
Das wahre sinnbild auf das völkische banner
Er führt durch sturm und grausige signale
Des frührots seiner treuen schar zum werk
Des wachen tags und pflanzt das Neue Reich. (418)

Sie mögen sich denken, wie das Dritte Reich – wenigstens in seinen Anfangsjahren – diese Verse sich zurechtlegte; aber wir dürfen es uns nicht ebenso leicht machen wie die Banausen der Ämter Rosenberg oder Goebbels. Wir wollen zunächst behutsam – nicht unkritisch – Merkmale sammeln, die uns erlauben, Georges Blick auf die Bürgerklasse soziographisch etwas zu konkretisieren.

Hier nun erscheint das Schicksal dieser Klasse als an das Schicksal des »geilen markts« gebunden. Dessen Mechanismus besteht, wie wir wissen (und auch in anderen Texten des antikapitalistischen Konservatismus der Weimarer Zeit lesen konnten), darin, alle Dinge auf ihren Tauschwert zu reduzieren: Wert existiert nur noch in der abstrakten Form des Preises, der für eine Ware entrichtet wird. Das sind, für George, aber nicht die »echten maasse«; in einem solchen, vom geistlosen Gesetz von Angebot und Nachfrage (und im Spätkapitalismus nicht einmal von diesem mehr) regierten System verlieren die vor-bürgerlichen Werte des Herrentums, der Zucht, der Ordnung, der völkischen Identifikation jede Funktion. Das soll gewendet werden in der Vision vom Dichter-als-Führer, der die alten Werte gerettet und einer neuen Generation, die im Frührot dieser Vision sich sehen läßt, als Leitbild angeboten hat. Sobald sie sozial durchgesetzt sind, werden wir das »Neue Reich« erleben.

Einen Zug teilt nun Georges späte Vision unübersehbar mit der des Nationalsozialismus: das ist die (schon bei Nietzsche groß hervortretende) Sehnsucht nach einem Führer. Motiviert ist sie – das muß man klar sehen – aus dem Ekel an den nivellierenden, an den gleichschaltenden Effekten des ökonomischen und liberalistischen Rationalismus. Der real existierende Führer hat sich bekanntlich – auch das muß man sehen – außerordentlich marktkonform verhalten. Er hat »den geilen markt« mitnichten ausgeschaltet, sondern für den Adenauerstaat vorbereitet und auf Vordermann gebracht. Gleichwohl ist wahr, daß die Nazistische Ideologie von Affekten gegen den Markt profitierte (und diese Affekte gezielt einsetzte), wie sie auch in Georges »Neuem Reich« sich artikulieren. Max Weber hatte sie als Sekundär-Effekt der Rationalisierung und Bürokratisierung der Lebenswelt im bürgerlichen Staat vorausgesehen: als Angewiesenheit eines jeden übersinnlichen Wertes beraubten Staatswesens auf »die charismatische Persönlichkeit«, d.h. den Führer.

Dieser Führer – und die auf ihn zielende Tugend des blinden Gehorsams – läßt nun freilich schon in früheren Gedichten Georges grüßen. Es ist eine feudale, eine konservative, keine faschistische (durchaus aber eine faschistoide) Vision: In einer Huldigung an *Carl August* (241/2) wird gerühmt der

(...) verschollene(n) blinde(n) folgermut
Der dient · nach ziel und eignem heil nicht fragend ·
Der schlicht von dannen geht sobald er fürchtet
Er tauge minder – dank und sold verschmäht
Und ohne ruhm ins dunkel untertaucht. (242)

Dieser feudale Menschenschlag ist noch nicht der heiligen Verbindlichkeit der Beziehungen zwischen Menschen (die freilich im Feudalismus alles andere als reziprok oder gar gleichberechtigt waren) entschlüpft:

(...) wo alle leichthin schlüpfen
Aus innrer fessel: sahst du dich verderben
Und ehrtest noch der frommen bindung fug. (242)

Wahrhaft finster und beängstigend spricht diese Gesinnung aus dem gegenaufklärerischen Gedicht *Der Eid*, das dumpf erinnert an das faschistische *Obedire, credere, combattere* oder seine deutsche Variante *Führer, befiehl, wir folgen.* Auch Kleists schreckliche Verse (gegen die Franzosen) klingen an: »Schlagt sie tot, das Weltgericht / Fragt euch nach den Gründen nicht!« *(Germania an ihre Kinder).* Es handelt sich um einen Wechselgesang von Führer und Gefolgschaft:

›Schreitet her und steht um mich im rund
Die ich auserkor zum bund:
Dich aus kerkern flüchtig · leichenfarb ·
Dich der an dem weg verdarb ·
Den ich vor dem sturz am haare griff ·

Der sich selbst die klinge schliff –
Wilde kräfte vom geschick gehemmt ·
Edle saat durchs land verschwemmt.‹

Wir gebunden durch den stärksten kitt
Als der stahl die arme schnitt ·
Einer von des andren blut genoss ·
Gleiche flamme in uns schoss . .
Unser glück begann mit deiner spur.
›Mächtig ich durch euren schwur.‹
Wir die durch dein atmen glühn und blühn.
›Ich von eurem marke kühn.‹

Du nur kennst das ziel das vor uns blizt ·
Trägst es in metall gerizt.
Deinen bräuchen fügen wir uns streng ·
Wir gehärtet im gemeng.
Lenker auf den wegen UNSRER not ·
Nenn dein dunkelstes gebot!
Pflüge über unsre leiber her:
Niemals mahnt und fragt dich wer!

›Durch verhüllte himmel seh ich schon
Die vollendung und den lohn.
Unsre feinde sind zum kampf gereiht.
Meine söhne rufen streit.
Boden hilft den händen die ihm traut ·
Himmel schadet wo ihm graut.
Keine schar zu dicht · kein wall zu steil!
Meine söhne rufen heil.‹ (260/1)

Wie gesagt: ein schlimmes, ein charakteristisches George-Gedicht: eine üble Mischung von Abgrenzung gegen den Feind, Blutsbrüder-Gelall und Männerbündnerei, blinder, nicht nach dem Ziel fragender Opfergesinnung und feudaler Herr-Knecht-Beziehung im Geist einer zum Eid verhärteten blinden Verbundenheit/Verbindlichkeit.

Immerhin: als Gefolgschaft eines solchen Führers wird dieselbe Masse justifiabel, die George sonst als »Geziefer« (258) bezeichnet, der er die Worte entgegenschleudert:

Euch all trifft tod. Schon eure zahl ist frevel. (244)

Das Maulen der Masse hat der Seher schon einkalkuliert; es wundert ihn nicht nur nicht, er nimmt es als Bestätigung dafür, daß seine Abgrenzungspolitik auf dem richtigen Wege ist:

Nie wird dem Seher dank .. er trifft auf hohn
Und steine · ruft er unheil – wut und steine
Wenn es hereinbrach. Angehäufte frevel
Von allen zwang und glück genannt · verhehlter
Abfall von Mensch zu Larve heischen busse ..
Was ist IHM mord von hunderttausenden
Vorm mord am Leben selbst? (411)

Hier gibt es also bereits das fürchterliche Kalkül, daß vor dem Inkommensurablen die Zahl nichts gilt:* Angesichts des bürgerlichen Frevels am Leben selbst zählen Hunderttausende von gemordeten Bürgern nichts. Dies Mord-Amt zu vollstrecken, verlangt der »heilige krieg«, Georges Spezial-Ausdruck für den Kampf um die Wiedererrichtung des Heiligen, der dem des realen Krieges entgegengesetzt ist, den George als einer der wenigen Zeitgenossen verachtete und dessen Ausbruch er nicht ganz ohne Hellsicht gerade für einen Effekt der bürgerlich-liberalistischen Lebensformen hielt. Ihnen und den Subjekten, die sie aufrechterhalten, ruft der Seher oder Dichter zu:

Ihr baut verbrechende an maass und grenze:
›Was hoch ist kann auch höher!‹ doch kein fund
Kein stütz und flick mehr dient .. es wankt der bau.
Und an der weisheit end ruft ihr zum himmel:
›Was tun eh wir im eignen schutt ersticken
Eh eignes spukgebild das hirn uns zehrt?‹
Der lacht: zu spät für stillstand und arznei!
Zehntausend muss der heilige wahnsinn schlagen
Zehntausend muss die heilige seuche raffen
Zehntausende der heilige krieg. (361)

Der Dichter als Prophet im Sinne des Alten Testaments warnt die prosperierende Fortschrittsgesellschaft vor der Dialektik der Aufklärung – im Bilde eines erneuten Turmbaus von Babel. Längst schon leiden die Bürger selbst unter dem Sinnverlust ihres Tuns – aber ihnen zu helfen ist zu spät. Gewalt und »heiliger krieg« sind die allein wirkende »arznei«: ein Programm in strenger Nachbarschaft zur konservativen Revolution, die die Abschaffung und Überwindung des Kapitalismus/Liberalismus auch nicht mehr von dem parlamentarischen Gang durch die Institutionen erhofft, sondern nurmehr von einer Gewalttat, einer Revolution, die freilich im Gegensatz zur sozialistischen von der anderen Seite der

* Vgl. auch: »Ein wissen gleich für alle heisst betrug« (387).

Barrikade aus kämpft. Das wäre, in Georges Worten, »der lezte/ Aufruhr der götter über diesem land« (361), von dem der Himmel seinen Blick abgekehrt hat, das er vernichten wird bis auf die, »die nach dem heiligen bezirk / Geflüchtet sind auf goldenen triremen / Die meine harfen spielen und im tempel / Die opfer tun . . . und die den weg noch suchend / Brünstig die arme in den abend strecken / Nur deren schritten folg ich noch / mit huld – / Und aller rest ist nacht und nichts« – so spricht »DES HIMMELS ZORN« (360).

> Weltabend lohte . . wieder ging der Herr
> Hinein zur reichen stadt mit tor und tempel
> Er arm verlacht der all dies stürzen wird.
> Er wusste: kein gefügter stein darf stehn
> Wenn nicht der grund · das ganze · sinken soll.
> Die sich bestritten nach dem gleichen trachtend:
> [beiläufig: ein treffendes Bild der Konkurrenzgesellschaft!]
> Unzahl von händen rührte sich und unzahl
> Gewichtiger worte fiel und Eins war not.
> Weltabend lohte . . rings war spiel und sang
> Sie alle sahen rechts – nur Er sah links. (363)

In die politische Semantik übersetzt, wären »Links« und »Rechts« in diesem Gedicht eher umzutauschen; immerhin schauten auch die Linken weg vom Konkurrenzsystem der bürgerlichen Konsumgesellschaft, dessen sich die real existierende Rechte dann zärtlich annahm, statt Georges Weltenabend einzuleiten.

II

Ausgehend von der Frage, welche gleichsam subkutane Politik hinter Georges leidenschaftlicher Ablehnung des Politischen sich verbirgt, hatten wir das soziographische Bild der Klasse, der vor allem sein Haß gilt, durch Zitate aus seinen Gedichten einigermaßen konkretisieren können als das des liberalistischen Bürgertums, das seine Verkehrsformen von denen des Warentauschs sich vorgeben läßt und dem darüber der höchste aller Werte, der des Heiligen, sich entzieht. Das war gerade der Prozeß, den Max Weber als Rationalisierung und als Entzauberung charakterisiert und für eine notwendige Folge der Ausbreitung des technisch-naturwissenschaftlichen Denkens einerseits, des Kapitalismus andererseits angesehen hatte. Ich erlaube mir, es vorderhand bei einer so groben Erinnerung zu belassen – denn wir wollen Georges dichterische Zeitkritik durch soziologische Ausbeutung nicht überspannen.

Was uns, im Rahmen einer Vorlesung über Mythos und Mythen des 20. Jahrhunderts, vor allem anderen interessiert, ist ja die Eigentümlichkeit, daß diese Liberalismus-Kritik in einer religiösen Sprache vorgetragen wird – und das, wenn ich recht sehe, bei keinem Schriftsteller des 20. Jahrhunderts mehr als bei Stefan George. Schon aus den Zitaten, die ich Ihnen vorgelesen habe, sprach die religiöse Option überdeutlich – wenn wir sie da auch noch nicht als solche herausgearbeitet haben. Das letzte, was wir hörten, waren einige Gedichte aus dem *Stern des Bundes*, dessen Gesamt-Titel bereits – durch die bündisch uminterpretierte Option für die Kultgemeinde und die Anspielung auf den Stern über Bethlehem – als Wink aufs Religiöse gefaßt sein will. Im Gegensatz aber zu anderen religiösen Œuvres der Zeit – etwa dem der Gertrud von Le Fort oder Reinhold Schneiders – ist es bei George nicht (oder nicht vorrangig) das Innestehen in einer religiösen Tradition, sondern die Reaktion auf den allgemeinen Verlust religiös legitimierter Werte, die ihm die lyrische Sprache entbindet. Ist der Gott den Menschen genommen, hat alles gleichen Rang und gleichen Wert: alles ist gleichwertig, alles ist gleichgültig. In dieser Situation, in der Gott gestorben *ist* (*dies* Faktum setzt auch George voraus), hat allein noch der fortwährend mit dem Heiligen verbunden gebliebene Dichter einen Zugang zum Heiligen. Darum kann er die alttestamentarischen Propheten nachahmen, die ja auch apokalyptische Warnungen ihrem Volk erteilten.

AUS PURPURGLUTEN SPRACH DES HIMMELS ZORN:
Mein blick ist abgewandt von diesem volk..
Siech ist der geist! tot ist die tat!
Nur sie die nach dem heiligen bezirk
Geflüchtet sind auf goldenen triremen
Die meine harfen spielen und im tempel
Die opfer tun.. und die den weg noch suchend
Brünstig die arme in den abend strecken
Nur deren schritten folg ich noch mit huld –
Und aller rest ist nacht und nichts. (I, 360)

Fragbar ward Alles da das Eine floh:
Der geist entwand sich blindlings aus der siele
Entlaufne seele ward zum törigen spiele –

Sagbar ward Alles: drusch auf leeres stroh.
Nun löst das herz von wut und wahn verschlackt
Von gärung dunkelheit gespinst und trubel:
Die Tat ist aufgerauscht in irdischem jubel
Das Bild erhebt im licht sich frei und nackt. (367)

Mit einem Wort: Der Dichter wird in unheiliger Zeit zum Propheten. Er warnt die Masse vor der Anbetung des Götzen, den allein sie kennt: Mammon (Konsum, Feilschen, Wirtschaften: 360/1), und der gerade der heftigste Widersacher des Einen ist, dessen Wiederkehr not tut und dessen Verlust alles übrige fragbar/fragwürdig werden ließ. Nun aber *ist* das Eine wiedergekehrt – und dieses Gedankens wegen scheint mir George in die Tradition der Idee einer Neuen Mythologie zu gehören. Wer mit dem im Licht sich frei und nackt erhebenden Bilde gemeint ist, müssen wir nun herausfinden.

Wir wollen dabei nicht vergessen, was wir letzthin feststellten: daß der Weg ins Heilige für George mit einem Einverständnis mit der bürgerlichen Gemeinheit unverträglich ist. Nur äußerste Abgrenzung vom »Volke« führt ins Heile zurück. Das Besondere und Spezifische an Georges Kritik am »satten Bürger« ist, daß er sie ganz und gar in der Sprache der Religion vollzieht: Das Bürgerliche ist nicht nur das Gemeine, Ekelhafte, Gleichgültige, Wertlose usw. (wie etwa für Flaubert) – es ist vor allem: *das Profane*. Das ist bemerkenswert; denn während die Kritik am Bürgertum auch – und das haben wir bisher vor allem verfolgt – in soziologisch konkretisierbaren Termen artikuliert werden kann, entzieht sich die religiöse Sprache – zumindest ist das ihre Absicht – dieser Möglichkeit. Ständig kehrt in Georges Gedichten das Wort »Tempel« wieder: es ist der Ort des Heiligen, zu dem nur der Priester (bzw. der Dichter) Zugang hat, dessen Wert dem demokratischen Pöbel versperrt ist.

Ernst Cassirer hat im zweiten Teil seiner *Philosophie der symbolischen Formen*, der den Titel trägt: *Das mythische Denken* (Darmstadt 1977), daran erinnert, daß der mythologische Prozeß (sehr grob gesprochen) zwei Stadien zu durchmessen hatte: Zunächst wird das Heilige als allgegenwärtig verehrt: seine Substanz ist überall, der Nomade verehrt es im Himmel, der sich grenzenlos über seinem Zelt wölbt, und in der Erde, auf der er Tritt faßt. Mit der Städtegründung und juristischen Kodifizierung, die das seßhafte, das bürgerliche Leben mit Ackerbau, Viehzucht und Eigentumsverteilung bedingt, muß auch das Heilige seine Omnipräsenz aufgeben: es muß sich an und in einer bestimmten Stelle des sozialen Raumes konkretisieren und partikularisieren.

Die Heiligung [sagt Cassirer] beginnt damit, daß aus dem Ganzen des Raumes ein bestimmtes Gebiet herausgelöst, von anderen Gebieten unterschieden und gewissermaßen religiös umfriedet und umhegt wird. Dieser Begriff der religiösen Heiligung, die sich zugleich als räumliche Abgrenzung darstellt, hat seinen sprachlichen Niederschlag im Ausdruck des *templum* erhalten. Denn templum (griech. τέμενος) geht auf die Wurzel τεμ ›schneiden‹ zurück, bedeutet also nichts anderes als das Ausgeschnittene, Begrenzte. In diesem Sinne bezeichnet es zunächst den heiligen, den dem Gott gehörigen und geweihten Bezirk, um dann in weiterer Anwendung auf jedes abgegrenzte Stück Land, auf einen Acker oder eine Baumpflanzung überzugehen, mag sie nun einem Gott oder einem König und Helden gehören (123).

Ich vermute, daß Cassirer diesen wichtigen Gedanken aus Schellings *Philosophie der Mythologie* übernommen hat. Schelling hat immer sehr scharf unterschieden zwischen der vor-mythologischen Phase der Astralreligionen, in der Gott allgegenwärtig schien und in allem natürlich Seienden als undifferenziert heilige Substanz verehrt wurde, und der mythologischen Gewaltenteilung, die in der seßhaften und bürgerlichen Phase des mythologischen Prozesses Platz griff. Ich gebe Ihnen eine schöne und charakteristische Stelle aus Schellings Vorlesungen (die wiederum deutlich an den Beginn der »Seconde Partie« von Rousseaus *Discours sur l'origine de l'inégalité* anspielt):

Solang der Mensch dem allgemeinen Gott anhängt, den nicht Tempel noch Mauern umschließen, dem nur der grenzenlose Raum des Weltalls selbst gleichkommt, so lang ist auch das Feld seine Wohnung, der Himmel sein Dach; sowie er sich von ihm abwendet, wird ihm das Zelt des allgemeinen, über ihn ausgespannten Himmels zu weit, er verlangt aus der Weite in die Enge, aus dem Schrankenlosen wieder ins Umschlossene zurück; denn noch immer lebt in ihm die Erinnerung jener ersten Umschließung und göttlichen Befriedigung, nämlich im Garten Eden, in Persephones Burg [*SW* II/2, 157ff.], aus der er herausgetreten ist. Von der andern Seite freilich erscheint dem Menschengeschlecht, nachdem es auch die Uebel des bürgerlichen Lebens erfahren hat, die notwendigen Begleiter jeder höheren Entwicklung, da erscheint ihm wohl wieder jener früheste Zustand des freien, durch keine, weder räumliche, noch gesetzliche Grenzen beschränkten Lebens als ein Zustand von Glückseligkeit, den es als das goldene Weltalter bezeichnet, nach dem es mit Sehnsucht zurückblickt. In der späteren Erinnerung war es Kronos, der, mit Uranos zusammenfallend, wie weit entfernte Gegenstände zusammenfallen, den Griechen der Gott des goldnen Weltalters wurde. Damals, sagte sie, als Saturnus herrschte, wurden keine geschlossenen Felder gebaut, noch war es erlaubt, das Feld mit Grenzen zu umziehen. [... Virgil, *Georg.* I, 125 ff.; vgl. *SW* II/2, 637]. So lange der Gott des noch ungetheilten Seyns herrschte, der das Seyn noch ungetheilt besaß, es mit keinem andern Gott theilte, so lang war auch die Erde ein allen gemeinschaftliches Erbtheil (...).

(...) Selbst die Erzählung der Genesis, nach welcher der erste Gedanke an einen festen Wohnsitz, an eine Stadt, mit Sprachenverwirrung und Völkertrennung gestraft wird, zeigt noch die verborgene Anhänglichkeit an jene Ungebundenheit des ältesten Lebens, wo die Menschheit dem allgemein Einen, alles besitzenden Gott noch näher war. Findet sich doch ein solches Zurückstreben stets zugleich mit höheren Entwicklungen ein, wie so viele aus der verwirrenden Mannichfaltigkeit und dem Geräusch unserer Zeit sich in die stumpfe Enge, in die Stille des Mittelalters zurückgesehnt (*SW* II/3, 417/8; vgl. II/2, 182/3; 293/4; 308/9; 314/5; *361 ff.;* 636 f.; vgl. J.-J. Rousseau, *Œuvres complètes*, Bibl. de la Pléiade, Paris 1964, Bd. III, 164 [ff.]).

Dies ist nicht nur poetisch formuliert: Schelling gibt uns zugleich ein Instrument an die Hand, das mythische Unbehagen in der und mit der menschlichen Kultur zu deuten. Kybele bzw. Demeter (und ihrem Kult eng verwandt: Dionysos) sind die Gottheiten, die die Menschheit von dem befreit haben, was die Griechen das *thäriodôs zân,* das tierähnliche Leben, nannten (*SW* II/3, 416) – noch Hölderlin rühmt ja den Dionysos als den Städte-Gründer, Einrichter von gesetzlichen Beziehungen zwischen den Menschen, Friedensstifter und Überwinder der Tiernatur (*Der Einzige*). Die seinem Kult eng verwandte Verehrung der Kybele, der phrygischen Göttermutter (die in der griechischen Demeter ihre Entsprechung findet), kannte den Brauch, daß, »wenn ihr heiliges Bild die Städte durchzieht, Silber und Erz, Zeichen des bürgerlichen Vereins, auf ihren Weg gestreut (wird), wie von Kronos, inwiefern er selbst schon als Gott des Uebergangs angesehen wird, erwähnt wird, er habe zuerst Münzen, die Zeichen des bürgerlichen Verkehrs und des privaten Besitzes, eingeführt« (*SW* II/3, 419; *SW* II/2, 361/2). Mit der Verehrung der Kybele und des Dionysos beginnt also die Zerreißung des Menschengeschlechts, die Differenzierung und das Indirekt-Werden der menschlichen Verkehrsformen, die Ausbildung der voneinander unterschiedenen symbolischen Ordnungen (von denen der Mythos der Sprachenverwirrung erzählt), kurzum: die Zerklüftung der Lebenswelt. Das Geld spielt eine hervorragende Rolle in diesem Geschehen: es ist ein Mittel der Zerreißung der inneren Einheit und ihrer Entfremdung in die Mittelbarkeit des Geschäfts (Handel, Gesellschaft, juristischer Code, Krieg, Staat).

Diese Bedeutung hat also das auf ihren [Kybeles] Weg gestreute Erz und Silber, Zeichen einer bereits höheren, bürgerlichen Entwicklung (Städtebau – Mauerkrone). Ein Rosenschauer (ebenfalls Zeichen der menschlichen Cultur) bedeckt sie und den sie umgebenden Zug (...). Spitzige Waffen trägt man voran als Zeichen des mit dem Entstehen der bürgerlichen Gesellschaft unvermeidlich verbundenen Kriegs und der nun gewonnenen Mittel ihn zu führen. Sie selbst fährt stillsegnend durch die Reihen der Menschen (...), wie Lucretius sagt. Also sie selbst ist stumm, als die dem Gott stille, ganz hingegeben ist, indeß, den heiligen Wahnsinn zu erhöhen, oder die letzte Angst vor dem Polytheismus in dieser Agonie des Bewußtseyns zu übertäuben, das Getöse einer wilden, zerreißenden Musik sie umstürmt, erregt durch donnernde Pauken, gellende Becken, rauh klingende Hörner und die stachelnden Töne der phrygischen Pfeife, dieselben Mittel, deren man sich auch jetzt bedient, den Krieger, der in den grausamen Todeskampf geht, in einen besinnungslosen Zustand zu versetzen (*SW* II/2, 362).

Die lange Ausschweifung scheint uns weit abgeführt zu haben; doch bewahrt sie einen tiefen Bezug zu Georges Mythologie. Uns fiel ja auf, daß seine poetische Welt fast überdeutlich differenziert ist durch die Ausgrenzung des Heiligen vom Profanen und die Identifikation der Profanität mit der Masse, den Garzuvielen, dem »satten Bürger«. Nun erfahren wir durch Schelling und Cassirer, daß diese Welten-Einteilung selbst schon eine Folge der im weiten und alten Sinne des Wortes bürgerlichen Gesellschaft (societas civilis) ist. Die Raum-Aufteilung (die in der Eigentumsordnung feldbauender Kulturen ihren vitalen Grund hat) partikularisiert auch die Sphäre des Heiligen, sie bürgert den allgegenwärtigen und undifferenziert-einen Gott aus in sein Heiligtum, in den heiligen Bezirk. »Nissen [*Das Templum. Antiquarische Untersuchungen*, Berlin 1869] hat im einzelnen gezeigt, wie dieses Schema sich vom Gebiet des religiösen Lebens auf alle Teile des rechtlichen, des sozialen, des staatlichen Lebens überträgt und wie es sich in dieser Übertragung immer feiner präzisiert und differenziert. Auf ihm beruht die Entwicklung des Begriffs des Eigentums und der Symbolik, durch die das Eigentum als solches bezeichnet und beschützt wird. Denn der Akt der Grenzsetzung, der Grundakt der

›Limitation‹, durch den erst im rechtlich-religiösen Sinne ein festes Eigentum geschaffen wird, knüpft überall an die sakrale Raumordnung an« (Cassirer, l. c., 124).

Das gilt entsprechend aber auch für die Zeit-Einteilung, denn »das lateinische *tempus*, dem griech. τέμενος und *τέμπος (erhalten im Plural: τέμπεα) entspricht, ist aus der Idee und der Bezeichnung des ›*Templum*‹ entstanden« (l. c., 132). Témenos/templum bedeutet ursprünglich nichts anderes als Schneidung, Kreuzung; endlich – ausgeweitet – einen (ein)geteilten Raum, schließlich eben auch einen Zeit-Raum, eine abgezirkte Sphäre von Zeit oder eine Zeitgestalt. Der Mythologie ist ja die Heiligung von Zeitgestalten ebenso wesentlich wie die von Raum-Schwellen, sie unterscheidet heilige und unheilige Tage, sie gliedert das Jahr in Zeitgestalten, sie ordnet seinen Ablauf in einer Periodik, die in das Verfließende (Still-)Stand und Dauer und Voraussagbarkeit bringt, sie rhythmisiert und ritualisiert Arbeitsabläufe, sie durchsetzt mit Festen und Feiern die Gleichförmigkeit und Flüchtigkeit des Alltags, sie sieht überall – in allen menschlichen und sozialen Normen – Regeln, Maße, Teilungseinheiten, die in der kosmogonischen Ordnung ihren Ursprung und ihre Entsprechung haben (l. c., 140 ff.) und so eben das vollbringen, was wir stets als die Hauptleistung des Mythos gewürdigt haben: Daseiendes durch Rückführung aufs Heilige zu rechtfertigen und erträglich zu machen. Deutungen müssen die beneidenswerte instinktive Sicherheit ersetzen, mit der die Tiere in ihre Welt eingefügt sind ...

Nun haben wir einen beträchtlichen Bogen beschrieben, der uns aber am Ende wieder zu Georges Lyrik zurückbringt. Wir begreifen jetzt die Widersprüchlichkeit, aber auch die Funktion seiner aristokratischen Gebärde gegenüber der Masse: einmal sichert sie den Bestand des Heiligen (und zwar *außer* der bürgerlichen Profanität); andererseits profitiert sie von der Zerrissenheit der bürgerlichen Gesellschaft, die allererst solche Ausgrenzung ermöglicht. (Sartre hat in der *Critique de la raison dialectique* sehr schön gezeigt, daß und wie die *Unterscheidung*, das *Sich-abheben-wollen*, das Grundmerkmal des Bourgeois ist ...) So ist Georges Neuheiden- und Aristokratentum selbst ein Produkt der bürgerlichen Weltdifferenzierung, der Distanzierung eines jeden von allen anderen und der Säkularisierung: indem der totalitären Gebärde bürgerlicher Weltbemächtigung, Verzweckung, Vereinzelung, Verplanung, Verwertung auch der Wert des Heiligen zum Opfer fällt, ist die Entzauberung der Welt als die spezifisch bürgerliche Tat ausgewiesen. Gewiß: diese Tat scheut vor der letzten Verallgemeinerung zurück, die auch die unterste Klasse einbeziehen würde, d. h., sie profitiert selbst von ihrer Abgrenzung.* Aber das kann natürlich nicht die Richtung sein, in der George sich von dieser nur zum Schein universellen Klasse absetzt; sein Umkehrschluß lautet: Wenn der Bürger durch die Entzauberung der Welt und die Auflösung »heiligen Fuges« charakterisiert werden kann, dann definiert man sich als Non-Bourgeois am wirkungsvollsten durch Rettung des Heiligen, durch eine Ausgrenzung der Tempel von der Profanität. Wenn der Bürger Gott leugnet, so verneint man den Bürger am besten, indem man Gott behauptet. Freilich: in vollkommener Einsamkeit kann keiner seinem Gott begegnen. Ein Minimum an Gemeinschaft ist konstitutiv für eine, wenn auch noch so elitäre Religions-Übung. Dem trägt George Rechnung durch die Gründung des Kreises – als einer kleinen, erlesenen Schar, die nicht vom alten, historischen Adel sich herschreibt, sondern durch geistige Selbst-Nobilitierung, durch Rettung des Heiligen vorm Bürgerlichen sich auszeichnet, durch »neuen adel«:

Neuen adel den ihr suchet
Führt nicht her von schild und krone!
Aller stufen halter tragen
Gleich den feilen blick der sinne
Gleich den rohen blick der spähe ..
Stammlos wachsen im gewühle
Seltne sprossen eignen ranges
Und ihr kennt die mitgeburten
An der augen wahrer glut. (I, 383)

Oder:

Dies ist reich des Geistes: abglanz
Meines reiches · hof und hain.
Neugestaltet umgeboren
Wird hier jeder: ort der wiege
Heimat bleibt ein märchenklang.
Durch die sendung durch den segen
Tauscht ihr sippe stand und namen
Väter mütter sind nicht mehr ..

* Vgl. Sartre, *L'idiot de la famille,* Paris 1971/2, 2, 1347: »et si la bourgeoisie *n'était pas* cette classe universelle qu'elle se targuait d'être? si c'était une caste particulière, ambitieuse, mesquine et féroce? Que devraient-ils faire, en ce cas, ceux qui sont nés en elle, pour cesser de lui appartenir?«

Aus der sohnschaft · der erlosten ·
Kür ich meine Herrn der welt. (I, 382)

Beide Texte sind dem *Stern des Bundes* entnommen; beide betonen, daß der Adel des Kreises – der »kleine[n] schar« (176) – nicht, wie der tradierte Adel, aus Ab»stamm«ung, sondern aus dem »Geist« erworben wird; darum heißt er – analog zur Prägung von der »neuen« und im Gegensatz zur tradierten »Mythologie« – der »neue adel«; man erkennt seine »mitgeburten« nicht am Ahnenpaß, sondern »an der augen wahrer glut«. Mitglied des Adels-Clubs wird man durch einen der religiösen Zeremonie der Taufe, der mystischen Einweihung oder der Bekehrung nicht unähnlichen Akt der Neugeburt: »Neugestaltet umgeboren / Wird hier jeder«. Der wahre Geburtsort (»ort der wiege«), die »Heimat« werden imaginär oder gleichgültig; was entscheidet, ist: »sendung« und »segen«. Dadurch verwandelt sich der »erlesene« aus einem Subjekt von bürgerlich-geringer, namenlos unheiliger und geistloser Herkunft in ein Mitglied des »Kreises« – »Sippe«, »Namen«, »Stand«, »Vater und Mutter« werden gleichgültig, alle Gemeinde-Mitglieder (es sind natürlich ausnahmslos Männer) werden Kinder eines symbolischen Vaters: »Söhne«* eines Meisters, der sie erkiest zu »herrn der welt«, zu Herrenmenschen nicht mehr im schnöde vitalistischen, sondern im spirituellen Sinne: im Sinne einer geistigen Neugeburt des Bürgers zum Geistesfürsten oder – besser – George-Vasallen.

Wir verstehen jetzt – glaube ich –, wie die anti-bourgeoise Haltung Georges und seines Kreises mit den mythischen Optionen des Kreises zusammenhängen kann – ja, inwiefern die Wiederbelebung des Göttlichen den Akt der Distanzierung von den Garzuvielen allererst begründet und rechtfertigt.

III

Nachdem wir diesen Zusammenhang einigermaßen überschauen, müssen wir uns zwei neu sich eröffnenden Problemen zuwenden. Das erste läßt sich so formulieren: Kann George, wenn er den neuen Adel einen Geistesadel nennt (der sich unmittelbar aus dem

* Der Meister befiehlt: »Mit den frauen fremder ordnung / Sollt ihr nicht den leib beflecken« (383). Oder: »Die weltzeit die wir kennen schuf der geist / Der immer mann ist: ehrt das weib im stoffe . .« (387)

Gedanken des Heiligen rechtfertigt), dann unter dem, was er den »Führer« nennt, einen weltlichen, einen politischen Führer meinen? Und die andere Frage, mit der wir uns auseinanderzusetzen haben werden: Wie läßt sich unter Bedingungen der Rationalität und des Absterbens übersinnlicher Weltbilder die bislang ganz abstrakte Berufung aufs Heilige konkretisieren? Anders gesagt: Welcher Gott kündigt dem George-Kreis seinen Advent an?

Begeben wir uns an die erste Frage. Das schlimme Gedicht *Der Eid* im Ohr, werden wir uns schwer tun, unser historisches Gedächtnis ganz zu verleugnen, wenn wir sagen sollen, wen George mit dem »Führer« meine. Wir sollen uns auch gar nicht verleugnen – denn der Führer-Gedanke, das wissen wir, wurde geboren in jenem großen Schmelztiegel konservativ-revolutionärer Gesinnung, aus dem neben vielem anderem eben auch – wenn auch nicht nur – der Nationalsozialismus hervorgegangen ist. Das bedeutet freilich für einen guten Philologen nicht, daß er den Sinn einer ganzen Epoche auf eines ihrer Phänomene reduzieren darf. Nicht aus dem Faschismus schöpft der Führer-Gedanke, sondern gerade umgekehrt: der Faschismus bedient sich einer gängigen, aber doch von Autor zu Autor mannigfach abgewandelten Idee. Es ist wahr, daß in den ersten Jahren des Dritten Reichs Georges späte Lyrik eine breite Zustimmung fand; aber wahr ist auch, daß Georges Prägung auf den geistigen Führer den einzigen Widerstand inspirierte, den wir in Deutschland als antifaschistischen Widerstand öffentlich feiern: nämlich das Hitler-Attentat vom 20. Juli des Stauffenberg-Kreises, der aus der George-Schule stammt.

Ohne falsches Pathos können wir eines sicher ausmachen: Der Georgesche Führer ist ein Mann des Geistes; und zwar in dem Sinne, daß er die Finger demonstrativ von der Politik läßt. Die Politik ist etwas so unaussprechlich Niedriges, daß selbst schon eine direkte Polemik etwas gegen das »Manchestertum« (wie sie in Bertrams Nietzsche-Buch, bevor George eingriff, vorkam) der Zensur des Meisters verfällt. Weiß Gott, der real existierende Führer war so pingelig nicht; und Sie wissen, daß die Kunstpolitik des Dritten Reichs sogenanntes »weltanschauliches« Engagement vom Künstler verlangte – das Sich-Distanzieren von den verordneten Strömungen der Zeit aber übel vermerkte. So fiel auch Georges esoterisch-elitäre Lyrik bald in Ungnade – ähnlich derjenigen Benns, der sich eine Zeitlang einbildete, mit rassistisch-vitalistischen Kraftsprüchen das totale Desengagement seiner nihilistischen Lyrik zu retuschieren. – Der Führer bei George ist ein Geistgeborener; er ist entweder der Dichter, der in den Wirren der Zeit sich vernehmen läßt (wie in dem auszugsweise zitierten Gedicht gleichen Namens), oder gar ein Halbgott (wie Christus oder Dionysos). Zunächst ein berühmtes Beispiel für den ersten Fall (aus dem *Vorspiel* zu *Teppich des Lebens und Den Liedern vom Traum und Tod*):

Ich bin freund und führer dir und ferge.
Nicht mehr mitzustreiten ziemt dir nun
Auch nicht mit den Weisen · hoch vom berge
Sollst du schaun wie sie im tale tun.

Weite menge siehst du rüstig traben
Laut ist ihr sich mühendes gewimmel:
Forscht die dinge nützet ihre gaben
Und ihr habt die welt als freudenhimmel.

Drüben schwärme folgen ernst im qualme
Einem bleichen mann auf weissem pferde
Mit verhaltnen gluten in dem psalme:
Kreuz du bleibst noch lang das licht der erde.

Eine kleine schar zieht stille bahnen
Stolz entfernt vom wirkenden getriebe
Und als losung steht auf ihren fahnen:
Hellas ewig unsre liebe. (I, 176)

Ein relativ frühes Gedicht und darum noch ganz angenehm zu hören. Es bedarf des Kommentars nicht, denn wie so vieles aus Georges Feder kommentiert es sich fast restlos selbst. Der Führer, Freund und Ferge holt aus dem wirkenden Getriebe ein paar Jünger heraus, versetzt sie auf einen hohen Berg, um ihnen die erforderliche Distanz von der unten im Tal rüstig trabenden Menge zu geben. Der Ton der Abstandnahme ist noch nicht ein Ton aggressiver Verachtung: Die Menge unten wird aufgefordert, die Dinge zu erforschen und ihre Gaben zu nützen; anderen, den Christen, wird zugestanden, daß das Kreuz noch lange das Licht der Erde sein werde. Der kleinen Schar der Neuhumanisten und George-Jünger wird aber die Identifikation mit Hellas nahegelegt. Keine der drei Gruppen eignet sich zum Vergleich mit dem von Benn bewunderten »Kolonnenschritt der braunen Bataillone«, wie er in seiner George-Rede erwähnt. Und der Führer – der auch Weiser, Seher und Dichter heißt – ist ein Entrücker, keiner, der zum Mitmachen rät: »Ein weiser ist nur wer vom Gott aus weiss« (391).

Aber tun wir von hier getrost den Sprung in die späte Gedicht-Sammlung *Das Neue Reich*, z. B. in das große Blankversgedicht *Der Krieg*. Die Entstehungszeit läßt sehen, daß der Erste Weltkrieg gemeint ist. Die Handlung ist rasch erzählt: das »von dem welthaft hohen schauer« des Weltkrieges angepackte Volk geht zu dem Einsiedler, der natürlich *über* dem Geschehen, auf dem Berg wohnt, und verlangt von ihm Auskunft oder richtiger: Rechtfertigung für sein desengagiertes Abseitsstehen: »›Liegst du noch still beim ungeheuren los?‹« (410). Die lange Antwort des Einsiedlers macht nun bewußt, was George sich unter einem wirklichen »Führer« vorstellt – nämlich durchaus keinen Kaiser Wilhelm II. oder einen General oder Krieger, geschweige einen faschistischen Duce, sondern einen »Seher« (411). Dem Seher aber wird niemals vom Volke Dank; sie verachten, sie steinigen ihn. Aufgewühlt vom Haß und Blutrausch nehmen sie ihm übel, daß »er (...) nicht schwärmen [kann] / Von heimischer tugend und von welscher tücke. / Hier hat das weib das klagt · der satte bürger · / Der graue bart ehr schuld als stich und schuss / Des widerparts an unsrer söhn und enkel / Verglasten augen und zerfeztem leib« (411).

Der Seher steht also keineswegs auf der Seite des Kriegs.

> Zu jubeln ziemt nicht: kein triumf wird sein ·
> Nur viele untergänge ohne würde . .
> Des schöpfers hand entwischt rast eigenmächtig
> Unform von blei und blech · gestäng und rohr.
> Der selbst lacht grimm wenn falsche heldenreden
> Von vormals klingen der als brei und klumpen
> Den bruder sinken sah · der in der schandbar
> Zerwühlten erde hauste wie geziefer . .
> Der alte gott der schlachten ist nicht mehr.
> Erkrankte welten fiebern sich zu ende
> In dem getob. Heilig sind nur die säfte
> Noch makelfrei verspritzt – ein ganzer strom. (412)

Der Krieg ist also nicht nur abscheulich (und wird, wie wir zugeben wollen, in gar nicht unpassenden Ausdrücken verurteilt); er ist vor allem unheilig: der Gott, der Schlachten heiligt, ist nicht mehr in Zeiten, da Krieg eine Technik des Massenmordens geworden ist, in der Individuen – und mit ihnen der Gedanke des repräsentativen Opfers fürs Ganze – überhaupt keine Rolle mehr spielen, es sei denn als »Menschenmaterial«. Gerade in solcher Zeit bedarf es eines Führers, und das ist, wie George sehr deutlich sagt, kein

König, kein Politiker, kein Feldherr (»Spotthafte könige mit bühnenkronen · / Sachwalter · händler · schreiber-pfiff und zahl«), sondern ein Mann, »der vertritt«, der für etwas einsteht, der eine Idee repräsentiert. Eine solche Idee kann durch massenhaftes Sterben, als Opfermut gedeutet, nicht ersetzt werden:

Das nötige werk der pflicht bleibt stumpf und glanzlos
Und opfer steigt nicht in verruchter zeit . .
Menge ist wert · doch ziellos · schafft kein sinnbild ·
Hat kein gedächtnis – Was fragt sich der Weise?
Sie troff im schwatz von wohlfahrt · menschlichkeit
und hebt nun an das greulichste gemetzel.
Nach speichel niedrigster umwerbung: geifer
Gemeinsten schimpfs! . . und was sich eben hezt
Umkröche sich geschmiegt wenn sich erhöbe
Furchtbar von ihm das künftige gesicht. (412/3)

Der Krieg ist also selbst eine Ausgeburt der Irre, in der die Masse ziellos wankt: ein vergeblicher Versuch, den Sinn zurückzuerobern, der ihr »im schwatz von wohlfahrt · menschlichkeit« entglitten ist. Für George ist dieser Verlust keine Sache der Sozialpolitik, sondern der Gesinnung. Das »künftige gesicht« einer wiedergewonnenen Heiligkeit wirft die servile Masse in den Staub, und dies Gesicht stellt sich erst ein, wo der Geist sich aussondert und distanziert.

Und was schwillt auf als geist! Solch zart gewächs
Hat fernab sein entstehn . . Wie faulige frucht
Schmeckt das gered von hoh-zeit auferstehung
In welkem ton. Wer gestern alt war kehrt nicht
Jezt heim als neu und wer ein richtiges sagt
Und irrt im lezten steckt im stärksten wahn.
Spricht Aberwitz: ›Nun lernten wir fürs nächste‹
Ach dies wird wiederum anders! . . dafür rüstet
Nur vollste umkehr: schau und innrer sinn.
Keiner der heute ruft und meint zu führen
Merkt wie er tastet im verhängnis · keiner
Erspäht ein blasses glühn vom morgenrot. (413)

Mit einem Wort: den falschen Lehren, die die geistlose Schau aus der Geschichte und aus den kriegerischen Umwälzungen zu ziehen glaubt, entgeht nur, wer bekehrt wird, wer »vollste umkehr« übt. Keiner der heutigen Rufer und Ratgeber taugt zum Führer, keiner erahnt den Morgenschimmer *des*jenigen Ereignisses, das nichts mit dem Weltkrieg, sondern mit der Wiederkehr einer neuen

Religion zu tun hat, die freilich nur den Männern des Geistes (Frauen haben keinen Geist) zuteil wird. Nicht Kriegs-Kampf, sondern Geisterkampf entscheidet die Zukunft:

Der kampf entschied sich schon auf sternen: Sieger
Bleibt wer das schutzbild birgt in seinen marken
Und Herr der zukunft wer sich wandeln kann. (415)

Haben wir damit, wie ich hoffe, das Führer-Ideal des George-Kreises ein wenig präzisiert und entlastet, so können wir uns nun der anderen Frage zuwenden: Wie soll der Kreis sich zusammenfinden, wenn nicht ein konkreter theologischer Anhaltspunkt für die Wiedergeburt der Mythologie gegeben ist? Nun, zunächst muß man – obwohl Georges schwül-dunkle Sprache einem das Organ dafür trübt – sehen, daß in der Tat auch in seinem Werk die Einsicht in den Tod der Götter den Anfang macht. Wo diese Erfahrung in aller Wehrlosigkeit und Aufrichtigkeit sich ausspricht, wo eine Spur von wirklichem Schmerz hörbar wird, da – scheint mir – gewinnt seine Lyrik sogar eine gewisse Kraft. Ich will Ihnen ein Beispiel dafür vorlesen: Im *Jahr der Seele* finden sich folgende Verse:

Ihr tratet zu dem herde
Wo alle glut verstarb ·
Licht war nur an der erde
Vom monde leichenfarb.

Ihr tauchtet in die aschen
Die bleichen finger ein
Mit suchen tasten haschen –
Wird es noch einmal schein!

Seht was mit trostgebärde
Der mond euch rät:
Tretet weg vom herde ·
Es ist worden spät. (I, 165)

Das Feuer im Herd – die Glut: ein bei George immer wiederkehrendes Symbol fürs Heilige, fürs göttliche Feuer. Nun ist die Glut erloschen, und zwar »alle glut«. Das Licht, das sich noch sehen läßt, ist nurmehr Mondlicht, doppelt geborgtes Licht (denn schon der Mond erzeugt es nicht selbst, sondern empfängt es von der Sonne). Die tastenden Finger, die in der Asche scharren, können noch einmal einen kleinen Schein auflohen lassen – aber, im Metrum wechselnd, knapper im Rhythmus, spricht eine Stimme dazwischen, die das Mondlicht deutet als wenig tröstende Trostgebärde: nämlich wegzutreten vom Herde, weil es spät geworden sei. Es heißt einfach »spät«, nicht »zu spät«. Aber die Trauer über diesen Zeilen sagt mehr: sie sagt: Geht weg, ihr Suchenden, von der Asche des heiligen Feuers; es ist zu spät für eure Gott-Suche: Gott – das Heilige – ist nicht mehr.

Vergleichen Sie nun damit ein anderes berühmtes Gedicht aus dem *Stern des Bundes* (also aus späterer Zeit). Auch dies Gedicht spricht von der heiligen Flamme, aber hier spendet sie einen unverlierbaren Schein: Man spürt den Versen gleichsam an, daß sie das Unmögliche zu vollbringen streben, im Ertönen schon in klassizistischem Marmor zu erstarren; dennoch, ich glaube, es wird nur Gips:

Wer je die flamme umschritt
Bleibe der flamme trabant!
Wie er auch wandert und kreist:
Wo noch ihr schein ihn erreicht
Irrt er zu weit nie vom ziel.
Nur wenn sein blick sie verlor
Eigener schimmer ihn trügt:
Fehlt ihm der mitte gesetz
Treibt er zerstiebend ins all. (382/3)

Auch dies Gedicht finde ich nicht ganz schlecht, aber weniger wegen des durch Lautstärke die eignen Zweifel Übertönenden, als deswegen, weil der Zweifel – wenn auch in Form einer Abweisung – wenigstens angedeutet ist: Es *ist* unter bestimmten Bedingungen möglich, den Schein des heiligen Feuers aus dem Blick zu verlieren, und dann fehlt dem Menschen der Mitte Gesetz, »treibt er zerstiebend ins all«.

Ähnlich melancholisch und gelungen wie das zuerst gelesene finde ich dagegen ein kleines Gedicht aus Georges letzten Jahren, das mitten im vollmundigen Verkünden des Neuen Reichs so einfache Worte findet wie diese:

Horch was die dumpfe erde spricht:
Du frei wie vogel oder fisch –
Worin du hängst · das weisst du nicht.

Vielleicht entdeckt ein spätrer mund:
Du sassest mit an unsrem tisch
Du zehrtest mit von unsrem pfund.

Dir kam ein schön und neu gesicht
Doch zeit ward alt · heut lebt kein mann
Ob er je kommt das weisst du nicht

Der dies gesicht noch sehen kann. (463)

Eindrucksvoll als später Widerruf der falschen und schiefen und aggressiven Apostelgebärde, die über so vielen Gedichten schwebt, die eine neue Religion verkündigen.

Genau dazu aber: zum Verkündigen der neuen Religion muß ich nun, zum Schluß unserer Auseinandersetzung mit George, etwas sagen. Denn Sie mögen sich wohl denken, daß unsere zweite Frage: welche Gottheit denn eigentlich den George-Kreis zur Kultgemeinde vereint, in diese Richtung zielt.

IV

Verführerisch wäre es, Georges lyrisches Werk selbst beiseite zu legen und die vielen, heute kaum glaublichen Peinlichkeiten und Verrücktheiten zu erzählen, die die verzweifelten Wiederbelebungsversuche des Kultes in diesem Kreis illustrieren. Es gibt dazu eine nicht eben glänzende, aber doch recht materialreiche Arbeit von Hansjürgen Linke, *Das Kultische in der Dichtung Stefan Georges und seiner Schule*, 2 Bde., München und Düsseldorf 1960 (übrigens im Bondi-Verlag erschienen, der Georges Werke auch gedruckt hatte). Linke definiert ganz traditionell den Kult »als eine wiederholte oder doch wenigstens wiederholbare religiöse Handlung, die für gewöhnlich an bestimmte Orte oder an bestimmte Zeiten oder an beide zugleich gebunden ist. Vom individuellen religiösen Erlebnis unabhängig, wird sie – meist, aber keineswegs immer und auch nicht notwendigerweise, unter der Leitung eines Priesters – in feststehenden liturgischen Vollzugs- und Ausdrucksformen ausgeführt, die durch Überlieferung (Tradition) und Übereinkunft (Konvention) innerhalb einer Gemeinschaft als verbindlich anerkannt werden« (I, 5). So definierten Kult hat der George-Kreis in der Tat, in fast atemberaubender Weise, teils neubelebt, teils gestiftet. Teils, sage ich, neubelebt, d.h. oft einfach: aus der Folklore übernommen, aus dem Studium der Riten von Naturvölkern in den Brauch des Kreises übernommen usw. Zum George-Kreis gehörten schließlich

Rudolf Boehringer, Ludwig Klages, Alfred Schuler und Karl Wolfskehl – Männer, die über reiche mythengeschichtliche und kultgeschichtliche Kenntnisse verfügten und wahre Fanatiker des Irrationalen waren. Die letzten drei, Klages, Schuler und Wolfskehl, bildeten um die Jahrhundertwende, wie wir aus dem vorigen Kapitel wissen, die sogenannte »Kosmische Runde«. Klages, der das Schlagwort der modernen Geistfeinde (»Logozentrismus«) geprägt hat* und der sich durch die Begegnung mit Schuler »erweckt« fühlte, träumte von einer Fundierung des Lebens im Kult und betrachtete sich gar als Stifter einer neuen Religion (Ludwig Curtius, *Deutsche und antike Welt. Lebenserinnerungen*, Stuttgart 1950, 250). Da George dies Recht auch für sich selbst beanspruchte und zwei Religionsstifter zuviel für *einen* Kreis sind, gab es später Krach, und Klages überwarf sich mit George.

Ich hatte aber eben gesagt, daß ich in solche biographische Details, mit denen leicht Schauder und Gelächter zu erregen ist, nicht eindringen will. So genügt die Feststellung, daß der George-Kreis Jahreszeiten-Feiern, Fackelbrände, Einweihungen, Blutleuchten, Leichen-Begängnisse, Totenbeschwörungen, Gottesdienste, Mysterienkulte, Fruchtbarkeitsriten, Sonnwendzüge, Kunfttags-Feiern, Seelenopfer, Ewigungen, dionysische Tänze zu restaurieren versucht hat – was ich zu erwähnen nur darum wichtig finde, weil eine mythologische Renaissance in der Lyrik allein eben keine wirkliche, sondern ein bloß literarisches Phänomen wäre. Vor der Folie dieser Information wollen wir aber – wie ich finde: aus Fairneß – bei den Gedichten Georges selbst bleiben und dort herauszufinden suchen, welchen Gott er denn nun eigentlich zum Kristallisationskern seiner männerbündisch organisierten Kultgemeinde erkoren hat.

Man findet, seit den frühen Gedichten, bei George immer wieder die Phantasie vom kommenden Gott in Kindesgestalt – manchmal ist er direkt mit Dionysos identifiziert, bald mit dem »Führer« (wir wissen: welchem), bald mit einem König, zum Schluß mit der eigentlichen Kultgestalt, die George Maximin nannte. Ich werde mich kurz fassen und vor allem ein paar Beispiele bringen. Im *Buch der hängenden Gärten* gibt es ein Gedicht mit dem Titel *Kindliches Königtum*:

* Im *Geist als Widersacher der Seele* (1929–1932).

Du warst erkoren schon als du zum throne
In deiner väterlichen gärten kies
Nach edlen steinen suchtest und zur krone
In deren glanz dein haupt sich glücklich pries.

Du schufest fernab in den niederungen
Im rätsel dichter büsche deinen staat ·
In ihrem düster ward dir vorgesungen
Die lust an fremder pracht und ferner tat.

Genossen die dein blick für dich entflammte
Bedachtest du mit sold und länderei ·
Sie glaubten deinen plänen · deinem amte
Und dass es süss für dich zu sterben sei.

Es waren nächte deiner schönsten wonnen
Wenn all dein volk um dich gekniet im rund
Im saale voll den zweigen farben sonnen
Der wunder horchte wie sie dir nur kund.

Das weisse banner über dir sich spannte
Und blaue wolke stieg vom erzgestell
Um deine wange die vom stolze brannte
Um deine stirne streng und himmelhell. (101)

Ein Königskind also, selbst bestimmt zum König – aber mächtig nicht durch Macht, sondern durch einen gewissen Blick, von dem getroffen sich seine Jünger erkennen. Ein Kind ferner, das deutlich weltliche Machtausübungen überragt in ein spirituelles Reich (denn welcher wirkliche König fände wohl süß zu sterben?), in ein Reich jenseits von dieser Welt, das mit Wundern im Bunde steht und davon wie ein Heiland erzählen kann.

Das Kind kann aber eben auch geradezu das Christ- bzw. das Dionysos-Kind sein wie etwa in *Der Kampf* (aus dem *Siebenten Ring*):

Trunken von sonne und blut
Stürm ich aus felsigem haus ·
Laur ich in duftender flur
Auf den schönlockigen gott
Der mit dem tanzenden schritt
Der mit dem singenden mund
In meiner gruft mich verhöhnt.

Heute kenn er die wut
Die sich aus tiefen gebiert!
Meine umklammernde faust

Würgt seinen rosigen leib.
Sieh wie er schreitet · *ein kind!*
Weg mit der keule – ein griff
Senkt den gehassten zu grund.

Wahre dich! . . Weh mir · wie trifft
Aus seinem auge mich licht!
Drunten im höhlengefecht
Dunkel rauchender glut
War ich sieger der schar . .
Halte Feiger den blitz ·
Zeig mit dem arm deinen mut!

Weh! sie kämpfen mit licht.
Den er fasset der fällt.
Stampfend sezt er den fuss
Auf meine keuchende brust.
Lächelnd singt er sein lied . .
Trunken von sonne und blut
Sink ich in ruhmlosen tod.
(246, Kursivierung von mir [M. F.])

Der schönlockige Gott ist natürlich Dionysos; bei George ist er kein Finsterling, sondern ein Lichtgott (wie Apollon) – und das Licht (die Flamme, der Schein, die Glut): das sind, wie wir allmählich wissen, wiederkehrende Symbole des Übersinnlichen, des Heiligen. Daß Dionysos ein kämpfender Gott ist, enspricht dem Mythos, der erzählt, daß er seine Widersacher zerreißt – wie die Bassarai den Orpheus, die thebanischen Frauen den Pentheus zerreißen. Hier kämpft er freilich mit Licht, durch den Blitz (der eigentlich dem Vater Zeus anstünde) und läßt den ihm sich Widersetzenden in ruhmlosen Tod versinken; einen Tod, der das Absterben aus der Profanität und das Eingehen ins Heilige meinen wird. »Sonne und blut« – die Kultinsignien des George-Kreises – dürfen natürlich nicht fehlen; aber das mir Wichtigste ist, daß Dionysos *als Kind* auftritt, als den ihn zwar schon der delphische Mythos bezeichnet, als den ihn George aber in anderem Sinne anspricht. Sie erinnern sich in diesem Zusammenhang an das düstere Gedicht *Die tote Stadt*, wo die religiösen Bewohner der alten Stadt auf dem Berge den vom Handelsgeist und von der Fortschrittsgesinnung korrumpierten Unterstädtern vor allem dies übelnehmen, daß ihnen die Kinder nicht zulächeln (»Nur sieben sind gerettet die einst kamen / Und denen unsre kinder zugelächelt« [244]). Die »Knaben« sind es denn auch, denen die mitgebrachten Schmuckstücke und das Geld »Zum ekel wird! Seht wie ihr nackter fuss / Ihn übers riff hinab zum meere stösst« (l. c.). – Ein uralter poetischer Topos: das Kind steht dem Ursprung und dem Göttlichen näher als der Erwachsene, es verkörpert die Hoffnung auf den Advent eines Kommenden, wie die Evangelien den Messias als göttliches Kind geboren werden und ihn sagen lassen: »Ich sage euch, und das ist wahr, wenn ihr nicht umkehrt und wieder zu Kindern werdet, so kommt ihr nicht ins Reich der Himmel.«

Dies ist auch in Georges Werk ein ständiges Motiv (vgl. das vielleicht auch den Dionysos ansprechende Gedicht, S. 259/60, aus *Die Kindheit des Helden*); ich muß mir freilich aus Zeitgründen eine ausschweifende Illustration ersparen. Bleiben wir beim Dionysos, dem wir von Beginn an die größte Aufmerksamkeit im Zusammenhang der Neuen Mythologie eingeräumt hatten. Im *Stern des Bundes* wird er wie folgt angesprochen:

Rückgekehrt vom land des rausches
Reicher strände frucht und blüte
Traf ich dich im heimat-lenze..
Der ist goldgrün zart und spröde.
Neben weissem birkenstamme
Blank und aller hüllen ledig
Stehst du fest auf blumigem grunde
Denn du bist ein gott der nähe.
Auge hell noch ohne schatten
Stark die ballen deiner hände –
Hast des hirten brust und kniee..
Ja du bist ein gott der frühe. (377)

Abstrahieren Sie ein wenig von Georges stets am Körperbau seines Angebeteten vor allem interessierten Blick, und sehen Sie auf die beiden Attribute der Nähe und der Frühe, der Präsenz und der Gewesenheit, die diesen Gott besonders geeignet machen, eine religiöse Renaissance einzuleiten. Im *kindlichen Kalender* erinnert sich George an allerlei mittelrheinische Kultfeste (wie Pfingsten, Fronleichnam, Johanni usw.). Über die Erntetage notiert er:

In den erntetagen wenn die hitze etwas nachgelassen hatte gingen wir in die flur und flochten uns kränze von kornblumen · und die leute zeigten uns wie man aus umgestülpten mohnrosen kleine prinzessinnen macht. Dort hörten wir einmal wie die schnitter ein lied vom Wote sangen und konnten uns unser grauen und unsere verwunderung nicht erklären. Erst viel später fiel uns der grund ein: dass ein seit jahrtausenden entthronter Gott noch in erinnerung sein sollte während ein heutiger schon in vergessenheit geriet (481).

Gewiß, hier ist vom Wote die Rede, aber dessen Erinnerung ist ganz und gar eingelegt in den Vegetationskult des Gottes, den George den Gott der Frühe und der Nähe nannte und der gegenwärtiger und zukünftiger ist als ein heute schon in Vergessenheit geratener Gott, der nach ihm gekommen ist (natürlich ist Christus gemeint). Auch in diesem Sinne ist Dionysos ein gegenwärtiger, ein kommender Gott.

Mit einem bloßen Aufklärungsakt [hatte C. G. Jung geschrieben] sind zwar die Naturgeister ungültig geworden, nicht aber die entsprechenden psychischen Faktoren (...). Wenn schon die Natur entseelt ist, so sind die psychischen Bedingungen, welche Dämonen erzeugen, so aktiv wie nur je am Werke. Die Dämonen sind eben nicht wirklich verschwunden, sondern haben nur die Gestalt geändert. Sie sind jetzt unbewußte psychische Potenzen geworden (C. G. Jung, *Aufsätze zur Zeitgeschichte*, Zürich 1946, 106).

Das ist ganz in Georges Sinne gesprochen, glaube ich. Und nun können wir die im George-Kreis tatsächlich versuchte Wiederherstellung eines an einen Halbgott anschließenden Kultes näher ins Auge fassen. Zur Vorbereitung lese ich Ihnen ein Gedicht aus dem *Neuen Reich* vor. Es heißt *Die Winke* (also: die Vorausdeutungen auf ein künftiges Ereignis) und trägt über einem Widmungs-M einen Stern: $\overset{*}{\mathrm{M}}$. Das M verweist auf den Namen Maximin. Darunter steht (bevor das eigentliche Gedicht beginnt) eine kleingedruckte Widmung folgenden Inhalts:

Jetzt naht nach tausenden von jahren / Ein einziger freier augenblick: / Da brechen endlich alle ketten / Und aus der weitgeborstnen erde / Steigt jung und schön *ein neuer halbgott* auf (420; Kursivierung von mir [M. F.]).

Nun das Gedicht:

Einer kam vom feld her nach dem tor.
Purpurn blau entflammte das gebirg ·
Fahler himmel · tote luft bewarf
Die gemäuer wie vorm erdgetös . .
Drinnen lagen all im tiefsten schlaf.
Er erschrak und bebt am ganzen leib:
Herr! erkenn ich deine zeichen recht?
Stimme scholl herab: Es ist so weit.

Dreie standen in dem raum voll angst
Hielten sich im kreis geeint die hand
Tauschten glühend der verzückten blick:
Deine stunde · Herr · traf uns hier an . .
Wählst du uns für deine botschaft aus:
Dann mach tragbar uns die überwucht
Unsres glücks da wir aus weltennacht
Lebhaft schreiten sahn *das ewige kind.*

Sieben spähten von dem berg ins land . .
Trümmer rauchten meltau schlug die flur:
Deinen odem sandten wir durchs reich
Deine saaten steckten wir im grund
Herr! du schüttelst nochmals unser los.
So du lange brache noch verhängst
Harren wir als wächter deiner höh
Sterben gern seit wir dein licht gesehn. (420;
Kursivierung von mir [M. F.])

Hier ist das lang erwartete Ereignis nun eingetreten: der neue Halbgott *ist* gekommen*, vorbereitet durch apokalyptische Mahnmale: fahle Himmel, Weltennacht, tote Luft, eine Art Getöse, das gegen die Mauern bläst wie in Jericho, Dürre und Brache und Meltau auf den Pflanzen: lauter Symbole eines Verschmachtens *an* der und *in* der entzauberten Welt, die buchstäblich dürstet nach heiligem Tau. Einige Gerechte – natürlich der George-Kreis – haben die Zeichen der Zeit aber rechtzeitig vernommen: Wenn das Reich Gottes kommt wie ein Dieb in der Nacht, so sind die Jünger des Herrn schon bereit und zur Stelle; und der Herr naht in der Gestalt des ewigen Kindes. Die Jünger des Herrn, die natürlich – würdevoll überhoben des profanen Gewimmels – auf dem *Berge* spähen, nennen sich selbst Saaten im Acker des kommenden Herren – wie dies die Epopten der Eleusinien gesagt haben mögen: Sie kennen bis ins Johannesevangelium hinein dieses (bei George gern variierte) Bild vom Samenkorn, das in der Erde sterben muß, um neue Frucht zu bringen, so wie Dionysos im Winter stirbt und im Frühling als das göttliche Kind neugeboren wird. Nun sterben

* Verschollen des traumes
Des gottes herabkunft!
Nun waltet des raumes.
Ein ruf aus dem abgrund. (323)
»Dir *neuer Heiland!* bracht ich meinen Zins«
(333; Kursivierungen von mir [M. F.]).

auch die Wächter des kommenden Gottes gern, seit sie sein Licht gesehen haben, denn dieser Tod ist nur Absterben des fleischlichen Leibes und seine Neugeburt als spiritueller Leib, wie dies ebenfalls nicht erst Christus von den Bekehrten sagte, sondern wie es bereits die eleusinischen Kulte ausgesprochen hatten.

Warum, so werden Sie fragen, trägt der neugeborene Halbgott den Namen Maximin (und nicht, wie wir's gewohnt sind, den des Orpheus oder den des Dionysos)? Um darauf zu antworten, ist (leider) ein kleiner Ausflug in Georges Biographie (die ich so gern zugunsten ihres gleichsam objektivierten Ausdrucks im lyrischen Werk überspringen würde) nicht zu umgehen, obwohl diese selbstverständlich nicht ausreicht, die Gründung eines regelrechten Kultes in nachkultischer Zeit zu erklären. Um das möglich zu machen, bedarf es seelischer Dispositionen, die jede denkbare Biographie überschreiten und in der Struktur des »objektiven Geistes« der Epoche verwurzelt sind. Ich erinnere Sie immer wieder daran, daß – wie Durkheim gesagt hat – das soziologisch Aufregende an der Idee einer Religionsgründung das ist, daß sie niemals als eine Privat-Phantasie, sondern nur in einer Sphäre intersubjektiver Zustimmung, also in einer Gesellschaft / in einer Gruppe / in einer Gemeinde verwirklicht werden kann. Und diesen Übergang aus dem Privat-Lebensgeschichtlichen in einen im »Kreis« praktizierten Maximinkult erklärt eben durchaus nicht, was uns an biographischen Daten zuhanden ist.

Maximin ist der Kultname für einen, wie die Chronisten berichten, jungen wie schönen, und also mit den Eigenschaften, die dem Meister lieb waren, ausgestatteten Mann, dem Stefan George in der Münchener Leopoldstraße begegnete. Dieser junge Mann war damals noch nicht ganz 14 Jahre alt, hieß Maximilian Kronberger (ein Bajuware im Vor- und Nachnamen); und der vom heiligen Feuer getroffene alternde Dichter sprach ihn im Vorfrühling 1902, nachdem er ihn schon lange beobachtet hatte, eines Tages an und machte ihn, wie es so schön heißt, zu seinem vertrauten Freunde (s. Link I, 113). George hielt Kronberger für ein frühreifes Dichtertalent und eröffnete ihm den Zugang zu seinem Kreis. Kronberger nahm an allerlei Mummenschanz teil, z. B. am Antiken Fest am Fastnachtssonntag 1903 (einer Art Dionysie der Georgianer), am sogenannten Dichterzug des Jahres 1904 und am Maskenzug des gleichen Jahres. »Das Freundschaftsverhältnis, das sich um die Jahrhundertwende von 1903 auf 1904 zu trüben begonnen hatte, beendete der Tod des jugendlichen Maximilian Kronberger. Am 15. April 1904, einen Tag nach Vollendung seines 16. Lebensjahres, starb er an Genickstarre« (Link I, 113/4).

All das ist teils peinlich, teils traurig. Zu denken gibt uns gleichwohl das in *unserem* Jahrhundert (und nicht in der römischen Kaiserzeit) geschehene Ereignis der Überhöhung dieses jungen Mannes, der wie der Heiland eine Zeitlang mitten unter uns wandelte, zu einer Gottheit. In der *Vorrede zu Maximin* (I, 522 ff.) hat George diesen sukzessiven Entwirklichungs-Prozeß, der von der Lebensgeschichte zum Kult und zum Kunstwerk führt, auf einigen Seiten dargestellt. Den sollte ich Ihnen als ein gleichsam zeitrepräsentatives Denkmal, das ebenso wirklich wie schwer glaublich ist, ganz ohne Kürzung und Dazwischenreden vorlesen:

Wir hatten eben die mittägliche höhe unsres lebens überschritten und wir bangten beim blick in unsre nächste zukunft. Wir gingen einer entstellten und erkalteten menschheit entgegen die sich mit ihren vielspältigen errungenschaften und verästelten empfindungen brüstete indessen die grosse tat und die grosse liebe am entschwinden war. Massen schufen gebot und regel und erstickten mit dem lug flacher auslegung die zungen der Rufer die ehmals der mord gelinder beseitigte: unreine hände wühlten in einem haufen von flitterstücken worein die wahren edelsteine wahllos geworfen wurden · zerlegender dünkel verdeckte ratlose ohnmacht und dreistes lachen verkündete den untergang des Heiligtumes. Wir waren reif genug um uns nicht mehr gegen die schicksalhafte wiederkehr der notwendigen leiden aufzulehnen: jezt aber schien uns eine seuche zu wüten vor der kein mittel hälfe und die mit der entseelung dieses ganzen geschlechtes endigte. Schon wandten sich einige von uns abseits nach den dunklen bezirken und priesen den wahnsinn selig – andre verschlossen sich in ihre hütten voll trauer oder hass: als die plötzliche ankunft eines einzigen menschen in der allgemeinen zerrüttung uns das vertrauen wiedergab und uns mit dem lichte neuer verheissungen erfüllte.

Als wir Maximin zum erstenmal in unsrer Stadt begegneten stand er noch in den knabenjahren. Er kam uns aus dem siegesbogen geschritten mit der unbeirrbaren festigkeit des jungen fechters und den mienen feldherrlicher obergewalt jedoch gemildert durch jene regbarkeit und schwermut die erst durch jahrhunderte christlicher bildung in die angesichter des volkes gekommen war. Wir erkannten in ihm den darsteller einer allmächtigen jugend wie wir sie erträumt hatten · mit ihrer ungebrochenen fülle und lauterkeit die auch heut noch hügel versezt und trocknen fusses über die wasser schreitet – einer jugend die unser erbe nehmen und neue reiche erobern könnte. Wir hatten allzuviel gehört von der weisheit die das lezte rätsel zu lösen wähnte · allzuviel gekostet von der buntheit der sich überstürzenden erscheinungen . . die unermessliche fracht äusserer möglichkeiten hatte dem gehalt nichts zugefügt · das zu schillernde spiel aber die sinne abgestumpft und die spannungen gelähmt: was uns not tat war Einer der von den einfachen geschehnissen ergriffen wurde und uns die dinge zeigte wie die augen der götter sie sehen.

An der helle die uns überströmte merkten wir dass er gefunden war. Tage um tage folgten wir ihm und blieben im banne seiner ausstrahlung ehe wir mit ihm zu reden wagten – von dann ab begleitete er uns von selber auf unsren pfaden und ohne staunen als gehorche er nur einem gesetz. Je näher wir ihn kennen lernten desto mehr erinnerte er uns an unser denkbild und ebenso verehrten wir den umfang seines ursprünglichen geistes und die regungen seiner heldenhaften seele wie deren versinnlichung in gestalt und gebärde und sprache. Zu andren zeiten erschien er uns als der märchenhafte waise dem die verwunschene unke am teich seine abstammung verraten und ihn zum berger der goldenen krone bestellte. Wir ahnten in ihm ein fremdes das uns nie angehören würde und beugten uns vor dem unfassbaren los das ihn zu einem uns unbekannten ziele führte. Nur manchmal erschreckte bei uns nötig dünkenden fragen eine unheimliche ferne seines blickes · als ob die antwort nicht hier sondern erst auf einem anderen gestirn gegeben werden könne.

Uns allen haftete ein schaden an von der fieberluft der sümpfe die wir durchwaten mussten. Wir waren die sieghaften krieger des auszuges: er war zum herrscher erkoren. Er besass alle unsre feinen werkzeuge · aber er hatte sie erworben auf dem gesunden und rechtmässigen weg. Dabei entbehrte er jeglichen anflugs von unbescheidener frühreife und hielt sich in den natürlichen grenzen seines alters. Anmutig und sicher wie jede wendung seines kopfes und jeder griff seiner hände war auch die art wie er mit allen umging . . er bedurfte keiner absonderung von den Barbaren wie wir in früheren jahren · er war zu rein als dass eine berührung ihn hätte beflekken · zu abseits als dass eine nähe ihn hätte treffen können . . er trug sich mit dem unbewussten stolz derer die nie geleugnet oder gedient und mit der unnachahmlichen würde derer die viel gebetet haben. Sein wesen bewegte sogar die unempfindlichen leute des volkes: sie warteten die stunde ab da er vorüberkam um ihn im nu zu betrachten oder seine stimme zu hören. Diese stimme war besonders rührend – am mächtigsten wenn er lobte oder verteidigte oder uns aus den dichtern las und uns überraschte mit einem neuen zauber des tönenden. Dann bezog sich die leichte bräunung seiner haut mit purpur und seine blicke leuchteten so dass die unsren sich niedersenkten. Aber auch ohne dass er sprach und tat: seine blosse anwesenheit im raum genügte um bei allen das gefühl von leibhaftem duft und wärme zu erwecken. Willig gaben wir uns der verwandelnden kraft hin die nur anzuhauchen oder anzurühren braucht um den alltäglichsten umgebungen einen jungfräulichen paradiesischen schimmer zu spenden.

Die mitbürtigen die ihn nicht sahen und die späteren werden nicht begreifen wie von solcher jugend uns solche offenbarung zuteil wurde. Denn so sehr die zartheit und seherische pracht seiner hinterlassenen verse als bruchstücke eines eben beginnenden werkes jedes uns gültige maass übersteigt: er selber lieh ihnen keine besondere bedeutung und das tiefste seines wirkens wird erst sichtbar aus dem was unsren geistern durch die kommunion mit seinem geiste hervorzubringen vielleicht vergönnt ist. Allein wir wissen dass nur greisenhafte zeitalter in jugend ausschliesslich vorstufe und zurichtung · niemals gipfel und vollendung sehen – dass mehr in ihrer gestalt als in ihren worten und taten die überdauernde macht der Hehren und Helden liegt und aller Lenzbegnadeten die nur eine weile über die sommerwiese schritten am waldesrand verbluteten oder in dunkler welle versanken um nach oben entrückt zu werden und unvergänglichen namens über allen geschlechtern zu thronen. Wir wissen dass die ungeheuren fahrten die das aussehn unsrer flächen veränderten im hirn des schülers Alexander geplant wurden · dass der zwölfjährige sohn aus Galiläa die schriftgelehrten der hauptstadt unterwies: der herrscher des längsten weltreiches unsrer überlieferung nicht als dreissiger sondern als jüngling auf seiner blumigen bahn die ewigen zeichen fand und als jüngling den tod erlitt.

Das ganze getriebe unsrer gedanken und handlungen erfuhr eine verschiebung seitdem dieser wahrhaft Göttliche in unsre kreise getreten war. Die knechtende gegenwart verlor ihr alleinrecht seitdem sie sich einer anderen richte zu bequemen hatte. In uns kehrte die ruhe wieder die jeden seinen mittelpunkt finden liess und der mut die verworrenen bürden abzuwerfen und zu versenken im einheitlichen meer. Wir fühlten wie geringfügig alle streite der länder · alle leiden der kasten werden vorm dämmerschauer der grossen erneuerungstage: wie alle brennenden fragen der gesellschaften in wesenlose finsternis verblassen wenn nach jeder ewigkeit den irdischen sich ein erlöser offenbart. Keiner wird dann mehr das haupt schütteln über eigensüchtige abschliessung die sich um das weh der mitbrüder nicht kümmere: denn der ist der grösste woltäter für alle der seine eigene schönheit bis zum wunder vervollkommnet.

Maximin hat nur kurz unter uns gelebt. Gemäss einem frühen vertrag den er geschlossen wurde er auf einen andren stern gehoben ehe seine göttlichkeit unsresgleichen geworden war. Er zog dem farbigen mannigfachen geschicke des glorreichen sterblings das erhabne stille walten der Himmlischen vor. Schon seine kinderjahre waren angefüllt mit sprengenden jenseitsgefühlen mit dem kampf wider den Unnennbaren. Zu ihm wandte er sich als dem Einzigen mit dem sich zu messen er für wert hielt · ihn bat er um prüfungen und aufgaben und flehte als lohn in seinen sehnsüchtigen nächten um das schauen des heiligen antlitzes. Als er erfahren hatte dass Gott sich solchermassen nicht eröffnen könne bot er ihm diesen bund an: so zeig dich mir im besten deiner sichtbaren schöpfung! gib mir Leda die geliebte! gib mir den grossen menschen den Meister! und wenn es wahr ist dass hier jeder bau fällt · jede flamme lischt · jede blume welkt: so lass mich einmal auf deine höhe treten und dann von deinem adler schnell entrissen werden!

Und Maximin ging im rauschenden frühling an der hand der geliebten durch die gärten · die betäubenden blüten schwellten sein herz von dank und lust und er sank nieder vor dem kinde das für ihn geschaffen war und das er als engel im eignen spiegel sah. In dieser frist seines vollen erglühens durften wir ihm den hintergrund bereiten · wir deuteten ihm die schauer des erdenruhms an und machten ihn zum heimlichen könig unsrer feiertage. Dies aber war Maximins stolzester abend als er unter langen gesprächen mit dem Meister durch die halbentschlafnen fluren gegangen war und dieser sagte während sich hinter dem schloss eine weinrote wolke erhob: Mein Maximin · was du mir entgelten wolltest ist reichlich zurückgegeben. Mit Einem satze hast du ein quälendes geheimnis gelöst zu dem kein buch und keine rede mir den schlüssel brachte: du hast über grosse eisige flächen nun ein gleichmässiges und wärmendes licht verbreitet. Ich entlasse dich als schüler · nimm mich zum freund! denn immer bleib ich ein teil von dir wie du ein teil von mir. Maximin hing sich in seligkeit an den Meister bevor er antwortete: ich weiss nicht ob ich diese wesen je werde verstehen lernen die aus ihrem wohnsitz sich eine hölle bauen und darüber sich paradiese erfinden .. soweit mein auge reicht seh ich nur glanz · ich habe die ganze brust voll glück und über jedes ende hinaus winkt mir mit goldnen flügeln unsterblichkeit.

Nach diesen tagen der entzückung ging er von einem fiebertraum in den tod – so schnell dass wir nur auf ein gewohnes grab starren konnten · und nicht glauben dass es ihn berge. Wir stürzten nieder in der dumpfen verzweiflung der zurückgelassenen gemeinde · wir wanden uns in sinnlosem schmerz dass wir niemals wieder diese hände berühren dass uns niemals wieder diese lippen küssen dürften. Da drang seine lebendige stimme in uns und belehrte uns über unsre torheit die ihn hier noch zwingen wollte und über den ehernen fug dass in oberstem adel die notwendigkeit der frühen auffahrt liege. Damit gebot er schweigen unsren selbsüchtigen tränen und seufzern und erweckte uns für das neue dasein das wir nun mit ihm beginnen sollten. So steht er vor uns wie wir zulezt ihn sahen: nicht in der eisigen unerbittlichen hoheit des todes sondern in der siegprangenden glorie des festes · geschmückt und mit dem blumenkranz im haar · kein abbild einsiedlerischen duldenden verzichtes sondern der lächelnden und blühenden schönheit. Wir können nun gierig nach leidenschaftlichen verehrungen in unsren weiheräumen seine säule aufstellen uns vor ihm niederwerfen und ihm huldigen woran die menschliche scheu uns gehindert hatte als er noch unter uns war.

Unübersehbar ist: das ist ein Kurz-Evangelium, geschrieben von einer fingierten Urgemeinde – das Subjekt des Sprechers bezeichnet sich durch »wir« –, die ihre kultische Praxis und ihre religiöse Hoffnung öffentlich bekennt und beglaubigt. Vernehmbar war auch, wie hier Georges typische Zeitkritik mit dem Schmachten nach einer spirituellen Erneuerung Hand in Hand geht, wie er Maximin – den gestorbenen und wiederauferstandenen Heros – als die Erfüllung aller bis dahin in die Lyrik investierten Sehnsüchte feiert und wie von der Stunde der Epiphanie dieses Gottes an die Ablösung der Georgianer von der »knechtenden Gegenwart« und die Konstituierung einer »neuen Religion« von einer unwirklichen Zukunftsphantasie zu einer konkreten Offenbarungsgewißheit geworden ist. Maximin, der verleiblichte Gott in der Kindesgestalt, ist, dem neunmalklugen und aufgeklärten, dem profanen und der Weltennacht verfallenen Zeitalter zum Trotz, wirklich erschienen, und er ist der, nach dem alle früheren Gedichte und Werke verlangt hatten:

All die jugend floss dir wie ein tanz
Ein berauschtes spiel von horn und flöte?
›Herr so lockt ich deine sonnensöhne.
Menschlich glück verschwor ich um dein lied
Fügte mich der not des wandertumes
Forschte bis ich dich in ihnen fände . .
Tag und nacht hab ich nur dies getan
Seit ich eignen lebens mich entsinne:
Dich gesucht auf weg und steg. [. . .]‹ (I, 356)

Hören Sie nun zwei andere berühmte Gedichte, ebenfalls aus dem *Stern des Bundes*, und zwar aus dem *Eingang*:

DU STETS NOCH ANFANG UNS UND END UND MITTE
Auf deine bahn hienieden · Herr der Wende ·
Dringt unser preis hinan zu deinem sterne.
Damals lag weites dunkel überm land
Der tempel wankte und des Innern flamme
Schlug nicht mehr hoch uns noch von andrem fiebern
Erschlafft als dem der väter: nach der Heitren
Der Starken Leichten unerreichten thronen
Wo bestes blut uns sog die sucht der ferne . .
Da kamst du spross aus unsrem eignen stamm
Schön wie kein bild und greifbar wie kein traum
Im nackten glanz des gottes uns entgegen:
Da troff erfüllung aus geweihten händen
Da ward es licht und alles sehnen schwieg.

Der du uns aus der qual der zweiheit löstest
Uns die verschmelzung fleischgeworden brachtest
Eines zugleich und Andres · Rausch und Helle:
Du warst der beter zu den wolkenthronen
Der mit dem geiste rang bis er ihn griff
Und sich zum opfer bot an seinem tage..
Und warst zugleich der freund der frühlingswelle
Der schlank und blank sich ihrem schmeicheln gab
Und warst der süsse schläfer in den fluren
Zu dem ein Himmlischer sich niederliess.
Wir schmückten dich mit palmen und mit rosen
Und huldigten vor deiner doppel-schöne
Doch wussten nicht dass wir vorm leibe knieten
In dem geburt des gottes sich vollzog. (I, 350)

No comment, werden Sie sagen; und wirklich, wie meist bei George, erläutern sich diese Gedichttexte von selbst. Ich will nur meiner verhallenden Stimme und der Flüchtigkeit Ihres Gehörs nachhelfen und einige Züge durch Wiederholung besser uns einprägen. Zunächst fällt wieder das Sprecher-Wir auf, das ich nicht für einen majestätischen Plural (mit dem der Meister sich bezeichnet) halte, sondern für die Stimme der Kultgemeinde, mit der George immerhin – ich glaube fast: als der einzige Dichter dieses Jahrhunderts – den Sprung vom Privaten der lyrischen Einbildung ins Intersubjektive einer Religion geschafft hat. Denn ein intersubjektiv geteilter und kultisch gefeierter Glaube erfüllt ja alle zumindest äußeren Bedingungen einer Religion; in diesem Sinne müssen wir in der Tat, wenn auch erstaunt, feststellen, daß hier allerdings, wie es heißt, die Geburt eines Gottes sich vollzog. Es war auch höchste Zeit, denn »der tempel wankte« bereits bedenklich, weites Dunkel lag überm Lande, und die Flamme der Innerlichkeit, die als Kompensation des Verlusts einer überirdischen Welt dienen mußte, flackerte schon ziemlich schwach. Der neugeborene Gott, der Zeiten-Wender und insofern: »Herr der Wende«, ist ein Sproß des eigenen Stamms. Wörtlich läßt sich das nicht verstehen; es meint: ein aus dem Adel des eigenen Geistes der Gemeinde Geborener – gemäß jener Phantasie, die wir schon früher kommentiert und gedeutet hatten. Der aus dem eigenen inneren Geistes-Adel entsprossene Götterknabe ist Phantasie, das teilt er mit den *lyrischen* Hoffnungen auf eine Neue Mythologie; aber er ist nicht *nur* ein poetisches Phantasie-Bild: denn erstens ist Maximin ein verleiblichter Gott (wahrer Mensch und wahrer Gott);

und zweitens unterscheidet ihn von einer poetischen Einbildung die intersubjektive Anerkanntheit im Kreise seiner Verehrer, d. h. der Zuspruch der Gemeinde, *deren* Gott er ist. Nun der Gott erschienen ist, flackert die heilige Flamme – das Georgesche »Licht« – wieder hell und kräftig, das Sehnen ist gestillt, der Gott ist erschienen.

Das zweite Gedicht feiert den Erwarteten und endlich Gekommenen ausdrücklich als neugeborenen Gott, der den »Kreis« von der Zerrissenheit der Optionen für Apollon und Dionysos befreit hat. Der fleischgewordene ist nicht bloß in der übersinnlichen Welt, der Welt der Helle, zuhause; der helle Gott ist zugleich ein Gott des Rausches, d. h., er ist verleiblicht, inkarniert. »Schlank und blank« zu sein, sind für George gewiß notwendige Voraussetzungen für die Vergöttlichung eines Knaben; zureichend sind sie nicht. Denn hinzutreten muß das Bewußtsein von der Göttlichkeit des Leibes, der ja nur metaphorisch (und zwar in einer für den Grad an Säkularisation in unserem Jahrhundert typischen Metaphorik) »göttlich« genannt wurde, der aber nun, in seiner »Doppel-Schöne« (als Mensch und als Gott, als rauschhaft vieler und als apollinisch individuierter, als irdischer und übersinnlicher usw.) erkannt ist, so wie die Evangelien vom Anbeten als solchem das Anbeten im Geist und in der Wahrheit unterscheiden.

Die *dionysischen* Züge des neugeborenen Gottes sind Ihnen gewiß aufgefallen, ohne daß ich sie eigens entfalten mußte. Die Nacktheit, das Sinnlich-Übersinnliche, das Lichtvolle und Glänzende, das Schöngelockte – das sind lauter Attribute des Weingottes, zu denen Züge des Narkissos und des Adonis treten. Wichtiger noch ist die Kindlichkeit des Gottes und die Einbettung seiner Epiphanie in die christliche Advents-Metaphorik. Als *Kunfttage* hatte George sonst das christliche Weihnachtsfest in seine Privatsprache übersetzt (z. B. I, 481). Den Zyklus von Gedichten auf *MAXIMIN* (aus dem *Siebenten Ring*) eröffnen dann die *Kunfttag I-II-III* überschriebenen Gedichte. Wie alle anderen Texte aus dem *Maximin*-Zyklus sind sie – für meinen Geschmack – poetisch belanglos, thematisch aber bemerkenswert. Denn kaum anderswo ist die dionysische Phantasie in unserem Jahrhundert so eng am alten Dionysos-Christus-Mythus orientiert wie dort. Ich will Ihnen diese drei Kunfttags-Gedichte vorlesen:

Dem bist du kind · dem freund.
Ich seh in dir den Gott
Den schauernd ich erkannt
Dem meine andacht gilt.

Du kamst am lezten tag
Da ich von harren siech
Da ich des betens müd
Mich in die nacht verlor:

Du an dem strahl mir kund
Der durch mein dunkel floss ·
Am tritte der die saat
Sogleich erblühen liess. (I, 279)

Wie einst das dumpfe volk
Nach dem Befreier schrie ·
Die fenster offen tat ·
Ihm tisch und bett gedeckt ·

Von vielem warten wild
Dann fiel in grimm und hohn –
So sank mein blick hinab:
›Der sich zum dritten trog ·

Als kind sein bild nicht fand ·
Als jüngling sehnend brach ·
Der heut die mitte tritt
Ist satt noch zu vertraun.‹ (I, 279)

Nun wird es wieder lenz . .
Du weihst den weg die luft
Und uns auf die du schaust –
So stammle dir mein dank.

Eh blöd der menschen sinn
Ihm ansann wort und tat
Hat schon des schöpfers hauch
Jed ding im raum beseelt.

Wenn solch ein auge glüht
Gedeiht der trockne stamm ·
Die starre erde pocht
Neu durch ein heilig herz. (I, 280)

Was folgt, ist ein in Verse gebrachtes Evangelium. Der angekommene Gott, den nur der blöde Sinn der Masse noch nicht erkannt hat (so erging es anfangs ja auch dem Dionysos, von Christus ganz zu schweigen), wird von Engelschören umschwebt, die Seinen heißen Jünger und nennen eins das andere »Bruder«, küssen dem Befreier Saum und Füße, erkennen und verkennen ihn und müssen seinen Tod trauernd miterleben, der sie in (vorübergehende) Finsternis und Kälte stürzt. Dem Tod folgt aber, Gott sei Dank, wie es bei Göttern der Brauch ist, die Auferstehung; und sie wird zugleich mit der Heilsversicherung vom Himmel herab in diesen Worten verkündigt:

Ihr hattet augen trüb durch ferne träume
Und sorgt nicht mehr um das heilige lehn.
Ihr fühltet endes-hauch durch alle räume –
Nun hebt das haupt! denn euch ist heil geschehn.

In eurem schleppenden und kalten jahre
Brach nun ein frühling neuer wunder aus ·
Mit blumiger hand · mit schimmer um die haare
Erschien ein gott und trat zu euch ins haus.

Vereint euch froh da ihr nicht mehr beklommen
Vor lang verwichner pracht erröten müsst:
Auch ihr habt eines gottes ruf vernommen
Und eines gottes mund hat euch geküsst.

Nun klagt nicht mehr – denn auch ihr wart erkoren –
Dass eure tage unerfüllt entschwebt . .
Preist eure stadt die einen gott geboren!
Preist eure zeit in der ein gott gelebt! (284)

Die Nähe zu Christus ist noch sichtbarer in anderen Gedichten: etwa der *Wallfahrt*, die zum Haus und zur Wiege des Heilands führt (284). Verkannt blieb die göttliche Mutter: »Wie ihre last Maria Annens tochter / Hat hier die mutter dich verkannt getragen« (285). Unter solchen Gedanken ist das Haus, das Ziel der Wallfahrt erreicht: »Wir sehn entblössten haupts die nackte halle / Aus der du in die welt zogst . . Sind drei weise / Doch einst dem stern gefolgt zu einem stalle!« (285). In diesen Zeilen, kann man sagen, wird Maximin mit Christus geradezu identifiziert. Es folgen Gedichte, die man als Geflechte von alt- und neutestamentarischen Zitaten und Anspielungen kennzeichnen könnte, z. B. die *Erhebung*, die die Auferstehung des Gestorbnen (gerade damit zum Gott Gewordenen) feiert:

Du rufst uns an · uns weinende im finstern:
Auf! tore allesamt!

Verlöschen muss der kerzen bleiches glinstern ·
Nun schliesst das totenamt!

Was du zu deines erdentags begehung
Gespendet licht und stark
Das biete jeder dar zur auferstehung
Bis du aus unsrem mark

Aus aller schöne der wir uns entsonnen
Die ständig in uns blizt
Und aus des sehnens zuruf leib gewonnen
Und lächelnd vor uns trittst.

Du warst für uns in frostiger lichter glosen
Der brand im dornenstrauch ·
Du warst der spender unverwelkter rosen
Du gingst vorm lenzeshauch.

Mit deiner neuen form uns zu versöhnen
Sie singend benedein ·
Vom zug der schatten die nichts tun als stöhnen
Dich und uns selbst befrein ·

Die schmerzen bändigen die uns zerrütten –
Gebeut dein feurig wehn
Und soviel blumen hinzuschütten
Dass wir dein grab nicht sehn. (287)

Auch ein Abendmahl überdauert den Tod des Vergöttlichten. Das Gedicht *Einverleibung* beginnt mit den Strophen:

Nun wird wahr was du verhiessest:
Dass gelangt zur macht des Thrones
Andren bund du mit mir schliessest –
Ich geschöpf nun eignen sohnes.

Nimmst nun in geheimster ehe
Teil mit mir am gleichen tische
Jedem quell der mich erfrische
Allen pfaden die ich gehe. (291)

Wie in Christi Einsetzungsworten beim Abendmahl erscheint auch dasjenige des Maximinkultes (das, wohlbemerkt, im Kreis als solches auch sakramental begangen wurde) als Zeichen der Besiegelung des Neuen Bundes zwischen Christus und seinen Jüngern. Eine Zeile ist bemerkenswert: »Ich geschöpf nun eignen sohnes«:*

* Sie hat eine Parallele im *Stern des Bundes*: »Ergeben steh ich vor des rätsels macht / Wie er mein kind ich meines kindes kind . .« (353)

Sie enthüllt das Bewußtsein des Mythisierungsprozesses: Maximin, der eigenen Phantasie entsprungen und insofern Sohn des Dichter-Vaters, ist zugleich der Schöpfer des Dichters, d. h. sein Gott geworden, der sich freilich »Immer neu zu seliger einung« mit ihm vermählt (291) – Bilder aus der mystischen und romantischen Tradition, die wir z. B. aus der Abendmahls-Hymne des Novalis schon kennen.

Außer dieser manifesten Christus-Stilisierung gibt es auch orgiastischere Passagen im Maximin-Zyklus, z. B. in der *Entrückung* (die von Schönberg vertont ist im vierten Satz des zweiten Streichquartetts). Dort fühlt sich der Sänger-Prophet verklärt und mithinaufgehoben in die übersinnliche Welt, in die Maximin vorangegangen ist. Es heißt dort unter anderem:

Ich löse mich in tönen · kreisend · webend ·
Ungründigen danks und unbenamten lobes
Dem grossen atem wunschlos mich ergebend.

Mich überfährt ein ungestümes wehen
Im rausch der weihe wo inbrünstige schreie
In staub geworfner beterinnen flehen: (293)

»rausch der weihe« erinnert an die Sprache der Dionysos-Mysterien; und daran erinnern auch die ekstatischen Schreie der Jüngerinnen des Gottes, also der Thyiaden. Diese Deutung hat darin eine Stütze, daß Frauen im Maximinzyklus sonst nirgends auftauchen (außer der verkannten Gottesmutter Maria, Annens Tochter) und hier offenbar um der Logik der Anspielung willen nicht zu umgehen waren.

Auf der Suche nach Quellen für diese merkwürdige Menschenvergottung mitten in hochindustrieller Zeit hat man gelegentlich auf den Antinoos-Mythus verwiesen. Im Jahre 130 stürzte der schöne Lieblingsknabe des Kaisers Hadrian in den Nil und ertrank. Bei römischen Kaisern weiß man nie, ob dieser Unglücksfall treffender als Mord oder als angeblicher Selbstmord gekennzeichnet werden muß. Wie dem auch sei: der untröstliche Kaiser erhob seinen Gefährten zum Gott und richtete ihm einen Kult ein, ja, er errichtete – mit dem etwas längeren Arm der Macht, den er dem Kleinbürger George voraus hatte – eine Stadt am Todesort und versetzte den Vergötterten unter die Sterne. Am Antinoos-Mythos und -Kult ist bemerkenswert, daß er mit dem Tod des Vergötterten allererst einsetzte und daß dieser meist in der Gestalt des kindlichen Dionysos dargestellt wurde. Religionsgeschichtlich kann man daraus schließen, daß Antinoos nicht eigentlich als neue Gottheit verehrt wurde, sondern daß man in ihm eine Reinkarnation des Dionysos erkannte, der ja auch starb, um jugendlich wiederaufzuerstehen im Frühlingskult seiner Jünger(innen), auf den George häufig anspielt: Maximins Adventszeit unterscheidet sich von der christlichen in dem wichtigen Zug, daß sie im Frühling liegt und immer durch die Blütenzeit identifiziert werden kann: das macht ihre spezifisch dionysische Uminterpretation deutlich.

V

Damit möchte ich das George-Kapitel abschließen. Sie haben gespürt, daß ich es mit gemischten Gefühlen vorgetragen, seinen Gegenstand gleichzeitig aber gewürdigt habe als ein Haupt-, wenn nicht *das* Dokument für die Gegenwärtigkeit der Idee einer Neuen Mythologie im beginnenden 20. Jahrhundert. Die Zeitgenossen und die Nachwelt haben recht unterschiedlich auf das sonderbare Phänomen reagiert: vielen war es peinlich, anderen schien es mehr Privatsache der engsten Eingeweihten, wieder andere sahen darin den Beweis, daß in dürftiger Zeit das heilige Feuer immer noch brennt. Max Weber, der respektvolle Widersacher Georges, schreibt in einem Brief vom 9. Mai 1910 (in: *Max Weber. Ein Lebensbild*, Heidelberg ^{2}1950, 500), die Art und Weise des Maximinkultus sei »schlechthin ›absurd‹, weil sich von dieser Erlöser-Inkarnation mit aller Gewalt nichts aussagen läßt, was seine Göttlichkeit für andere als diejenigen, die ihn persönlich kannten, irgendwie glaubhaft machen könnte«. Das ist natürlich richtig, doch kein Spezifikum der Religion des George-Kreises. Denn die islamischen Führer unserer Tage haben den heiligen Propheten auch nicht persönlich gekannt, geschweige Allah von Angesicht zu Angesicht gesehen – und doch funktioniert diese Religion. »Das Übersinnliche ist nicht sinnlich« – dieser triviale Tadel hat noch nie einer Religion geschadet, die gerade aus der Gewißheit der unsichtbaren Welt lebt. Zum anderen verkannte Max Weber damals das Spezifikum der Situation, in der der Gedanke einer *Neuen* Mythologie geboren wurde: Sie setzt die Götterdämmerung, also den Tod Gottes, gerade voraus – und wir kennen Georges Metaphorik inzwischen gut genug, um zu wissen, daß auch er davon ausgeht. Beruhte »früher« die Gemeindebildung auf der Offenbarung des Gottes aus, so ist es unter Bedingungen der Modernen gerade umgekehrt: hier erzeugt die Gemeinde ihren Gott: Der sich als Geschöpf seines Gottes anspricht, weiß doch zugleich, daß er der Schöpfer desselben ist: »Ergeben steh ich vor des rätsels macht / Wie er mein kind ich meines kindes kind ...« (353). Wie dem aber auch sei: Der George-Kreis hat eine Gemeinde gebildet, und aus einer kollektiven Phantasie kann immer eine Religion hervorgehen. In diesem Sinne nehme ich keinen Anstand, das Phänomen des Maximinkultes als religiös zu kennzeichnen, zumal er alle Eigenschaften eines real praktizierten Kultes aufwies. Die Zeiten der mystischen Verehrung waren Abend und Nacht, seine Adventszeit war (wie gesagt) der Frühling. Wie der Frühling Licht, Leben und Fruchtbarkeit in der Realität beschert, so bringt Maximin auf der metaphorischen Ebene Gewißheit, Hoffnung und keimende Zukunft. »Der Kult hatte seine geheiligte Stätte in Weiheräumen. Geräte sind Kerzen, Fackeln [wie beim Dionysos-Kult] und vorangetragene Totenfeuer« (zit. Link I, 129). Kurzum: der ganze Apparat entspricht dem eines religiösen Kults.

Schauen wir einen Augenblick auf Max Webers eigene Entwicklung zurück. Es ist bekannt, daß der große Theoretiker der Rationalisierung in den Jahren vor allem nach 1910 (aus der das eben gegebene Zitat stammt) abrückte von der asketisch rigorosen Definition des Rationalismus. Arthur Mitzman hat dies in einem eigenen Kapitel seines Buchs (*The Iron Cage: An Historical Interpretation of Max Weber*, New York 1970) sehr schön gezeigt. Das Kapitel heißt: »Weber's Retreat from Ascetic Rationalism (1907–1920)« (253 ff.) und hat eine für unseren Kontext wichtige Unterabteilung: »The Intellectuel Milieu: Sombart, the *George-Kreis*, Lukács« (256 ff.).

Ich will den Zusammenhang etwas deutlicher hervortreten lassen. Das scheint mir schon darum angebracht, weil wir den Terminus »Rationalisierung« in dieser Vorlesung oft gebraucht haben und weil Max Weber sein Begründer ist. In einem populären Sinne ist jedem von Ihnen die These bekannt, daß der »okzidentale Rationalismus« (*Gesammelte Aufsätze zur Religionssoziologie*, 3 Bde., Tübingen 1971/2, I, 12 [zit.: *RS*]) im modernen Kapitalismus gipfelt. »Es ist die Diagnose von der über Jahrtausende währenden, heute ›vollendeten‹ Entzauberung der ›Welt‹, von der Rationalisierung ihrer Ordnungen und von der Intellektualisierung der menschlichen Stellungnahmen zu ihnen, aber auch von der Paradoxie dieses Vorgangs, der gerade der modernen Gesellschaft nicht nur ein Steuerungs-, sondern vor allem ein ›Sinn‹problem stellt« (Wolfgang Schluchter, *Rationalismus der Weltbeherrschung. Studien zu Max Weber*, Frankfurt/Main 1980, 10). Sie sehen schon an dieser ersten, noch tastenden Formulierung, daß Webers große Zeitdiagnose den eigentümlichen Mangel des Rationalisierungsprozesses, nämlich das mit ihm Hand in Hand gehende Bedürfnis nach Wiederherstellung eines über-rationalen Sinns, wohl voraussah und in Rechnung stellte. Bevor wir das genauer untersuchen, brauchen wir eine ausreichende Klarheit über die Bedeutung des Terms »Rationalität«. Schluchter hat (in seiner Aufsatzsammlung *Rationalismus der Weltbeherrschung*) drei Verwendungsweisen rekonstruiert. Einmal bedeutet »Rationalismus« »die Fähigkeit, Dinge durch Berechnung zu beherrschen. Er ist Folge von empirischem Wissen und Können, ist also *wissenschaftlich*-technischer Rationalismus im weitesten Sinn« (Schluchter, l. c., 10). Zum anderen bedeutet »Rationalismus« die »Systematisierung von Sinnzusammenhängen, [die] intellektuelle Durcharbeitung und wissentliche Sublimierung von ›Sinnzielen‹. Er ist Folge einer ›inneren Nötigung‹ des Kulturmenschen, die Welt als einen sinnvollen Kosmos nicht nur zu erfassen, sondern auch zu ihr Stellung zu nehmen, ist also metaphysisch-*ethischer* Rationalismus. Rationalismus bedeutet aber schließlich [und drittens] auch Ausbildung einer methodischen Lebensführung. Er ist Folge der Institutionalisierung von Sinn- und Interessenzusammenhängen, ist also *praktischer* Rationalismus im weitesten Sinn« (l. c.). Alle drei Formen des »Rationalismus« unterhalten, nach Webers Ansicht, in verschiedenen historischen Konjunkturen verschiedene Beziehungen zueinander, entscheidend ist jedoch immer, in welcher Weise die praktische Lebensführung des Menschen sich durch historische Formen des wissenschaftlichen und ethischen Rationalismus beeinflussen läßt. Anders gesagt: Die Rationalität der Lebensführung erweist sich als ein Integrationsakt, der eine zuvor geleistete, intersubjektiv verbindliche Deutung der menschlichen Stellung zur Welt (dies der wissenschaftliche Aspekt) und zu den Göttern (dies der ethische Aspekt) anwendet *auf* und hineinnimmt *in* die Art der Lebensführung. In Webers eigenen Worten:

Interessen (materielle und ideelle), nicht: Ideen beherrschen unmittelbar das Handeln des Menschen. Aber: die »Weltbilder«, welche durch »Ideen« geschaffen werden, haben sehr oft als Weichensteller die Bahnen bestimmt, in denen die Dynamik der Interessen das Handeln fortbewegte. Nach dem Weltbild richtete es sich ja: »wovon« und »wozu« man »erlöst« sein wollte und – nicht zu vergessen: – konnte (*RS* I, 252).

Diese Arbeitshypothese unterhält große Ähnlichkeit zu der von Claude Lévi-Strauss. Im *Wilden Denken* (Frankfurt/Main 1973, 154) findet sich folgende Überlegung:

Wenn wir behaupten, daß das Begriffsschema die Praktiken lenkt und definiert, so deshalb, weil diese Ideen, der Untersuchungsgegenstand des Ethnologen (...), nicht mit der Praxis verwechselt werden dürfen, die – und zumindest in diesem Punkt stimmen wir mit Sartre überein – für die Wissenschaften vom Menschen die fundamentale Realität bildet. (...) Ohne den unbestreitbaren Primat der Basis der Infrastrukturen in Frage stellen zu wollen, glauben wir, daß zwischen Praxis und Praktiken immer ein Vermittler eingeschaltet ist, nämlich das Begriffsschema, durch dessen Wirken eine Materie und eine Form, die beide jeder unabhängigen Existenz ermangeln, sich zu Strukturen ausbilden, d.h. zu empirischen und zugleich intelligiblen Wesen.

D.h.: Menschliche Interessen, menschliche Praxis können sich auf ihre Welt nur beziehen, wenn die Welt zuvor gedeutet und in einer symbolischen Ordnung artikuliert ist. Es mag sein, daß diese Deutung »in letzter Instanz« von der Praxis oder vom Interesse vorgenommen wird; aber das kann auf keinen Fall unmittelbar geschehen; denn ein asemantisches Interesse wäre vor-symbolisch, es könnte sich weder selbst verstehen noch auf irgendein Ziel beziehen, bevor nicht zwischen ihm und seinem Gegenstand eine Struktur auftaucht, die ihm die Artikulation von Wünschen und Absichten möglich macht (darüber sehr klar Ernst Cassirer, *Das mythische Denken*, 210ff. und 229ff., bes. 231 Anm.). Insofern bewegt sich im Kreis, wer z.B. ein religiöses Weltbild aus der Gesellschaft ableiten will, statt umgekehrt die Gesellschaft als das Produkt einer bestimmt strukturierten Weltinterpretation zu begreifen.

Diese methodische Voraussetzung erklärt das große Gewicht, das Weber einem offensichtlich rein theoretischen Konzept wie *dem* Rationalismus zur Erklärung der realen Organisation des gesellschaftlichen Lebens beimaß. Als Soziologe ist Weber verständlicherweise weniger an Strukturen als an Institutionen interessiert.

Sie leisten jedoch gerade das, was ich eben als »Struktur« charakterisiert habe, nämlich Gesellschaftsformationen ein notwendiges Maß an äußerer und innerer Einheit zu geben: das Innestehen in einer gemeinsamen Welt, zu der sich die Interessen der Menschen verhalten, *in* der sie sich allererst artikulieren können. Dazu gehören auch Wertsphären, die eine bestimmte Form von gesellschaftlicher Organisation nach ihrer Maßgabe modellieren.

Nun ist, nach Webers Ansicht, die okzidentale Religiosität durch einen merkwürdigen Dualismus geprägt. Im Gegensatz zum magischen Denken, in dem die Gottheit impersonal allgegenwärtig ist, zerreißt sie die Sphäre des Heiligen und des Weltlichen. Diese Teilung entzieht dem Heiligen der magischen Phase einen ganzen Wirkungsbereich, d. h., sie drängt die Macht des Heiligen Stück um Stück aus der Profanität heraus.

Diesen Prozeß hat Weber als Entzauberung der Welt bezeichnet. Das muß ganz buchstäblich verstanden werden: als Ent-heiligung, Ent-wertung, als Rückdrängung des Wertes und des Heiligen aus der Welt, deren empirische Realität dadurch in immer heftigeren Widerspruch zu den religiösen Postulaten gerät. Hier entsteht nun eine Art Dialektik: »Denn je radikaler die Religion die ›Welt‹ entwertet, als desto ›widerstandsfähiger‹ erweist diese sich gegen den religiösen Anspruch, und desto größer wird der Zwang zum religiösen Kompromiß und zu institutioneller Eingrenzung dieses Anspruchs« (Schluchter, 20). Für die radikale Stützkonstruktion des religiös-dualistischen Weltbildes hält Weber die Prädestinationslehre des Calvinismus: hier muß sich die göttliche Bestimmung darin erweisen, inwieweit es gelingt, die an sich wertlose Welt im Namen Gottes zu beherrschen: dies ist – im Gegensatz zur indischen Religion, die Weltablehnung durch Weltflucht manifestiert – eine Weltablehnung als Weltbeherrschung. Sie setzt die Überzeugung voraus, daß die Welt an sich selber gar keinen Wert besitzt, sondern daß dieser Wert jenseits der Welt – über-weltlich und vom Menschen unbeeinflußbar – liegt. Gerade diese Jenseitigkeit und Unerreichlichkeit des Sinns-der-Welt zwingt die Menschen im Gegenschlag zu einer um so intensiveren Vermessung und Systematisierung des einzigen ihr erschwinglichen Gegenstandes, der Welt nämlich, die freilich keinen Eigenwert hat und zum Ausbeutungsobjekt bzw. zum abstrakt-ethischen »Material der Pflicht« wird, wie eine berühmte Formulierung Fichtes lautet.

Max Weber spürt also *in* der Struktur selbst der okzidentalen

Religion die Weichenstellung auf, die den Prozeß des modernen Rationalismus der Naturbeherrschung der weltlichen Askese und der Leistungsethik eröffnete. Seinen vorläufigen Gipfel erreicht dieser Prozeß in der Ethik des Calvinismus, der jede mystisch-magische Vermittlung zwischen Mensch und Gott abweist, die Gnadenwahl zu einer in keiner Weise zu beeinflussenden Angelegenheit eines despotischen Gottes macht mit der Folge, daß der Mensch ganz und gar zum Werkzeug Gottes »degradiert« wird, der nicht um seiner selbst, sondern allein um Gottes Majestät willen sich und die übrige »kreatürliche Welt« in asketischer Berufsausübung zu beherrschen hat (vgl. M. Weber, *Wirtschaft und Gesellschaft. Grundriß der verstehenden Soziologie* [zit.: *WuG*], hg. von Johannes Winckelmann, Tübingen [4]1956, 337).

Die Vorstellung nun, daß der Mensch durch eine »unüberbrückbare Kluft« (*RS* I, 93) von Gott abgeschnitten ist, hat nicht nur die Entfremdung des Menschen von Gott zur Folge, sondern zugleich auch die des Menschen von der »Welt«: »Nicht nur die religiöse, auch die ›weltliche‹ Gefühlskultur erodiert unter dem religiösen Postulat« (Schluchter, l. c., 28). Denn Gottes Imperative sind so formuliert, daß vor allem die Kreaturvergötterung verboten ist. Das Verhältnis zur Kreatur muß sachlich und distanziert bleiben. Weber sieht darin die »Wurzel jenes illusionslosen und pessimistisch gefärbten Individualismus, wie er in dem ›Volkscharakter‹ und den Institutionen der Völker mit puritanischer Vergangenheit sich noch heute auswirkt« (*RS* I, 95 f.). Er ist ein Vorbote der gegenwärtigen »Weltherrschaft der Unbrüderlichkeit« (l. c., 571). Es gibt, wenige Seiten hinter dem ersten Zitat, eine ähnliche Formulierung: »Die ›Nächstenliebe‹ äußert sich – da sie ja nur Dienst am Ruhme *Gottes*, nicht: der *Kreatur*, sein darf – in *erster* Linie in Erfüllung der durch die lex naturae gegebenen *Berufs*aufgaben, und sie nimmt dabei einen eigentümlich sachlich-*un*persönlichen Charakter an: den eines Dienstes an der rationalen Gestaltung des uns umgebenden gesellschaftlichen Kosmos« (l. c., 100 f.).

Ein Punkt scheint mir in dem, was ich bisher von Max Weber referiert habe, dunkel geblieben zu sein: Welcher Zusammenhang besteht eigentlich zwischen Weltentwertung und Gottentfremdung einerseits und innerweltlicher Leistungs- und Naturbeherrschungsethik andererseits? Hier ist eben das Verbindungsglied freigelegt, über welches Weber die calvinistische Ethik mit dem Geist des modernen Kapitalismus sich verbinden sieht. Sein Argument lautet etwa folgendermaßen: Die Uneinsehbarkeit und Unverfügbarkeit der göttlichen Gnadenwahl wäre dem Menschen unerträglich ohne eine ihre Radikalität ermäßigende Hilfskonstruktion: Wenn die menschlichen Werke Gottes Gnade nicht erzwingen oder beeinflussen können – Sie kennen Luthers: »Es ist doch unser Tun umsonst / Selbst in dem besten Leben« –, so können sie doch als Kennzeichen des Erwähltseins dienen: Anders gesagt, wenn die guten Werke und die innerweltliche Bewährung durch Leistung Gottes Gnade nicht wie ein Realgrund veranlassen, so machen sie diese Gnade doch erkennbar (sind ihr Ideal-, ihr Erkenntnisgrund). Diese Stützkonstruktion führt dazu, daß der Gläubige weiterhin unter dem religiösen »Zwang« steht, seine Werkgerechtigkeit zu einem *System* zu steigern (*RS* I, 114), d. h., an einer rationalen *methodischen* Gesamtlebensführung zu arbeiten (*WuG*, 324). Wird diese Tendenz ins Extrem gesteigert, so verkehrt sich die Hilfskonstruktion in die eigentliche Maxime des Handelns: Innerweltliche Askese und Naturbeherrschung werden zum Werkzeug der Selbsterlösung. Diesen Umschlag sieht Max Weber im Kapitalismus vollzogen: Weltablehnung schlägt um in Weltbeherrschung. Die religiös entwertete Welt zwingt ferner zur Kenntnisnahme und Erforschung ihrer Gesetze. Je stärker dieser Prozeß vorangetrieben wird, desto sachlicher, desto entseelter erscheint sie dem Menschen. »Gerade das kapitalistische Ethos, nach Weber das prominenteste Produkt einer religiös gestützten systematisierten innerweltlichen Askese, ist hierfür ein Beispiel. Denn es verbindet sich mit der kapitalistischen Wirtschaftsform zu einem versachlichten Kosmos, und in ihm ›tritt der religiösen Ethik eine Ethik impersonaler Beziehungen entgegen, die sich ihren urwüchsigen Normen gar nicht fügen *kann*‹ (*WuG* 353). Am Ende dieses Prozesses sieht Weber die Macht des göttlichen Gebotes verlöschen, Heilsgewißheit wird durch Erfolgssicherheit verdrängt. Und so ist es wahrscheinlich, daß bestimmte ›Titel in dem Haushalt der menschlichen Wissensbedürfnisse‹ [Blumenberg] veralten und andere neu entstehen. Diese Umbesetzung bedeutet freilich nicht, daß auf Sinndeutung verzichtet werden könnte. Denn auch die entzauberte, versachlichte, rationalisierte ›Welt‹ behält ein Sinnproblem. Auch in ihr existiert das metaphysische Bedürfnis des Geistes, die ›Welt‹ zu erfassen und zu ihr einheitlich Stellung zu nehmen. Auch sie braucht eine Weltbildkonstruktion« (Schluchter, 31).

Unter Bedingungen einer funktionierenden Mythologie oder Hochreligion konnten Priester und Weise – politische Charismatiker – diese Aufgabe der Sinnbeschaffung erfüllen. Diese Sinnbeschaffung für irrational zu erklären, heißt verkennen: daß auch der vollkommen rationelle Kapitalismus auf »irrationalen« Voraussetzungen aufsitzt: »Sie erst ermöglichen den Glauben an den Selbstwert der Wissensakkumulation« und der Kapitalvermehrung (Schluchter 33).

Mehr noch: Der Wissenschaftsglaube tendiert dazu, vom religiösen Glauben den Totalitätsanspruch zu übernehmen. So wird für das denkende Erkennen unter Bedingungen eines vorausgesetzten ›Eigenrechts‹ der ›Welt‹ die Religion ›*die* irrationale oder antirationale überpersönliche Macht schlechthin‹ (*RS* I, 564). Der ›befreite‹, entfesselte, wissenschaftliche Rationalismus hat also gottfremden Charakter (*Gesammelte Aufsätze zur Wissenschaftslehre* [zit.: *WL*], hg. von Johannes Winckelmann, Tübingen [2]1958, 598). Er zwingt jetzt die Religion zum Rückzug auf die ›unangreifbare Inkommunikabilität des mystischen Erlebnisses‹ (*RS* I, 566) und damit zugleich zum Eingeständnis, daß sie sich nur *gegen* das, nicht *mit* dem denkenden Erkennen behaupten kann. Nicht zufällig wird unter den Bedingungen der Entzauberung die ›Erlösung‹ vom wissenschaftlichen Rationalismus geradezu zur Grundvoraussetzung des Lebens in der Gemeinschaft mit dem Göttlichen (*WL* 598) (Schluchter, 33).

Damit aber begibt sich der Rationalismus eines Humanum, das nun in der entwerteten Religion Zuflucht sucht, um der »Weltherrschaft der Unbrüderlichkeit« (*RS* I, 571) zu entgehen. Max Weber ist über diesen Punkt von überraschender Deutlichkeit. Der entfesselte wirtschaftliche und kulturelle Rationalismus, sagt er, bleibt blind für die irrationale Option, die in seiner eigenen Weltbild-Konstruktion ihr Wesen treibt; und er bleibt in letzter Konsequenz aus eben diesem Grunde die Frage nach dem *Sinn* und *Ziel* der ganzen Veranstaltung schuldig, d. h., er verdrängt und tilgt die religiöse Weltdeutung, ohne sie im Hegelschen Sinne aufzuheben, d. h., ihr Sinnstiftungsvermögen unter veränderten Umständen rettend zu bewahren.

Wenn das aber der Fall ist, d. h., wenn der rechtverstandene wissenschaftliche Rationalismus ein »gegen sich selbst unkritisches Erkennen« (*WL* 167) ist, das umfassende Sinndeutung nicht geben kann, dann läßt sich der Hang der Zeitgenossen der entzauberten Welt zu einer wiederbelebten Erlösungsreligion zumindest *verstehen*. Max Weber hat dieser Haltung ein Höchstmaß persönlicher

Achtung gezollt, sie gleichwohl in unserer »gottfremden prophetenlosen Zeit« nur für die »zweitbeste Lösung« erklärt (*WL* 610). Weder die vollkommene Anpassung an die Immanenz noch die radikale Abwendung von der diesseitigen Welt, so meint er, entgehen dem dualistischen Strukturgesetz der okzidentalen Welt, die beide Seiten zu vermitteln hätte. Bekanntlich hat Weber die Richtung, in die er zu schreiten gedachte, durch das Konzept der Verantwortungsethik angedeutet: Sie soll die desolidarisierenden und Moralität durch den baren Funktionalismus der Legalität verdrängenden Effekte des Rationalismus unter Kontrolle bringen, indem sie sie wieder anbindet an den Gedanken einer ethischen Verbindlichkeit. *Die* freilich steht in einer entgötterten Welt fortan vor dem Problem, *wie* sie sich inter- und übersubjektiv legitimieren soll, ohne den Gedanken eines göttlichen Willens noch in Anspruch zu nehmen: In Ermangelung objektiv beglaubigter Werte, Sinne, Gültigkeiten verkommt sie zur individuellen Verantwortung des Menschen vor sich selbst und entgeht nicht dem Schreckgespenst des Nihilismus in der Form des Dezisionismus: Wenn kein Wert von vornherein vor einem anderen einen absoluten Vorrang hat, wenn in einer pluralistischen Welt mehrere Götter und Wertoptionen miteinander konkurrieren, dann sind mehrere Wertentscheidungen »rational« und verantwortbar, dann gibt es keinen »Höchstwert«: die Welt bleibt entwertet; denn ein Wert, den ein Individuum selbst geschaffen hat, an den kann es unmöglich zugleich *glauben* als an eine Instanz, in der sein Leben Grund hat und Rechtfertigung erfährt.

Indem also Webers »Verantwortungsethik« diese entscheidende Not der modernen Kultur nicht wendet, bleibt sie anfällig *für* und ohnmächtig *gegen* allerlei in seiner Zeit aufblühende Visionen der Wiederkehr des Erlösungsgedankens. Weber erlebte diese Tendenzen in Heidelberg aus nächster Nähe; denn Friedrich Gundolf, eine Zeitlang Georges engster Vertrauter und Schüler, gehörte auch zu seinem eigenen Freundeskreis. Durch ihn lernte er Stefan George selbst kennen, der oft in Heidelberg Station machte und dort wohnte. In Gundolfs Hause hat Weber mit George, vom August 1910 an, eine Reihe persönlicher Diskussionen geführt, und das bis zum Juni 1912. (Darüber berichtet Kurt Hildebrandt, *Erinnerungen an Stefan George und seinen Kreis*, Bonn 1965, 179 ff.) Man kann sagen, daß unter den Lyrikern neben Rilke vor allem George es war, der den größten Eindruck auf den Soziologen gemacht hat und ihn in vorsichtigen Formulierungen seiner letzten Lebensphase dazu veranlaßte, dem Gedanken des Charisma in der Politik der entgötterten Welt nachzufragen. Ebensosehr gab es Einigkeit zwischen George und Weber in der Einschätzung der negativen Effekte dessen, was beide Massengesellschaft, Großstadtkultur und Bürokratisierung des Alltagslebens nannten (Mitzmann, 268/9). Natürlich hat Weber den aristokratischen Gestus und das Weihrauchverbreiten des »Kreises« abgelehnt (»Weihen-Stefan«); dagegen scheint er in einem Punkte direkt von George gelernt zu haben. Ich erwähne dies abschließend, weil mir scheint, daß es seinen Ort gerade in dieser Vorlesung hat. Weber übernahm nämlich von George (und letztlich von Nietzsche) den Gedanken, daß von allen gestorbenen und dem Entzauberungsprozeß der Moderne zum Opfer gefallenen übersinnlichen Mächten *Dionysos* es sei, der der zählebigste ist und noch zu unseren Zeitgenossen zähle. In *Wirtschaft und Gesellschaft* (Köln/Berlin 1964, 832–40) meint Weber, das Charismatische sei unentbehrlich als motivierende Kraft in einer jeder Motivation von außen sich entschlagenden, rein sich selbst überlassenen politischen Maschinerie und es sei identisch mit dem Dionysischen. In seiner extremsten Formulierung erscheint Charisma unter dem Namen »Dionysos« dem direkt gegenübergestellt, was Weber asketischen Rationalismus nennt und was größte Ähnlichkeit hat mit dem, was Nietzsche intellektuellen Sokratismus nannte (*WuG*, 348, 349, 467). Weber – das mag Sie interessieren – hat in diesem Zusammenhang auch darüber nachgedacht, ob der Rationalismus nicht in einem genealogischen Zusammenhang mit der Männerherrschaft stehe, denn Dionysos ist ja »der Frauen Gott«. Wenn gerade *dieser* Gott zu Zeiten der Sinnkrise des voll entfalteten Rationalismus seine Wiederkehr ankündigte, dann, meinte Weber, müssen auch das in des Dionysos Namen eingeforderte Brüderlichkeits-Verlangen und der Ruf nach Rettung des Zauberischen von einem aufmerksamen Soziologen in Zusammenhang gebracht werden mit dem weiblichen Einspruch gegen die Männerherrschaft (Mitzmann, 301). Die charismatische Komponente geht also keineswegs im Georgeschen Ruf nach einem »geistlichen Führer« auf – sie weist, sich selbst und ihrer eigenen Evolution überlassen, zugleich in die Richtung der Befreiung der Frau, die mit der Wiederherstellung einer menschlichen Dimension des gesellschaftlichen Miteinander-Lebens womöglich zusammenfallen werde: nicht, weil die im Gefolge des Dionysos wiederkehrende mystische Frau die Männergesellschaft romantisch »erlösen« wird (wie Senta, Wagners »Weib der Zukunft«), sondern weil die Männergesellschaft selbst Heimweh bekommen hat nach einem Wert, den sie ursprünglich selbst ebenso leidenschaftlich eingeklagt hatte wie die Frau, dessen Geltung sie aber inzwischen zu ihrem eigenen Leidwesen außer Kraft gesetzt hat.

Remythisierte Erkenntniskritik (Robert Musil)

I

Es ist nicht leicht, ein Jahrhundertwerk wie den *Mann ohne Eigenschaften (MoE)* in einer einzigen Vorlesungsstunde einigermaßen charakteristisch vorzustellen. Musils Roman gilt als ein schwieriges Buch, dessen Unabgeschlossenheit und gewaltiges Format eine anstrengende Lektüre befürchten lassen. Zu Unrecht; denn der *Mann ohne Eigenschaften* ist zwar ein sehr gescheites und intellektuell anspruchsvolles Buch, zugleich aber eines, das sich lesen läßt, so gut wie irgendein Roman von Thomas Mann, den der *MoE* in vieler Hinsicht übertrifft.

Das Werk spielt im Wien des Jahres 1913 und sollte – aber es blieb ja unabgeschlossen – mit dem Ersten Weltkrieg enden oder richtiger: im Kriegsausbruch katastrophisch sich erfüllen. Dieses Wien der Vorkriegszeit dient Musil ganz allgemein zur Veranschaulichung oder als typisches Modell der Situation der »modernen Welt«, wie er denn im Verlauf seines Genfer Exils in den Jahren bis 1942 die Situation vor dem ersten Krieg unversehens und unausdrücklich immer weiter in die des aufkommenden Nazismus, also in die Zeit vor dem zweiten Krieg hinüberschrieb. Die *Tagebücher* geben über diese Perspektiven- und Interessenverschiebung genaue Auskunft. Der erste Teil des Romans, nur 80 Seiten lang, heißt »Eine Art Einleitung«. Der zweite, »Seinesgleichen geschieht« überschrieben, ist sehr viel länger. Er parodiert das ideenlose Insichkreisen der gesellschaftlichen Moral, vor allem am Exempel jener »vaterländischen Aktion«, deren Sekretär Ulrich (so heißt der Mann ohne Eigenschaften) wird und deren Zweck darin besteht, das 70jährige Regierungsjubiläum des Kaisers Franz Josef I. als »Parallelaktion« zu dem ebenfalls ins Jahr 1918 fallenden 30. Regierungsjubiläum von Kaiser Wilhelm II. vorzubereiten. Um diese Parallelaktion wird ein enormer ideologischer, institutioneller, phantasiemäßiger und intellektueller Zinnober getrieben: er soll der Zeit ein geistiges Richtbild wiederverschaffen: »etwas, wozu sie da ist«; und er soll die Grund-Gegensätze der modernen Welt wiedervereinigen: nämlich Genauigkeit (oder auch: Kohlenpreis) und Seele (für deren Zusammenlegung ist sogar ein »Generalsekretariat« geplant). Sie können sich denken, wie ein Ironiker von Musils Format ein solches Sujet gestalten wird. Die Vereinigung dieser beiden Gegensätze ist das Leitmotiv des ganzen Buches: in unendlich vielen Spiegelungen und Verzerrungen, in unendlich vielen Dialogen zwischen Nationalisten und Sozialisten, Militärs und Großschriftstellern, Großindustriellen und Freudenmädchen, Adligen und Prostituiertenmördern, Durchgedrehten und Hysterikern, Dichtern und Künstlern, Wissenschaftlern und Studienräten wird es gleichsam erschöpfend durchgespielt und ein Querschnitt durch die Gesinnungen der in den Krieg taumelnden oder gar drängenden »modernen Welt« daraus destilliert: mit unerhöhter Meisterschaft, von der ich Ihnen kein Beispiel geben kann: da hilft nur eigenes Lesen. Nun: aus dem Chaos dieser verworrenen Interpretationen dessen, was der haltlos gewordenen Welt in geistiger Hinsicht fehlt, hebt sich allmählich *ein* Benennungsvorschlag heraus: der »andere Zustand«, formuliert in enger Nähe zu Rilkes »anderem Bezug«. Musil nennt so das Verhältnis zur übersinnlichen Welt, zu dem, was der aus den Fugen geratenen sinnlichen Welt fehlt und was – in mehr oder minder korrupter Abform – alle bei ihren taumelnden und Seinesgleichen reproduzierenden Anstalten und Taten im Sinn haben. Der Bezug auf den »anderen Zustand« erlebt aber seinen Höhepunkt in den mystisch entrückten, viele 100 Seiten füllenden Gesprächen, die Ulrich mit seiner wiedergefundenen Zwillingsschwester Agathe führt und die (wenn Sie mir das unwissenschaftliche Bekenntnis erlauben) zum Schönsten und Lesenswertesten gehören, was die neuere deutsche Literatur zu bieten hat. In diesen Gesprächen wird die Utopie eines wiedergefundenen Bezugs zur Transzendenz – gleichsam in der äußersten Zurückhaltung gegenüber dem nazistisch-nationalistischen Gemeinschafts- und Mythen-Taumel der Zeit –, nämlich in der asketischen Zweisamkeit eines mit dem »kommenden Gott« experimentell Zwiesprache haltenden Seelenaustauschs Stück um Stück ausgeformt – das Buch, dessen dritter Teil heißen sollte: »Ins tausendjährige Reich«, bricht hier ab. Viel Sekundärliteratur ist geschrieben worden, um so etwas wie einen letzten Willen des Verfassers auf die Fortsetzung aus den unübersehbaren Fragmenten und nachgelassenen Entwürfen zu rekonstruieren – aber ich glaube, ein solcher Schluß war nie in Sicht und sollte nie in den Blick kommen. Musil dachte nicht über eine »Lösung« der Sinnkrise und der religiösen

Sehnsüchte seiner Epoche nach: er suchte nach der Möglichkeit eines weder durch Blutrausch noch durch Neue Mythologie (im Sinne Rosenbergs) kompromittierten geistigen Bezugs zum »anderen Zustand« – und nur dieser Möglichkeit, die mehr und mehr in der Dichtung ihre letzte Fluchtburg vor dem aufkommenden kulturfeindlichen realistisch-positivistischen Geist bezieht, nur dieser Imagination gilt sein unendliches geistiges Zwiegespräch mit sich selbst, das im Roman als Seelen-Zwiegespräch der sich liebenden und mystisch entrückten Geschwister dargestellt ist.

Soviel – gleichsam als minimale Stütze für eine immer mehr ins Unwirkliche abhebende »Reise an den Rand des Möglichen« – zum Inhaltlichen. Ich will mich im folgenden auf einen einzigen Punkt beschränken; auf einen Punkt freilich, der ein Wendepunkt ist und insofern zwei Problemzusammenhänge miteinander verknüpft. Ich meine den Punkt, an dem Musils den ganzen Roman durchziehende erkenntniskritische Überlegungen umschlagen in mystische und letzten Endes in mythische Spekulationen.

Denn das ist das vielleicht Einzigartige an Musils Roman, betrachtet man das Ganze der literarischen Produktion dieses Jahrhunderts, daß er mit äußerst geistesheller und naturwissenschaftlich unbestochener Akribie auf dasjenige Phänomen schaut, das wir im vorangehenden Kapitel mit Max Weber als Entzauberung und Rationalisierung unserer Lebenswelt charakterisiert hatten; und daß er den Mangel der rationalisierten Welt – jenseits jedes umgangssprachlich so genannten Mystizismus – zu einer Phantasie befreit, der er diagnostischen Wert und utopische Gegenkraft zutraut, wie denn »Utopie« und »Überwirklichkeit« Schlüsselworte des ganzen Romans sind.

Ich will diesen Umschlagpunkt wiederum an *einem* Problem nachvollziehen, das schon durch die Einschreibung in den Titel als Musils zentrales Problem ausgewiesen ist: nämlich das der »Eigenschaftslosigkeit«. Bevor wir diesen Begriff – gleichsam als roten Faden, der uns im Labyrinth eines ziemlich unabsehbaren Lektüre-Abenteuers immer wieder orientiert – in die Hand nehmen, ist die Frage angebracht, auf welchen Problem-Typ wir uns da eigentlich einlassen. Einerseits handelt sich's bei der »Eigenschaftslosigkeit« um das Leitmotiv einer Erzählhandlung, um das sich sozialgeschichtliche und ästhetische Bezüge ranken; andererseits wird damit von Musil ein Kardinalthema neuzeitlicher Subjekt-Theorie aufgenommen (Sie wissen, daß das Nachdenken über das Wesen von Subjektivität das fast ausschließliche Thema der neuzeitlichen Metaphysik von Descartes bis Sartre, Derrida, Henrich oder Tugendhat, Shoemaker, Chisholm oder Th. Nagel gewesen und geblieben ist), um seine Aktualität unter den Bedingungen des technisch-naturwissenschaftlichen Fortschritts kritisch zu sondieren. Diese Unentschiedenheit, welchem Fachbereich – der Soziologie, der Ästhetik, der Literaturwissenschaft, oder der Philosophie, der Wissenschaftstheorie? – das Problem der Eigenschaftslosigkeit denn eigentlich von Rechts wegen zugehört, hat Musils Leser von jeher irritiert. Vor allem die Literaturwissenschaftler, denen Musil vorwarf, sie würden sich »darauf ausreden – weil sie auf die Gedanken nicht eingehen wollen – daß hier ebensoviel Essay wie Roman geboten wird« (5, 1818)*. Wir wollen uns – schon um mit unserer knappen Zeit haushälterisch umzugehen – auf diese Frage nicht weiter einlassen, sondern uns kurzerhand von jenem stoffhungrigen Leser verabschieden, der die theoretisierenden Kapitel »überschlägt«, weil er (wie es in der Überschrift des 28. Kapitels so schön heißt) »von der Beschäftigung mit Gedanken keine besondere Meinung hat« (1, 111). In der Tat: einen solchen Leser kann Musil nicht gebrauchen – und seine Ironie trifft, finde ich, wunderschön denjenigen Germanisten, der durch Studium gerade dieses Fachs allen aufwendigen intellektuellen Abenteuern und Anstrengungen zu entgehen hofft.

Ich werde im folgenden die »Eigenschaftslosigkeit« unter zwei Gesichtspunkten erörtern: erkenntnistheoretisch und mythologisch. Mein Interesse wird sein zu zeigen, wo das eine ins andere umkippt und aus welchen Gründen.

Im ersten Teil werde ich einige Überlegungen zu der besonderen Perspektive anstellen, unter der Musil die Wissenschaftslehre des Wiener Physikers und Wissenschaftstheoretikers Ernst Mach sich angeeignet hat, um sie dann allmählich unter dem Einfluß mystischer und romantischer Lektüren zu revidieren. Musil hat über Mach seine Doktorarbeit geschrieben (1908) und der Beschäftigung mit dem, was er ironisch die »flache Experimental-Psychologie« genannt hat, stets und ausdrücklich den Vorrang vor der Beschäftigung mit Nietzsche, Klages, Freud oder Husserl eingeräumt (vgl. *Tagebücher*, [zit.: *TB*], hg. von A. Frisé, Reinbek 1976, I, 948). Die Pointe dieser Auseinandersetzung – sie ist allge-

* Die folgenden Zitate, sofern nichts anderes vermerkt ist, aus Robert Musils *Gesammelten Werken*, hg. von Adolf Frisé, Reinbek 1978.

genwärtig im *MoE* – scheint mir in bisherigen Referaten zu Musil nicht treffend gefaßt zu sein und hat doch, weit über den Rahmen der Dissertation hinaus, Spuren in Musils Roman und Essayistik hinterlassen. Sie führt außerdem, wie ich zeigen möchte, ins Innerste seiner Auseinandersetzung mit dem Geist des Rationalismus – in Gestalt einer Diagnose der Situation der Seele unter Bedingungen der technisch-wissenschaftlichen Aufklärung.

Zunächst also einführend ein paar Erläuterungen zu Machs wissenschaftstheoretischen Grundüberzeugungen.

Wir setzen, so meint Mach, in der physikalischen Welt überall, und zwar instinktiv, die Beständigkeit und die gleichförmige Wiederkehr gewisser Elemente und Elementarverbindungen voraus (*Erkenntnis und Irrtum. Skizzen zur Psychologie der Forschung*, Leipzig [2] 1906, 275). Diese Voraussetzung ist gerechtfertigt aus überlebenspraktischen Gründen; darüber hinaus trägt sie allerdings nicht. Denn die Analyse jeder Konstanz-Behauptung enthüllt den grundlegenden Sachverhalt, daß alle Tatsachen im Wortsinne in Komplexen bestehen, d.h.: in ein Gewebe allseitig ausufernder und zur Gänze unabsehbarer Abhängigkeiten verschlungen sind.

Gelingt es, die in einem Ereignis auftretenden Elemente durch meßbare Größen zu charakterisieren, so läßt sich ihre wechselseitige Abhängigkeit durch den *Funktionsbegriff* präziser und vollständiger darstellen als durch Begriffe wie Kausalität, Substantialität oder Wechselwirkung. Ein nachgewiesener funktionaler Zusammenhang beweist nun aber gerade nichts für die Unveränderlichkeit der Verbindung; es genügt, daß Regelmäßigkeiten statistisch nachgewiesen und pragmatisch bewährt sind. Da das Geflecht der Funktionen unabsehbar ist und, streng genommen, »keine Tatsache der Erfahrung sich vollkommen genau wiederholt«, wird jede neue Entdeckung »einen bisher unbeachteten Rest von Abhängigkeiten« ans Licht bringen, der unter Umständen eine Modifikation der Gesetzeshypothese verlangt (l. c., 282/3).

Diese Dialektik von Gleichförmigkeit und Transformation bildet nun die Folie für das, was ich das *Grundverhältnis* in Musils erkenntnistheoretischen Überlegungen nennen möchte: Es artikuliert sich in den wiederkehrenden Oppositionen der »beiden Bäume« oder »Strömungen des Lebens« (2, 583 ff.; 3, 1012), nämlich als Wahrheit – Gleichnis, Identität – Analogie, Wiederholung – Veränderung, Genauigkeit – Seele, Seinesgleichen geschieht – das Unversehene geschieht usw. Die ohne Zweifel bekannteste Einkleidung ist die des *Ratioiden* und des *Nicht-Ratioiden.* Ratioid nennt Musil das »wissenschaftlich Systematisierbare, in Gesetzen und Regeln Zusammenfaßbare« (8, 1026 ff.), also dasjenige, das »gekennzeichnet [ist] durch eine gewisse Monotonie der Tatsachen, durch das Vorwiegen der Wiederholung« (8, 1027). Obwohl sein Gebiet das der wissenschaftlichen Aussagen ist, hat es sein Analogon in der moralischen und in der Lebens-Welt. Alsdann erscheint es unter der Form des »Seinesgleichen geschieht«, der Wiederholbarkeit der Erfahrungen und der Verläßlichkeit der sozialen Werte. Sie geben dem hinfälligen privaten und gesellschaftlichen Dasein der Menschen trügerischen Halt, wie denn alle »Moral« im *Mann ohne Eigenschaften* unter dem Zwang einer Wiederholung, eines »Nachtuns«, einer »imitatio« steht. (Ich erinnere nur an Clarisse, die Nietzsches Leben, und an die österreichische Parallelaktion, die das preußische Regierungsjubiläum imitiert...)

Die Basis der Wiederholung erweist sich indes als schwankend; und zwar nicht nur im lebensweltlichen, sondern auch im wissenschaftlichen Bereich. Der Begriff, dessen Anwendung das Erfahrungsmaterial unter einen Gesichtspunkt bringt und gesetzmäßig anordnet, erfaßt niemals die Fülle des Erfahrbaren, die – wie Musil sich ausdrückt – die »Formel« der Theorie wie ein »Sieb« durchflutet (8, 1027).

Man wird diesem Sachverhalt am ehesten gerecht, wenn man die Abweichung oder Ausnahme nicht negativ – als Verfehlung der Norm –, sondern positiv: als Vermögen einer unabsehbaren (unkontrollierbaren) Variation beschreibt. Alsdann muß man von einer *Gleich*möglichkeit des Ratioiden und des Nicht-Ratioiden ausgehen und sie in jenem Grundverhältnis fundieren. Dazu wird »eine vollkommene Umkehrung der Einstellung des Erkennenden verlangt« (8, 1028, vgl. 1393): der Tatsachensinn trägt sich ab und entbindet den »Möglichkeitssinn«.

Für diese »Umkehr« des Blicks liefert der *Mann ohne Eigenschaften* zahlreiche Illustrationen. Fast alle Figuren befinden sich in beständiger Umwandlung und Verwandlung, so, als gravitierten sie gegen einen ihnen unbekannten Sinn, den Musil, in Opposition zur gleichförmigen Wiederkehr des Moralischen, »ethisch« nennt.

Aber nicht erst das Leben insgesamt, sondern auch Augenblicke des Lebens können in bestimmten Konstellationen unversehens »eine umstürzende Bedeutung« erhalten (1, 126). Wie an jenen »unruhigen Tagen« in Tiecks *Leberecht*-Erzählung verändert die Welt plötzlich ihr Gesicht, und zwar mit einer Heftigkeit, die dem Erlebnis der religiösen »Bekehrung« ähneln kann (1, 155/6). Es ist eine Art und Weise der Wirklichkeit selbst, sich zu transzendieren, jäh den Gesichtspunkt zu wechseln, unter dem sie bis dahin erschlossen war. »Strom und Herzschlag« der scheinbaren Abhängigkeit setzen dann aus, ein bestimmter Zustand des Funktionsganzen gruppiert seine Elemente neu und demonstriert die Nicht-Notwendigkeit, das Von-ungefähr seines Bestehens (vgl. 1, 128).

Von hier wende ich nun den Blick auf Machs Ansichten über die *psychische* Welt, um gleich wieder zu fragen, wie Musil sie literarisch verarbeitet.

Nun, erwartungsgemäß leugnet Mach einen prinzipiellen Unterschied zwischen physikalischen und psychologischen Befunden. Alle psychischen Daten: »Farben, Töne, Wärme, Düfte, Räume, Zeiten usw.« hängen teils untereinander zusammen, teils unterhalten sie Beziehungen zur »räumlichen Umgrenzung unseres Leibes« (*Erkenntnis und Irrtum*, 8). Diese letzteren – die Empfindungen – scheinen insofern »subjektiv« zu sein, als sie nur für denjenigen gelten, der sie hat.

Allein, bei genauer Analyse, enthalten auch die Empfindungen Elemente der physischen Welt, indem sie teils »an die historischen Schicksale des Großhirns gebunden (sind), welches ein Teil der physischen Welt ist« (l. c., 65), teils unmittelbar Befunde der physischen Welt aufnehmen (l. c., 9). Die im engeren Sinn mentalen Akte sind davon nicht unabhängig, denn sie bauen sich ja aus zurückgelassenen Empfindungs-Spuren auf.

Nun gilt für die Elemente *innerhalb* der Leib-Umgrenzung das gleiche wie für die Elemente außerhalb derselben, daß sie – sobald sie gewußt werden – einem funktionalen Zusammenhang eingeschrieben sind, dessen Elementarbestandteile ausufern und eine definitive Feststellung von Ich-Konstanz und Ich-Identität nicht zulassen.

Daraus ergeben sich aufregende Konsequenzen, die etwas mit der Situation der Seele in der jüngsten Moderne zu tun zu haben scheinen. Wenn nämlich das Ich die Kenntnis, die es jeweils von sich hat, keiner vorgängigen »Vertrautheit mit sich« (*MoE* 4, 1318) verdankt, sondern aus den Elementen lernt, als deren Zusammenhalt es besteht, dann gibt es kein konstantes oder inhaltsgleiches Selbstbewußtsein. Die Empfindungen sind auch nicht *jemandes* Empfindungen, sondern gehen, wie Mach scherzhaft sich ausdrückt, »*allein* in der Welt spazieren« (*Erkenntnis und Irrtum* 460).

Die Parallelen dieser Ansichten Machs zu Ulrichs Räsonnements über die Natur des Ich springen in die Augen.

Da ist erstens die Rede von einer Welt aus Eigenschaften ohne Mann, d. h. »ohne jemanden, der sie erlebt«: ein Zitat aus Machs *Sinn und Wert der Naturgesetze.* Dabei handelt sich's um eine Konsequenz aus der Anonymität des Denkens, von dem Ulrich feststellt, man könne darin nie »den Moment zwischen dem Persönlichen und dem Unpersönlichen erwischen« (*MoE* 1, 112). Denn jede Erfahrung, die gedanklich verarbeitet wird, wird eben damit einem Komplex von Elementen eingefügt, d. h., sie hört in dem Maße, wie sie objektiv begründet ist, auf, die Eigenschaft einer bestimmten Person zu sein. Im Idealfall, meint Ulrich, werde der Mensch »überhaupt nichts mehr privat erleben« (1, 150), denn das (metaphysische) Ich hat seine angestammte Bedeutung als »ein Souverän, der Regierungsakte erläßt«, unter den Hieben der Wissenschaft längst verloren und ist zu einem »imaginären Treffpunkt des Unpersönlichen« geworden (1, 150). (Heute nennt man das – modischer – »Dezentrierung von Subjektivität«.)

Im *Mann ohne Eigenschaften* jedenfalls erscheint die Substanz des Subjekts aufgelöst in ein Spinnweb aus »Relationen und Funktionen« (8, 1403). Vielleicht, werden Sie einwerfen, hat das Ich zwar keine *ursprüngliche* Identität, erwirbt sie aber doch – wenigstens im nachhinein als Reflex aus der Anordnung seiner Zustände. Dem würde Ulrich entgegenhalten, daß auch der Widerschein der Erlebnis-Funktionen keine definitive Selbsterkenntnis gestattet, weil die Erlebnisse ja weiterfließen, weil ihre Anordnung sich auflöst, kurz: weil die Marge der Ich-Identität sich beständig verschiebt. Der Weg der Reflexion, sagt Ulrich, führt nie zum Ausgangspunkt zurück, sondern ähnelt einem »zerbrochenen Kreis«, einem offenen Ring oder einem Kreisel ohne Achse (1, 155; 4, 1423).

Aber die Dezentrierung hat einen weiteren, ebenso beunruhigenden Effekt: sie zerstört mit der Möglichkeit, die Bewußtseinserlebnisse einem homogenen Feld zuzuordnen, auch die Möglichkeit, ihre Kontinuität anders als rein statistisch zu begründen (3, 722; 4, 1097ff.). Zur Utopie wird die Idee eines »motivierten Lebens«, das die aufbrechende Bedeutungslosigkeit immer wieder in einen Sinnzusammenhang integrieren kann (4, 1424-6). »Zusammenhanglosigkeit« ist ein Leitmotiv des Romans, übrigens auch dort, wo er, vor stilistisch-formalen Konsequenzen zurückschreckend (vgl. den *Brief an G.*), auf die (Un)möglichkeit seiner eigenen narrativen Kohärenz reflektiert (2, 650; vgl. 1, 177; 2, 359f.; 5, 1936). Inkohärenz tritt unter verschiedenen Namen und in verschiedenen Formen auf: als unzureichende *Konsequenz* zwischen Lebens- und Geschichtsereignissen, wie sie Direktor Fischels »Prinzip des unzureichenden Grundes« witzig pointiert (1, 134); als Indeterminiertheit eines psychischen Zustands, der im Dauern seine Identität einbüßt (4, 1129; 1198): das erklärt die bis zur »Zwangsvorstellung« reichende Sehnsucht der Figuren nach Identifikation mit einer, und sei's fürchterlichen »Rolle« (2, 652) oder nach Versinken in der Identität des eigenen Leibes (5, 1500; 4, 1082); ferner als Verlust eines Begründungszusammenhanges zwischen der Person und ihren Taten (5, 1856), Zuständen oder Eigenschaften. Nichts, was Ulrich unternimmt, erscheint »aus seinem Innern heraus notwendig und eindeutig« (1, 131); stets könnte alles »auch anders« geschehen sein (1, 16; 2, 664; 3, 894, 959; 4, 1182; 5, 1851; *TB* II, 91); nichts erzwingt, daß er dieses statt jenem tue, aber nichts verhindert ihn auch daran. Mit einem Wort: ein Nichts trennt und verbindet die psychischen Zustände. Immer fehlt dem Bewußtsein – wie dem zerbrochenen Kreis – etwas, um voll und ganz es selbst zu sein; wie es vom Helden der *Tonka*-Erzählung heißt, daß ihm »etwas Ungreifbares fehlte, um (seine) Überzeugung zur Überzeugung zu machen« (6, 297). »Ein feiner Riß« spaltet seinen von Zweifeln angefressenen Glauben (6, 300) und macht ihn, der ganz und gar Glaube sein will, zu einem »bloßen Glauben«, dem die volle »Überzeugung«, das letzte »Wissen« fehlt (6, 306). – Auf diese Un(ter)bestimmtheit reagiert ein zuweilen »panischer Schreck« (5, 1664), eine Angst als Grundstimmung, die in entscheidenden Augenblicken, oder besser: in Augenblicken der Entscheidung, Musils Helden in eine Art Möglichkeitstaumel hineinreißt: »ein[em] Hinabbeugen [ähnlich], ein[em] Schwindeln, vielleicht eine[r] Ahnung von menschlicher Unsicherheit, vielleicht ein[em] Bangen vor sich« (6, 172).

»Ohne Notwendigkeit« und also rechtfertigungslos getroffen zu sein: das schwebt als Schauder über allen Entscheidungen: Ein Nichts verhindert und ermöglicht sie; und dieses Nichts ist das Einfallstor der *Möglichkeiten,* die ja einen Zustand der Wirklichkeit verneinen, indem sie ihn auf das hin überschreiten, was er (noch) nicht ist. Darauf antwortet, was Musil den »Möglichkeitssinn« und das Bewußtsein der Zufälligkeit aller Taten nennt.

II

Bis hierher läßt sich die »Eigenschaftslosigkeit« als Literarisierung gewisser Grundüberzeugungen verstehen: nämlich der Verbindung von Machs Empiriokritizismus mit Theorien der Subjektivität, die die Philosophiegeschichte unter dem Titel des »Neutralen Monismus« versammelt. Tatsächlich haben wir damit aber nur *eine* Spur, die zu Musils Ansichten über den Ursprung der »Eigenschaftslosigkeit« führt, freigelegt. Interessanter wäre es nun zu erfahren, an welcher Stelle und aus welchen Motiven er von dieser Spur abweicht und sich mystischen und – noch kaum erforscht – frühromantischen Lektüren zuwendet, die in verschiedenen, meist versteckten Anspielungen auf Texte von Novalis, Friedrich Schlegel, Tieck, Schleiermacher und Schelling belegbar sind.

Ich kann leider nur den Punkt direkt zu benennen versuchen, an dem das der Fall ist. Schon in seiner Dissertation über Machs Wissenschaftslehre (sie ist bei Rowohlt nachgedruckt worden, und Musils Kritik findet sich dort vor allem auf Seite 117ff.) hat Musil angedeutet, wo er von Mach abweicht. Entscheidend ist, daß Mach das Phänomen des menschlichen Subjekts für ein metaphysisches Scheinproblem erklärt hat: also für ein Phänomen, das es in Wahrheit gar nicht gibt. Musil ist dagegen der Ansicht, daß das Ich zwar wirklich, wie Mach gezeigt hat, eigenschaftslos (substanzlos, ohne festen und unabhängigen Ich-Kern) ist, daß es darum aber noch lange nicht »gar nicht«, d.h. bloßer Schein, ist.

Das klingt abstrakt, und ich beeile mich, Ihnen ein paar Belegstellen aus dem *MoE* an die Hand zu geben. In dem für Ulrichs Selbstverständnis so aufschlußreichen Kapitel 40 des I. Buchs erscheint der Ausdruck »Ich« ersetzt durch das »Hauptwort Geist« (1, 152). Vom Geiste heißt es, er habe es »gleich nah und weit zu allen Eigenschaften«, gegen die er sich »in einer sonderbaren Weise gleichgültig verhalte« (1, 151). Schon früher hatte Ulrich »ohne weiteres angenommen, daß ein Mensch, der Geist besitzt, jede Art davon besitzt, so daß Geist ursprünglicher wäre als Eigenschaften« (1, 116). Nun: um sich gegen seine Eigenschaften gleichgültig zu verhalten, muß ja der Geist zuvor irgendwie dasein; und um seinen Eigenschaften zuvorzukommen, muß er sich im Wechsel seiner Zustände behaupten. Also muß der Geist – eigenschaftslos und nichtig, wie Ulrich ihn erkennt – doch eine Art von Existenz haben. Und hier liegt das Problem, dessen Lösung Ulrichs Gedanken auf die Romantik und auf die Mystik lenkt, die ja übrigens einen gewaltigen Auftrieb erlebte zu Beginn dieses Jahrhunderts: die Mystik, vor allem die des Meister Eckehart, war richtig »in« – man druckte seine Schriften und Predigten mehrfach nach, Landauer übersetzte ihn und auch die Nazis, z. B. Rosenberg (wie Sie sich vielleicht erinnern), sind durch diese Zeittendenz zutiefst geprägt.

Noch einmal Ulrichs Problem: Wenn die Seele in sich keine Substanz hat, wenn ihr ein dauerbares Fundament fehlt, wenn sie bodenlos ist, und wenn sie gleichwohl irgendwie *ist:* dann kann dieses ihr Quasi-Sein nicht gut ihr eigenes Sein sein. Also muß es ein anderes Wesen geben, das dem substanzlosen Subjekt des Menschen das ihm fehlende Fundament schafft.

Sie haben gewiß bemerkt, daß wir hier wieder einmal einer Variation unserer alten Definition der Leistung des Mythos begegnet sind: Der Mythos, sagten wir, liefert der begründungsbedürftigen Wirklichkeit einen Grund; Ulrich würde sagen: er liefert dem grundlosen Selbst einen Grund. Und in der Tat: diesen übersubjektiven Grund, der die haltlose Seele stützt und trägt, nannten die Mystiker den Geist des Geistes oder die Seele der Seele (Kenner des theoretischen Werks von Novalis kennen diese höhere Seele, die manchmal auch »höheres Selbst« heißt). Das greift Ulrich auf: er unterscheidet ein niederes und ein höheres Selbst, eine Seele und eine Seele der Seele. Die Seele, sagt er, hat Risse (2, 659): weil sie »nichtig« ist, fehlt ihr ein »Grund«. Darum träumt Ulrich davon, »eine Beschwörungsformel zu finden, einen Griff, den man vielleicht packen könnte, den eigentlichen Geist des Geistes, das fehlende, vielleicht nur kleine Stück, das den zerbrochenen Kreis schließt« (1, 155).

Vergegenwärtigen Sie sich bitte genau diese Struktur: Es gibt ein niederes Selbst, das ist das uns vertraute, mit dem wir allaugenblicklich umgehen, dessen Existenz wir kennen, das aber ohne feste Identität wie ein zerbrochener Ring ist, dessen Zwischenstück uns ins Nichts, ins Bodenlose entgleitet. In dieses weltliche und mangelhafte Ich hinein ragt ein vergleichsweise als »mystisch« zu kennzeichnendes höheres Selbst: Mit ihm sind wir nicht vertraut wie mit dem weltlichen; dennoch, sagt Agathe, klingt es in dem weltlichen dauernd mit, ohne zur vollen Wirklichkeit zu gelangen (4, 1236). Folgendermaßen müssen wir das Verhältnis beider beschreiben: das eigenschaftslose Selbst hat eine Wurzel in einem mystischen Zustand. Nennt man diesen höheren oder mystischen oder kurz: »anderen« Zustand irreal, dann kommen wir zu der aufregenden Konsequenz: daß unser wirkliches Ich eine Wurzel im Irrealen, im Unwirklichen oder gar im Imaginären hat. Wenn das so ist: ist es dann zu viel gewagt, wenn man sagt, daß gerade die äußerste Anstrengung des analytischen Geistes, dem wir die Zerstörung der letzten metaphysischen Zwingburg in der entzauberten Welt – nämlich der Einheit unseres Selbstbewußtseins – verdanken, im Gegenschlag den Zugang zu jener Sphäre der Transzendenz uns zurückerobert hat, in der die religiöse Erfahrung wurzelt? Genau dies ist das Experiment, das Musils Roman anstellt.

Bevor ich mich ihm direkt zuwende, will ich Ihnen einen sehr charakteristischen Beleg an die Hand geben. Als Ulrich eines Tages an eine unterbrochene mathematische Arbeit zurückkehrt (wie Musil ist er nämlich Mathematiker), fällt sein Blick plötzlich auf die Formel der Zustandsgleichungen des Wassers, und er bekommt »gleichsam aus dem Nichts heraus den Eindruck, es würde ihn weiterbringen, wenn er augenblicklich wüßte, in wievielen Zuständen Kohlenstoff vorkomme« (3, 687).

Dieser merkwürdigen Assoziation können wir leicht auf die Spur kommen. Denn das Verbindungsglied zwischen dem Wasser, dem Kohlenstoff und der Menschenseele liegt in ihrer relativen Verwandelbarkeit und Eigenschaftslosigkeit. Dies wäre jedenfalls die *negative* Bestimmung, in der Wasser, Kohlenstoff und Ichheit übereinkommen. Aber nun geschieht das Aufregende: die Negativität dieser Ansicht kippt um in eine *positive*, in eine mystische Interpretation desselben Phänomens. So wie nämlich der allverbindsame Kohlenstoff die niedere Existenzform des Diamanten ist (der ja aus dem chemisch gleichen Stoff besteht), so könnte ja auch die eigenschaftslose Seele die niedere Vorstufe und Vorform jener höheren und über-eigenschaftlichen Seele sein, in der die Sphäre der Eigenschaften *positiv* überwunden ist. Was dort Mangel war, wäre hier Überfluß. Und wirklich meint, was Meister Eckehart den Zustand »âne eigenschaften« nennt, genau dies: einen Zustand über aller Persönlichkeit und Eigenschaftlichkeit, selbst über der Gottheit noch (denn auch Gott, sagt Eckehart, kann hier nicht hineinsehen, es sei denn, er entschlüge sich zuvor aller seiner Eigenschaften und Persönlichkeiten). Dieser übereigenschaftliche Zustand begründet den der eigenschaftslosen Seele und gibt ihr also – im religiösen Sinne des Wortes – einen Grund. Der nichtige Kohlenstoff ist zum Diamant geworden, mit dem die Mystiker den Zustand der Übereigenschaftlichkeit symbolisierten: unzerstörbare Erinnerung an jenes »Bürglein«, in dem, einer alten pythagoreischen Überlieferung eingedenk, die Seele vor ihrem Fall geborgen war und in dem sie noch heute – in Augenblicken der Entrückung – ihren Grund berührt. Um seinetwillen, rät Ulrich seiner Schwester, soll der Mensch »sich rein halten« (3, 957): rein, d. h.: frei von allen Eigenschaften.

Jetzt sind wir einigermaßen gerüstet zu jener Reise, die Musil als Reise an den Rand des Möglichen bezeichnet hat. Aber wir wollen, damit uns die Luft nicht zu dünn wird, eine Besinnung auf die Zeitumstände einfügen, unter denen eine solche antirealistische Phantasie soziale Durchsetzungschancen erwerben konnte. Indem Musil gerade diesen zeitdiagnostischen Aspekt nie aus dem Blick verliert, eröffnet seine Reflexion übers Schicksal der Eigenschaftslosigkeit eine neue Dimension, der ich mich zum Schluß kurz zuwenden will.

Erinnern Sie sich bitte an das, was ich früher das Grundverhältnis in Musils erkenntnistheoretischen Überlegungen genannt habe. Es besteht in einem Konflikt zwischen zwei Tendenzen, deren eine auf Beharrung, Ordnung, Wiederholbarkeit und Eindeutigkeit drängt und deren andere die Formel der Erfahrung immer überschreitet, Wirklichkeit in Unwirklichkeit (d. h. in Möglichkeit) auflöst und so den wissenschaftlichen Begriff aufs Imaginäre (oder, warum sollen wir nicht sagen: aufs Theologische) verweist. Nun, dieser Imaginarisierungs-Tendenz ist nach Ulrichs Ansicht vor allem ein Phänomen bedrohlich. Er nennt es den »Geist der Eingeistigkeit« (4, 1452) und versteht darunter die Zerstörung des labilen Grundverhältnisses, indem das auf Formel und Ordnung erpichte Prinzip gewaltsam auf den Platz des anderen übergreift und dessen Fähigkeit zur Erneuerung erstickt. So entsteht die Vision einer »vollkommenen zivilisatorischen Ordnung« unter den Auspizien des »Kältetodes«, der »Leichenstarre« und der »Mondlandschaft« (2, 464).

Erscheinungsformen der Eingeistigkeit sind im *MoE* die militärische Ordnung, die auf die »Lösung« der Sinn-Krise durch den Krieg drängt (4, 1453); ferner die Moral, in der immer wieder nur Seinesgleichen geschieht und die nicht in Gott, sondern – nietzscheanisch – in Gewalt und Übermächtigung ihren Ursprung hat, also »selbst nicht moralisch« ist und die Grenze zum Verbrechen nicht trennscharf ziehen kann (3, 1024: darum sollte der Roman ursprünglich *Die Verbrecher* heißen); und schließlich der Rationalismus in jenem uns schon bekannten Max Weberschen Sinne, der das »liebe Privatich« entzaubert in eine »wertlose Illusion«, für deren Äußerungen die Psycho-*Statistik* zuständig ist (5, 1574; 1, 159; 5, 1889). Sie parodiert gleichsam die mystische Überbestimmtheit der Selbst- und Eigenschaftslosigkeit, von der die Geschwister träumen.

Politisch weicht »das Zeitalter der Individualitäten« (5, 1867; vgl. 1938, 1523, 1888) dem »Kollektivismus« in Gestalt der feindlichen Brüder des Stalinismus und des Nationalsozialismus einschließlich des Führerstaats (5, 1521ff.; 1575, 1861; 4, 1451; 5, 1890). Beide entwickeln sich in der Perspektive des Romans als Extreme aus der Tendenz zur Eingeistigkeit, die das Unwiederholbare/Individuelle methodisch eliminiert. Die Mittel dazu stehen – wie der Großindustrielle Arnheim Ulrich auseinandersetzt – bereit »im Prinzip der Arbeitsteilung und der Indirektheit« (*MoE,* Sonderausgabe [Reinbek 1970], 1573), das in der »kapitalistischen Wirtschaftstätigkeit« alle menschlichen Verhältnisse ergreift, Dinge und Individuen zu Funktionsträgern neutralisiert und den Anspruch des »menschlichen Gewissens« zerklüftet in die Apparaturen der Verwaltung, die nicht handelt, einerseits, und der Handlungen, die – nichts verantwortend – exekutieren, andererseits (3, 638; vgl. 5, 1833; und 8, 1068).

Hinter all diesen Erscheinungsformen, die der Roman als Oberflächenphänomene behandelt, steht ein einziges tiefes Motiv. »Betrachtet man den geistigen Inhalt der Gegenwart«, schreibt Musil im Essay über den *Deutsche[n] Mensch[en] als Symptom* (von 1923), »so zeigt sich ein Gemenge der widerspruchsvollsten Gedanken, Gefühle und Richtkräfte. Der ideologische Zustand ist ungeheuer partikularistisch [ja atomisiert]. Keine Ideologie herrscht. Individuelle Teile werden individuell aufgelesen. Man kann es eine unausdrückliche Vielspältigkeit [oder soziale Eigenschaftslosigkeit] nennen. (...) Die Wissenschaft hat den Glauben zerstört, der Kapitalismus hat die älteren Formen zersetzt, ohne selbst neue noch gebildet zu haben. Und endlich war der Krieg der Zusammenbruch dieser unterhöhlten Menschlichkeit« (8, 1381; 1386).

Im Privaten fehlt ein Ziel, im Politischen eine Legitimationsbasis. Das verselbständigte System zweckrationalen Handelns weiß sich nicht länger mehr von einer »Ethik« in Dienst genommen, im Hinblick auf welche die Individuen über alle Differenzen hinweg über die tragenden Werte ihres Zusammenlebens übereinkommen.

Musil ist sich der Tradition der Neuen Mythologie wohlbewußt. Wie die Romantik, auf die er sich beruft (8, 1145), protestiert er gegen die Vorstellung, die ganz auf eigene Füße gestellte Rationalität könne sich selbst rechtfertigen. »Nicht einmal in den rein rationalen Naturwissenschaften«, sagt er, läßt sich auf induktiver Grundlage eine Theorie erbauen »ohne Hilfe eines in entgegengesetzter Richtung verlaufenden Gedankens, der immer einen Akt des Glaubens, der Phantasie, der Annahme einschließt. (...) Ein viel größerer Umfang des Glaubens, Unterstellens, vorweg Annehmens ist zum privaten und öffentlichen Leben nötig« (8, 1379f.).* In den nachgelassenen Notizen zum *MoE* macht Musil »das Fehlen jeder Deduktionsgrundlage« im demokratischen Staat mit verantwortlich fürs Gedeihen totalitärer Ideologien, die den fehlenden Halt »eingeistig« zu liefern versprachen und den Untergang des Abendlandes beschleunigten (5, 1860; vgl. *TB* I, 819).

Sie erinnern sich an Musils Entgegensetzung von Moral und Ethik. Erst in diesem Zusammenhang, nämlich vor dem Hintergrund der Neuen Mythologie oder, wie Musil sagt, »religiösen Renaissance« (8, 1145), entfaltet sie ihren vollen Sinn. Wenn Ulrich und Agathe nach der Formel des richtigen Lebens oder der »neuen Moral« suchen (5, 1883, 1864; 8, 1305f.; 7, 942), durch welche die Menschen wie eine »Bruderschaft« in einer »gemeinsamen Idee« verbunden sind (4, 1428): einer Idee noch über dem,

* »Von ihnen [von den Dingen] galt, daß der Glaube an sie früher da sein mußte als sie selbst; wenn man die Welt nicht mit den Augen der Welt ansieht und sie schon im Blick hat, so zerfällt sie in sinnlose Einzelheiten, die so traurig getrennt voneinander leben wie die Sterne in der Nacht« (6, 298).

was das Abendland »Gott« genannt hatte (3, 1022; 8, 1399) – so verlangen sie nach dem, was der modernen, d. h. der nach-nietzscheanischen »Moral« fehlt: jene äußerste Verbindlichkeit, die bald »Ruhe« und »Glück«, bald »Liebe« und »anderer Zustand« heißt.

Es liegt nahe, diese Ideale als privatistisch und weltflüchtig zu verwerfen; und in der Tat ist die Musil-Literatur ja zu einem nicht unerheblichen Teil damit beschäftigt, die Irrealität der Lösung des »anderen Zustands« zu betonen und den Autor entweder vom Glauben an solche Visionen freizusprechen oder des Konservativismus zu bezichtigen.

Mir scheint in solcher Kritik ein *category mistake* zu walten. Ulrichs »feriale Existenz«, seine »profane Religiosität« (8, 1398) und sein Abrücken von der Moral spielen ja nicht im Kontext des Realen, sondern der Poesie. Die Dichtung aber klagt mit ihren »Gleichnissen« genau den Mangel ein, den das ideenlose Funktionieren der Alltagsmoral verdrängt und sich nicht eingesteht. Als Zielpunkt der innersten Tendenz dieser ideenfeindlichen Hochschätzung des Realistischen prophezeit Musil den Untergang »der Kultur (und des Kulturgedankens)« (5, 1904). Der von manchen Kritikern vermißte Zusammenhang des »›anderer Zustand‹-Kreises« mit dem Sozialen (vgl. 5, 1851) besteht also – wie Musil notiert – darin, daß in dieser Phantasie der Wunsch nach einem »Richtbild« der Zeit, nach etwas, »wozu sie da ist « (5, 1851), sich ausspricht. »Was Dichtung ist, wird später Politik« (7, 838). In die Dichtung flüchten sich die Sehnsüchte der wirklich existierenden moralischen Welt nach etwas »Festem«, nach einer verläßlichen »Überzeugung«, daraus sich »die Moral (...) ableiten läßt« (3, 1036; vgl. 5, 1856f., 1845, 1858, 1864, 1883). Diese Sehnsucht beseelt – wie im einzelnen zu zeigen wäre – alle Figuren des Romans, und noch ihr Verbrechen, als Mord oder Krieg, bekundet, wie Musil betont, korrumpierte religiöse Aspirationen (5, 1902). Die Religion ist ohnehin – nach Schleiermacher, den Musil gern zitiert – »moralisch indifferent« (4, 1478; vgl. 5, 1905; 1, 121). »Ein steigendes Verhalten zu Gott« (3, 1038): das ist der Inhalt jenes »im Entstehen begriffenen großen Ereignisses«, auf das alle warten und von dem zu befürchten steht, »niemand habe es bemerkt« (3, 1022). Unbemerkt aber tut es seine Wirkung und offenbart sich in dem »unaufgelösten Rätsel«, das Agathe in der eigenen Seele fühlt (3, 857; 5, 1746; *TB* I, 137; II, 81f., 817), ebenso, nur weniger authentisch, wie in dem »ungekochten« Verlangen des Philisters nach dem Wunderbaren, das sich in der Erbauung an Gartenzwergen, -elfen und -rehen oder im Genuß von Bergeinsamkeit, »Blümelein und rauschenden Wässerchen« ausspricht (*TB* I, 374; *MoE* 3, 752). Als Agathe Ulrichs Spott tadelt, bekennt er: »Ich spotte nur, weil ich es liebe« (3, 752).

Damit bin ich am Ende. Vielleicht werden Sie es mir danken, wenn ich statt eines Résumés abschließend verrate, wie sich mir die Einheit der drei Gesichtspunkte darstellt, unter denen ich die »Eigenschaftslosigkeit« betrachtet habe. Nun, nach meiner Überzeugung besteht eine Homologie-Beziehung erstens zwischen der Realität des eigenschaftslosen und der Irrealität des übereigenschaftlichen Selbst, zweitens zwischen dem poetischen Gleichnis und der unmöglichen Idee einer Koinzidenz von Eindeutigkeit und Anarchie unserer Erfahrungen* und drittens zwischen der Haltlosigkeit der gesellschaftlichen Moral und ihrer unmöglich gewordenen Legitimation. In allen drei Fällen handelt sich's um Beziehungen, die vom Gegebenen ihren Ausgang nehmen und im Imaginären ihre Fundierung suchen. Das läßt die Dichtung, die – wie Musil meint – die bindende Kraft des Mythischen unter Bedingungen der Aufklärung beerbt (8, 1141), zum Vor-schein einer Lösung werden. Sie verlängert nicht nur die der Wirklichkeit eingeschriebene Tendenz aufs Unwirkliche, sondern auch die Sehnsucht des Menschen nach ihm.

Vielen Lesern und Kritikern von Musils Roman ist dieser Ausgriff ins Unwirkliche bedenklich und – tautologisch gesprochen – unrealistisch erschienen. (Die Diskussion um den möglichen Ausgang des Geschehens belegt dies auf fast komische Weise.) Dabei vergißt man zu leicht, daß das Irreale als Fundament für eine Ethik hinreicht: Das, was sein soll, ist nie gegeben, sondern aufgegeben. Nur im Nicht-, d. h. im Noch-nicht-Seienden ist das Seiende gerechtfertigt: freilich bedarf es dazu eines Umwegs über eine Praxis, die uns, den Rezipienten des »ästhetischen Imperativs«, aufgegeben bleibt. Sachverhalte von der Natur des Symbolischen, sagt Novalis, »afficiren nicht unmittelbar, sie veranlassen Selbstthätigkeit« (*NS* III, 693). Das Kunstwerk ist also nicht selbst schon die Tat, zu der es aufruft. Darum verfehlt die Polemik gegen

* Ich habe den zweiten (ästhetischen) Aspekt hier unterbelichtet. Er ist ausgeführt im II. Teil meines Beitrags zu Karl Heinz Bohrer (Hg.), *Mythos und Moderne*, Frankfurt/Main 1983, 339–344.

den Irrealismus der Dichter ihr Ziel. Ein Gott, der – wie Ulrich glaubt – nicht da war, »sondern erst kommt«, ist nur so lange gesellschaftsferne Utopie, wie die Gesellschaft aus »realistischer Gesinnung« sich weigert, »ihm den Weg kürzer zu machen« (3, 1022). Der Realität die Stirn bietend oder – wie Musil sagt – »das wirkliche Leben verneinend« (8, 1140), wird die Kunst zur letzten Fluchtburg der Glücksphantasien, deren die wirkliche Gesellschaft sich entschlagen hat. Das aber teilt Kunst mit der Religion, von der Schleiermacher sagte, sie sei »immerwährendes Polemisieren gegen alles Wirkliche«. Die Kunst gibt Sinn; ob er irreal bleibt oder ob wir seine Wirklichkeit vorbereiten wollen: das hängt an uns.

Die alte und die neue Mythologie in Thomas Manns *Doktor Faustus*

I

Es gibt eine klassische Unterscheidung zwischen Geschichte und Historie: »Jene«, sagt z. B. Schelling, »ist die Folge der Ereignisse und Begebenheiten selbst, diese die Kunde derselben.« (*SW* II/1, 235) Das scheint einleuchtend und ist doch keineswegs ausgemacht. Denn was taugt uns ein Begriff von Geschichte, deren Ereignisse ohne Spur verschwinden und in keiner Kunde aufbewahrt sind? Eine solche Geschichte hätte weder Sinn noch Einheit: denn Sinn und Einheit sind historische Kategorien; sie setzen eine Welt von Bedeutungen voraus, die im Gewebe eines Textes geordnet und gedeutet sind. Das kann ein im strengen Sinne historischer Text sein oder auch der Roman einer Epoche, wie es Thomas Mann vom *Doktor Faustus* sagt. Und doch hat Schelling recht, wenn er den Begriff der Geschichte für weiter erklärt als den der Historie. An Umbruchstellen der Gattungsgeschichte kann es nämlich sehr wohl passieren, daß unsere Deutung von der Sinn-Einheit des Geschehenen nicht mehr stichhält, daß also die Historie als solche sich überlebt.

Genau das scheint mir – auf eine noch dunkle Weise – das Problem zu sein, das sich dem fiktiven Historiker in Thomas Manns großem Zeitroman stellt; jenem Serenus Zeitblom, der, mit dem Erbe einer »bürgerlich-humanistischen« Erziehung kokettierend, ans hermeneutische Archiv einer ganzen Menschheitsära – sagen wir verkürzt: ans Erbe der europäischen Aufklärung – appelliert und dabei doch ein widersprüchliches, fast passioniertes Einverständnis mit den Gewalten bekundet, die vor der Türe stehen, um ihre Errungenschaften zu beseitigen. Es ist, genau genommen, die gefesselte *Sympathie* mit den »dämonisch« genannten Mächten, die auf den Untergang der abendländischen Historie hinarbeiten, welche ihm die Chronik eines »hochprekären und sündigen Künstlerlebens«* zur eigentlichen Lebensaufgabe werden läßt. Die gleichzeitige Notwendigkeit und Unmöglichkeit dieser Er-

* Thomas Mann, *Die Entstehung des Doktor Faustus. Roman eines Romans,* Frankfurt/Main 1966 (= Stockholmer Gesamtausgabe der Werke von Th. M.), 33 (hinfort im Text zit.: *EDF*).

zählung entspringt also aus dem Umstand, daß die Tradition, aus deren Deutungsreserven der Chronist seine weltanschauliche Identität aufbaut und durch die er sein Gewissen als Erzähler entlastet, in *der* Historie nicht mehr fortwirkt, mit deren Abfassung er beschäftigt ist.

Eine geschichtsphilosophische Überlegung soll andeuten, worauf ich hinauswill. Seit wenigstens zwei Jahrhunderten, seit dem Erwachen des »historischen Bewußtseins«, rücken die vielen Geschichten, in denen individuelle mit kollektiven Tatabläufen sich verweben, ins Kontinuum der *einen* Geschichte, der Welt-Geschichte, ein: in die Geschichte des Abendlandes. Ihre Kontinuität, und d. h.: die Einheit in ihrem Vergehen, wird sichtbar, sofern nur überhaupt ein Begriff von Geschichte zur Verfügung steht. Ein solcher Begriff schließt nämlich den Gedanken eines Aufbruches und eines Zieles ein, mithin einer teleologischen Ausrichtung des einen Moments aufs andere. Sie gibt der Historie – dem verstehenden Nachvollzug der Geschichte – eine Art Kompaß an die Hand, vermöge dessen sie die chaotische Fülle des Stoffs durch die Einheit einer globalen Hinsichtnahme beherrschen kann. Dieser Umstand bindet den Gedanken der Geschichte an den Gedanken ihres Abschlusses: sowohl im Sinne ihrer Vollendung als in der Bedeutung des Untergangs und der Katastrophe.

Seit Herder und Hegel, denen die Odyssee des Weltgeistes zuerst zum Kristall des einen Abendlandes zusammenschoß, ist die globale Perspektive auf den Weg der europäischen Rationalität eröffnet und zugleich von einem Endzeitbewußtsein begleitet, von dem die apokalyptischen Phantasien eines beträchtlichen Teils der nachromantischen Dichtung ebenso beredt Zeugnis ablegen wie die Besinnung aller radikaleren Philosophie der Geschichte. Vorbereitet vom alten Schelling, der der Neuzeit – und eigentlich dem gesamteuropäischen Denken – zuerst die Diagnose stellte, in ihm vollstrecke sich die Selbstverblendung der Subjektivität, und mit jeweils eigenen Akzentuierungen weitergetragen durch Marx, Nietzsche, Max Weber, Spengler, Heidegger, Kojève, Adorno und – nicht zu vergessen – maßgebende Ideologen des Dritten Reichs, erstreckt sich das Bewußtsein vom »Untergang des Abendlandes« bis hinein in die zeitgenössische Praxis der »Dekonstruktion«, der die »abendländische episteme« noch einmal zum (Hegelschen) Singular sich versammelt.

Fortan steht, wer Geschichte macht oder Historie treibt, in gewissem Sinne jenseits ihres Endes. Nicht als entginge er dem Geschick der Zeit: das Ende der Geschichte ist vielmehr der Anfang einer halt- und ziellos gewordenen Geschichtlichkeit, die ganz vom Telos ihrer Vollendung abgekoppelt ist. Der Gedanke einer teleologisch beschützten Ordnung, die dem zersetzenden Werk der Zeit Fesseln anlegt und es in die Ordnung einer Historie hinüberrettet, ist als solcher unhaltbar geworden. Wer aber trägt die Verantwortung für diese Entwicklung? Für die Theoretiker der Moderne: Nietzsche, Heidegger oder Derrida, ist ausgemacht, daß den Untergang des Abendlandes derselbe Gedanke besiegelt habe, dem das Abendland als eine kreisschlüssige Einheit sich darstellte. In Hegels und Schellings Deutung ist das der Geist, die ganz auf eigene Füße gestellte Subjektivität, die als die Überwinderin der abendländischen Ordnung nicht mehr teilhaben kann an der Geborgenheit des Mythos, den die Geschichte bis dahin am Leben erhalten hatte.

Auch nach der Selbstzerstörung des christlichen Europa stellen sich einer hinreichend rigorosen Abstraktion die beiden Begriffe »Subjektivität« und »mythische Ordnung« als die Pole dar, um die sich die Reflexion des nach-geschichtlichen Europa bewegt. Einer bestimmten, freilich wirkungsmächtigen *Deutung* dieses Prozesses steht Thomas Mann – als Zeitgenosse der Selbstzerstörung Europas – in ironischer Distanz nahe. Immerhin zieht er es vor, die seinem Roman eingeschriebene katastrophische Geschichtsmetaphysik nicht selbst zu vertreten, sondern dadurch gleichsam zu neutralisieren und zu objektivieren, daß er sie dem fiktiven und exemplarischen Zeitgenossen, dem prototypischen deutschen Bildungsbürger der Epoche zwischen den Weltkriegen, in den Mund legt. Auf diese Weise vermag er die Weltanschauung dieses Typs als solche darzustellen, ohne sich durch ein persönliches Bekenntnis zu kompromittieren. Zeitblom: das ist die Blüte der spätbürgerlichen Kunstepoche, die sich im anachronistisch gewordenen Wertsystem alteuropäischer Menschenwürde zu orientieren beteuert, während sie gleichzeitig die Zerstörung aller für die Geschichte des Abendlandes verbindlichen Werte nicht nur bezeugt, sondern immer wieder auch sympathetisch mitvollzieht. Zugunsten der offenkundigen Homologien, die zwischen der Weltansicht Zeitbloms und Thomas Manns bestehen – im guten und vor allem im schlimmen Sinne –, hat man die erzählstrategische Vorsicht zu gering veranschlagt, die in der Herausarbeitung und

Profilierung des Erzählers waltet. Er ist nach meiner Ansicht viel weniger der Chronist als das exemplarische *sujet* (im möglichen Doppelsinn des Wortes) dieses Zeitromans.

Das muß ich begründen. Wie Sie wissen, sprach Thomas Mann vom »Roman meiner Epoche, verkleidet in die Geschichte eines hochprekären und sündigen Künstlerlebens« (*EDF* 33). Und er fügte hinzu, das Geheimnis, das in der Beziehung des Chronisten zu dem mit unlauteren Mitteln sich steigernden »Deutschen Tonsetzer« walte, sei ein »Geheimnis ihrer Identität« (*EDF* 68). Man kann die Formulierung vom Geruch der werkästhetischen Geheimniskrämerei befreien, indem man neben der Erzählsituation und der Erzählhaltung das ganze System unthematisch eingeschleuster Voraussetzungen, Kenntnisunterstellungen, Mystifikationen und ideologischer Überformungen freilegt, mit dem Zeitblom die Biographie seines »alter ego« zurichtet und modelliert. Bertram nannte sein für den *Doktor Faustus* so vorbildliches Nietzsche-Buch »Versuch einer Mythologie«.* Tatsächlich behandelt es den Prozeß der Transformation einer intellektuellen Biographie in eine narrativ zubereitete Historie, d. h. in einen Erzähltext oder, wie Bertram es nennt, in einen Mythos.** Ebenso verfährt Zeitblom, und Thomas Mann zeigt, daß und wie er es tut. Der kunstvolle Aufbau des leitmotivischen Geflechts, das jeden Akt des biographischen *sujets* an eine vom Erzähler vorinterpretierte Bedeutung verweist, ist ebenso Zeitbloms Werk wie die absichtsvolle Spiegelung der Stationen dieses Lebens in den Stationen und realpolitischen Umständen seiner lebensgeschichtlichen Darstellung, die von Bertram und Spengler vorbereitete Engführung von »deutschem Wesen« und »faustischem Schicksal«, das penetrante Ansinnen einer ursächlichen Beziehung zwischen Leverkühns (keineswegs erwiesener) syphilitischer Infektion und seiner »dämonischen Inspiration« sowie die Abbildung des lebensgeschichtlichen Zusammenbruchs auf den vaterländischen. Man kann ohne Mühe Widersprüche in Zeitbloms Äußerungen und Verfahrensweisen aufdecken; oft ersetzt ein »Ich bin überzeugt, daß« oder ein »Ich war nicht dabei, kann mir aber leicht vorstellen« das authentische Zeugnis; und fast stets sucht Zeitblom den phantasmatischen Charakter seiner Räsonnements über

* Ernst Bertram, *Nietzsche. Versuch einer Mythologie*, Berlin 1918.

** Vgl. Hubert Orlowski, *Prädestination des Dämonischen. Zur Frage des bürgerlichen Humanismus in Thomas Manns »Doktor Faustus«*, Poznán 1969.

Adrian Leverkühn durch Verstöße gegen den Perspektivismus seines Erzählens zu überfliegen: Unter der Hand verwandelt sich der fast aufdringlich bescheidene Chronist in einen souverän allwissenden Erzähler, der seinen Leser mit einem lückenlos verwobenen Mythos umgarnt. Meine Ansicht ist (mit dem Vorbehalt der Übertreibung), daß Leverkühn ein Geschöpf der Phantasie seines Chronisten ist und daß genau darin und in einem buchstäblichen Sinne das von Thomas Mann ausgestellte »Geheimnis ihrer Identität« gründet. Daraus entwickelt sich freilich die beunruhigende These, daß sich das »dämonische«, das »vom Teufel geholte« Deutschland als eine verborgene, aber tief eingewurzelte Obsession enthüllt, die das sogenannte liberale Deutschland – und sei's im Gestus der »inneren Emigration« – »liebend« mit seinem Herzblut nährt; denn immer wieder beteuert Zeitblom, seinen Freund geliebt zu haben. Wer von der Erzählillusion des Romans sich nicht bestricken läßt, ist sich ohnehin bewußt, daß Leverkühn ebenso wie Zeitblom ein »être de papier« ist, daß sein Sein den Status der Allegorie hat und daß *Doktor Faustus* einen heiklen, immer vom Scheitern bedrohten Versuch Thomas Manns darstellt, jene katastrophische Geschichtsmetaphysik als solche zu bezeichnen, in deren Licht das kleinbürgerlich-ästhetizistische Deutschland seinen Ruin und die Anstrengungen, ihm zu widerstehen, sich zurechtlegt. Der eigentliche Held des Romans ist weder die Musik noch ein deutscher Studienrat, sondern eine gewisse ästhetizistische Ideologie selbst: der Traum von der auf zwei Aktanten aufgespaltenen Identität des »guten« und des »bösen Deutschland«, wobei das vorgeblich gute es ist, welches das vorgeblich böse erfindet oder doch aus seinen Phantasien nicht verdrängen kann, weil es Liebe zu ihm empfindet.

Ich will nun, bevor ich den Nachweis am Roman selbst führe, in einigen Sätzen erläutern, was ich unter der katastrophischen Geschichtsmetaphysik und der ästhetizistischen Ideologie des Romans verstehe.

Ich erinnere Sie zunächst an das Wort vom Ende der Geschichte. Für einige unter Hegels romantischen Zeitgenossen – zumal für die Dichter – stellte es sich in den Kategorien einer drohenden Katastrophe dar: Mit der Emanzipation aus der Verstrickung in die abendländische Onto-Theologie (die Auslegung des Seins als Gott) zugleich erwacht das Bewußtsein, in ein hermeneutisch-axiologisches Vakuum entlassen zu sein. Hölderlins Klage um die entschwundenen Götter erfährt mannigfache Bewährung in den geschichtsphilosophischen Räsonnements des Jenaer Kreises. Schelling und Friedrich Schlegel – das war Thema des *Kommenden Gottes* – haben den Sieg der (politischen und kulturellen) Aufklärung – und damit exemplarisch: den Zielpunkt abendländischer Geistigkeit – für den Verlust verantwortlich gemacht, Ordnungen menschlichen Miteinanders fortan von außerhalb der »sich selbst überlassenen Vernunft« zu »beglaubigen« (Schelling, *SW* II/1, 56).

Schelling vergleicht den durch die Revolution an die Macht gekommenen bürgerlichen Staat mit einer sich selbst betreibenden Maschine, die, fortan ungeniert von transzendenten Zielvorgaben (»Ideen«), ihren eigenen Gesetzen gemäß blindlings fortwirkt (*SW* I/3, 584): Die institutionell geübte Kontrolle *über* das rationelle Funktionsganze verkomme so zur innerfunktionellen Selbst-Kontrolle, d.h., werde zu einer Frage der richtigen oder falschen »Programmierung« der Maschinengesellschaft. Ähnlich Friedrich Schlegel: Ohne der aufklärerischen Vernunft das Recht der Analyse, der Polemik, der kritischen Infragestellung aller Positivitäten abzusprechen, kann er dennoch ihrer undialektischen Totalisierung zu einer bürgerlichen Nachfolge-Ideologie mit vergleichbar positivem Anspruch nicht zustimmen.* Die sich selbst überlassene Tätigkeit des analytischen Geistes – so ist seine Argumentation – enthüllt sich einer gründlicheren Besinnung als subversiv mit zwiefacher Stoßrichtung: Sie »untergräbt« die mythischen Residuen nicht oder nicht mehr legitimierter Positivitäten und erfüllt insofern eine emanzipatorische Mission. Aber sie untergräbt mit ihrer nichts verschonenden »Polemik« gegen alle synthetischen Formationen zugleich die Grundlage ihrer eigenen Legitimität (»untergräbt sich selbst bis zur Selbstvernichtung«, sind Schlegels eigene Worte; [l.c., 89]). Der Untergang mythischer Beglaubigung von Intersubjektivität eröffnet nun den Ideologien das Feld. Sie funktionieren ähnlich wie Mythen, ähneln aber mehr den Gespenstern, von denen Novalis sagt, daß sie in bürgerlicher Zeit auf den Gräbern der getöteten Götter ihren Spuk treiben (*NS* III, 520). In Gottes Namen konnte eine Gesellschaft sich legitimieren; unter Berufung auf Gespenster diskreditiert sie ihren Anspruch

* Friedrich Schlegel, *Kritische Ausgabe seiner Schriften*, hg. von Ernst Behler unter Mitwirkung von Jean-Jacques Anstett und Hans Eichner, München-Paderborn-Wien 1958ff., Bd. III, 88/9.

auf Beglaubigung. Fortan beschäftigt die Soziologen der Rechten wie der Linken – Adam Müller wie Pierre Leroux, Carl Schmitt wie Jürgen Habermas – die Sorge um Legitimationsprobleme im bürgerlichen Staat. Sie gründet in der romantischen Aufklärungs- und Staats-Kritik. Denn daß die analytische Vernunft einerseits, die nach ihrer Maßgabe eingerichtete Maschinengesellschaft andererseits mit eigenen Mitteln sich nicht begründen könne, das gab den Anstoß zur Entwicklung jenes Gedankens, von dem Schelling (wir sind mit diesem Zitat inzwischen vertraut) nicht unrichtig vermutet, daß er »noch nie in eines Menschen Sinn gekommen ist – wir müßten eine neue Mythologie haben, diese Mythologie aber muß im Dienste der Ideen stehen« (*Das älteste Systemprogramm des deutschen Idealismus*, in: M. Frank/ G. Kurz [Hg.], *Materialien zu Schellings philosophischen Anfängen*, l. c., 111/2).

Tragweite und Wirkungsgeschichte dieses in der Tat unerhörten Gedankens sind noch lange nicht ausreichend erforscht. Ich beschränke mich auf den Nachweis, daß und wie dies Konzept noch den Verfasser des *Doktor Faustus* – den Zeitgenossen des *Mythus des 20. Jahrhunderts* – in Atem hält. Bevor ich mich daran mache, muß ich freilich noch meine Rede von der ästhetizistischen Ideologie begründen. Sie entwickelt sich folgerichtig aus der Idee der Neuen Mythologie. Denn solange die Kunst ihre Stoffe aus dem Schatzhaus der Mythologie bezog, war sie unmittelbar sozial: Die griechische Tragödie – so kennen wir's aus den romantischen Geschichtsentwürfen von den Schlegels über Wagner und Nietzsche bis hin zu Hanns Johst, Alfred Rosenberg und zahlreichen Dichtern und Germanisten dieser Zeit – war unmittelbar der Ort, an welchem die gesellschaftliche Synthesis der Einwohner des Gemeinwesens als solche in kultischer Form begangen wurde. Die griechische und die europäische Aufklärung haben dann auch die Poesie rationalisiert und partikularisiert. Ihrer Zersetzung als Mythos entspricht der Verlust eines homogenen Publikums: »Wo, wie in unseren Staaten, die öffentliche Freiheit in der Sklaverei des Privatlebens untergeht«, sagt Schelling 1804, »da kann die Poesie auch nur dazu herabsinken« (*SW* I/6, 573). Ergebnis einer Abkoppelung von der gemeinschaftsbildenden Idee des Göttlichen, verliert sie die Möglichkeit, eine neue gesellschaftliche Synthesis zu rechtfertigen. Es fehlt, sagt Schelling, das Mittelglied, das der analytischen Vernunft, die den Menschen vom Menschen entfremdet und ihre Gemeinschaft atomisiert, gestatten würde, zur Idee des

Absoluten zurückzukehren (l. c., I/3, 629; vgl. I/2, 73). Ein solches Mittelglied habe eben unter anderen Bedingungen, als es diejenigen der »bürgerlichen Gesellschaft« sind, »in der Mythologie existirt, ehe diese, wie es jetzt scheint, unauflösbare Trennung geschehen ist« (l. c., I/3, 629). Solange sie die Basis der bürgerlichen Öffentlichkeit ist, kann es die »neue« und zugleich »letzte Ausbildung« einer »Religion« nicht geben, deren Haupteffekt darin bestehen würde, »die Menschen in einer gemeinschaftlichen Anschauung zu vereinigen« (l. c., I/2, 73). »Die Frage« – ich zitiere noch einmal Schelling – »nach der Möglichkeit eines universellen Stoffes der Poesie [also einer Mythologie] treibt uns selbst auf etwas Höheres hin. Nur aus der geistigen Einheit eines Volks, aus einem wahrhaft öffentlichen Leben, kann die wahre und allgemeingültige Poesie sich erheben – wie nur in der geistigen und politischen Einheit eines Volkes Wissenschaft und Religion ihre Objektivität finden« (l. c., I/6, 573).

Ich glaube, nun wird deutlich, warum die politische Kritik an der atomisierten und mythenlos gewordenen Gesellschaft des 19. Jahrhunderts in Deutschland zugleich einen solch hypertrophen Ästhetizismus hervorbringen konnte. Ist nämlich einmal der Tod des Mythos für den Verlust an intersubjektiver Verbindlichkeit verantwortlich gemacht und wird ferner – von Friedrich Schlegel über Wagner bis hin in den Expressionismus – der Künstler dazu ausersehen, den Mythos aufs neue hervorzubringen, dann läßt sich auch Nietzsches Entwurf des »Künstler-Staatsgründers« (aus dem 17. Stück der II. Abhandlung der *Genealogie der Moral*) absehen, dem nicht nur Hitler so nahe sich fühlte, sondern der die spezifisch deutsche Überforderung des künstlerischen Wirkens seit der Romantik erklärt. Noch der Nazismus verstand sich mit einem gewissen Recht als ein ästhetisches Phänomen; und wenn der *Doktor Faustus* den vaterländischen Ruin ausgerechnet im katastrophalen Scheitern eines Künstlers sich spiegeln läßt, so tut er das nicht aus einer weltfremden Überschätzung der Kunst, sondern weil es die historiographische Darstellung der spezifisch deutschen Ideologie – so wie Zeitblom sie vertritt – tatsächlich nahelegt.

II

Ich sagte, daß sich Thomas Mann durch die Exposition des Erzählers einerseits, durch die Kontrastierung Zeitbloms und Leverkühns andererseits die Freiheit bewahrt, gleichzeitig »fromme Verehrung« und »erschrockenen Zweifel« der im Roman rekonstruierten ästhetisch-politischen Geschichte gegenüber zu bezeigen.* Er vermag so, den Zwiespalt dieser Geschichte als solchen darzustellen. Daß er in nach-Wagnerscher Zeit nicht die Poesie, sondern die Musik als Demonstrations-Objekt wählt, ist leicht verständlich zu machen. Schon bei Bertram, der im guten wie im bösen Manns unangefochtene Quelle geblieben ist, ist die Musik mit dem »Deutschtum« gleichgesetzt und als systematische Zweideutigkeit definiert – eine Charakterisierung, die Zeitblom aufgreift.** Worin besteht diese Zweideutigkeit? Um Zeit zu sparen, versuche ich sogleich eine Antwort: Die Musik ist wie jede neuzeitliche Kunst zweideutig, weil sie durch ihren theonomen Ursprung eine Kritik an der totalitär gewordenen Analyse leistet, eine Kritik, der jedoch nicht ohne weiteres anzusehen ist, aus welchem Geiste sie sich heiligt und in welche Richtung sie drängt. Eben diese Unentschiedenheit aber berührt Thomas Manns leitende Hypothese über das Wesen des Nationalsozialismus, den er für eine »Revolution im rückschlägigen Sinne« hält. Die »konservative Revolution«, deren Ideen im Roman vor allem von Chaim Braisacher und den Intellektuellen im Kridwiß-Zirkel entwickelt werden, eignet sich darum zur Engführung mit Leverkühns musikalischem Experiment. (Zeitblom betont diese »eigentümliche Korrespondenz« nachdrücklich [*DF* 493].) Sowohl in den kulturpolitischen Räsonnements des Schwabinger Kreises als auch in Leverkühns musiktheoretischen Reflexionen geht es um die Idee des sogenannten »Durchbruchs«: Eine wenn auch aporetische Antwort ist zu finden auf die Herausforderung der kulturellen und politischen »Sterilität«: symbolisiert in der Metaphorik der Kälte und der Äußerlichkeit. Diese Gefahr droht in der Tat, weil der geschichtliche Augenblick den endgültigen Sieg des analytischen

* Bernhard Böschenstein, *Ernst Bertrams »Nietzsche« – eine Quelle für Thomas Manns »Doktor Faustus«*, in: *Euphorion* 72 (1978), Heft 1, 83.

** Thomas Mann, *Doktor Faustus. Das Leben des deutschen Tonsetzers Adrian Leverkühn erzählt von einem Freunde* (Stockholmer Werk-Ausgabe), Frankfurt/Main 1965, 66 (hinfort im Text zit.: *DF*).

Geistes – der destruktiv und autonom gewordenen Subjektivität – besiegelt hat. Im politisch-sozialen Bereich äußert er sich in der »Atomisierung«, in der wachsenden »Beziehungslosigkeit« der zersplitterten Einzel-Iche (*DF* 485/6, passim), denen – ich zitiere die wesentlichen Schlagworte – das Fundament ihrer Regeneration zur »Gemeinschaft« mit dem Absterben »des ganz unberührbaren, völlig unverletzlichen Glaubens« (*DF* 488) entzogen ist. Dem entspricht im Bereich der Kunst die von Tag zu Tag spürbarer werdende Unhaltbarkeit tradierter Ausdrucksformen und Gattungen, deren konventionelle Verbindlichkeit den Ruin funktionierender Gemeinschaftlichkeit nicht überleben kann. Auf diese Weise enthüllt sich das Schicksal der Kunst – der Musik – als an das Geschick der Gesellschaft gebunden, auf deren Boden sie erwächst. Diese Verschränkung erklärt, warum es naheliegt, Leverkühns »Durchbruch« in eine Analogie zum politischen »Durchbruch« (Nazi-Deutschlands) zu bringen; denn wirklich reflektieren nicht nur die Schwabinger Intellektuellen (deren Reden ein realistisches Bild der präfaschistischen Intelligenz zwischen den Weltkriegen vermitteln), sondern auch die Kulturpropagandisten der Nazis (von denen einige, z. B. Rosenberg, diesen Zirkeln in direkter Provenienz entstammen) das sozial-politische Dilemma der Weimarer Zeit in ästhetischen-mythologischen Kategorien. Die Ästhetik wird zum Paradigma der Politik: »Mythen (sollen) fortan das Vehikel der politischen Bewegung sein« (*DF* 486).

Ich habe angedeutet, in welchem Maße zumal Wagners und des frühen Nietzsches Überlegungen zur kultischen Feier in solchen Räsonnements fortwirkten. Um das Repräsentative der Thomas Mannschen Fiktion ins Licht zu stellen, wäre es nützlich, Stimmen deutscher Dichter, Politiker oder Germanisten der Zeit anzuführen. Paul Ernst nannte den Dichter den Bringer »der Möglichkeit eines neuen Glaubens. (...) Der Dichter«, schreibt er 1933, »muß das Volk so lange führen, bis er es zu der Vorhalle von Gottes Tempel geführt hat; dort wird ein andrer Führer an seine Stelle treten, wie Christus an die Stelle des Täufers Johannes trat«.* Paul Fechter definiert im gleichen Jahr »die Aufgabe, die der deutschen Dichtung in der Gegenwart (...) gestellt ist«, als »die Rückwendung auch der dichterischen Welt vom Ich zum Wir, von der

* Paul Ernst, *Das deutsche Volk und der Dichter von heute*, in: Heinz Kindermann (Hg.), *Des deutschen Dichters Sendung in der Gegenwart*, Leipzig 1933, 27.

Vereinzelung zur Allgemeinheit«.* Goebbels nennt 1934 den Dichter den begnadeten Sinngeber der Kräfte des Volkes; seine Ursünde sei es gewesen, im liberal-analytischen Geiste von den mythischen Wurzeln der Gemeinschaft sich zu lösen.** Hanns Johst will, wie wir gesehen haben, das kommende Theater im Geist der griechischen Tragödie wieder zur religiösen Kultfeier werden lassen.*** »Die Geburtsstunde des Dramas«, schreibt er 1933, »war an der Kultstätte der griechischen Götter, und als das Mittelalter an Flagellanten und Schwarmgeister, an Bauern und rebellische Ritter zu zerfallen drohte, riß das Mysterienspiel die Schau der Lebenden (...) zur Einsicht in die tiefere Begründung unseres Daseins. Ist die Kirche die geradlinige, entschlossene Verkünderin ihrer Einsicht von einer göttlichen Führung dieses Weltgeschehens, so macht das Theater als feierliches Vorspiel für ein übersinnliches Erleben empfänglich«.****

Deutlich stehen im Hintergrund dieser Überlegungen Wagner / Nietzsches Anknüpfen ans antike Kulttheater. Wagners Grundgedanke war ja, daß nur in der Kunst dem atomisierten Volk der bürgerlichen Zeit noch die Erinnerung seiner Herkunft und mit ihr die Verheißung seiner Zukunft als der einen Menschheitsklasse aufbewahrt sei. Gewiß ist der anarchistisch-proletarische und internationalistische Zug, den die Idee bei Wagner oder bei Sorel noch hatte, schon bei Nietzsche und auch in den Debatten der konservativen Revolutionäre weitgehend getilgt: die Ersatzbegriffe des Volks, der Blutgemeinschaft oder der Rasse beseitigen die unliebsame klassenkämpferische Aufladung.

Davon abgesehen, halten aber auch Leverkühns Überlegungen größte Nähe zu diesen Ideen: Der Durchbruch »aus geistiger Kälte in eine Wagniswelt neuen Gefühls«, so träumt er, werde der erlösten Kunst zugleich den »Weg zum ›Volk‹« bahnen (*DF* 428/9). Die »Erlösung« der Kunst bestünde darin, daß sie wieder, wie in ihren alteuropäischen Anfängen oder wie im Mittelalter, ins kultische Ereignis zurückkehrte, daß sie aufhörte, »Religionsersatz für eine kleine Bildungselite, ›Publikum‹ genannt«, zu sein und in die sinnliche Religion der Volksgemeinschaft zurückkehrte. Das wäre

* Paul Fechter, *Vom Ich zum Wir,* in: l. c., 146.

** Joseph Goebbels, *Die deutsche Kultur vor neuen Aufgaben,* in: ders., *Signale der neuen Zeit.* 25 ausgewählte Reden, München 1934, 328.

*** Hanns Johst, *Ich glaube! Bekenntnisse,* l. c., 36 (passim).

**** Ders., *Vom neuen Drama,* in: Heinz Kindermann, l. c., 210.

dann »eine Kunst mit der Menschheit auf du und du« (*DF* 429; vgl. 402).

Das sind – wie Sie mir zugestehen werden – offene Anspielungen an die frühromantische Idee einer Neuen Mythologie. Aber diese Idee ist auch unter anderen Namen gegenwärtig im *Doktor Faustus;* und die Leitmotivtechnik ermöglicht es dem Verfasser, die Semantik hier nach Belieben zu manipulieren, ohne das Thema zu wechseln.

Ich beschränke mich auf einige zentrale Belege: Die musikalische Initiation, die Leverkühn in seines Onkels Instrumentensammlung erfährt, legt sein charakteristisch-zwiespältiges Interesse am Gegenstand der Musik mit einem Schlage bloß. Die Musik fasziniert ihn als dasjenige Medium, das wie kein anderes überindividuelle Ordnung, d. h. Konventionalität und Verbindlichkeit, mit systematischer Zweideutigkeit vereint (*DF* 66). Die semiotische Natur des tonalen Code verhindert nämlich nicht die Freiheit des Komponisten oder des Hörers, eine reich modulierte Sequenz von Tönen abwechselnd auf mehrere Grundtöne zu beziehen, d. h., einen und denselben Ton verschiedenen Tonarten zuzusprechen.

Kretschmars Vorlesungen, besonders diejenige über Beethovens Sonata opus 111 (ich überspringe im folgenden jede Referenz auf Adornos Vorarbeit)*, schaffen diesen noch spielerischen und ziellosen Phantasien historischen Halt und technisches Profil. Kretschmar stellt die Opposition von Gesetz und Freiheit, die bislang wie ein zeitloses Wesensmerkmal des Musikalischen erscheinen konnte, erstmals zurück in die Geschichte des musikalischen Materials, der politische Konnotationen nicht fehlen. Nach seiner Erklärung – ich dränge sie formelhaft zusammen – reflektiert diese späte Sonate das Schicksal des abendländischen Rationalisierungsprozesses in seinem letzten Stadium. Ein einziges Mal noch sei es gelungen, die völlig ent-mythisierte und aus allen Konventionen befreite Subjektivität in Dienst zu nehmen, um eine neue Formverbindlichkeit zu schaffen. Aber im Gegensatz zur tradierten Verbindlichkeit ist die Syntax des Beethovenschen Arietta-Satzes ein Werk der Subjektivität selbst, die ein Gesetz nicht ererbt, sondern es sich erschafft, so daß, wie Kretschmar sich ausdrückt, das Nur-Persönliche noch einmal sich selbst über-

* Th. W. Adorno, *Philosophie der neuen Musik,* Frankfurt/Main 1958 (im Text zit.: *PhM*).

wachse, »indem es ins Mythische, Kollektive groß und geisterhaft eintrete« (*DF* 73).

Kretschmar appelliert damit wiederum an die Idee der Neuen Mythologie, deren Zeitgenosse Beethoven ja war. Leverkühn nimmt diesen Appell denn auch auf, wenn er – fast in Wagners eigenen Worten – die »Säkularisierung der Kunst, ihre Trennung vom Gottesdienst« für ein nur oberflächliches und transitorisches Ereignis erklärt. Alsbald phantasiert er »von der wahrscheinlich bevorstehenden Wiederzurückführung ihrer heutigen Rolle auf eine (...) glücklichere im Dienst eines höheren Verbandes, der nicht gerade, wie einst, die Kirche zu sein brauche« (*DF* 82/3).

Das heikle Verhältnis zwischen konventioneller Verbindlichkeit und subjektiver Anarchie, das in Beethovens Spätwerk noch einmal eine instabile Synthese eingehen durfte, zerfällt nach Leverkühns Diagnose in der avancierten Kunst seiner Nachfolger, auf je verschiedene Weise bei Wagner und Brahms, zugunsten eines subjektiven Ausdrucks, der sich nicht mehr als im Dienst einer vorgegebenen kontrapunktisch-polyphonen Intersubjektivität stehend begreift; die homophon-melodische Verfassung gewinnt die Oberhand, das Kontrapunktische wird zur »bloßen Dreingabe« (*PhM* 55) erniedrigt.

Mit Kretschmars Unterscheidung der »harmonischen Subjektivität« von der »polyphonischen Sachlichkeit« (*DF* 73; vgl. *PhM* 59) gewinnt jener leitmotivische Urgegensatz, der den *Doktor Faustus* wie ein heuristisches Prinzip strukturiert, seine geschichtsphilosophische Präzision, die er fortan behalten wird. Die vielstimmige Komposition appelliert nämlich an eine gesellschaftliche Organisationsform, die das Individuum in ein Geflecht aus vielen Stimmen, d.h. in einen übersubjektiven Rahmen einfügt; während die harmonische Subjektivität der bürgerlichen Zeit die einsame Melodie des isolierten Individuums erfindet, das – wie's im *Ancient Mariner* von Coleridge heißt – von Gott und allen guten Geistern verlassen ist.

Leverkühns Frage ist: Wie läßt sich unter Bedingungen einer autonom, aber illegitim gewordenen Subjektivität die Wiedergewinnung der Polyphonie – der überindividuellen, der mythischen Verbindlichkeit – betreiben? Der bloße »Anschein von Polyphonie« – wie bei Wagner oder Richard Strauß – genügt nicht (*DF* 107): Andererseits hat schon jetzt die homophone Musik »das schlechte Gewissen« wider sich (*DF* 119). Sie ist nur noch »Schein und Spiel« (*DF* 242; vgl. PhM 43 f., 52 u.). Wo sie mit alten Formen kokettiert, verhöhnt sie die Trauer über den Verlust funktionierender Zwischenmenschlichkeit und nähert sich den regressiven Phantasien der Schlager-Industrie. Zulässig, so räsonniert Leverkühn in jenem inneren Monolog, den man zu Zeitblom-gläubig als Teufelsgespräch bezeichnet hat, »zulässig (sei) allein noch der nicht fiktive, der nicht verspielte, der unverstellte und unverklärte Ausdruck des Leides, in seinem realen Augenblick« (*DF* 321).

An der Deutung dieses Satzes entscheidet sich nach meiner Ansicht die Deutung des ganzen Romans. Die Interpretation, die uns Zeitblom mit seiner Rhetorik des Ansinnens und der unausdrücklichen Unterstellung nahelegt, lautet, daß Leverkühn, wie er's im paralytischen Schock der Schlußszene scheinbar selbst gesteht, das Gebot der ihm auferlegten Kälte bricht, sobald er den musikalischen Ausdruck für einen Zustand der vollkommenen Heillosigkeit als solchen (d. h. als Ausdruck) affirmiert. Das wäre die Erfüllung des Teufelspaktes: die revolutionär erpreßte Regression ins Archaische, die gewaltsame Umwendung des »Untergangs des Abendlandes« durch die Wiederherstellung eines Zustandes vorrationaler Ordnung und Verbindlichkeit. Leverkühns altdeutsches Geständnis, mit dem Zeitblom diese Deutung stimmungsvoll stützt, lautet:

> (...) statt klug zu sorgen, was vonnöten auf Erden, damit es dort besser werde, und besonnen dazu zu tun, daß unter den Menschen solche Ordnung sich herstelle, die dem schönen Werk wieder Lebensgrund und ein redlich Hineinpassen bereiten, läuft wohl der Mensch hinter die Schul und bricht aus in höllische Trunkenheit: so gibt er sein Seel daran und kommt auf den Schindwasen (*DF* 666).

Nun, abgesehen davon, daß Leverkühn (ich übergehe die Problematik seiner Zurechenbarkeit im Schlußtableau) dies Urteil nicht erkennbar über sich selbst spricht, muß man sich fragen, ob der reine, wieder expressiv gewordene Seelenlaut der Klage, wie ihn Zeitblom in Adrians letzten Kompositionen vernimmt, zur Affirmation eines menschenverachtenden und terroristischen Regimes taugen könne. Zeitblom stützt seine Interpretation durch zwei Belege: die paralytische, die rauschhafte Inspiration von Leverkühns letzten Kompositionen, deren barbarische und vor-rational-kollektivistische Einschläge er durch akribische Analysen freizulegen sucht und übrigens immer wieder durch Bekundungen lebhaftester Zustimmung begleitet. Wichtiger ist, daß Zeitblom, um die enthusiastische Wärme, mit welcher der Freund seine Hauptwerke niedergeschrieben habe, zu bezeugen, einem zentralen Indiz widersprechen muß, mit dem er den phantastischen Teufelspakt beglaubigt: die Einwilligung in ein Leben in Kälte und Seelenlosigkeit. Ich muß mich, pour faire vite, auf den knappestmöglichen Kommentar beschränken. Überall steht im Hintergrund von Zeitbloms Werkanalysen jene Dialektik der Aufklärung, die Adorno in der Entwicklung der neuen Musik nachgewiesen hatte. Sie liefert auch das Modell für seine Engführung dieser Dialektik mit dem Aufkommen des Nationalsozialismus aus der Vision einer »totalen Organisation«, die er als radikalste Zurichtung der Vision der konservativen Revolution begreift. In der *Apocalypsis cum figuris* liest er die Spuren des Hitlerismus: einer »explodierenden Altertümlichkeit«, einer »Vereinigung des Ältesten mit dem Neuesten« (*DF* 501). Seine Indizien sind der Rückgriff auf präklassisch strenge Formen einer »echten Mehrstimmigkeit«, auf »Sprache« im semiologischen Sinne funktionierender Intersubjektivität; der gelegentliche Rückfall des Werks ins Vorverbale, ins Elementare, in physiologisch leicht assimilierbare Rhythmen, ins unartikulierte Geheul; ein systematisiertes Spiel mit der Polysemie, die aus einer und derselben Notenfolge durch veränderte Instrumentierung und Intervallverschiebungen den gläsern-durchsichtigen Sphärenklang des Engelchors mit dem ihm eingeschriebenen »Verlangen nach Seele« (*DF* 501) und den explodierenden Satanismus des irrenden, schwirrenden Höllengelächters erstehen lasse; schließlich die Instrumentalisierung und Verdinglichung der menschlichen Stimme, die als »kaltes Krähen« zur Allegorie des technischen Zeitalters entarte.

Was in Zeitbloms Analyse – im Gegensatz zur Adornoschen – völlig fehlt, ist eine Reflexion aufs Medium. Im Unterschied zum Konservativ-Revolutionären der Politik ist die umstürzend-rückschlägige Welt des künstlerischen Ausdrucks imaginär gebrochen: sie *ist* nicht selbst, wovon sie spricht; und das nicht zufolge irgendeines Nietzscheanischen Pathos der Distanz, das Zeitblom Leverkühn ansinnt, sondern weil sie als imaginär Seiendes von ihrer Natur nur neinsagend auf die Wirklichkeit gerichtet sein kann. Die von Zeitblom gerügte »unmenschliche Kälte« (*PhM* 105) des atonalen Kunstwerks kann als Ausdruck, aber nicht als Bejahung des »Unversöhnten« verstanden werden: »kalt und unerbittlich« (l. c., 69), ist sie die »bestimmte Negation« der bürgerlichen Herzenskälte, die sich für Wärme hält. Die Wahrheit der neuen Musik scheint »darin aufgehoben, daß sie durch organisierte Sinnleere den Sinn der organisierten Gesellschaft, von der sie nichts wissen will, dementiert« (l.c., 26). Wenn sie sich »den Ausdruck [versagt]« (l.c., 100), so tut sie es nicht, um dem ideenlosen Funktionieren des rationalen Staats (der Gesellschaftsmaschine) dezent zuzustimmen, sondern um die formierte Gesellschaft mit ihren Dissonanzen zu provozieren, um ihr die eigene Melodie vorzuspielen. Es wäre töricht zu glauben, das Verbot der neuen Kunst als »entarteter« belege ein schlichtes Nicht-Verstehen: Die Dissonanzen, die die Hörer erschrecken, sprechen »von ihrem eigenen Zustand: einzig darum sind sie ihnen unerträglich« (l.c., 16; vgl. 102).

In der Reichskulturkammer war bekanntlich eine Zeitlang umstritten, ob man die neue Musik als Ausdruck einer dem Kollektiv gewogenen Mehrstimmigkeit, einer altdeutschen Seelenverschlungenheit und Verliebtheit ins Chaos integrieren solle oder als entartet ablehnen müsse. Heilsamkeit und Verderbnis von Kunst sind offenbar nicht leicht zu unterscheiden; und es sieht danach aus, als ob nicht etwa Leverkühns, sondern Zeitbloms Unentschiedenheit repräsentativ gewesen wäre für die ästhetische Haltung des von Thomas Mann so genannten »bösen Deutschlands«. Leverkühn selbst schafft nämlich eine vom Optimismus der neuen Machthaber schwer integrierbare Eindeutigkeit, indem er seine letzten Kunstwerke als Klagen des Höllensohns komponiert: Ihr entfesselter Ausdruck, ihre von Zeitblom inkonsequent verurteilte Gefühlswärme könnten Ausdruck des schreienden Herzens sein, welches dem Frost der Zeit nur noch imaginär befehlen kann. Der Frost der Zeit, die Kälte der Herzen: das sind im *Doktor Faustus* Leitmotive der zerstörten Verbindlichkeit und Beziehungslosigkeit unter den Menschen. Der Wendung dieser Not gälte die expressive Wärme des Kunstwerks. Die schneidende Kälte, mit der es sich dennoch und zugleich vernehmen läßt, verweigert dem aufziehenden Terror die Gefolgschaft. Auf diese Weise vermag das echte Kunstwerk das Unmögliche: es unterscheidet die Utopie der gemeinschaftsbildenden Idee des Heiligen (die es freilich nur an den Grenzen des musikalisch Bezeichenbaren, gleichsam als das Wahre im Falschen, aufscheinen läßt) von ihrer realpolitischen Perversion, welche die Kunst zum Ausdruck der wildesten Klage hinreißt.

Und Zeitblom? Er vollzieht die ästhetische Unterscheidung nicht. Die »zackige Demarkationslinie, die zwischen Physis und Bedeutung verläuft«, scheint nicht für ihn gezogen. Im Gestus der inneren Emigration vertritt er ästhetisch die Barbarei, die er politisch verwirft. Das aber heißt: die Welt des schönen Scheins als solche zu politisieren, wie es nach Benjamins Auskunft in umgekehrter Richtung der Faschismus tat. Denn wirklich verwirren sich ja im leitmotivischen Geflecht der Zeitblomschen Chronik beständig ästhetisches Urteil und politische Vernunft: Während er die ideologische Deutschtums-Psychologie, die selbst ästhetizistische Engführung von Deutschheit und faustischem Streben für ein Instrument der Geschichtsanalyse hält, verwandelt sich ihm die politische Welt in ein ästhetisches Pandämonium: der Zusammenbruch des Künstlers verschiebt sich in den Zusammenbruch jenes anderen deutschen Künstler-Politikers oder in den des Vaterlandes. Doch erst diese Deutung, gestattet man ihr das Real-Werden, macht die geschichtliche Wirklichkeit zu der Hölle, als die sie der Künstler sieht; denn die Gleichung der Phantasie und der Wirklichkeit beraubt die Kunst ihrer gegenwirklichen, ihrer Einspruch erhebenden Stimme: Nur die ins Unwirkliche und Symbolische ausgebürgerten Phantasien können das Glück einklagen, dessen sich die wirkliche Gesellschaft entschlagen hat. Darin beruht die untilgbar ethische Kraft, die Sartre im Appellcharakter des Imaginären aufgedeckt hat: Niemand zwingt mich, den ästhetischen Anspruch so oder so oder überhaupt an mich dringen zu lassen: aber wenn ich eine Deutung vornehme, bin ich dafür verantwortlich. Verleugnet man mit Zeitblom ihren gegenwirklichen Charakter, so verurteilt man die imaginären Wünsche dazu, ins frenetische Einverständnis mit der herrschenden Gewalt umzuschlagen. Bejaht man sie als Imaginationen, so darf man auch die Idee einer im Heiligen fundierten Gemeinschaft im Herzen bewahren und gegen den Atomismus der bürgerlichen Monaden polemisieren. Die Kunst ist eben nicht selbst die Wirklichkeit, zu der sie sich negativ verhält. Und vermöge dieser ihrer Negativität gegens Seiende kann sie, wie Novalis sagt, zum unbestechlichen »Compass der Freyheit« (*NS* II, 290) werden. Ihr gelingt das Unmögliche: die Option für eine wiederhergestellte Gemeinschaft zwischen den Menschen in Form der wildesten Klage über die Entstellung dieser Idee. Diese wesenhafte Zweideutigkeit jedes echten Kunstwerks kann und muß ausgehalten werden. Zeitblom tut das nur mit schlechtem Gewissen. Darum mißtraut er der stehenden Rede des Künstlers von der Zweideutigkeit aller Lebens- und Kunstphänomene, die immer das Doppelgesicht des Progressiven und des Regressiven zeigen (*DF* 258), als einer zum Faschismus sich vorneigenden Äußerung. Ich denke, sie ist es schon darum nicht, weil sie an die Arbeit der Differenzierung appelliert, die der eindimensionalen Optik des liberal-konservativen Chronisten, der tut, was er nicht liebt, und liebt, was er nicht tut, ebenso mangelt wie seinen barbarischen Widersachern; sodann auch, weil sie den unerlösbar *disseminalen* Charakter alles Imaginären ins Recht setzt. »Ein Gedicht«, sagt Novalis, »muß ganz *unausschöpflich* seyn, wie ein Mensch« (*NS* III, 664, Nr. 603). Erst wenn es diesen essentiellen Bezug auf den Menschen durchschneidet, kann es sich »streamline« und »Eindeutigkeit« leisten. Solange es ein unersetzliches Instrument der geschichtlichen Selbstverständigung der Menschengattung bleibt – »des Dichters Reich sei die Welt, in den Fokus seiner Zeit gedrängt« (l. c., 693, Nr. 705) –, ist die Sorge für die im Kunstwerk bedrohte Humanität (*DF* 497) entweder anachronistisch (eine altabendländische Kontinuität der humanitas voraussetzend) oder banausisch (das Kunstwerk auf eine Sequenz von Aussagesätzen oder Imperativen reduzierend). Tatsächlich ist das Kunstwerk weder schuldig noch unschuldig. Es ist nicht schon selbst die Tat, an die man diesen Maßstab legen könnte. Wohl aber öffnet es einen Horizont möglicher Praxis. Insofern ist, wie Novalis notiert, »Kritik der Poësie Unding« (l. c., 685, Nr. 671). Die Schwierigkeit in der Beurteilung von Kunst, für welche der *Doktor Faustus* ein eindrucksvolles Beispiel liefert, verwandelt sich also in die Schwierigkeit »zu entscheiden (...), ob etwas (Kunst) sey oder nicht« (l. c., 685/6, Nr. 671). Eine Garantie, daß diese Entscheidung in heilsamer Praxis sich bewähre, gibt es nicht: »αἰτία ἑλομένου, θεὸς ἀναίτιος (Die Schuld liegt bei dem, der gewählt hat; Gott ist schuldlos)« (Platon, *Der Staat*, 10. Buch, 617e).